도잠 평전

陶潛評傳

도잠 평전

陶潛評傳

리진취엔 지음 — 장세후 옮김

연암서가

옮긴이 장세후(張世厚)

경북 상주에서 태어나 영남대학교 중어중문학과를 졸업하고, 같은 대학 대학원에서 석사학위와 박사학위(『주희 시 연구』)를 취득하였다. 영남대학교 겸임교수와 경북대학교 연구초빙교수를 거쳐 지금은 경북대학교 퇴계연구소의 전임연구원으로 재직하고 있다. 2003년 대구매일신문에서 선정한 대구·경북지역 인문사회분야의 뉴리더 10인에 포함된 바 있다.

저서로는 『이미지로 읽는 한자 1·2』(연암서가, 2015·2016)가 있고, 주요 역서로는 『한학 연구의 길잡이(古籍導讀)』(이회문화사, 1998), 『초당시(初唐詩, The Poetry of the Early T'ang)』(Stephen Owen, 中文出版社, 2000), 『고문진보·전집』(황견 편, 공역, 을유문화사, 2001), 『퇴계 시 풀이·1~9』(이장우 공역, 영남대학교 출판부, 2006~2019), 『퇴계잡영』(공역, 연암서가, 2009), 『唐宋八大家文抄-蘇洵』(공역, 전통문화연구회, 2012), 『춘추좌전(상·중·하)』(을유문화사, 2012~2013), 『도산잡영』(공역, 연암서가, 2013), 『주자시 100선』(연암서가, 2014), 『사마천과 사기』(연암서가, 2015), 『사기열전·1~3』(연암서가, 2017), 『주희 시 역주·1~5』(영남대학교 출판부, 2018) 등이 있다.

도잠 평전

2020년 1월 15일 초판 1쇄 인쇄
2020년 1월 20일 초판 1쇄 발행

지은이 | 리진취엔
옮긴이 | 장세후
펴낸이 | 권오상
펴낸곳 | 연암서가

등 록 | 2007년 10월 8일(제396-2007-00107호)
주 소 | 경기도 고양시 일산서구 호수로 896, 402-1101
전 화 | 031-907-3010
팩 스 | 031-912-3012
이메일 | yeonamseoga@naver.com
ISBN 979-11-6087-056-5 03990

값 25,000원

역자 서문

　대학교에 갓 입학하였을 때 1학년의 1학기만 강의를 하고 2학기에 돌아가신 선생님이 생각난다. 그 분은 적지 않은 나이 차에도 불구하고 학생들과 참 격의가 없으셨다. 성격이 호탕했으며 술을 참 좋아하셨다. 1학년이니만큼 아직 전공에 깊이 들어가지는 않았지만 그 분은 가끔씩 도연명에 대하여 언급하곤 하셨다. 어떤 때는 학생들에게 도연명의 시를 읊어주기도 하셨다. 그러면서 덧붙이는 말씀이 있었다.

　"도연명은 나이가 어느 정도 들고 난 다음에 좋아해야 할 인물이다. 지금 여러분들 나이에는 무턱대고 좋아할 문인이 아니다."

　세월이 오래 되어 기억이 어렴풋하여 확실치 않지만 국화가 언급되고 술이 언급된 것 같았다. 아마도 「음주시(飮酒詩)」였을 것이다. 그때는 그게 무엇을 의미하는지 전혀 몰랐다. 나름대로 조금씩 나이가 들어가면서 그 일이 떠오를 때마다 당시의 그 말씀이 무엇을 의미하는지 조금은 깨닫게 된 것 같다. 학문이 성숙되지 않은 사람이 도연명 시문의 문자에만 나타난 것을 곧이곧대로 좋아하여 추종하면 자칫 위태로운 경지에 빠질 수 있으리라는 경고의 말씀이었을 것이다.

그 분은 가셨지만 박사과정까지 계속 이어지는 교과 과정 중에 도연명의 존재를 확실히 알 수 있게 되었다. 어느 학문을 하든 전공을 불문하고 피해갈 수 없는 분야가 있게 마련이다. 중국 문학의 경우에는 도연명과 이백, 두보 그리고 소식이 바로 그런 인물에 해당된다. 그 가운데 시기적으로 가장 이른 인물이 바로 진[東晉]나라와 남북조의 유송(劉宋) 시대를 살다 간 도연명이다. 담박(淡泊)하고 자연스런 시풍을 구사한 도연명은 생전에는 화미(華美)함을 추구하는 시대사조 때문에 빛을 보지 못하였다. 그의 진가는 후대로 가면서 점점 드러나게 된다. 그 영향은 이백과 두보, 소식 등 모든 문인들에게까지 두루 미쳤다. 특히 소식의 경우에는 도연명에 대한 애정을 담아 모든 시에 화답한 화도시(和陶詩)를 남기기까지 했다.

역자도 개인적으로 도연명을 그냥 지나칠 수가 없었다. 역자가 전공하고 번역한 주자 및 퇴계의 시에 끊임없이 인용되었고, 이로 인해 그들 또한 영향을 깊이 받았음을 알았기 때문이다. 양으로만 따지면 그가 남긴 시문은 후대의 문인들에 비하여 그리 많은 편은 아니다. 그러나 역주를 해나가면서 도연명 관련 전고가 나올 때마다 매번 일일이 찾아보기가 번거로워 색인집을 내기도 하였다. 당시까지 『도연명집』에 관한 고증이 가장 잘 되었다고 평가받는 녹흠립(逯欽立)이 교주한 판본인 『도연명집』을 저본으로 하였다. 녹흠립은 이 책에서도 자주 인용되는 도연명 연구에 권위가 있는 중요한 학자다. 이 책의 저자인 리진취엔(李錦全)과는 거의 동시대의 인물이기도 하다. 역자가 당시까지 이해한 도연명은 동시대의 좌사(左思)가 신분제 사회에 대하여 불평등과 불

6

만을 노골적으로 드러낸 문인이라면, 그는 자연에 기탁하여 내면 깊숙이 간직한 사상을 은근하게 표현해낸 사람이라는 정도였다. 이런 저런 이유로 도연명에 대한 이해도를 깊이 해줄 수 있는 저술의 필요성을 느낀 것은 당연하였다. 그러던 중 난징대학출판사에서 『중국사상가평전총서』의 하나로 출간된 이 책을 알게 되었다. 진작부터 이 책에 관심을 가져 구입을 해놓기는 하였지만 막상 여러 가지 바쁜 일이 한꺼번에 겹쳐 당장 번역에 착수하지는 못하고 올해 초에 비로소 본격적으로 시작하여 이제야 끝낼 수 있게 되었다.

이 책은 위에서 언급했듯이 난징대학출판사의 『중국사상가평전총서』에 들어 있다. 이 총서는 2001년까지 모두 200권이 출간되었는데 『도잠평전』은 1998년에 46번째 책으로 출간되었다. 그리고 이 책의 저자인 리진취엔은 이 책 외에 명대(明代)의 정치가인 『해서평전(海瑞評傳)』도 집필하였는데, 시리즈 126번째로 출간되었다. 먼저 이 책의 저자인 리진취엔에 대해서 간략하게 소개하고자 한다. 그는 광둥(廣東) 둥관(東莞) 사람이다. 1926년에 태어나 현재 93세로 생존 학자이다. 1951년에 중산대학교(中山大學校) 역사과를 졸업하고 중난군정위원회(中南軍政委員會) 문화부에 배속되어 고고 발굴에 종사하였다. 얼마 후 학계로 옮겨 중산대학교 역사과 교수가 되었다가 몇 년 만에 철학과로 적을 옮겼다. 1986년에는 중국 철학 전공 박사 지도교수가 되었다. 주요 연구 분야는 중국 철학사와 사상사이며 이 방면에서 족적을 많이 남겨 비교적 높은 영향력을 갖고 있다. 그의 대표작은 공저인 『중국철학사(中国哲学史)』(人民出版社, 1982~1983)로 지금까지도 많이 언급되고 있다. 이 외에 몇 권의 단독 저서도 내었으나 주로 학술논문 발표에 매진하여 123편에 달하는 논문을 발표하였다. 2018년 말에는 그간의 저작과 논문 등을 모아 『리진취엔 문집(李錦全文集)』(中山大学出版社)을 10권으로 출판하면서 기념 학술회의를 열어 그에게 봉정하기도 하였다.

다음으로는 이 책의 내용에 대하여 미리 간략하나마 소개를 해보기로 한다. 이 책은 모두 7장으로 구성되어 있다. 1장은 도잠이 살았던 시대인 위진남북조라는 귀족 신분제 사회를 낱낱이 분석하였다. 2장은 진나라에서 세족이 되는 그의 증조부 도간(陶侃)으로부터 도잠에 이르기까지의 가세와 생애를 집중적으로 다뤘다. 변려문과 화미한 문풍을 추구한 시대사조와 학술적인 환경을 분석한 것은 3장이다. 4장에서 서술한 내용은 도잠의 자연관과 인생철학, 곧 도잠의 사상에 관한 부분이다. 당시에 널리 유행한 유·불·도 삼교 사이에서 도연명이 어떻게 처신하였는가가 잘 나타나 있다. 5장은 도잠이 남긴 시와 문장에서 내포하고 있는 사상적 측면을 분석하였다. 전원시인으로서 그가 남긴 시문을 통하여 그가 어떤 사상을 지녔는가를 파악하기에 좋다. 6장은 도잠 시문의 예술 풍격을 다루고 있다. 소명태자 소통(蕭統)이 그의 문집을 편집한 이래 역대의 비평가들이 그의 시문에 대하여 내린 평어가 주를 이루고 있다. 일련번호를 달지 않고 그저 맺는말이라고 한 것은 마지막 장이다. 이 책에서 다룬 도잠에 대한 종합적 평가라고 할 수 있다.

이 책은 저자가 밝혔듯이 탄생에서 사망까지 평면적으로 서술해나가는 일반적인 전기가 아니다. 곧 도연명이 왜 그런 삶을 살았고, 왜 그런 시문을 지어냈는지에 대하여 깊이 있게 파고든 평전이다. 이는 곧 중국 문학이나 도잠에 대하여 잘 모르는 일반 독자들이 읽기에는 조금 난해하게 느껴질 수도 있다는 것을 의미한다. 그러나 도잠에 대하여 보다 깊은 관심을 가지고 있는 사람이라면 그를 파악하는 도구로 이만한 책이 없다고 생각한다. 조선시대에 간행한 책 가운데 베스트셀러라면 주로 사서삼경과 위에서 언급한 두보 외에 『한유집』 등을 친다고 한다. 그러나 『도연명집』도 꾸준히 간행되었다. 우리나라에서도 오래전부터 이미 도연명에 대한 관심과 이해도가 적지 않았다는 의미다.

이 책에서는 일반적인 문학사나 전기에서 익히 보아온 내용과는 다른 점이 많다. 잠깐 몇 가지만 소개해보자면 다음과 같다. 먼저 도연명의 이름에 관한 문제이다. 그의 이름은 연명(淵明) 또는 잠(潛)이라고도 한다. 일반적으로 진나라가 망하고 송나라가 들어선 이후에 잠이라고 고쳤다고 알려져 있다. 그러나 저자는 비록 결어에서 한발 물러서는 듯한 태도를 취하기는 하지만 근거를 들어가며 단호하게 그의 이름은 '도잠'이라고 확정하고 있다. 이후로 이 책에서는 일관되게 도잠이라고 표기하고 있다. 하나는 오두미에 관한 해석 같은 것을 들 수 있다. 오두미(五斗米)는 말 그대로하면 '쌀 다섯 말'로 일반적으로 당시 관리들의 봉급으로 지급되는 양식으로 알려지고 있다. 그러나 여기서는 도잠과 그의 집안에서 대대로 신봉해온 종교와 연관시켜 보고 있다. 도잠의 가세에 대해서도 평민으로 나라를 좌지우지할 수 있는 지위까지 오른 도간이 과연 그의 증조부인가 하는 사실 등을 고증을 통하여 세세히 분석하고 있다. 이렇듯 이 책의 곳곳에서는 일반적으로 접해 보지 못하였던 도잠(또는 도연명)에 관한 흥미롭고 깊이 있는 사실을 많이 알 수 있다.

도잠의 시문은 현재 완역되어 있다. 역자가 학창시절에 사서 보았던 서문문고(瑞文文庫)본을 비롯하여 단순히 완역된 수준을 넘어 다른 문인들의 작품에 비하여 완역된 판본이 많은 편이다. 이는 다른 문인들에 비해 번역의 완성도가 일정 수준 이상 보장되었다는 것을 의미한다. 또한 역자도『고문진보 전집』과 퇴계 시 등을 번역할 때 적지 않게 다루기도 하였다. 눈여겨 볼만한 번역으로는, 시는 최근에 김창환이 역주한 『도연명 시집』(연암서가, 2014)이 있다. 그리고 이미 작고한 차주환이 문장까지 망라해서 번역한『도연명 전집』(서울대학교출판부, 2001)도 있다. 이 책에 나오는 도연명의 시문은 주로 김창환과 차주환의 번역을 참고로 해서 역자가 경우에 맞게 조금 고쳐서 사용했음을 밝힌다. 그리고「음주시」와「귀원전거」등은 역자가『퇴계 시 풀이』(영남대학교출판부, 2007~2019)에서 전재한 내용을 그대로 옮겼음을 아울러 밝혀둔다.

　도연명은 참으로 복잡한 시대를 살다간 복잡한 심리를 가진 문인이자 은사였다. 그의 시문을 제대로 이해하는 것이 결코 쉽지 않은 이유다. 그러나 이 책에서는 최초로 그의 뇌사(誄辭, 제문)를 지은 안연지의「도징사뢰」부터, 시문은 물론이고 전기까지 지어 후대에 가장 많은 영향을 끼친 소명태자 소통의 전기와 문집 서문에서 최근세의 학자 진인각(陳寅恪)과 양계초(梁啓超)의 견해까지 충실하게 분석하여 도잠의 생애를 집중적으로 분석하고 있다.

　중년이 되고 보니 새내기 대학생 때 하시던 선생님의 말씀이 이해된다. 도연명의 시와 문장은 어느 하나 단순하여 허투루 넘길 만한 것이 없다. 하나하나가 그가 살았던 당시의 사상을 반영하고 있는 훌륭한 전기 자료이다. 유가와 도가를 아우른 그의 사상도 섣불리 읽어서는 안 된다. 설익은 학문과 겉멋만 든 수준이 일천한 사람에게는 자칫하면 염세주의에 빠지기 쉬운 경향을 지녔음이다. 그러나 그의 모든 사상과 심리를 제대로 파악한 사람에게는 다르다. 그의 시문이 깊은 인생의 통찰력을 지닌 작품으로 읽힐 수 있을 것이라 여겨진다. 선생님의 말씀에 고개를 끄덕이게 되는 면이다.

이 책을 보면 그의 작품과 인생관을 고루 이해하는 데 아주 큰 도움이 될 거라고 생각한다.

마지막으로 이 책이 나오기까지 도움을 주신 분들에게 지면을 통하여서나마 감사를 표하고 싶다. 출판시장이 매우 열악한데도 이 책의 번역서를 선뜻 출판해주기로 한 연암서가 권오상 대표께 먼저 깊은 감사를 드린다. 연암서가에서는 이 책의 마흔 번째 시리즈인 『왕희지 평전』(궈렌푸 지음, 홍상훈 옮김, 2016)도 이미 출간한 바 있다. 그리고 한 사람은 동화작가인 누나 장세련이다. 그간 적지 않은 책을 내면서 도움을 많이 받았다. 이번에도 처음부터 끝까지 읽어주면서 문장을 많이 다듬어주었다. 특히 중국어 번역을 해본 분이라면 짐작이 가겠지만 우리 글과의 서술 구조의 차이 때문에 만연체 문장이 많다. 한 문장이 몇 줄씩 이어지는 것은 보통이고, 심한 경우에는 심지어 한 단락 전체가 하나의 문장으로 이어지는 경우도 있다. 철자법에 오자 수정은 물론이고 너무 긴 문장은 적당한 길이에서 끊어 매끄럽게 다듬어주었다. 독자들이 읽기에 수월하게 느껴진다면 이는 모두 장세련 작가의 덕이라고 할 수 있다. 그럼에도 불구하고 미진한 점이 있다면 이는 전부 역자의 책임이라는 것도 이 자리를 통하여 밝히는 바이다. 이외에 이 책이 나오기까지 음으로 양으로 물심양면 도와주신 모든 분들께 깊이 감사드린다.

2019년 12월
매호동에서 장세후

차례

도잠 평전

陶潛評傳

제1장

도잠의 시대

　중국 봉건 사회에서 위진남북조는 진·한(秦漢)과 수·당(隋唐)의 사이에 끼인 분열과 할거의 시대이다. 동한 말 서기 190년(漢獻帝 初平 원년)부터 중원지구에서는 군벌의 혼전이 시작되었으며, 서기 208년의 적벽전(赤壁戰) 이후 셋으로 나누어진 형세가 처음으로 형성되었다. 그 후 위·촉·오가 잇달아 국호를 세웠다가 280년(晉武帝 太康 원년)에 이르러 진(晉)왕조가 잠시 통일을 이루었다. 북방 소수민족의 변란으로 인하여 유연(劉淵)이 스스로 한(漢)나라를 세웠다. 그 후 유요(劉曜)가 전후로 진나라의 도읍인 낙양과 장안을 함락시켰고, 진회제(晉懷帝)와 민제(愍帝)가 잇달아 사로잡혔다.

　서기 316년 진왕조가 멸망하자 건강(建康)에서 군대를 주둔시켜 지키던 종실 사마예(司馬睿)가 317년에 황제로 추대된다. 역사상 이 지역을 동진(317~420)이라 일컫는다. 그 후로 송(宋: 420~479), 제(齊: 479~502), 양(梁: 502~557), 진(陳: 557~589)이 모두 이곳에다 도읍을 세우니 남조(南朝)라 한다. 북방은 서진(西晉)이 망한 후에 각 소수민족이 분분히 할거하여 자립하니 역사에서는 '오호십육국(五胡十六國)'이라고 한다. 서기 439년이 되어서야 위나라가 북방을 통일하게 되는데 역사상 북위(北魏)다. 북위가 남방의 유송(劉宋)과 대치하니 이를 일러 남북조라고 한다. 나중에 위는 동·서위로 나누어져 각각 북제(北齊)와 북주(北周)로 대신하게 된다. 서기 577년 주(周)나라는 제나라를 멸한다. 서기 581년 양견(楊堅)이 북주의 정권을 탈취하여 제를 칭하며 수(隋)왕조를 세우고, 서기 589년에는 남하하여 진(陳)나라를 멸하니 중국은 다시 통일되었다.

동한 말기에 군벌의 혼전이 시작된 때로부터 수왕조의 통일까지는 줄잡아 거의 4백 년에 달한다. 그간 일부 지역이나 잠깐 동안 조금이나마 안정된 때를 제외하면 기본적으로는 전란이 빈번하고 사회가 동요된 시대였다. 도잠은 동진 후기부터 송나라 초기(365~427)까지 살았으며 그의 사상은 이 시기의 사회 동란의 영향을 받지 않을 수 없었다.

1. 중원 사회의 대동란과 북방 인사의 남천

삼국시기의 사회 전란은 백성들에게 깊은 고난을 안겨주었으므로 서진의 통일은 당시 인민의 이익에 부응하였다. 그러나 서진 통치 집단의 극단적인 부패 가운데 먼저 내부적으로 드러난 것이 이른바 '팔왕의 난(八王之難)'이다. 이는 내우(內憂)로 외환(外患)을 초래하여 각 소수민족의 상층 통치자들이 어지러이 일어나 할거한다. 진왕조는 이 무렵 유씨의 한나라에 의해 멸망한다. 이어서 중원지역에서 새로이 드러난 사건이 이른바 '오호난화(五胡亂華)'다. 곧 각 소수민족 여러 나라 사이의 혼전은 중원의 경제와 문화에 모두 정도가 다른 파괴와 충격을 안겨주었다. 당시 중원에 거주하던 인사들은 이 때문에 대대적으로 남쪽 이주의 압박을 받았다. 그중의 몇몇 세력이 있는 명문대족은 자신의 우월한 지위에 힘입어 남하한 후에도 여전히 정권과 이익을 다투었다. 따라서 남방의 인민이 받은 재난은 더욱 심화되었다. 한편 북방인의 남하는 남방의 경제 개발에 어느 정도 촉진 작용을 일으키기도 하였다.

서진 후기에 중원 사회에서 대동란이 일어나게 된 가장 중요한 원인은 봉건 통치 집단의 부패이다. 사마 씨는 촉나라와 오나라를 평정하고 통일된 진왕조를 세웠다. 이는 오래도록 전란을 겪은 노동 인민들의 입장을 가지고 말하자면 휴양과 생식의 기회를 얻은 것으로 사회의 생산성 회복에도 유리하였다. 역사에서는 '태강 연간에는 천하에 일이 없었고 부세는 고르게 되어 사람들이 모두 그 생업을 편안히 여겼고 그 일을 즐겼다.'[1]라 하였으니, 사회에 비교적 안정된 국면이 나타난 것이다.

그러나 대대로 호족세력을 대표하는 서진 정권은 개국 황제 사마염부터 시작되었다. 이 때부터 성적으로 문란하고 사치한 풍조가 만연하였다. 역사에서는 진무제가 막 즉위했을 때를 '위 씨(魏氏)의 각박하고 사치한 뒤를 이어 인검(仁儉)으로 바로잡았다.'고 하였지만, 진실을 숨기고 꾸미는 일은 결코 오래도록 유지해나갈 수 없었다. 황제 개인의 음탕하고 난잡한 생활은 계속되었다. 조정에서는 이를 위해 두 차례에 걸쳐 조칙을 내렸다. 대대적인 간택을 위해서였다. 조정 관료들의 가문에서부터 민간에 이르기까지 여인들을 입궁시켜 가려 뽑기 시작했다.

||||||||||||||
1 『진서·식화지(晉書·食貨志)』.

심지어 '간택이 아직 끝나기 전에는 어디로든 출가하는 것을 금'하기까지 하였다. 황제가 궁녀를 뽑는 임무가 끝나지 않았다는 것이 이유였다. 궁녀발탁을 위해 전국 백성들의 결혼조차 허락지 않았으니 가히 전횡의 극치라고 하겠다. 그런데 선발되어 입궁한 사람들은 오히려 '궁중에서 울부짖는 어미와 자식의 소리가 바깥에까지 들리게'[2] 되었다. 무제는 그래도 만족하지 못하고 오나라 평정 후 손호(孫皓)의 5천 궁녀를 모두 입궁시켰다. 역사에서는 '황제는 오나라를 평정하고 나자 자못 놀며 즐기는 연회를 일삼았다. 정사조차 게을리 하여 비빈의 처소는 거의 만 명 가까이 찼다. 늘 양이 끄는 수레를 타고 가는대로 맡겨두었다가 이르는 곳에서 곧 머물러 쉬었다.'[3]라 하였다. 봉건시대에도 후궁을 가려삼천(佳麗三千)이라 하였다. 그런데 무제의 궁녀는 만 명에 가까웠으니 전무후무한 일이라 하겠다. 태강(太康) 10년(289)이 되자 '황제는 극도로 성색만 생각하여 마침내 병이 되기에 이르렀으니'[4] 결국 목숨까지 잃게 되었다.

위에서 행하면 아래에서는 본받기 마련이니 황음일락은 당시 몇몇 고관 호부의 집에서도 풍속이 되었다. 이를테면 석숭(石崇)은 '재산이 풍부하고 집이 웅장하고 아름다웠다. 처첩이 백을 헤아렸는데 모두 비단옷을 끌고 다녔으며 황금과 취옥(翠玉) 귀고리를 하였다. 음악은 당시의 유행을 있는 대로 좇았으며 요리는 수륙의 진귀함을 다하였다. 귀척인 왕개(王愷), 양수(楊琇) 같은 무리와 함께 사치와 화려함을 숭상하였다.' 그가 왕개와 부를 다툰 이야기는 역사상 매우 유명하다. 석숭은 나

||||||||||||||
2 『자치통감·진기(資治通鑒·晉紀) 2』.
3 『자치통감·진기 3』.
4 『통감기사본말·서진지란(通鑒紀事本末·西晉之亂)』.

중에 손수(孫秀)에게 피살되었다. '어머니와 형, 처자가 장유를 가리지 않고 모두 해를 당하였다.'[5]는 기록은 그의 생전 삶을 잘 말해준다. 재산을 탐하고 여색을 밝혔으며 사치에 한도가 없어 마침내 이렇게 생의 막을 내렸던 것이다.

서진 때의 사치스러운 풍조는 당연히 석숭 일가에게만 한정된 것이 아니었다. 하증(何曾)의 가족은 더욱 전형적이었다. 하증은 젊어서부터 위나라에서 관직을 맡았다.

'나라를 다스리는 사람은 청정(淸靜)함을 터전으로 삼아야 하고 백성들에게는 착하고 어진 관리가 되는 것을 근본으로 삼아야 합니다. 지금 천하는 고갈되었고 사역이 많으니 실로 마땅히 백성을 보살피고 길러야 하며 기쁘게 사람을 부려야 합니다.'

관직을 받은 하증은 임금에게 이렇게 아뢰었다.

그는 또한 '군수는 위로는 조정의 은혜를 받들어 펴서 그것이 조화를 이루게 해야 하고 아래로는 이를 일으켜 그 해를 없애야 합니다.'라고 요구하였다. 하증 본인은 성품이 지극히 효성스러운 것으로 이름이 드러났다. 부현(傅玄)은 그를 이렇게 칭찬하였다.

'안으로는 마음을 다하여 어버이를 섬기고 밖으로는 예양(禮讓)을 숭상하는구나. 효자는 백세의 조종이며 인인(仁人)은 천하가 명한 것으로 효를 행할 수 있는 도를 가지고 있어서 군자의 의표이다.'[6]

그를 문벌 좋은 선비 집안에서도 인인(仁人) 군자의 대표로 본 것이다.

그러나 하증은 양면성을 가진 이중인격자였다. 그의 사람됨은 역사

||||||||||||
5 『진서·석숭전(石崇傳)』.
6 『진서·하증전(何曾傳)』.

기록 곳곳에 잘 나타나 있다. '외면은 너그러웠으나 속으로는 꺼렸다.' 가충(賈充)이 정권을 잡았을 때는 '가충에게 몸을 낮추어 빌붙었다.' 가충이 유순(庾純)과 쟁론할 때 그는 '가충과 당파를 이루어 유순을 억누르고는 그른 것을 바르고 곧게 하는 것이라고 생각하였으니' 등의 기록으로 보아 그 명성이 아름답지 못함을 알 수 있다. 역사에서는 그를 일컬어 이렇게 덧붙이기도 했다. '성질이 사치스럽고 호화로워 화려한 것에 힘썼다. 휘장이며 수레와 복장이 극도로 아름답고 고왔으며 음식의 맛은 왕자(王者)보다 나았다. …… 하루에 만 전어치를 먹고도 오히려 젓가락을 댈 곳이 없다고 하였다.', '유의(劉毅) 등이 수차례나 "사치하여 법도가 없다고 탄핵하였으나 황제는 그가 중신이라 하여 일체 묻지 않았다."'[7]는 기록도 있다. 당시의 사치스러운 기풍은 임금과 신하가 마찬가지였다. 다만 하증의 상소문에 관심을 갖고 보면 그가 선비로서 얼마나 위선적이었는지 그 면모가 잘 드러난다. 언행과 달리 나라와 백성을 위하는 척 얼마나 듣기 좋게 말을 하였는지를 알 수 있다. 하증이 죽은 후 예관(禮官)이 시호를 논의할 때 박사인 진수(秦秀)가 '시호를 무추(繆醜)[8]로 하자'고 건의를 할 정도였다. 사물을 알아보는 조정 사람들에게 비친 그의 됨됨이를 알 수가 있다. 나중에 도잠은 「선비가 때를 만나지 못함을 슬퍼하다(感士不遇賦)」를 지어 '참된 기풍이 사라지고부터 큰 거짓이 일어났다.(眞風告逝, 大僞斯興)'고 하였으니 바로 이런 시대적 기풍을 묘사한 것이 아니겠는가?

||||||||||||||

7 『진서·하증전』.
8 당나라 장수절(張守節)의 『사기정의(史記正義)』에 수록된 시법해(諡法解)에 의하면 '명성은 아름답지만 실상은 어그러진 것을(名與實爽)'을 '무(繆)'라고 하며, '위세를 믿고 제멋대로 행하는 것(怙威肆行)'을 '추(醜)'라 한다고 하였다.—옮긴이

하 씨네 자손의 호화롭고 사치스러운 면모는 집안에 대대로 전하여 졌던 듯하다. 하증의 아들 하소(何劭)는 '교만하고 사치하고 오만하고 자신만 귀하게 여기는 것이 부친의 기풍 그대로였다. 갖옷을 입고 노리개를 찼는데 새것과 옛것이 크게 쌓였다. 식사 때는 반드시 사방의 진귀한 것을 다하여 하루의 공급량을 2만 전까지 한도로 하였다. 당시의 여론은 고관의 음식이라도 더할 것이 없다고 생각하였다.' 하소의 서형인 하준(何遵)의 성품 또한 사치스러웠다. 하준의 네 아들은 모두 사치가 과도하고, 난세에 처하여서도 호화로움을 자랑하여 향리에서 원수처럼 미워하기에 이르렀다. 이 호사하고 교만한 가족은 '영가(永嘉) 말년에 이르러 하 씨는 멸망하여 남은 것이 없었다.'[9] 곧 서진 정권의 몰락과 함께 사라진 것이다.

서진 정권의 부패는 동진의 간보(干寶)가 『진기(晉紀)』를 지어 총론에서 대강 서술하였으며 범문란(范文瀾)이 쉬운 문자로 대의를 따온 적이 있는데 아래에 옮겨본다.

사마 씨는 찬탈이라는 수단으로 진나라 왕조를 세웠는데 그를 추대한 사람들 가운데 정직하고 충실한 사람은 거의 없었다. 당시의 풍속은 음란하고 사악하였으며 시비가 전도되었다. 사인(士人)들이 배운 것은 노장(老莊)이었고 이야기한 것은 허무였다. 처세는 행실이 금수와 같은 것을 통달하다고 여겼다. 관직에 나감에 있어 구차하게 얻는 것을 부끄러워하기보다 그것을 재능이라고 여겼으며 관직에 임하여서는 관례대로 기명하는 것을 고상하다고 여겼다. 직무를 유기하여 털끝만큼도 마

|||||||||||||||||||
9 『진서·하증전』.

음을 쓰지 않는 사람이 모두 허명을 누렸다. 누가 진심으로 일을 하려고 한다면 질책을 받아 흙먼지처럼 경멸을 받았다. 시비와 선악 따위는 모두 말할 나위가 없었고 무리지어 일어나 다투는 것이라고는 오로지 돈과 재산뿐이었다. 조정에서 사람을 등용할 때는 누구에게 무슨 관직을 줄 것인가만 생각했다. 무슨 관직에 누구를 쓸 것이냐 하는 것은 고려되지 않았다. 관직을 구하는 사람은 이권을 도모할 만한 관직만 선택하였고 이권이 없으면 하지 않았다. 대관(大官)은 10여 개의 직책을 겸직하였으나 실제로는 하나의 관직도 상관하지 않았다. 중요한 사건은 십중팔구 잘못 처리하였다. 세력이 있는 가문의 자제는 등급을 뛰어넘어 승진하여 매우 빨리 고관이 되었으며, 보통의 사인은 힘자라는 대로 분투를 하여 비교적 높은 품급을 얻기를 희망하였다. 천 개 백 개나 되는 관직이었지만 현자에게 허용된 관직이라곤 하나도 없었다. 벼슬아치의 부녀도 마찬가지로 부패하였다. 그들은 노복을 부리면서 자신들은 어떤 일도 하지 않았다. 어떤 사람들은 음란함을 거리낌 없이 행하였고, 어떤 사람들은 흉포하게 비첩(婢妾)을 살해하고서도 해서는 안 될 일이라고 생각하는 사람이 없었다. 풍속과 정치가 이 정도까지 파괴되었으니 대란이 불가피해졌다.[10]

이렇듯 재물을 탐내고 여색을 좋아하며 권력을 다투고 이권 쟁탈이나 하는 사람들이 국가를 관리한다면 결과는 뻔하다. 나라의 화가 되고 백성에게 재앙을 몰고 올 것이 명백하다. 그 당시의 상황을 가지고 말한다면 서진왕조는 비록 외환으로 망하였지만 화란은 내부의 투쟁에

<hr>

10 『중국통사간편(中國通史簡篇)』 수정본 제2편, 293~294쪽.

서 기인하였다. 중국의 역사에서는 이를 일러 '팔왕지란(八王之亂)'이라
고 한다.

주지하다시피 사마 씨는 조위(曹魏)의 내부에서 정권을 탈취하였다.
진무제는 이에 대하여 위나라가 여러 왕이 자격을 빼앗겨 제실(帝室)이
고립된 결과에서 기인한다고 생각하였다. 그는 이 교훈을 빨아들이려
고 하였는데 역사에서는 '황제는 위 씨가 고립된 폐단을 징계로 다스
려 종실을 크게 봉하고 직임을 주었으며 또한 여러 왕에게 나라의 지방
관리를 스스로 선임하도록 조칙을 내렸다.'라 하였다.[11] 이는 주나라 왕
조의 분봉제도를 회복한 것과 유사하다. 서기 265년 황족 27명을 국왕
에 봉하였는데 5개의 대국과 6개의 차국(次國)이 있었으며 그 나머지는
모두 작은 나라였다. 대국은 백성이 2만 호로 상중하의 삼군을 두었으
며 병력은 5천이었다. 차국은 백성이 1만 호로 상하의 2군을 두었으며
병력은 3천이었다. 소국은 백성이 5천호로 1군을 두었으며 병력은 천
5백이었다. 나라의 문무관원은 봉하여진 왕들이 마음대로 선발하여 임
용할 수 있었다. 분봉된 본래의 뜻은 물론 진나라 왕실을 지키는 것이
었지만 각각의 봉국들은 이미 상대적으로 독립된 권력을 가지고 있었
다. 이를테면 중앙에서 통제를 할 수 없을 때 혹 모(某) 왕이 중앙에 진
출하여 권력을 장악하면 기타 왕들은 복종을 하지 않아 권력을 다투고
화란이 일어나는 근원이 된 것이다. 나중에 사실이 발전해 나가는 양상
이 바로 이러하였다.

진무제는 황족과 종실들을 대거 봉한 외에도 외척의 세력에 기대고
자 하였다. 명문 사족과의 결혼을 통하여 동시에 자기네 사마 씨의 문

<hr>

11 『자치통감·진기(晉紀) 1』.

벌을 쳐들어 높였다. 이를테면 사마소(司馬昭)는 명유인 왕숙(王肅)의 장녀를 아내로 삼았다. 아울러 사마염에게는 홍농군(弘農郡) 화음(華陰)의 양염(楊艶)을 배우자로 주었는데 곧 나중에 진무제의 양황후(楊皇后)가 된다. 양황후는 병이 들자 무제에게 자신의 종매인 양지(楊芷)를 황후로 삼을 것을 요구하였다. 화음의 양씨가 당시의 명문 망족(望族)이었으므로 무제는 양씨 가문과 정략결혼을 원하였다. 그는 양지를 황후로 삼자마자 그의 부친 양준(楊駿)을 거기장군으로 끌어올렸다. 황족 일색의 제실을 보좌하는 양 날개로 삼고자 함이었다. 그러나 사실은 나중에 무제의 희망과는 배치된다. 양씨는 동한 말 외척이 천단하던 노선을 걸어 무제의 뒤에서 내란을 일으키는 기점이 되기 때문이다.

서진 왕조의 변란은 무제의 뒤를 이은 사람이 적합한 인물이 아닌 데서도 기인한다. 양황후가 낳은 아들 사마충(司馬衷)은 백치로 훗날의 진혜제(晉惠帝)이다. 무제는 그를 폐하고 다른 황자를 세우려고 하였다는 설이 있다. 양황후 및 몇몇 대신들이 이를 저지하였다. 적자를 세움으로써 오래도록 현명하지 못하였다고 생각한 이른바 옛 가르침을 제기하여 폐위를 막은 것이다. 결국 무제가 죽고 나서 백치 아들이 제위를 계승하였으나 조정은 수습할 수 없게 되었다.

290년 진무제는 죽음을 앞두고 여남왕(汝南王) 사마량(司馬亮)에게 양준(楊駿)과 함께 공동으로 정치를 보좌하라는 조칙을 남겼다. 그러나 양황후는 별도로 조서를 만들어 양준에게 모든 정권을 장악하게 하였다. 화란은 궁정 내부에서 시작되었다. 291년 가황후(賈皇后: 惠帝后)가 양준을 죽이고 정권을 빼앗았다. 처음에는 여남왕 사마량이 정치를 보좌하였지만 초왕(楚王) 사마위(司馬瑋)에게 사마량을 죽이게 하였다. 가후는 또한 사마위를 죽이니 대란이 궁정의 내부에서 종실의 여러 왕들에게까지 뻗어나가게 되었다. 300년에는 조왕(趙王) 사마륜(司馬倫)이 가후를 죽였고 301년에는 또 혜제를 폐위시킨 뒤 스스로 황제라 일컬었다. 이는 제왕(齊王) 사마경(司馬冏)과 성도왕(成都王) 사마영(司馬穎), 하간왕(河間王) 사마옹(司馬顒)이 군사를 일으켜 사마륜을 죽이는 사태를 야기하였으며 남의 의지에 따라 좌지우지되는 혜제의 복위로 이어졌다. 이어서 장사왕(長沙王) 사마예(司馬乂) 및 동해왕(東海王) 사마월(司馬越)이 권력을 빼앗는 대열에 합류하였다. 이로 말미암아 여러 왕들 사이에서 대혼전 양상으로 변란이 확대되었다. 306년 사마월이 진혜제를 독살시킨 후 진회제(晉懷帝)를 옹립하고 아울러 측근을 붙여 감시하게 하였다. 311년 사마월이 죽자 이른바 '팔왕의 난'은 비로소 막을 내리게 되었다.

중국 역사상 봉건 왕조에서 부자형제간에 권력 쟁탈을 위하여 서로 죽인 적은 있지만 20여 년간에 걸쳐 반복적으로 힘을 겨룬 적은 드문 경우다. 팔왕은 결국 비록 함께 공멸의 길을 걸었지만 이들이 초래한 폐해는 헤아리기가 어렵다. 범문란은 이에 대하여 역사 평론을 개괄적으로 말하기를 "팔왕의 난은 한 폭의 미친 짐승 떼가 싸우는 그림이다. 사마 씨 집단의 모든 잔인성과 부패성이 집중적으로 이 미친 싸움 속에서 표현되었다. 이로 인하여 3백 년의 전란과 분열이 야기되었다. 황하 유역에 사는 한족 및 비한족의 백성들은 재난을 당하지 않을 수가 없었으니 사마 씨 집단의 죄악은 밑도 끝도 없었다."[12]라 하였다.

위에서 서진은 세가 호족의 정권을 대표한다고 이야기하였다. 그러나 사마 씨는 찬탈을 통하여 집안을 일으켰으며, 당시의 고급 사족들은 파가 나뉘었다. 조(曹) 씨를 옹호하는 그룹과 사마 씨를 옹호하는 그룹

---

12 『중국통사간편(中國通史簡篇)』 수정본 제2편, 289쪽.

이 그것이다. 사마의(司馬懿), 사마사(司馬師), 사마소(司馬昭)는 잇달아 조씨를 옹호하는 사족 집단을 대량으로 학살하였으며 몇몇 자신들에게 쓸모 있는 사람들과 친밀한 관계를 유지하였다. 이를테면 260년에 위제(魏帝) 조모(曹髦)가 사마소를 성토하자 가충(賈充)은 조모를 죽였다. 이로써 사마 씨를 위하여 큰 공을 세웠다. 덕분에 서진 통치 집단 내에서 신임이 가장 두터운 상을 받은 사람이 되었다. 따라서 사마 씨의 건국과 통치는 살상과 상급(賞給)의 남발로 행하여졌다. 자신들과 견해가 다른 사람들은 배척하였을 뿐만 아니라 파벌을 결성하여 사인(士人) 가운데 불만을 드러내는 사람이 있으면 곧잘 죽임을 당하는 화를 초래하게 하였다. 그래서 당시의 천하에서는 변고가 많아 선비들은 부지하기가 힘들었다고 하였다. 또한 이런 현상이 출현하게 된 것은 하나도 이상할 것이 없었다. 나중에 도잠은 이런 시대적 배경을 반영한 「선비가 때를 만나지 못함을 슬퍼하다(感士不遇賦)」를 지었다. 그 가운데는 '촘촘한 그물 마련하면 물고기들이 놀라게 되고, 넓은 그물 만들면 새들이 놀라게 된다.(密網裁而魚駭, 宏羅制而鳥驚)'라는 구절이 이를 잘 나타낸다.

서진 왕조의 궁정 내부와 황족 종실의 사이에서 한창 피차간에 쟁탈전을 벌이며 서로를 살육했다. 이미 중원에 진입하여 변경 일대에서 거주하던 소수민족들 또한 기회를 틈타 진나라의 정권에 반대하기 시작하였다. 서진 자신의 부패와 내분 또한 외환을 가져와 흉노족 유 씨(劉氏)가 세운 한(漢)나라에 의하여 멸망당하고 말았다. 그 후 각 민족들이 분분히 할거하여 나라를 세우고 왕이라 일컬었으며 중원에는 대혼전 양상이 벌어졌다.

이른바 16국 시기라는 것은 304년 유연(劉淵)의 기병(起兵)으로 시작하여 439년 위(魏)나라가 북량(北凉)을 멸하고 북방을 통일하기까지이며 전후로 모두 136년이다. 이 시기 동안 북방의 각 소수민족이 전후로 16개의 왕국을 세웠다. 그 중에는 할거한 기반이 큰 나라도 작은 나라도 있었다. 존속 기간이 긴 나라도 짧은 나라도 있었다. 요컨대 모두가 자신의 세력 범위 내에서 모두 독립적으로 왕이라 일컬었다. 이 기간 동안에는 전란이 끊이지 않아 피차간에 서로 살육을 일삼았다. 황하 유역의 중원지구는 사회와 경제가 극심하게 파괴되었으며 백성들은 전란과 기아, 역병을 만나 사망하기에 이르렀다. 이런 상황은 노신이 말한 '노예가 되려고 해도 될 수 없었던 시대'[13]를 연상시킨다.

이 시기의 역사를 과거에는 '오호난화(五胡亂華)'라 일컬었는데 이는 한족의 입장에서 이야기한 것이다. 한족은 북방의 소수민족을 호인(胡人)이라 일컬었다. 또 서진 때의 오호는 흉노와 갈(羯), 선비(鮮卑), 저(氐) 그리고 강족(羌族)을 지칭한다. 각 부족은 전후로 새내(塞內)에 들어와 거주하며 어떤 부족은 한인(漢人)과 섞여 사는 등 결코 동일하게 한나라 문화의 영향을 받지 않았다.

가장 먼저 군사를 일으켜 진나라에 맞선 나라가 흉노족 유연이란 사실은 이미 밝혔다. 서한 때 호한야 선우(呼韓邪單于)가 한나라 왕실과 통혼한 적이 있다. 그 후대가 성을 유(劉)로 바꾸었기에 흉노 귀족의 성씨가 되었다. 304년 유연은 군사를 일으켜 좌국성(左國城)을 점거하고 자칭 한왕(漢王)이라고 하였다. 그는 한문화를 받아들이고 상당(上黨)의 유생 최유(崔游)를 사사하여 『역(易)』과 『시(詩)』, 『서(書)』의 삼경을 배웠다. 『좌전(左傳)』 및 손오병법(孫吳兵法)을 더욱 좋아하였고 제자(諸子) 및 『사

||||||||||||||

13 노신, 『분·등하만필(墳·燈下漫筆)』, 『노신전집(魯迅全集)』 제1권, 베이징: 인민문학출판사, 1981년 판, 213쪽.

기』와 『한서』를 두루 보았다. 그의 아들 유총(劉聰)은 여러 경자사(經子史)를 푹 익혔다. 서법(書法)에 뛰어났고 글도 잘 지었다. 그의 조카 유요(劉曜)는 병서 읽는 것을 더욱 좋아하였다. 이는 귀족 출신 흉노가 이미한인 사족의 문화 수준을 갖추었다는 것을 설명한다. 다만 당시 서진의상류층 통치자는 모두가 높은 가문의 선비집안이어서 소수민족을 경시하였다. 봉직(封職)을 받은 고위직이라 할지라도 흉노의 사회적 지위는 결코 높지 않았다. 일반 흉노족은 진나라 왕조의 한족 지주가 부리는 소작농으로 충당될 뿐이어서 착취와 노역을 당하였을 따름이다. 이때문에 흉노는 우두머리부터 일반의 노역에 종사하는 군중에 이르기까지 모두 진나라 통치자에게 불만을 품고 있었다. 이왕에 진나라의 황족들 사이에 내란이 일어났으므로 유연은 이 기회를 틈타 이석(離石: 지금의 山西)을 점거하고 자립하였다. 308년에 이르러 자칭 황제라 하고 국호를 한(漢)이라 하였으며 평양(平陽: 지금의 山西 臨汾縣)에 도읍을 세웠다. 그러자 황하 하류 일대의 석륵(石勒)과 왕미(王彌) 등의 군사가 모두 와서 항복하여 귀순하였다. 310년 유연이 죽자 유총이 한 황제를 계승하였다. 그는 유요와 왕미, 유찬(劉粲) 등에게 군사를 거느리고 하남의 각주현을 공략(攻掠)하게 하였다. 당시 8왕 중의 마지막 사람인 사마월(司馬越)은 군사를 거느리고 항(項: 지금의 하남 項城縣)에 주둔하였다. 여기에왕연(王衍) 등 고관명사들이 군사를 따라 동행하였다. 311년 사마월이병사했다. 왕연이 군사를 거느리고 영평성(寧平城: 지금의 하남 鹿邑縣 서남쪽)으로 달아났을 때 석륵의 군사에게 포위를 당했다. 10여 만 명이 전멸되었고 왕공대신은 포로가 되어 목숨을 구걸하기에 이르렀다. 또한 왕연은 석륵에게 황제가 되도록 권하여 밤중에 모두 피살되었다. 이어서유총이 유요에게 낙양을 공격하여 함락시키게 하여 진회제(晉懷帝)는 사로잡고 왕공과 사민(士民) 3만여 명을 죽였다. 흉노의 군사들은 성으로 들어가 대대적인 노략질로 종묘와 관부를 불태웠다. 동한 말에 동탁에 의하여 불타 허물어진 후에 위나라와 진나라 두 왕조가 거의 백 년을 경영하던 낙양은 이때 다시 큰 재난을 당하였다.

진회제가 포로가 된 후 진나라 군사는 장안에서 진민제(晉愍帝)를 옹립하였다. 316년 유요는 장안을 공격하여 함락시켰으며 진민제와 남은 문무관원들은 모두 포로가 되었다. 진나라 황제는 투항한 후에 모욕을 당하였고 나중에는 결국 피살되었으며 이로써 서진은 멸망하였다.

서진이 멸망한 원인에 대해서는 두 곳의 기록이 정곡을 살짝 언급하였다. 첫째, 진회제가 포로로 잡힌 후에 유총이 그를 연회에 부른 적이 있는데 면전에서 사마 씨가 '골육상잔이 어찌 그리 심한가?'라 제기했을 때, 처음에는 '황천(皇天)의 뜻'이라고 얼버무렸다가 나중에야 사실을 말하였다. 자기의 '구족이 화목'하였다면 이 황제의 지위는 유총에게 돌아가지 않았을 것이라고 한 것이다.[14] 둘째, 진원달(陳元達)이 토목공사를 대대적으로 일으키는 유총의 일을 반대하면서 진나라가 망한 원인을 언급하였다. '진씨가 혼암하고 포학하여 백성을 초개(草芥)처럼 보았기'[15] 때문이라고 하면서 유총에게 경계로 삼으라고 하였다. 내분과 백성들에게 포학하게 군 것이야말로 서진이 수많은 봉건 왕조를 멸망시킨 주요 원인이었는데 유총 등도 또한 이 오래된 길을 걷고 있었던 것이다.

역대 봉건 왕조의 성쇠에는 사람을 등용하는 문제도 있었다. 양진(兩

||||||||||||
14 『진서』 재기(載記) 제2 『유총』.
15 『진서』 재기(載記) 제2 『유총』.

晉) 시기에는 출사하여 관직생활을 하는데 문벌이 가장 중요하였다. 이를테면 대명사(大名士) 왕연은 지체 높은 선비가문의 대표적 인물로 석륵에게 포로로 잡혔을 때 오히려 죽음을 면하기를 구걸하였다. 석륵은 그를 '몸이 중책을 맡았으며 젊을 때 조정에 들어가 백수(白首)에 이르렀으면서도 천하를 파괴한 것이 바로 그대의 죄이다.'[16]라고 꾸짖었다. 석륵은 진 왕조의 문벌 높은 선비가문을 가장 증오하였지만 하층 선비인 장빈(張賓)을 중용한 주모자였다. 나중에 도잠과 동시대인인 전진(前秦)의 부견(苻堅)과 약속하여 '어려서 빈천하고', '세상을 보좌할 뜻을 품은' 왕맹(王猛)을 임용하여 나라를 다스리는 원훈(元勳)으로 삼았다.[17] 비수(肥水)의 전투에서 실패한 것은 부견이 후기에 득의만만하여 왕맹이 임종할 때의 유언을 따르지 않았기 때문이었다.

진나라 왕조의 문벌제도를 돌이켜보면 통치계층은 거의 지체 높은 선비계층에게 농단을 당하였다. 일반 선비들은 또한 출사하기가 어려웠는데 도잠이 「선비가 때를 만나지 못함을 슬퍼하다(感士不遇賦)」를 지은 까닭이 '명철한 인물에게 짝이 없음에 슬픔을 느껴서 눈물이 줄줄 흘러 옷소매를 적셨기(感哲人之無偶, 涙淋浪以灑袂)'때문이다. 이처럼 사무치는 느낌은 진대(晉代)의 이런 정치적 배경을 반영하지 않음이 없었다.

중국의 역사 발전이라는 상황이라는 측면에서 보면 중원지구는 개발이 비교적 이른 편이었다. 때문에 경제 또한 비교적 발달하였고 인구는 당연히 주변 지구에 비하여 밀집되었다. 이를테면 한무제 때 나누어진 13주는 대부분 지금의 화북(華北) 지구, 곧 황하유역 일대에 있다. 강

||||||||||||||
16 『진서·왕연전』.
17 『진서』재기(載記) 제14 『왕맹』.

남(江南)과 영남(嶺南)에서 서쪽의 광대한 지구에 이르기까지는 양(揚)과 형(荊), 익(益)과 교(交)라는 네 개의 주군(州郡)뿐이었다. 이런 상황은 동한에 이르고 삼국시대에 이르기까지도 변화가 크지 않았다.

그러나 중원에서 동란이 발생했을 때 북방의 인사가 남쪽으로 이동하는 현상이 나타났다. 동한 말년에 황건적의 기의가 실패로 돌아간 후 동탁(董卓)을 토벌하느라 중원에서 군웅이 할거하는 대혼전이 일어나자 백성들은 전란 중에 대량으로 사망하였다. '문을 여니 아무것도 보이지 않고, 백골만 평원을 덮고 있었다.(出門無所見, 白骨蔽平原)'[18]고 시인이 묘사한 참상을 겪고서도 다행히 죽지 않은 사람들은 대대적으로 남방으로 도망갔다. 관중(關中) 일대의 사람들은 익주(益州)로 도망쳐 들어갔다. 『후한서·유언전(後漢書·劉焉傳)』에 의하면 '처음에 남양(南陽) 삼보(三輔)의 백성들 수만호가 익주로 흘러들어갔다.' 남쪽 형주(荊州)로 도망간 사람은 더욱 많았다. 위의(衛顗)가 순욱(荀彧)에게 보낸 편지에서는 '관중은 기름진 땅인데 얼마 전에 황폐한 난리를 만나 백성 가운데 형주로 흘러든 자가 10만여 호입니다.'[19]라고 하였다. 유표(劉表)가 형주태수로 있을 때 '관서(關西)와 연(兗), 예(豫)의 학사 가운데 귀의한 자가 아마 천을 헤아릴 것이다.'[20] 왕찬이 조조(曹操)에게 말하기를 '유표는 형초(荊楚)를 느긋하게 차지하고 앉아서 때의 변화를 살피며 스스로 서백(西伯)으로 법도를 세울만하다고 여깁니다. 선비 가운데 형주로 난을 피해온 자들은 모두 해내의 준걸인데 유표는 그들을 쓸 줄을 모릅니다.'[21]

||||||||||||

18 왕중선(王仲宣, 粲), 『칠애시(七哀詩)』.
19 『삼국지·위지·위의전』.
20 『후한서·유표전』.
21 『삼국지·위지·왕찬전』.

라 하였다. 이상의 상황은 동한 말기에 대업을 이루기가 어려웠다는 것을 설명해준다. 난을 피하여 형주에 이른 사람들은 대량의 유민들이 있을 뿐만 아니라 그 가운데는 적지 않은 해내의 준걸지사도 있었다. 하지만 유표는 이들을 제대로 임용할 줄을 몰랐다. 때문에 강남 양주(揚州)로 난을 피해간 무리도 있다. 역사 기록에 의하면 '한말의 대란으로 서주(徐州)의 사민(士民)들은 주로 양주의 땅으로 난을 피하였다.'[22] 오나라의 손권을 보좌한 명신 장소(張昭)와 노숙(魯肅) 등은 거의 강북에서 왔다. 요컨대 동한 말년 중원의 사람들이 난을 피하여 남쪽으로 옮긴 것은 흩어진 유민들은 물론 또한 조직적인 사족들까지 강남 지구를 개발하는 데 모두 공헌을 하였다. 오(吳)와 촉(蜀)이 정권을 확립하는 데는 북방의 사족 가운데서 몇몇 걸출한 인사의 도움을 받았으며 경제 개발에도 유민 노동 인구의 보충에 힘입었다. 이런 모든 사람들은 총체적으로 중국의 역사발전에 좋은 작용을 일으켰다.

사마 씨가 촉나라와 오나라를 평정하고 서진이 잠시나마 통일을 하게 되었다. 그러나 호시절은 오래 가지 않았다. 진나라 황실의 통치자는 어리석고 부패하였으며 대를 이은 호족들은 사치와 황음을 일삼았다. 군사를 겸해야 하는 농민들이 압박과 착취를 견디지 못하고 떠돌아다니게 되었다. 301년(晉惠帝 永寧 원년) 이특(李特)이 익주(益州)에서 유민들을 이끌고 폭동을 일으켰으며 이어서 기타 각지에서도 끊이지 않고 폭동이 발생하였다. 왕미(王彌)는 청(靑)·서(徐) 등지에서, 장창(張昌)은 강(江)과 한(漢) 사이에서, 왕여(王如)는 예(豫)와 형(荊)에서, 두도(杜弢)는 형(荊)과 상(湘) 일대에서 모두 유민들을 거느리고 폭동을 일으킨 적

―――――――――
22 『삼국지·오지·장소전(張昭傳)』.

이 있다. 당시만 해도 여전히 대규모의 농민 기의는 일어나지 않았지만 이미 진나라 정권의 통치와 사회 기반에 충격을 주었다.

서진의 통치자가 사회 동란의 각종 모순을 제대로 처리하지 못하였을 뿐만 아니라 오히려 내부의 정권 다툼으로 서로 살육을 일삼아 위에서 언급한 팔왕의 난이 일어났다. 이어서 서진이 멸망하였고 16국이 어지러이 다투었다. 유연과 유총, 유요, 석륵과 석호(石虎) 등의 잔혹한 살상으로 인하여 중원의 백성들은 더욱 큰 재화를 만나게 되었다. 일반 군중들만 해를 당하였을 뿐만 아니라 대를 이은 명문대족의 생명과 재산까지도 보존하기 어려웠다. 이로 인하여 중원지구 전체에 걸쳐 대혼란과 대이동이라는 현상이 벌어졌다. 당시 인구의 유동은 기본적으로 두 가지 상황으로 나타났다.

첫 번째 상황은 폭력을 막고 난리를 피하려는 필요성 때문에 생겼다. 백성들은 군체(群體)를 결성하여 험지에 의거하여 굳게 지킬 수 있는 외진 지구에 모여살 수밖에 없었다. 거기에 둑과 벽을 쌓았는데 평시에는 부근에서 경작하여 자급하였고, 전란이 있을 때는 스스로 보호하여 존속하기 위함이었다. 이렇게 모여 사는 거점을 통상적으로 '오벽(塢壁)'이라 하였다. 이곳의 우두머리는 주로 지방에서 세력을 가진 가문의 사람이었으며 어떤 이들은 남쪽으로 달아나지 않은 족인과 부곡을 모아서 스스로를 보호하였다. 오벽을 채우고 있는 주인으로는 파락한 사족과 일반 서민도 있었다. 유민들을 결집하는 방식을 취하기도 하였지만 여전히 향리와의 관계를 통하여 연합을 진행하였다. 중원에서 전란이 빈번할 때 황하 남북으로 두루 분포한 오벽이 가장 많았다. 이들은 남북간에 전쟁이 발생했을 때 완충 작용을 할 수 있었다.

중원에서 전란이 이어지는 기간에 생성된 오벽은 기본적으로는 관할하는 사람이 없는 독립된 실체였다. 대개는 왕에게 세금을 바칠 필요가 없었다. 어떤 학자들은 도잠이 지은 「도화원기」에 붙어 있는 시의 '가을에 곡식이 익어도 왕에게 세금을 바치지 않는다(秋熟靡王稅)'는 구절을 언급하면서, 왕에게 세금을 바치지 않은 것은 이런 독립된 오벽에서 원형을 찾을 수 있다고 생각하였다. 이런 문제는 나중에 도잠의 작품을 언급할 때 배경으로 삼아 다시 토론을 진행할 것이다.

두 번째 상황은, 오벽을 결성하지 않고 스스로를 지키던 중원의 인사들의 이야기다. 그들은 거의가 사방으로 옮겨갔다. 어떤 사람들은 모용외(慕容廆)와 모용황(慕容皝)이 점거하고 있는 요동지구로 옮겼다. 더러는 장궤(張軌)가 할거하고 있는 서북지구로 옮겨갔지만 대단위의 향방은 동한 말년의 상황과 흡사하여 형(荊)과 양(揚)의 두 주로 향하였다. 더욱 멀리는 교(交)와 광(廣) 일대까지 이르렀다. 이는 동한 말년 이후로 중원의 인사가 대량으로 남쪽으로 옮겨간 것을 또 한 차례 고조시킨 것이었다.

북방 인구의 남쪽으로의 이동은 당시의 사서에 기록이 많이 보인다. 영가(永嘉)의 난을 일컬어 '유(幽)·기(冀)·청(靑)·병(幷)·연(兗)의 다섯 주 및 서주(徐州)와 회북(淮北)의 유민들이 서로 이어서 강회(江淮)를 건넜다.'고 하였다. '오랑캐가 남침을 하자 회남의 백성들은 모두 강을 건넜다.'[23]고도 하였다. 일반 유민 외에 특별히 '낙양이 무너지자 중주(中州)의 사녀(士女)로 강좌(江左)로 피난한 자가 열 가운데 예닐곱이었다.'[24]고 제기하기도 했다. 중원의 사족 가운데 난을 피하여 남쪽으로 옮긴 사람

‖‖‖‖‖‖‖‖‖‖‖

23 『진서·지리지』.
24 『진서·왕도전(王導傳)』.

방훈이 송나라 하징(何澄)의 그림을 모사한 도정절 선생 소상

이 적지 않았음을 알 수 있다. 문벌 있는 선비집안은 사마 씨 정권의 지주(支柱)로 동진이 나라를 세우는 기간 동안 북방의 한인들은 끊임없이 남쪽으로 옮겨갔다. 역사지리학자 탄치샹(譚其驤)의 연구를 보자.「진나라 영가의 난 후의 민족들의 이동(晉永嘉亂後之民族遷徙)」[25]에서 통계를 내었는데, 영가의 난에서부터 위(魏)나라와 송(宋)나라의 과보(瓜步)의 전역까지 북방의 인구는 여섯 차례 남쪽으로 이동하여 정점을 보였다. 총수가 거의 1백만에 근접하며 이는 당시 북방 총인구의 약 8분의 1이상을 차지한다. 남하한 인구는 주로 강절(江浙)과 형상(荊湘) 지구에 집단 거주하였다. 어떤 사람들은 사천으로 들어갔고 멀리 광동과 복건까지 이른 사람들도 있었다. 북방에서 남쪽으로 내려간 유민들은 세력 가문의 영도자, 동족의 자제와 친분 있는 무리로부터 기타 일반 백성에까지 이르렀다. 이들을 따라서 남하한 사람도 있었는데 이런 조직 형식은 사서에 많이 기록되어 있다.

조적(祖逖)은 자가 사치(士稚)로 범양(范陽) 주(遒) 사람이다. 대대로 2천석의 관리를 지냈으며 북주(北州)의 세족이었다. …… 경사(京師)가 크게 어지러워지자 조적은 친당(親黨) 수백 가문을 거느리고 회사(淮泗)로 피난하였다. 타고 있던 거마에 동행하는 늙고 병든 사람을 태우고 자신은 걸어갔다. 약물(藥物)과 의복, 식량을 사람들과 함께하고 또한 임기응변이 많으므로 노소가 모두 종주로 생각하여 조적을 행주(行主)로 추대하였다. 사구(泗口)에 이르자 원제(元帝)가 맞아 서주자사(徐州刺史)로 임용하였다. 얼마 후에는 군자좨주(軍諮祭酒)로 불러 단도(丹徒)의 경구(京

||||||||||||
25 『연경학보(燕京學報)』 제15기.

口)에서 살았다.[26]

　서막(徐邈)은 동완(東莞) 고막(姑幕) 사람이다. 조부인 징지(澄之)가 주의 치중(治中)이 되었다. 그러나 마침 영가의 난이 일어났다. 마침내 향리의 장곤(臧琨) 등과 함께 자제 및 사서(士庶) 천여 가를 이끌고 남쪽으로 강을 건너 경구에서 살았다.[27]

　소준(蘇峻)은 자가 자고(子高)이며 장광(長廣) 액(掖) 사람이다. …… 영가의 난 때 백성들이 외지로 도망하였다. 주둔하여 모여 사는 곳에서 소준은 수천 가(家)를 규합하여 본현에서 진루(陣壘)를 엮었다. 당시 호걸들이 주둔하여 모여 사는 곳에서 소준이 가장 강하였다. (소준은) 장사(長史) 서위(徐瑋)를 보내어 여러 둔(屯)에 격문을 공표하여 왕의 교화를 보이고 또한 마른 유골을 거두어 장사를 지내주었다. 이에 멀리서 가까이서 그 은의에 감동하여 소준을 주인으로 추대하였다. …… 그 부하 수백 가를 이끌고 바다에 배를 띄우고 남쪽으로 건너갔다.[28]

　영가의 난 때 중원의 사족인 임(林)·황(黃)·진(陳)·정(鄭) 네 성씨가 먼저 민(閩)으로 들어갔다.[29]

　진나라 영가 2년에 중주(中州)의 정세가 불안해지자 진신 사대부로 처

||||||||||||||

26 『진서·조적전』.
27 『진서·서막전』.
28 『진서·소준전』.
29 진진손(陳振孫)의 『직재서록해제(直齋書錄解題)』에서 인용한 당나라 임서(林諝)의 「민중기(閩中記)」.

음 민땅으로 들어간 사람이 여덟 족속이었다. 이른바 임(林)·황(黃)·진(陳)·정(鄭)·첨(詹)·구(丘)·하(何)·호(胡) 씨가 바로 그들이다.[30]

중원의 사대부로 진나라를 따라 도강한 자가 백가(百家)이기 때문에 강동(江東)에 백보(百譜)가 있게 되었다.[31]

이상의 자료는 영가의 난 후에 북방의 인구가 남쪽으로 옮겨갔음을 설명하고 있다. 주로 힘 있는 가문의 영도자들이 자제와 종친 향당을 거느린 집체 행동이었다. 그 나머지 몇몇 흩어져 사는 선비와 서민이 전란 기간 동안 길이 막혀 또한 왕왕 집결하였다. 서로 의지하여 가기도 하였는데 수백에서 수천 가구가 줄지어 움직였다. 이렇듯 대량으로 남하한 인구는 많은 노동력과 선진의 농업 생산 기술도 수반하여 강남의 경제 개발에 중요한 작용을 일으켰다.

2. 동진 건국 후의 외우내환

동진 왕조는 317년에 세워졌고 원제(元帝) 사마예(司馬睿)가 건국하였다. 420년에 유유(劉裕)가 공제(恭帝) 사마덕문(司馬德文)을 폐하고 진나라를 대신하여 송나라를 건립하였다. 동진이 건국된 지 104년 만이고 11명의 황제를 거쳤다. 도잠은 동진 중후기에서 유송(劉宋) 문제(文帝) 원가(元嘉) 초

||||||||||||||
30 명나라 하교원(何喬遠), 『민서(閩書)』권152.
31 안지추(顏之推), 「관아생부(觀我生賦)」의 자주(自注).

년까지 살았으며 동진은 그가 거쳐 간 조대였다.

동진은 서진이 멸망한 후 건립된 반쪽짜리 왕조다. 권세 있는 가문의 정치를 전횡한 상황 아래라 사회적 모순이 매우 많았다. 외우내환이 끊이지 않았다고 말할 수 있으며 백성들에게는 여전히 고난의 연대(年代)였다.

동진을 개국한 임금 사마예는 307년 진나라 회제(懷帝)에 의하여 안동장군(安東將軍)에 임명되었다. 양주(揚州) 도독과 강남제군사(江南諸軍事)를 지냈고 건업(建業, 愍帝 때 建康으로 개칭하였으며 곧 지금의 南京)을 진수(鎭守)하였다. 316년 민제가 포로로 잡히면서 서진은 망하였다. 사마예는 먼저 왕이라 일컬었고, 민제가 피살된 후에는 황제라 일컬었는데 곧 진원제이다.

사마예는 진나라 종실 가운데 원래는 먼 친속이다. 팔왕의 난의 정권쟁탈 과정에는 개입하지 않았다. 나중에 경사와 멀리 떨어진 강남으로 임명되어 나가 영가의 난 때도 휩쓸리지 않았다. 낙양이 함락되고 회제가 포로로 잡힌 후에 민제는 장안으로 천도를 하였다. 하지만 진나라 왕조는 이미 폭풍우 속에서 흔들리는 처지였다. 민제는 남방의 이 근거지를 중시하여 곧 사마예를 승상(丞相)과 대도독중외제군사(大都督中外諸軍事)에 임명하였다. 서진이 망한 후에 중원이 함락되자 강남은 이치에 따라 반쪽짜리에 만족하는 동진 왕조를 세웠다.

사마예는 진나라 왕조의 종실인데다 또한 진수강남이어서 황제로 추대되었으니 천재일우의 기회를 만난 것이라 할 수 있다. 그러나 그의 사람됨은 재능과 명망이 결핍되었다. 때문에 황제를 일컫고 난 뒤 실행이 유효한 통치 방법이라고는 왕도(王導)의 도움에 의지하는 것뿐이었다. 왕 씨 가문은 저명한 선비 가문이며 왕도 또한 경험이 풍부했다. 노련한 정치가로 그는 원제의 기반이 얕다는 것을 알았기에, 안정된 통치를 하려면 각 방면의 힘 있는 가문의 지지를 얻어내야 했다. 이는 당시 필수불가결한 조건이었다.

세가대족의 동진 건국에 대한 지지를 받기 위하여 왕도는 두 방면에서의 작업을 진행하였다. 한 방면은 영가의 난으로 인하여 중원의 사족들이 대대적으로 남쪽을 향해 이동하자 '현인군자들을 거두는'[32] 것을 명분으로 삼았다. 이때 관직을 배정하여주었으므로 북방의 '관직을 잃은 선비로 피난하여온 자들이 거의 현달한 지위를 차지하였다.'[33] 어떤 이들은 재물 방면에서 또 특별히 상급이 더하여졌다. 태원(太原)의 왕교(王嶠)와 그의 두 아우가 강을 건너자 진원제는 '명망과 덕이 있는 후손으로 아울러 조행(操行)을 갖추었다' 하여 특별히 '돈 30만 전과 비단 3백 필, 쌀 50곡(斛), 친병(親兵) 20명을 주는'[34] 은전을 내린 것이 좋은 예다. 그렇듯 남하한 대족에게는 옛 이름을 딴 군현을 안치하여 그들이 토지와 인구를 점유하도록 하였다. 원래 그곳에 속한 군현 정부의 관할을 받지 않았다. 이런 특별한 혜택을 조건으로 내 건 것은 남하한 대족의 지지를 받기 위한 방편이었다.

동진은 강남에 나라를 세웠다. 건강은 원래 손오(孫吳)의 도성이었다. 강남의 경제는 서진 후기의 혼란기 때 기본적으로 파괴를 당하지 않았다. 이는 동진이 나라를 세울 때 지리 경제적인 측면에서 유리한 조건을 갖춘 덕분이다. 그러나 서진이 오나라를 멸한 후에 남방의 선비가문은 차별을 당하였다. 육기(陸機)의 「천하순표(薦賀循表)」에서 양주의 인사는 여전히 낭관(郎官)이 된 사람이 없고 형주(荊州)의 사인도 조정에 있

||||||||||||
32 『진서·왕도전』.
33 『진서·주처전(周處傳)』에 부기된 「주협전(周勰傳)」.
34 『진서·왕담전(王湛傳)』에 부기된 「왕교전」.

는 자가 없다고 하였다. 중원의 선비 가문이 벼슬을 독식하고 있는 데 대하여 강남의 사람들은 당연히 불만을 품었다. 현재 동진은 손오의 옛 국경에 나라를 세우려 하는데 그러려면 현지 사족의 지지를 얻어야 하였다. 따라서 왕도는 중원에서 남하한 선비 가문을 '그들과 일을 도모한다.'고 위무하는 것 외에, 강남의 사족들이 자기편에 서도록 하는 일에도 중요한 작업을 해야 했다. 그는 원제에게 말하기를 '고영(顧榮)과 하순(賀循)은 이곳의 망족입니다. 끌어들여 인심을 결집함만 못합니다. 두 사람이 이르면 오지 않을 사람이 없을 것입니다.'[35]라 하였다. 고영과 하순 두 사람의 협조를 얻어내자 강남의 사족들도 비로소 조금씩 동진 정권의 편에 서기 시작하였다.

　동진의 건국은 왕도의 도움과 계책으로 말미암아 남북 사족간의 모순을 완화하였다. 잠시 강좌에서 반쪽짜리나마 편안함을 얻는 국면을 맞았다. 그러나 이런 상대적인 평형은 결코 안정되지 못하여 동진은 건국 후에 여전히 끊임없이 내부의 분쟁이 이어졌다. 남북 사족의 모순은 비록 왕도의 절충을 거치기는 하였지만 조신 중에는 여전히 중원에서 남하한 사족이 우세를 점하였다. 따라서 정치적으로 뜻하는 대로 되지 않는 남북 세가 호족의 원망을 야기시켰다. 주기(周玘)와 주협(周勰) 부자는 군사를 일으켜 정권을 장악한 북인을 죽이려 기도한 적이 있다. 역사는 이 일을 이렇게 기록하고 있다.

　　주기의 종족은 강대하고 흥성하여 인정이 귀의하여 황제가 의심하고 꺼렸다. 이때 중주(中州)의 인사들이 왕업을 돕고 있었는데 주기는 스스

|||||||||||||
35 『진서·왕도전』.

로 어울리지 못한다 생각하여 마음속으로 원망을 품고 있었으며, 다시 조협(刁協)이 그를 깔본 일로 부끄러움과 화가 더욱 심하여졌다. 당시 진동장군좨주(鎮東將軍祭酒)인 동래(東萊)의 왕회(王恢) 또한 주의(周顗)에게 모욕을 당하였다. 곧 주기와 함께 집정자들을 주살할 음모를 꾸며 주기 및 대약사(戴若思)를 추대하여 남사(南士)들과 함께 황제를 받들어 세상사를 다스리게 하려 했다. 이에 앞서 유인(流人)의 장수 하철(夏鐵) 등이 회사(淮泗)에 우거하고 있었다. 왕회가 몰래 하철에게 서신을 보내어 군사를 일으키게 하고 자신은 주기와 함께 삼오(三吳)를 가지고 내응을 할 것이라고 하였다. 건흥(建興) 초에 하철은 이미 수백 명의 군중을 모았는데 임회태수(臨淮太守) 채표(蔡豹)가 하철을 참살하고 알렸다. 왕회는 하철이 죽었다는 말을 듣고 죄가 두려워 주기에게로 달아났는데 주기는 그를 죽이고 돼지우리에 파묻었다. 황제는 듣고도 비밀에 부쳤다. 주기를 불러 진동사마(鎮東司馬)로 삼았고 미처 도착도 하기 전에 다시 고쳐서 건무장군(建武將軍)과 남군태수(南郡太守)에 임명하였다. 주기가 이미 남행을 하여 무호(蕪湖)에 이르자 또 명을 내렸다.

"주기는 대대로 충렬(忠烈)하였고 의(義)가 실로 현저히 드러나 내가 흠모하던 바이다. 이제 군자좨주(軍諮祭酒)로 삼고 장군직은 유지하며 작위를 올려 공(公)으로 삼고 부하들의 녹봉은 한결 같이 개국의 예대로 한다."

주기는 형세가 바뀐 것에 성을 내었다. 또한 계책이 누설된 것을 알아 마침내 근심과 울분으로 등에 악창이 나서 죽었다. 당시 그의 나이 56세였다. 죽으려 할 때 아들인 협에게 일렀다.

"나를 죽인 자는 창자(傖子)들이니 회복을 시킬 수 있어야 내 아들이다."

오나라 사람들은 중주의 사람들을 '창(傖)'이라고 부르기 때문에 그

렇게 말하였을 따름이다.[36]

　이곳의 기록은 매우 분명하다. 주기가 중원의 사족들이 조정에서 정권을 장악하고 있는 데 대하여 불만을 품었으며 자신이 차별을 당하였기 때문에 왕회(王恢) 등과 여러 집정자들을 죽일 계책을 세웠다. 나중에 계책이 누설되었는데도 원제는 오히려 비밀에 부치고 밝히지 않았으며 오히려 그에게 진나라의 관작에 봉하였다. 주기는 울화병으로 죽어가면서도 여전히 잊지 않고 아들인 주협에게 북인들에게 원수를 갚으라 하였다. 주협은 부친의 말을 잊지 않고 북인의 모략이 재연되는 것을 반대하였다.

　　당시 중원[中國]의 관직을 잃은 사족으로 난을 피해 온 자들이 거의 높은 지위를 차지하고 오나라 사람들을 부리자 오나라 사람들은 자못 원망하였다. 주협은 이 때문에 군사를 일으키고자 하여 몰래 오흥군(吳興郡)의 공조(功曹)인 서복(徐馥)과 결탁하였다. 서복의 집에는 부곡(部曲)이 있었다. 주협은 서복으로 하여금 숙부 서찰(徐札)의 명이라 사칭하게 하여 무리를 모았다. 호협으로 난을 즐기는 자들이 한꺼번에 따르고서 왕도와 조협을 토벌하는 것을 명분으로 삼았다. 손호(孫晧)의 족인 손필(孫弼) 또한 광덕(廣德)에서 군사를 일으켜 호응하였다. 서복이 오흥태수(吳興太守) 원수(袁琇)를 죽이자 수천 명의 무리가 서찰을 주인으로 받들려 하였다. 당시 서찰은 병들어 집으로 돌아갔는데 소식을 듣고 크게 놀라 곧 의흥태수(義興太守) 공간(孔侃)에게 난리가 났다고 알렸

<hr>

36 『진서·주처전』에 부기된 「주기전」.

44

다. 주협은 서찰이 동의하지 않는 것을 알고 감히 군사를 일으키지 않았다. 서복의 무리는 두려워 서복을 공격하여 죽였다. 손필의 무리 또한 궤멸되었으며 선성태수(宣城太守) 도유가 멸하였다. 원제는 주 씨가 대대로 호문망족(豪門望族)이라 오나라 사람들이 종주로 삼으므로 끝까지 다스리지 않고 옛날처럼 위무하였다.[37]

주협이 이번 난을 일으키려 한 계획은 그의 부친보다 더욱 분명하긴 하였지만 불완전하였는데 개인적인 은원 때문이었다. 도망쳐서 남하한 사족들은 대부분 드러난 지위를 차지하고 있었으며 아울러 오나라 사람들을 속이고 저버려 오나라 사람의 원한을 불러일으켰다. 따라서 주협의 내란 음모는 실제적으로 오나라 사람들의 지지를 얻었다. 게다가 주 씨의 가문이 '대대로 명성과 덕망이 있는 집안'이어서 원제 또한 감히 철저히 조사를 하지 못하였다. 이에 따라 이런 모순을 완화시켰다.

원제 때 주 씨 부자의 내란 음모는 파장이 잠시 잠잠해지긴 하였지만 다른 파장이 또 일어났다. 바로 왕도의 가족과 황실간의 모순이었다. 위에서 말한 적이 있듯이 동진의 건국은 왕도의 계책과 지지에 의지한 것이었다. 당시 사회적으로 "왕과 말이 천하를 함께 한다"는 속담이 나돌았다. 왕도는 조정에서 정치를 보좌하고 왕돈(王敦)은 형주(荊州)를 근거로 하여 지켰으므로 왕 씨 가문의 권력이 매우 커서 원제의 시기를 일으켰다. 이에 유외(劉隗)와 조협(刁協) 등을 기용하여 황권의 강화를 기도하였다. 역사에서는 일컫기를 '유외는 단양윤(丹陽尹)이 되어 상서령 조협과 함께 원제의 총애를 받았다. 권세 있는 호족을 배척하여 억누르려

‖‖‖‖‖‖‖‖‖‖‖
37『진서·주처전』에 부기된「주협전」.

고 하였다. 이에 여러 가지 가혹하고 각박하며 복잡하고 어수선한 정치는 모두 유외와 조협이 세운 것이라 한다.'[38]라 하였다. '조협은 성격이 강하고 사나워 사물과 많이 거슬렀으며 매번 윗사람을 숭상하고 아랫사람을 억눌렀으므로 왕 씨의 미움을 샀다. …… 그러나 힘과 마음을 다하였으며 바로잡고 구하는데 뜻이 있어서 황제가 그를 매우 신임하였다. 종들을 군사로 삼고 장리(將吏)와 객사(客使)를 취하여 운용한 것은 모두 조협이 세운 것이어서 뭇사람들이 원망하였다.'[39]라 하였다.

원제는 유외와 조협 등을 임용하여 강한 호족을 배척 억압하면서 먼저 왕 씨 가족과 격렬한 갈등을 일으켰다. 역사에서는 이렇게 기록했다. '당시 유외가 권력을 장악하여 자못 왕 씨를 소외시키자 왕도 등은 매우 불평하였다.', '왕돈은 평소에 중한 명망이 있는 데다 강좌에서 큰 공을 세워 조정 바깥을 오로지 맡고 강한 군사를 장악하여 종형제와 조카들이 현귀해져서 위세가 둘도 없었으며 마침내 조정을 제멋대로 주물러 정권의 향방을 물으려는 마음을 갖게 되었다. 황제는 두려워하고 미워하여 마침내 유의와 조협 등을 끌어들여 심복으로 삼으니 왕돈은 더욱 평정할 수가 없었다.'[40]

왕돈은 주기 부자와는 달리 강한 군사력을 장악하였다. 갈등이 이미 격화되어 마침내 '군사들이 안으로 향하여 유외를 주살하는 것을 명분으로 삼았다.' 왕돈의 이번의 기병은 강남의 주(周)와 심(沈) 씨 등 호족의 지지를 두루 얻어냈다. 그의 군사가 석두(石頭: 지금의 江蘇 南京城 서쪽)에 이르렀을 때 그곳을 지키던 장수 주찰신(周札信)은 성문을 열고 항복하

‖‖‖‖‖‖‖‖‖‖‖
38 『진서·유외전』.
39 『진서·조협전』.
40 『진서·왕돈전』.

였다. 심윤(沈允) 또한 왕돈의 편당이 되었다. 건강의 성이 격파된 후에 조협과 대약사 등은 모두 피살되었고 유외는 북방으로 달아났다. 원제는 폐위되지는 않았지만 322년 겨울에 우울증으로 죽었다. 원제의 아들 사마소(司馬昭)가 제위를 이으니 진 명제(晉明帝)이다. 왕돈은 조치를 거치긴 하였지만 왕도가 조정에서 정치를 돕고 있어서 스스로 무창(武昌)에 주둔하였다. 나중에는 스스로 양주목(揚州牧)이 되어 고숙(姑孰: 지금의 安徽 當塗縣)으로 옮겨서 진수하였다.

왕돈이 기병하였을 때 지방 호족은 조협 등의 집정에 불만을 가졌기 때문에 그를 비교적 지지하였다. 그러나 그가 건강으로 들어간 후에 '왕돈은 뜻을 얻자 포악함과 오만이 더욱 심해졌다.' 특히 그가 임용한 심충(沈充)과 전봉(錢鳳)이 주모자가 되어 '심충 등도 아울러 흉포하고 교만 방자하여 함께 획책 선동하여 자기와 뜻을 달리 하는 자를 살육하였다. 또한 영부(營府)를 크게 일으키고 전택(田宅)을 침입하였으며 옛 무덤을 파헤치고 시정과 도로에서 약탈을 하여 사족(士族)과 서족(庶族)이 해체되어 모두들 그가 재화를 일으키고 실패하였음을 알았다.'[41]

왕돈이 나중에 이렇게 악행을 다단하게 저질러 '사족과 서족이 해체되었으며' 다시는 사람들의 지지를 받을 수 없었다. 324년 명제는 왕돈의 병이 위급해진 틈을 타서 그를 토벌하라는 조령을 내렸다. 왕돈은 병사하였고 심충과 전봉 등은 모두 전투에서 패하여 피살되었다. 그러나 오래지 않아 또 소준(蘇峻)의 난이 일어났다.

소준은 장광(長廣) 액(掖: 지금의 山東 掖縣) 사람이다. 영가의 난 때 떠돌아다니는 백성을 규합하여 먼저 본현에서 결집시켰다. 나중에는 무리

||||||||||||
41 『진서·조적전』.

를 거느리고 남도하였는데 왕돈의 토벌에 공을 세웠기 때문에 사지절 관군장군(使持節冠軍將軍)과 역양내사(歷陽內史)에 임명되었다. 소준은 정예병 만 명을 통괄하여 동진의 조정에서는 그에게 의지하여 북방의 장벽으로 삼아 '강외(江外)를 그에게 맡겼다.'

소준의 난 또한 황실과 지방 호족간의 갈등으로 말미암아 발생하였다. 왕돈의 난 1년 뒤에 명제가 죽고 성제(成帝)가 어린 나이로 즉위하여 외척인 유량(庾亮) 등이 정치를 보좌하였다. 유량 또한 지방 세력을 억제하고 황권을 강화하고자 하였다. 소준이 병권을 내놓게 하고자 입조하여 관직을 맡기려 하였다. 소준은 여전히 지방에 남을 것을 요구하였는데 유량에게 거부당하자 군사를 일으켜 건강으로 쳐들어갔다. 나중에 강주자사(江州刺史) 온교(溫嶠)와 형주자사 도간(陶侃)의 출병으로 평정되었다. 도간은 도잠의 증조부로 출신성분은 결코 힘 있고 번성한 가문은 아니었지만 군공으로 가문을 일으켜 지방을 진수하는 중신이 되었다. 그의 사적과 영향은 아래 도잠의 가세를 다루는 장에서 다시 한 번 상술할 것이다.

동진이 건국할 때 반쪽만 편안할 수 있었던 정권이었기 때문에 북방은 오히려 각 소수민족이 세력을 할거하여 혼전을 일삼는 곳이 되었다. 이로 인해 북방에 남아 있는 한인(漢人)과 남쪽으로 도망간 사대부 모두 고국을 그리워하는 마음을 가지고 있었다. 동진의 조정에서도 몇 차례 북벌하여 중원을 회복하려고 도모한 활동이 있었다. 그러나 위에서 말한 대로 조정의 내부분쟁이 끊이지 않아 모순이 겹겹이 쌓였다. 아울러 서로 시기하느라 북벌은 당연히 성공할 수가 없었다. 내부의 근심은 외부의 환란을 초래하기 마련이다. 나중에 전진(前秦)이 진나라의 비수(淝水)를 침입한 전란 때 다행스레 대외적으로 단결할 수가 있어서 쳐들어

오는 것이 난관에 부딪쳤다. 그러나 동진 정권은 여전히 진흥의 희망이 없었다.

동진에서 최초로 북벌을 진행한 사람은 조적(祖逖)이다. 그는 원래 하북(河北) 범양(范陽)의 호족이었다. 영가의 난 때 그는 종족의 부곡 수백 가를 거느리고 남쪽으로 옮겨왔다. 313년 무리를 이끌고 북벌을 하였다. 강을 건널 때 노를 치며 맹세하기를 '내[祖逖]가 중원을 맑게 하지 못하고 다시 건넌다면 대강(大江) 같은 것이 있다.'라 하였다. 마음속으로 돌아오지 않겠다고 결심하는 뜻을 표명한 것이다. 조적은 초성(譙城)과 봉구(封丘) 등지로 진군하여 황하 이남의 큰 영토를 수복하였다. 현지의 백성들은 그를 칭송하여 노래하기를 '다행히도 백성들이 포로가 되지 않게 하느라 삼진(三辰)이 이미 밝게 인자한 어버이를 만났구나'[42]라 하였다. 조적의 북벌은 북방 사람들의 옹호와 추대를 받았지만 한쪽만 편안함을 추구하는 원제는 달랐다. 그의 세력을 제대로 통제하지 못할까 두려워하여 마침내 대연(戴淵)을 파견하여 북방 여섯 주의 군사를 총괄하도록 하였다. 조정의 견제를 받은 조적은 화가 나서 근심과 슬픔 끝에 321년 병사하였다. 수복하였던 실지는 다시 함락되었으며 북벌 또한 중도에서 폐하여졌다.

조적의 후로 유량 형제가 북벌을 준비한 적이 있다. 조신들이 대다수 반대 의견을 견지하고 유량과 유익(庾翼) 또한 차례로 병사하자 북벌은 결국 성사되지 못하였다. 349년에 중원의 석 씨(石氏) 왕국에서 내란이 발생하자 은호(殷浩)가 이 기회를 틈타 북벌을 주장하였다. 군사를 진격시켜 허창(許昌)에까지 이르렀지만 강족(羌族)인 요양(姚襄)에게 패하여

||||||||||||||
42 『진서·조적전』.

공을 이루지 못하고 돌아왔다.

　동진의 몇 차례 북벌 중 환온(桓溫)의 움직임은 그런대로 얼마간 효과를 거두었다. 그는 유익의 뒤를 이어 형(荊)·양(梁) 4주의 제군사(諸軍事) 도독과 형주자사, 진수무창(鎭守武昌)에 임명되었다. 환온은 먼저 촉(蜀)을 쳐서 평정한 후에 세 차례 북벌을 감행하였다. 354년 강릉(江陵)에서 양양(襄陽)을 거쳐 관중(關中)으로 출정하여 파상(灞上)까지 진격하였다. 관중의 한인들은 술과 고기를 들고 나와 환영하였다. 어떤 노인은 감격에 젖어 눈물을 흘리며 말하기를 '생각지도 못하게 오늘 또 관군(官軍)을 보는구려.'라 하였다. 당시 관중을 점령하고 있던 저족(氐族)의 부건(苻健)은 '누벽을 견고히 하고 들판을 깨끗이 쓸어버리는' 방법을 채택하였다. 환온의 군중에 식량이 부족하게 하여 물러나도록 압박한 것이다. 356년 환온은 하남으로 진군하여 낙양을 수복하였으며 아울러 환도할 것을 주장하였는데 온 조정이 반대하여 그만두었다. 369년 환온은 다시 북벌을 감행하여 방두(枋頭: 지금의 河南 濬縣)까지 진격하였으나 또 식량의 부족으로 패퇴하고 말았다.

　동진 전기의 몇 차례 북벌은 모두 중도에서 그만두어 실패로 끝났다. 주요 원인은 내부의 모순으로 인하여 북벌은 후방의 지지를 받지 못하고 오히려 저지를 당하였기 때문이다. 그들은 모두 자신과 가족 혹은 모종의 통치 집단의 이익을 위하여 국가의 큰 형국을 돌아보지 못하였다. 이와는 상반되게 폭넓은 백성과 군중, 특히 북방에 있는 한인들은 북벌에 대하여 환영의 뜻을 나타내었다. 조적과 환온이 왔을 때 열렬히 찬송한 것이 일례라 할 수 있다. 환온이 낙양에 이르렀을 때 환도할 것을 제기하였으나 조신들의 반대에 부딪쳤다. 나중에 황제에게 글을 올려 말하기를 '진나라 망국의 백성들은 고니처럼 똑바로 서서 남쪽을 바라보고 있습니다. 의를 행하려 달려가는 선비들은 강개하여 길에 올랐습니다.'라 하였다. 이는 당시 각 계층의 인사와 민족의 나라에 대한 태도가 상반되었음을 보여준다.

동진의 몇 차례 북벌은 성공을 할 수 없었으나 북방에서는 오히려 전진 부견(苻堅)의 무력 정벌 하에 잠시나마 통일을 이루었다. 383년 부견은 온 나라의 군사를 기울여 대대적으로 남침하여 동진과 비수의 전역을 전개하였다. 동진에서는 사현(謝玄)과 사석(謝石), 사염(謝琰) 그리고 유뢰지(劉牢之) 등이 정예인 북부(北府)의 군사를 거느렸다. 부견의 군사는 수적인 우세에도 실패하였다. 주요 원인은 전략, 전술 방면의 착오를 문제 삼지 않더라도 내부 각부족의 갈등이 심해서였다. 한번만 꺾이면 흙덩이처럼 와해되었으며 또한 그 틈을 타서 부견의 진나라 통치에서 벗어나고자 하였기 때문이었다. 반면에 동진은 한편 대적(大敵)과 맞서서 잠시 단결을 하지 않을 수 없었다. 인심과 사기가 전진과는 좋은 대비를 이루었다. 동시에 부견은 원래 지나치게 교만하여 '지금 강한 군사 백만과 숲과 같은 문무의 인재를 가지고 있으니 북을 쳐서 진군만 하면 진나라를 꺾는 것은 상풍(商風)이 추탁(秋蘀)을 떨어뜨리는 것과 같다.'라고 호언하였다. 그러나 전투에 임하여 수춘성(壽春城)에서 진나라 군사를 보니 '대오와 군진은 가지런하고 장사병(將士兵)은 정예로웠으며' 이에 '멍하니 두려운 기색이 있어서'[43] 현저히 승리를 거둔다는 자신감이 사라졌다. 부견의 군대는 전략 및 전술상의 계산 착오로 비수의 전역에서는 진나라 군사가 승리를 거두었다. 역사적으로 소수가 다수를 이긴 유명한 전쟁의 예가 되었다. 이는 또한 한 국가의 민족이 외래

||||||||||||||
43 『진서·부견재기(載記) 하』.

의 침략에 저항할 때 내부의 단결과 애국 사상이 중요한 작용을 일으킨다는 것을 설명한다.

비수의 전역 때는 사안(謝安)이 정무를 주재하였다. 사안은 일에 임하여 '부드럽고 고요하게 진무할' 수 있었고 '덕정(德政)이 행하여지고 문무가 명령을 따라'[44] 전역에서 승리를 거두는데 어느 정도 작용을 하였다.

3. 각종 모순이 교차하는 가운데 진·송 왕조가 교체되다

비수의 전역은 동진 역사상 큰 사건이다. 부견의 패배로 전진의 정권이 와해되었으며 북방은 다시 분열과 혼전의 양상에 빠졌다. 이런 형세는 동진에 유리하게 전개되어야 하지만 그렇지 못했다. 외세의 침략이라는 위험이 해제된 뒤에 동진 내부의 각종 모순이 다시 격화되었다. 사마 씨의 정권은 불가피하게 쇠망의 길을 걷게 된 것이다.

동진 시기의 여러 가지 사회적 모순은 하루아침에 형성된 것이 아니어서 일찌감치 건국 초기부터 이미 드러나기 시작했다. 위에서는 다만 통치자의 내부적인 분쟁만 언급하였다. 이외에도 북방에서 남하한 사족과 남방의 토착 사족 간의 모순이라든가 권력을 장악한 사족과 황제의 모순, 아울러 몇몇 사족이 서로 권력을 다투는 모순 등등이 있다. 그러나 더 중요한 것은 통치계급과 소작인과 노비, 부곡 등을 포괄하는 노동인민 사이의 모순이었다. 비록 비교적 대규모의 농민 기의(起義)가

||||||||||||||
44 『진서·사안전』.

비수의 전역 후에야 폭발하기는 하였지만 내포되어 있는 모순은 벌써 부터 존재하고 있었다.

앞에서 서진 말기 영가의 난으로 중원 인구가 대대적으로 남하했음을 밝혔다. 강남의 경제 개발에 실로 중요한 촉진 작용을 일으켰다는 내용이다. 그러나 남하한 세도가들은 동진 정권에 참가하는 동시에 강남에 옛 주군을 설치하여 새로이 지방 호족 세력을 이루었다. 그들은 이르는 곳마다 도처에서 '전답이나 가옥을 사려고 묻고'[45] 다녔다. 이는 새로이 토지를 점유하고 전장(田莊)과 가원(家園)을 세우기 위해서였다. 이에 따른 피해자는 대부분 소시민 백성들이었다. 역사 기록을 살펴보면 다음과 같다.

진나라가 중흥한 이래 법망이 크게 느슨해져서 권문귀족이 겸병하고 강자와 약자가 서로 침해하여 욕을 보이니 백성들은 이리저리 떠도느라 그 산업을 지키지 못하게 되었다.[46]

당시 진나라의 법망은 너그럽고 느슨하여 금령이 행하여지지 않아 대족과 부호가 세력을 믿고 횡행하여 소시민 백성들은 자립할 곳이 없었다.[47]

중원이 전쟁으로 사람이 죽는 재앙을 겪은 후 백성들은 본래 있던 곳

||||||||||||
45 『송서·무제기(宋書·武帝紀)』.
46 『송서·효무제기(孝武帝紀)』.
47 『세설신어·정사편(世說新語·政事篇)』의 주에서 인용한 단도란(檀道鸞)의 『속진양추(續晉陽秋)』.

을 떠나 강좌를 개척하여 열었는데 호족들이 겸병하여 혹자는 객지를 떠돌며 백성의 호적은 바로 서지 않았다.[48]

이상은 영가의 난 후에 동진 경내의 겸병 상황을 가리킨 것이다. 이런 상황은 후래에까지 계속 이어진다. 이를테면 건국 초에 원제를 보좌하였던 조협은 손자 조규 형제 무리에 이르러 모두 현귀한 직책을 거쳤다. 역사에서는 그들을 일컬어 '형제와 아들, 조카가 결코 명성과 품행에 구애받지 않고 재산을 불리는 것을 일삼았다. 만 경(頃)의 전지와 노비 수천 명을 소유하고 있었으며 나머지 재산도 이에 부합한다.'고 하였다. 또 일컫기를 '조씨(刁氏)들은 평소에 매우 부유하여 종복이 숱하였고 실로 자연경관을 탐하여 경구(京口)의 좀벌레가 되었다.'라 하였다. 나중에 '환현(桓玄)이 제위를 찬탈'하자 조규 형제는 환현을 도와 유유(劉裕)와는 적이 되었으며 실패한 후에 '조 씨는 마침내 멸문되었다.' '유유는 축적된 재산을 흩어서 백성들로 하여금 마음껏 가져가게 하였는데 종일토록 끝나지 않았다. 당시 천하는 기아가 들고 피폐하였다. 호적에 편입된 백성들이 이에 힘입어 구제되었다.'[49] 여기서는 조 씨 가족이 가지고 있는 토지와 노비, 축적된 재산을 기록하고 있다. 당시의 명문 세도가 중에서 어느 정도 대표성을 띤다고 말할 수 있으며 조규 형제는 모두 도잠과 동시대의 사람이다.

동진과 남조의 세가대족은 왕(王)·사(謝) 두 성이 역사상 가장 지명도가 높다. 그들이 점유한 토지와 재부(財富)는 사서에는 제대로 기록되지

||||||||||||||

48 『진서·조협전』에 부기된 「조규전(刁逵傳)」.
49 『진서·조협전』에 부기된 「조규전」.

않았지만 어떤 것은 후대의 사서에 비로소 추가로 서술되기도 했다. 이를테면 진원제가 건국하는데 협조한 승상 왕도는 종산(鍾山)에 '양전(良田) 80여 경(頃)이 있었는데,'[50] 이는 황제가 하사한 전지일 것이다. 또한 동진의 대서예가 왕희지(王羲之)의 부친 왕광(王曠)은 진원제가 강을 건너 건국할 때 '가장 먼저 의견을 내놓았다.' 왕희지는 '나는 평소에 확실히 낭묘지지(廊廟之志: 참정하려는 뜻)가 없었다.'고 말하였다. 또한 평일에는 '유유자적하여 일이 없었다.'고 하지만 그가 이부랑(吏部郞) 사만(謝萬)에게 보낸 편지에서는 오히려 다음과 같이 말하고 있다. '안석(安石: 謝安)과 산과 바다에서 놀 때 함께 농지를 순시하고 지리(地利)를 살피며 보양하고 한가로이 지내며 의식을 함께 하던 끝에 더불어 친하게 알고자 하여 이따금 함께 즐거운 연회를 가졌다.'[51] 여기서 공표한 유유자적한 모습은 남과 산수를 즐기러 갈 것을 약속하는 것으로 보이지만 어찌하여 활동 내용에 '함께 농지를 순시하고 지리를 살핀다.'는 사항이 있는가? 이는 가지고 있는 토지와 농장에 순시를 진행하고 수익을 계산하는 것이 아니겠는가? 이는 아마 경제적인 내용을 포함하고 있는 활동이라고 생각된다.

　왕 씨 일가와 이름이 나란한 사 씨 가문에서 사안과 사염은 동진 때 모두 조정의 중신이었다. 사염의 아들 사혼(謝混)을 사서에서 일컫기를 '사혼은 대대로 재보(宰輔)를 이어 일문(一門)에서 두 번 봉하여졌는데 전지가 십여 곳이었으며 동복이 천 명이었다.'[52]라 하였다. 나중에 사혼

||||||||||||
50 『양서·태종왕황후전(梁書·太宗王皇后傳)』.
51 『진서·왕희지전』.
52 『송서·사굉미전(宋書·謝宏微傳)』.

장시성(江西省) 주장시(九江市) 주장현(九江縣)에 있는 도연명기념관의 입구

은 '유의(劉毅)와 당파를 이루어 사형을 당하고 나라가 없어져'[53] 정치적으로 깊은 타격을 받게 된다. 사혼이 죽은 후에 그 가족의 재산은 사홍미(謝弘微)가 경영한다. 사 씨 가문은 여전히 '여러 집채가 엄정하고 창고가 그득하였으며 문도와 부리는 종이 평일과 다름이 없었고 밭이랑이 개간되어 옛날보다 나아졌다.' 사혼의 아내 진릉공주(晉陵公主)가 죽었을 때 그 가족의 산업은 여전했다. '재부가 거만이었고 원택(園宅)이 십여 곳이었으며 또한 회계(會稽)와 오흥(吳興), 낭야(琅邪) 등 여러 곳에 태부(太傅: 謝安)와 사공(司空) 사염(謝琰) 때의 사업이 있었고 노복이 또한 수백 명이나 되었다.'[54]

||||||||||||||||
53 『진서·사안전』에 부기된 「사혼전」.
54 『송서·사굉미전』.

동진과 남조의 대토지 소유제로 발전할 수 있었으며, 어떤 세도가는 산과 물을 차지하고 막아서 토지를 점유하고 전장을 넓혔다. 이런 예는 당시에 적지 않게 보인다. 사령운(謝靈雲)과 심경지(沈慶之), 공령부(孔靈符) 등의 경우 그들이 점유한 전장의 상황이 사서에 모두 기록되어 있다.

사령운은 사현의 손자이며 사현은 사안의 조카이다. 사안은 동진이 전진과 비수의 전역에서 맞설 때 큰 공을 세운 적이 있으므로 사령운 또한 사 씨라는 대족 가문의 후손이다. 사서에서는 '성격이 호방하고 사치스러워 거마와 복식이 선명하고 화려하였다. 옷가지는 구형의 법제를 바꾸어 세상에서는 그를 받들어 숭배하여 모두들 사강락(謝康樂)이라 일컬었다.'[55]라 하였다. 완전히 귀공자의 기세였다. 사령운은 당시의 문단에서 명성이 자자했지만 토지를 점유하는 방면에서는 오히려 탐욕이 끝이 없어 거의 광분의 경지에까지 이르렀다.

사령운은 부친과 조부가 남긴 자산으로 생계가 매우 넉넉하였다. 노복과 하인들이 많았을 뿐만 아니라 전에 은혜와 의리를 입은 문생이 수백 명이나 되었으며, 산을 뚫고 호수를 치니 토목공사의 부역이 끝이 없었다. 산을 찾고 고개를 오를 때는 반드시 깊고 험준한 곳까지 이르렀는데 험한 바위와 봉우리가 천 겹이 되어도 끝까지 가보지 않은 적이 없었다. …… 일찍이 시령(始寧)의 남산에서 나무를 치며 길을 뚫어 곧장 임해(臨海)까지 이른 적이 있는데 따른 사람이 수백 명이나 되었다. 임해태수 왕수(王琇)는 놀라 자빠지며 산적이라고 하였다. ……

회계(會稽)의 동쪽 외성에 회종호(回踵湖)가 있었다. 사령운이 물길을

IIIIIIIIIIIIII
55 『송서·사령운전』.

터서 밭으로 만들고자 하니 태조는 주군(州郡)에 명하여 그렇게 하도록 하였다. 이 호수는 외성과 가까운데다 수산물도 나서 백성들이 애석히 여기니 맹의(孟顗)가 굳이 주려 하지 않았다. 사령운은 회종호를 얻을 수 없게 되자 다시 시령현에 있는 비황호(㟙螳湖)를 전지로 만들 수 있게끔 청구하였으나 맹의는 또 자기의 의견을 고집하였다. 사령운은 맹의가 백성의 이익을 도모하는 사람은 아니지만 호수를 터뜨려 많은 생명을 해칠까 염려된다고 하였다. 그리고는 여론을 조성하여 그를 헐뜯으니 맹의와 마침내 틈새가 벌어져 원수지간이 되었다.[56]

사령운이 산과 물을 차지하고 막아 기세가 성하여 지방관이 그 때문에 놀라 떨었다. 임해태수 왕수는 그를 '산적'이라 일컬었다. 회계태수 맹의는 호수를 터뜨려 전지로 삼으려는 요구를 결사적으로 저지하였다. 아울러 '이로 인하여 (맹의는) 사령운이 제멋대로이고 방자하여 다른 뜻을 품고 있다고 아뢰었다.'[57] 사실 사령운은 당시 이미 대규모의 전장을 차지하고 있었다. 사서에서는 일컫기를 '사령운의 부친과 조부는 모두 시령현에다 장사지냈고 아울러 고택과 별서가 있었으며' 회계로 적을 옮긴 후에도 '별업을 닦고 경영하였는데, 곁에는 산이 있고 강을 끼고 있어서 그윽이 거처하기에 매우 좋았다.'[58]고 하였다. 그는 이 때문에 「산거부(山居賦)」를 지었는데 아래에 자기가 묘사한 것을 몇 단락 인용해본다.

||||||||||||||
56 『송서·사령운전』.
57 『송서·사령운전』.
58 『송서·사령운전』.

그 사는 곳의 왼쪽은 호수이고 오른쪽은 강이며 물가로 갔다가 모래섬으로 돌아온다. 산을 바라보고 언덕을 등졌으며 동쪽은 험하고 서쪽은 기울어졌다. 안았다 머금었다 들이켰다 내뱉고 하면서 줄줄이 이어지며 얽히어 있다. 줄줄이 이어져 돌아나가고, 바르고 편편하게 나란히 고르다. …… 남쪽 방문 여니 먼 고개 마주보이고, 동쪽 창문 여니 가까운 밭이 보인다. 밭은 언덕과 이어져 두둑이 꽉 찼고, 고개는 물을 베고 두렁길과 통한다. 남북으로 난 두렁길은 가로세로로 뻗어 있고, 밭두둑과 낮은 담장은 서로 교차한다. 시내를 틔워 물길을 끌어들이고, 수로는 봇도랑으로 함께 흩어진다. 풍년이 든 차조가 빽빽하고, 메벼는 향기롭다. 여름을 보내니 일찍 이삭이 맺고, 가을을 맞으니 늦게 이루어진다. 언덕과 뭍을 아울러 가져, 삼과 보리, 조와 콩이 있다. 시절을 엿보니, 농작물은 돌아가며 익는다. 곡식과 음료를 대주고, 공상인과 임형(林衡)은 목정(牧正)에게 사례한다. …… 원림에서 밭으로 가고, 밭에서 호수로 간다. 냇가는 넘치고, 물 있는 구역은 아득하다. 못과 시내를 치니 그윽하고, 풀을 모래섬에서 베니 구불구불하다. 봄 냇물에 따뜻한 샘물이 흐르고, 차가운 물결이 치달리니 가을은 간다. …… 남산은 도랑을 끼고 두 밭이 있고, 두르는 고개에는 세 동산이 있다. 아홉 샘 시내 특별하고, 다섯 골짜기의 봉우리가 특이하다. 뭇 봉우리는 들쭉날쭉 그 사이로 나오고, 이어진 산굴은 겹겹이 비탈을 이루고 있다. 뭇 시내는 물을 대며 가까이 돌고, 여러 둑들은 안고 누르며 멀리까지 이어진다. …… 북쪽 산에는 잔도가 기울고 이지러졌으며, 오르는 누각은 길게 굽었다. 또 물길이 있어, 감기며 둥글게 돈다. 평평한 호수는 질펀하고, 맑은 못은 깊디깊다. 외로운 언덕이 빼어나게 솟아 있고, 긴 모래섬은 풀이 무성하다. 굽어보기도 하고 바라보기도 하니, 환하고 아득하다. …… 북쪽 산에는 원림이 둘이고 남쪽 산에는 동산이 셋이다. 온갖 과수는 있는 대로 늘어서 있는데 가까운 듯하면서 또 먼 듯하다. …… 살구나무 단에 능금나무 동산이요, 귤나무 숲에 밤나무 밭이로다. 복숭 아와 자두는 품종이 많고 배와 대추는 빼어나다. 비파에 임금나무가 골 짜기를 끼고 물가에 비친다. 굽은 뫼에는 침매 향기 흐르고, 긴 물가에 는 비시 열매가 열려 있다. ……

其居也, 左湖右江, 往渚還汀. 面山背阜, 東阻西傾. 抱含吸吐, 款跨紆 縈. 綿聯邪互, 側直齊平.……敞南戶以對遠嶺, 闢東窗以矚近田. 田連 岡而盈疇, 嶺枕水而通阡. 阡陌縱橫, 塍埒交經. 導渠引流, 脈散溝并. 蔚蔚豐秫, 芯芯香秔. 送夏蚤秀, 迎秋晚成. 兼有陵陸, 麻麥粟菽. 候時 靚節, 遞藝遞孰. 供粒食與漿飮, 謝工商與衡牧.……自園之田, 自田之 湖. 氾濫川上, 緬邈水區. 潈潭澗而窈窕, 除菰洲之紆餘. 毖溫泉於春流, 馳寒波而秋徂.……南山則夾渠二田, 周嶺三苑. 九泉別澗, 五谷異巘. 群峰參差出其間, 連岫複陸成其阪. 眾流漑灌以環近, 諸堤擁抑以接遠. ……北山棧道傾虧, 蹬閣連卷. 復有水逕, 繚繞回圓. 瀰瀰平湖, 泓泓澄 淵. 孤岸竦秀, 長洲芊綿. 既瞻既眺, 曠矣悠然.……北山二園, 南山三 苑. 百果備列, 乍近乍遠.……杏壇椶園, 橘林·栗圃. 桃李多品, 梨棗殊 所. 枇杷林檎, 帶谷映渚. 椹梅流芬於回巒, 椑柿被實於長浦.……

사령운이 지은 「산거부」는 별서(別墅)의 경영에 대한 묘사가 매우 상 세하다. 과장과 대우가 매우 능하다고 할 수 있다. 문학적인 언어 표현 이라 과장을 하지 않은 곳이 없다. 그러나 앞에서 지적한 단편적인 묘 사와 대조하여보면 그 전장 규모의 광대함은 부인할 수가 없을 것이니 이른바 '굽은 작은 길 앞뒤 두르고, 곧은 두렁길은 동서로 곧게 뻗어 있다. 어찌 시내 굽어보고 못 곁에 두겠는가? 곧 언덕 안고 산 띠었다네. 봉해진 땅 신령하고 기이함 숙고해보니, 실로 이곳의 경지 가장 그렇구나. 나란한 들보 바위 기슭에 이고, 강의 근원에 외로운 기둥 앉힌다.(曲術周乎前後, 直陌矗其東西. 豈伊臨谿而傍沼, 迺抱阜而帶山. 考封域之靈異, 實茲境之最然. 葺駢梁於巖麓, 棲孤棟於江源)'라는 것이다.[59] 이 정도 규모의 원림을 건축하는 것은 당연히 일반적인 경우는 아니다. 주의해야 할 것은 이런 장원은 결코 생활공간과 유락이나 겨우 제공하는 정도가 아니다. 그럴뿐더러 생산과 함께 결합되어 원림에는 '남북으로 난 두렁길 가로세로 뻗어 있어' 곡식을 심는 외에도 각종 채소며 과일, 꽃과 나무도 심었으니 이른바 '식물 싣고 있고 동물 또한 많다. 나는 새와 헤엄치는 물고기 달리고 뛰어오르니 어찌 근원 있겠는가?(植物既載, 動類亦繁. 飛泳騁透, 胡可根源)'[60]라는 것이다. 나는 새와 헤엄치는 물고기, 내달리는 동물들 또한 곳곳에 많이 있다. 이렇게 각종 기르는 일을 경영하는데다 아울러 공상업까지 섭렵하였으니 사령운의 장원은 경제 규모가 매우 큰 집이라고 할 수 있겠다. 사령운 본인은 비록 문장으로 세상에 이름을 떨쳤지만 그 사람됨은 재물을 탐하고 이익을 좋아했다. 생각하는 것이라고는 산과 물을 차지하는 것이어서 대토지를 소유한 장원주가 되었다. 사령운은 송문제(宋文帝) 원가(元嘉) 10년(433)에 죽었으며 도잠은 원가 4년(427)에 세상을 떠났다. 두 사람은 기본적으로 동시대인이었으나 생활 여건은 완전히 딴판이었다. 다만 사회 경제 방면에 하나의 배경이 되었으며 당시 사람들의 사상을 연구하는데도 시사하는 바가 있다.

||||||||||||||

59 사령운, 「산거부」.
60 사령운, 「산거부」.

대토지를 소유하는 장원 경제는 동진과 남조의 호문 대족들에게서 이따금 드러났지만 어떤 경우는 비교적 전형이 되기도 한다. 이를테면 심경지 같은 경우는 출신성분이 세가사족이 아니다. 동진 말년 손은(孫恩)이 기의하였을 때 그는 소년으로 '향족(鄕族)'을 따라 그를 쳤는데 이 때문에 용맹하다고 알려진' 적이 있었다. 그러나 '흉년과 병란 후에 향읍이 떠돌다 흩어지자 심경지는 몸소 언덕과 이랑에서 농사를 지었다. 고생 끝에 자립하였는데 나이 30이 되도록 이름이 알려지지 않았다.'[61] 그는 중년이 되어서도 여전히 농부였다. 이름도 여전히 알려지지 않았다. 그러나 어릴 때부터 일찌감치 용맹으로 이름을 떨쳤다. 조정에 투신한 후로는 여러 차례 전공도 세웠다. 벼슬이 높아지고 직위가 오르게 되었으며 아울러 풍성한 상급도 받게 되었다. 그의 만년의 생활을 사서에서는 이렇게 기술하고 있다.

청명문(淸明門) 밖에서 살았으며 집이 네 군데 있었는데 모두 매우 화려하였다. 정원이 딸린 집은 호수 끝에 있었다. 심경지는 밤새도록 자손들을 데리고 그곳에 거주하면서 집을 관가에 돌려주었다. 친척 가운데 누호(婁湖)에서 두드러진 자는 모두 옮겼으며 가문을 나누어 같은 향리에 살게 하였다. 전원을 널리 개간하는 사업을 하여 매번 사람들에게 지시하여 말하기를 '돈이 모두 이 안에 있다.'라 하였다. 몸은 큰 나라를 누리고 집은 평소에 재부가 풍부하였으며 가산이 누만금이나 되었고 노복은 천을 헤아렸다. 다시 돈 천만 전과 곡식 만 섬을 바쳤다. …… 시첩이 수십 명이었는데 모두 용모가 아름답고 재주가 빼어났다.

||||||||||||||
61 『송서·심경지전』.

심경지는 여유가 넘치고 아무 일이 없었고 마음먹은 대로 환락을 즐겼으며 조정에서 하례하는 일이 아니면 문을 열지 않았다. 왕이 출유하고 사냥을 할 때마다 수행하였는데 안장에 기댄 자세가 기세가 등등하여 젊고 씩씩할 때와 다르지 않았다.[62]

심경지는 비록 고관이긴 하였지만 퇴직 후에도 누호의 장원에서 전원을 넓히는 일을 하였다. 곧 농업 개발에 종사한 것이며 아울러 공공연하게 토지에 의지하여 돈을 번다는 것을 인정하였다. 그는 가노가 천을 헤아렸으니 노동력을 충당하기에 넉넉하였다. 시첩이 수십 명이나 되는데다가 공예 방면에도 기능을 갖추어 수공예 산업에도 종사할 수 있었다. 심경지는 '나라를 다스리는 것은 비유컨대 집안을 다스리는 것과 같아 농사를 짓는 것은 종에게 물어야 하고 베 짜는 일은 계집종에게 물어야 한다.'[63]라 하였다. 농사와 베 짜기는 봉건 사회의 양대 생산 부문으로 사람들이 먹고 입는 두 가지 큰 기본 욕구를 만족시키는 것이다. 따라서 심경지의 누호에 있는 장원은 생산이 이루어지는 경제대호(大戶)라고 할 만하다. 심 씨는 비록 대대로 지체 높은 가문은 아니었지만 스스로 공을 세우고 집안을 일으켜 이른바 '몸은 큰 나라를 누리고 집은 평소에 재부가 풍부하였으니' 당연히 호문대족이라고 할 만할 것이다.

위의 예와 비슷하게 생산성을 띤 장원은 사료에도 공령부 등과 같은 사람이 있으며 관련 자료를 아래에 기록해둔다.

―――――――――
62 『송서·심경지전』.
63 『송서·심경지전』.

공령부의 집은 본래 풍족했고 생산 산업이 매우 광범위하였다. 영흥(永興)에 별서를 세웠는데 둘레가 33리였다. 수륙의 땅은 65경이었는데 두 산을 포함하였다. 또한 과수원 아홉 곳이 있었다.[64]

(阮佃夫의) 저택과 원지(園池)는 왕들의 저택이라 할지라도 미치지 못하였다. 기녀가 수십 명이었으며 재주와 용모가 당시 으뜸이었다. 금옥과 비단 장식은 궁중이라도 미치지 못하였다. …… 집 안에는 도랑을 파서 동쪽으로 10여 리를 나갔다. 못 둑과 기슭이 정비되고 정결하여 배를 띄우고 여악(女樂)을 연주하였다.……[65]

공령부가 영흥에 세운 별서는 그 면적과 규모에 대한 기록이 매우 명확하며 당연히 생산성을 띤 장원이었다. 수륙의 경작지가 수백 경으로 이렇게 많은 과수원은 산을 포함하고 물이 둘러싼 둘레가 수십 리였다. 이를 보아 당연히 단순하게 관상이나 하고 유락하는 곳은 아니었을 것이다. 당시에 농업 생산 기지가 되었으니 경제 효과와 그 이익을 알 수 있을 것이다. 게다가 공령부라는 위인은 땅에서 생산을 하면서 탐욕 또한 끝이 없었다. 그는 이런 큰 전장을 가지긴 하였지만 조정에도 표장을 올려 '자산이 없는 집을 여요(餘饒)와 은(鄞), 무(鄮) 세 현의 경계로 옮겨 호숫가의 무논을 개간하게 해달라고' 요구하였다. 이 일은 조정의 논의에서 조신들의 반대에 부딪쳤다. 그럼에도 효무제는 '그 백성을 옮기고 아울러 좋은 사업을 이루는 것'에 동의하였다.[66] 효과와 이익이

|||||||||||||||
64 『송서·공계공전(孔季恭傳)』에 부기된 「공령부전」.
65 『송서·완전부전(阮佃夫傳)』.
66 『송서·공령부전』.

라는 측면에서 본다면 호숫가의 좋은 농지를 개간하는 사업은 강남의 경제 발전에 장점이 있지만 '자산이 없는 집'은 사회적 모순을 일으킬 가능성도 있었다. 이는 동진과 남조의 대토지 소유 전장 경제에 긍정적이면서도 부정적인 이중 효과를 가지고 왔다.

완전부(阮佃夫)의 저택과 원지는 농업 생산 경영의 흔적은 보이지 않는 것 같다. 그러나 그가 집안에 판 인공 수로는 길이가 10여 리에 달하였다. 상당히 면적이 큰 장원으로『홍루몽(紅樓夢)』의 대관원(大觀園)을 능가하지 않으리란 법이 없다. 그러나 달관과 귀인들에게 유락을 제공하든 말든 또한 거기에는 생산적인 작업을 가지고 있었다. 이는 장원의 또 한 가지 유형으로 연구할 만한 가치가 있다.

동진에서 유송(劉宋) 초년까지 양(揚)·형(荊) 두 주의 인구는 크게 증가하여 민호(民戶)가 '천하의 반을 넘었다.'[67] 대토지를 소유하는 장원 경제가 발전함에 따라 남쪽으로 흘러든 인구는 노동력의 충실성과 생산기술의 제고라는 방면에 있어서 남방의 경제 발전에 촉진 작용을 일으켰다.

그러나 다른 측면을 잊어서는 안 된다. 이런 대토지를 소유하는 장원 경제는 남방의 확장에 있어서 비록 경제 개발과 번영에는 이점이 있었지만 문제점도 있었다. 이 시기의 이른바 '강남의 나라가 성하였다'는 것은 결코 백성이 다 함께 부유해지는 기초를 세우는 데 따른 문제점들이다. 그 기초는 세가대족과 부호권귀의 가문 및 그들의 이익을 대표하는 봉건 정권이 아니었으며, 백성을 겸병, 약탈 착취하는 것을 통하여 토지와 재부를 획득하였음을 일컫는다. 동진과 남조의 호강(豪强) 사족이 토지를 겸병하여 '백성들이 떠돌며 그 산업을 지키지 못하게 하고',

||||||||||||||

[67] 『송서·하상지전(何尙之傳)』.

'소시민이 궁핍하여 자립할 곳이 없도록' 이르게 하는 이런 자료들에 관해서는 이미 앞에서 인용하여 말하였다.

이런 호강 사족들은 민간 산업의 겸병을 통하여 산과 물을 차지하고 이렇게 많은 토지를 점유하여 대전장을 세웠다. 문제는 그들 자신의 노동력으로 이룬 것이 아니라는 점이다. 동진과 남조사회의 상류층에서는 두 마디 말이 유행하였다. '농사를 짓는 것은 종에게 물어야 하고, 베 짜는 일은 계집종에게 물어야 한다.' 농사와 베 짜기는 사람들의 의식을 만족시키는 양대 생산 부문이었다. 당시는 오히려 노비의 노동력을 사용하였으며 이는 보편적인 사회현상이 되었다. 생산 관계로 보면 낙후되었다. 세도가들은 노비가 백을 넘어 천을 헤아렸으니 다만 가내의 복역에만 종사할 수는 없었을 것이다. 반드시 상당부분 생산노동에 투입되었을 것이다. 어떤 집에서는 노비의 수가 많지 않았는데 왕승달(王僧達) 같은 사람은 '노복이 10여 명에 그럭저럭 농가의 수입이 있었고 철마다 세금을 내고 생활을 잇기에 충분했다.'[68] 또한 유정(劉整)은 '그 종 당백(當伯)은 이에 앞서 공동의 노비였는데 유정의 형제가 재산을 나누기 전에 유정의 형이 당백을 돈을 주고 샀지만 공동으로 경작하였다.'[69] 이런 것은 모두 노비가 생산을 담당하는 것에 대한 구체적인 기록이다.

노비는 일신상의 자유가 전혀 없었다. 이런 낙후된 생산관계는 노동자를 적극적으로 이동시키는 것이 불가능하다. 어떤 전장의 주인은 노예가 게을러서 그에게서 얻어낼 수익이 없다고 판단하였다. 이 때문에 이른바 '면노위객(免奴爲客)'을 실행하였다. 이는 곧 노예의 신분을 벗겨

||||||||||||
68 『송서·왕승달전』.
69 임방(任昉), 『주탄유정장(奏彈劉整狀)』, 『문선』 권40.

주어 소작인으로 전환시키는 것이다. 동진과 남조의 호적제도에서 노예는 호적에 편입되지 못하여 '노예가 장부에 오르지 못하면 이름이 없다'고 하였다. 이는 곧 사람의 지위를 얻지 못한 것이다. 소작인에 대해서는 '객을 집의 호적에 넣고', '그 소작한 곡식은 모두와 나눈다.'[70] 고 규정하였다. 전객은 비록 호적에 등재하여 넣을 수는 있지만 여전히 독립된 호적 지위를 취득하지 못하였다. 곧 주인에게 여전히 일신의 처지를 의탁하는 관계임을 말한다.

소작인의 내원에 관해서는 결코 모두가 '면노위객(免奴爲客)'으로 변하여온 것은 아니다. 중원의 혼란으로 남하한 유민들이 대성(大姓)에 의탁하여 소작인이 된 경우가 더욱 많았다. 이를테면 사서에서는 '당시 백성들이 난리를 만나 이 경내(남연주를 가리킨다)로 흘러들어 옮기게 되었으며, 유민들은 거의 대성의 비호를 받아 소작인이 되었다.'[71] 또 일컫기를 '백성들은 명을 견디지 못하여 각종 일로 유리하여 옮겨 다니다가 대성에게 의탁하기도 하였는데 즐거운 일이 아니었다.'[72]라 하였다. 이는 대량의 소작인이 남하한 유민에게서 나왔으며 대성에게 의탁하는 것 또한 즐거워서 그렇게 한 것이 아니다. 이 길 외에는 뚜렷한 탈출구가 없기 때문이라는 것을 표명하고 있다. 그들은 주인의 압박과 착취를 받는 것에 대해 당연히 불만을 가졌다. 하지만 위에서 지적한 것처럼 이러한 노동력의 증가는 남방 대토지 전장의 개발에 도움을 주었다. 이것이야말로 사회 발전이 가져온 이중성의 모순이었다.

한·위(漢·魏)에서 동진과 남조까지 세가 대족들은 스스로 무장을 갖

70 『남제서·주군지·남연주서(南齊書·州郡志·南兗州序)』.
71 『남제서·주군지·남연주서』.
72 『양서·하침전(梁書·賀琛傳)』.

추기도 하였는데 이를 부곡(部曲)이라 하였다. 평시에는 전장을 지키는 데 쓸 수가 있었다. 부분적으로 농업 생산에 참가하기도 하였는데, 이런 가병의 성격을 띤 장객(莊客)은 전장 주인과는 의탁 관계에 놓여 있었다. 이 외에 문생(門生)과 의고(義故: 은의로 결성된 오랜 관계)도 있었다. 전장 주인의 문객으로 일반 전객에 비하여서는 비교적 높은 지위를 누렸으며 이따금 노동력으로 사용할 수도 있었다.

　동진의 건국은 매우 큰 부분 강을 건너 남하한 세가대족의 지지에 의지하였다. 당시에 '중앙의 진신 관리[冠帶]로 진나라를 따라 도강한 가문이 백이라 강동(江東)에는 백보(百譜)가 있었다.'[73]라 하였다. 여기서 일컬은 '진신 관리[冠帶]'가 가리키는 것은 사족 고문으로, 백가(百家)의 진나라를 따라 도강하여 동진 정권을 지지하는 중요한 역량을 가지고 있었다. 서진 정권은 '현인군자를 거두는 것'[74]을 명의로 삼아 고관들에게 두터운 녹봉을 주었다. 당시의 상황은 원래 북방에 있던 '관직을 잃은 선비로 피난 온 자가 거의 현달한 지위를 차지하고 있었다.'[75] 어떤 사람에게는 그런 대로 상급이 두터이 가해지기도 하였다. 태원(太原)의 왕교(王嶠)와 그의 두 아우가 장강을 건너자 진원제는 그 무리들을 일러 '명망과 덕망이 있는 가문의 후손으로 지조 있는 행실을 아울러 가지고 있어 표창을 받아야 한다. 또한 30만 전의 돈과 비단 3백 필, 미곡 50섬, 친병(親兵) 20인을 내릴 만하다.'[76]라 하였다. 이로써 남하한 사족을 육성하였다.

〬〬〬〬〬〬〬〬〬〬〬

73 안지추(顔之推), 「관아생부(觀我生賦)」의 자주(自注).
74 『진서·왕도전』.
75 『진서·주처전(周處傳)』에 부기된 「주협전(周勰傳)」.
76 『진서·왕담전(王湛傳)』에 부기된 「왕교전(王嶠傳)」.

중원에서 남하한 사족은 그 스스로 자금과 물자, 의탁한 노동력을 가졌을 뿐만 아니라 또한 조정의 특전까지 얻었다. 전장의 생산을 개발하고 남방 경제의 번영을 촉진시키는데 일정한 작용을 한 것이다. 그러나 그들은 대량으로 토지를 점유하고 또한 대량의 의탁한 인구를 가지고 있었다. 아울러 부역을 면제받는 등 각종 특권을 누렸는데 이는 조정에 대하여 당연히 모순을 낳았다.

동진 시기는 사회적으로 누적되어 온 각종 모순이 비수의 전역 후에 오히려 격하게 발하여졌다. 비수의 전역 때 백성들은 동진 정권의 지지자이자 강남의 경제 발전을 촉진하는 주요 역량이기도 하였다. 그러나 국내에서 호강의 겸병과 관방(官方)의 착취와 압박을 당하자 떠돌며 있을 곳을 잃게 되었다. 이를테면 왕희지가 사안에게 보낸 편지에서는 다음과 같이 말하였다.

군대가 출정한 이래 요역 및 운송에 충원되어 사망하거나 명을 어겨 도망친 자가 많아 헛된 소모가 이 지경에 이르렀는데도 상례대로 보충하려 하니, 도처가 곤란한 상황이어서 어디서 인력과 재물을 빼내야 할지 알지 못하겠소. 윗사람의 명으로 파견된 사람들 가운데는 길을 나섰다가 도망쳐버린 이들이 많으니 관리와 도망친 사람들이 함께 무리를 지어 물자를 싹 쓸어가 버립니다. 또한 통상적인 제도가 있다면 문득 그 가족과 일당의 가족을 쫓아가 체포할 수 있습니다. 체포하지 못하면 그 가족과 일당들이 얼마 후 다시 함께 도망을 칩니다. 백성들이 떠돌아다니고 호구가 날로 줄어드는 것은 그 근원이 여기에 있소.[77]

||||||||||||||
77 『진서·왕희지전』.

여기서 이야기한 것은 군대의 조세와 부역인데 백성들이 죽거나 도망을 쳐서 호구가 날로 줄어들게 되는 것이다. 383년 유파(劉波)는 상소를 올려 '지금은 정치가 번거롭고 요역이 많아 곳곳이 피폐되고 창고는 비어 나라의 쓰임이 바닥나 갑니다. 백성들이 침탈당하고 유리하는 자가 이어져 대략 호구를 계산해보면 함안(咸安: 371~372) 연간 이래 10분의 3이 줄었습니다.'[78]라 하였다. 10여 년 만에 호구가 10분의 3이 줄어들었다니 그 유실됨이 얼마나 엄중하였는지를 알 수 있다.

비수의 전역 후 2년 만에 사안은 죽고 종실인 낭야왕(琅邪王) 사마도자(司馬道子)가 집정을 하면서 조정의 정치는 더욱 부패해졌는데 사서에서는 다음과 같이 말한다.

당시 효무제(孝武帝)는 정무를 친히 처리하지 않고 다만 도자(道子)와 술을 마시고 노래하는 것을 일삼았다. 유모와 비구승을 더욱 가까이 하여 함께 권세를 훔쳐 농단하였다. 모든 행차와 접견은 모두 소수(小豎: 환관)에게서 나왔다. 군수와 장리(長吏)는 거의 도자에 의하여 임명되었다. 이미 양주총록(揚州總錄)이 되어 권세가 천하를 기울였는데 이 때문에 조야가 모두 그에게로 폭주하였다. 중서령 왕국보(王國寶)는 성격이 비열하고 아첨을 잘하였는데 특히 도자의 총애를 받았다. 관직은 뇌물로 옮겨졌고 정치와 형벌은 그릇되고 어지러워졌다. 또한 불학을 믿고 숭상하여 용도(用度)가 사치스러웠고 아래에서는 명을 견디지 못하였다. 태원(太元) 연간 이후로 밤새도록 연회를 일삼아 봉두난발에 눈은 어두웠으며 정사에는 빠뜨린 것이 많았다.[79]

||||||||||||||||
78 『진서·유협전(劉勰傳)』.

이러한 '정치와 형벌은 그릇되고 어지러우며', '아래에서는 명을 견디지 못하는' 상황에서 해를 입는 것은 당연히 주로 노동 인민이었다. 사마도자와 동시대를 살았던 범녕(范寧)은 상소를 올려 말하였다.

지금 온 나라가 편안하여 봉화가 오르지 않고 있음에도 곳집은 헛되이 소모되고 있으며 내탕에는 물건이 비어 부족합니다. 옛날에는 사람을 부리는 것이 한 해에 사흘을 넘지 않았는데 지금은 힘든 일이 번다합니다. 잔혹한 형벌과 곤형(髡刑: 머리를 깎이는 형벌)이 거의 사흘이 되도록 멈춤이 없이 행하여지고 요구는 다시 묵살될 지경입니다. 아이를 낳으면 더 기를 수가 없고 홀아비와 과부는 감히 시집가고 장가를 가지 못합니다. 어찌 원한으로 사람과 귀신이 결탁하고 화한 기운을 손상시키지 않겠습니까? …… 지금은 16세를 전정(全丁: 부세를 내고 요역을 담당할 수 있는 성년 남자)으로 삼으니 성인의 요역이 갖추어졌다 하겠습니다. 13세를 반정(半丁)으로 삼으면 맡는 일이 더 이상 아이의 일이 아니게 됩니다. 어찌하여 천리(天理)를 상하고 경전(經典)을 어기며 만백성을 어렵고 고생스럽게 함이 이 지경에까지 이르렀단 말입니까![80]

이 기록으로 당시 백성들이 져야 했던 부역이 과중했음을 알 수 있다. 16세면 성년으로 간주하여 성인의 부역을 떠맡아야 했고 13세의 미성년도 반은 성인으로 간주되었다. 잔혹하고 착취를 당하는 압박 하에서 결과적으로 '백성들이 명을 견디지 못하고 반란을 일으켜 도적이

||||||||||||
79 『진서·유외전(劉隗傳)』.
80 『진서·범왕전(范汪傳)』에 부기된 「범녕전(范寧傳)」.

되었다. 이 때문에 산호(山湖)에는 (도적이) 날로 쌓이고 형옥(刑獄)은 더욱 불어나게 되었다.'[81] 봉건 사회에서 백성들은 생존할 방법이 없어질 때 비로소 반란을 일으키게 된다. 효무제 영강(寧康) 2년(374)년부터 태원(太原) 18년(393)까지의 19년간 사서에 기록된 농민 폭동은 6차례나 된다. 안제(安帝) 융안(隆安) 3년(399)부터 의희(義熙) 7년(411)까지는 또한 전후로 손은(孫恩)과 노순(盧循)이 이끈 농민 폭동이 발생하였다. 비록 기의의 성격에 대해서는 학계에서 여전히 의견이 갈리고 있지만 또한 오두미도(五斗米道)라고 불리는 난도 있다. 그러나 한말에 황건적이 기의한 이래 종교를 표방하여 조작한 농민 폭동은 가는 곳마다 많이 있어왔다. 이는 결코 종교를 믿는가의 여부가 피아를 구분하는 경계선이 되지는 않았다. '왕 씨는 대대로 장 씨의 오두미도를 섬겼고 왕응지는 더욱 독실하였다. 손은이 회계를 공격하자 속관들이 방비를 하도록 청하였으나 왕응지는 따르지 않았다. …… 대비를 하지 않아 결국 손은에게 해를 당하였다.'[82] 왕 씨는 저명한 세가대족으로 대대로 오두미도를 신봉하였지만 손은은 결국 왕응지를 죽였다. 이 기의는 종교의 신앙이 도를 함께 하는 것이 아니라 본질적으로 여전히 인민 군중이 봉건 통치계급에 반대한 투쟁에 속한다는 것을 알 수 있다.

손은의 무장봉기에는 주의할 만한 정황이 있다. 사서에 의하면 사마도자의 아들 '원현(元顯)이 방자하고 포학하여 오(吳)와 회(會)의 백성들이 불안해하여 손은이 이 때문에 소요를 일으켰다.'고 하였다. 오군과 회계 일대의 백성들이 불만을 품어 소요를 일으킨 것으로 '바다에

||||||||||||||
81 『진서 · 왕희지전』에 부기된 「왕응지전(王凝之傳)」.
82 『진서 · 왕희지전』에 부기된 「왕응지전」.

서 상우(上虞)를 공격하여 현령을 죽이고 내친 김에 회계를 습격하여 내사(內史) 왕응지를 살해하였는데 무리가 수만이었다.' 손은의 영도 하에 '이에 회계의 사침(謝鍼)과 오군의 육괴(陸瓖), 오흥(吳興)의 구왕(丘尫), 의흥(義興)의 허윤지(許允之), 임해(臨海)의 주주(周冑), 영가(永嘉)의 장영급(張永及) 및 동양(東陽)과 신안(新安) 등 모두 8개 군에서 한꺼번에 기의하여 장리(長史)를 죽여 호응하니 열흘 사이에 무리가 수십만에 달하게 되었다.'[83] 여기서 손은이 무장봉기했을 때 대오가 신속하게 확대되었다. 이는 바로 광대한 군중을 얻은 영향에서 말미암았음을 알 수 있다. 창끝이 겨눈 것은 바로 조정의 대리인이 된 지방 관리들이었다. '이에 오흥(吳興) 태수 사막(謝邈)과 영가(永嘉) 태수 사일(謝逸), 가흥공(嘉興公) 고윤(顧胤), 남강공(南康公) 사명혜(謝明慧), 황문랑(黃門郎) 사충(謝沖)과 장곤(張琨), 중서랑(中書郎) 공도(孔道), 태자선마(太子洗馬) 공복(孔福), 오정령(烏程令) 하후음(夏侯愔) 등이 모두 해를 당하였다. 오국내사(吳國內史) 환겸(桓謙)과 의흥(義興) 태수 위언(魏儇), 임해(臨海) 태수, 신채(新蔡) 왕숭(王崇) 등은 모두 달아났다.'[84] 이렇게 많은 지방 관리들이 피살되거나 도망쳤다는 것은 봉건적인 통치에 반대하는 것은 여전히 군중이 기의하게 되는 주류임을 설명하고 있다.

이와 동시에 동진 통치계급 내부의 갈등도 더욱 격화되었다. 앞에서 언급하였듯이 사마도자가 집정한 후에 왕국보를 중용한 것 때문에 398년 경구(京口: 지금의 江蘇 鎭江)를 진수하던 왕공(王恭)과 형주자사 은중감(殷仲堪), 광주(廣州)자사 환현(桓玄) 등이 서로 이어 군사를 일으켜 반대하

<hr>

83 『진서·손은전』.
84 『진서·손은전』.

였다. 399년에는 사마도자의 아들 원현이 집정하였다. 그 사람됨은 '성격이 가혹하고 각박하여 스스로 살렸다 죽이기도 하였고', '또한 동쪽 땅의 여러 군에서 노예를 객(客)으로 면천한 자를 적발하여 "낙속(樂屬)"이라 부르고 경사로 옮겨놓아 병역(兵役)으로 충당하니 동쪽 땅이 떠들썩해졌다. 사람들은 명을 견디지 못하여 천하에서 괴롭게 여겼다.'[85] 바로 사마원현의 이러한 시대의 흐름을 역행하는 행위 때문에 손은은 기회를 틈타 군사를 일으켰다. 동시에 사마원현과 환현의 갈등을 더욱 격화시켰다. 402년 원현은 '사현을 정벌하는 조서를 칭하였다.' 환현은 오히려 '표장을 올려 군중을 이끌고 심양(尋陽)에 이르렀으며 경읍(京邑)에 격문을 보내 원현의 죄상을 밝혔다.' 이에 유뢰지(劉牢之)가 항복하여 왔으며 환현의 군대는 경사로 공격하여 들어가 원현을 죽였다. 이듬해에는 또 진나라 황제를 폐하고 스스로 황제라 칭하였다.

환현이 막 경사로 들어왔을 때만해도 동진의 부패한 정치가 정돈되는 것 같았다. 사서에서는 '화난이 누차 일어나고 전쟁이 그치지 않자 백성들은 이를 싫어하여 통일을 염원하였다. 환현이 막 이르렀을 때는 간신들을 쫓아내고 준걸과 현자들을 발탁하여 군자의 도가 대충이나마 갖추어져서 경사에서는 기뻐하였다.'[86]라 하였다. 여기서는 환현이 막 경사에 들어갔을 때는 환영을 받았지만 호족의 제지를 받자 '자못 개혁을 하고자 하였으나 끝내 행할 수가 없었다.' 그러나 이는 다만 빙산의 일각이었을 뿐이었다. 더욱 중요한 것은 그 자신이 변한 것이었다. '나중에는 곧 조정을 업신여기고 몰래 재보(宰輔)를 배척하였다. 호

||||||||||||
85 『진서·회계왕도자전(會稽王道子傳)』.
86 『진서·환현전』.

사를 부리고 교만 방자하여 갖가지 일이 번다하게 일어났고 이에 조야는 실망하였다. 사람들은 생업에 불안을 느꼈다.' 특히 그가 제위를 찬탈한 후에는 더욱 '교만하고 사치를 일삼아 황음무도하였고 출유하고 사냥함에 무도하여 밤으로 낮을 이었다. …… 이에 백성들은 피로해졌고 괴로워하였으며 조야에서도 지치고 고달파하여 원망하고 분노하여 난리를 일으킬 생각을 한 사람들이 십중팔구였다.'[87] 그가 사마원현의 전철을 답습하고 있음을 알 수 있다.

또 한 가지 지적해야 할 점은 환현이 원현을 토벌할 때이다. 그는 유뢰지의 항복과 북부(北府) 군사의 지지를 끌어내었다. 나중에는 북부의 군사들을 두려워하여 유뢰지 및 그 일당을 죽여 버렸다. 404년 북부의 옛 장군인 유유(劉裕)와 유의(劉毅), 하무기(何無忌) 등이 함께 다시 흥기할 것을 꾀하여 2월에 경구와 광릉(光陵)에서 군사를 일으켰다. 3월에는 건강으로 공격해 들어가자 환현은 진안제를 끼고 강릉(江陵)으로 도망쳤다. 유유의 군사는 심양으로 진격하여 점령하였고 유뢰지의 아들 유경선(劉敬宣)을 강주(江州)자사로 삼았다. 5월에 환현의 군사는 다시 동쪽으로 내려왔으며 유유의 군사와 쟁영주(崢嶸洲)에서 격전을 치렀다. 환현은 패전하여 강릉으로 다시 도망쳤다가 결국 피살되었다.

동진 말기에 일어난 환현의 난을 평정하는 데는 유유가 으뜸가는 공을 세웠다. 『위서·유유전(魏書·劉裕傳)』에 의하면 '유유의 집은 본래 한미하여 경구에서 살 때 늘 신발 파는 것을 업으로 삼았다. 의기가 거칠고 신랄하였고 겨우 문자를 알았으며 노름으로 가산을 기울여 당시 천박해졌다.'라 하였으니 '실의하여 품행을 닦지 않아' 대체로 품행이 단

iiiiiiiiiii
87 『진서·환현전』.

정하지 못한 무뢰배로 여겨졌다.

유유의 출신에 대해서 그는 또 '그 선조가 어디서 나왔는지 알지 못하고 스스로 본래 팽성(彭城)이라 하였으며 팽성의 사람들 가운데 혹자는 본래의 성은 항(項)인데 유(劉) 씨로 고쳤다고도 하지만 또한 찾을 수가 없다.' 팽성의 유 씨는 한나라 황실이라는 대족에서 나왔다. 그럼에도 유유가 스스로 팽성 출신이라 칭한 것은 당시 한미한 가문이 사족에 빌붙는 관례이긴 하지만, 팽성의 사람들이 이를 인정하지 않았기 때문이다. 그 가세에 대해서는 여전히 '찾을 수가 없다.'

유유의 출신이 비록 한미하기는 하였지만 군사적인 재능은 매우 뛰어났다. 399년 유뢰지가 군사를 거느리고 손은을 토벌하자 유유는 모집에 응하여 '비로소 유뢰지의 참군(參軍)이 되었다.' 용감하고 사나우며 전투에 뛰어나 누차 큰 공을 세웠다. 당시 유뢰지의 부하 장수들은 재물을 약탈하는 경우가 많았다. 유유만은 부하들을 단속하여 기율이 엄하고 밝아 민심을 크게 얻었다. 손은과 노순의 반란을 평정한 것은 거의 유유의 공로이다. 환현의 찬탈은 유유 등인에 의하여 평정되었으니 동진의 황제 입장에서는 재조(再造)의 공을 세웠다고 말할 수 있다.

그러나 유유 또한 개인적인 목적을 가지고 있었다. 그는 중앙 집권을 강화하고 싶어 했는데 실제적으로는 또한 그 개인의 권력을 강화하는 것이었다. 그는 한편으로는 내정을 정돈하여 호강에게 타격을 가하였다. 동진 조정의 '치란의 법망이 크게 느슨해지고 권문이 겸병하는' 상황을 겨냥하였다. 사서에서는 '공은 이미 보좌가 되어 법도를 크게 보여주니 호강들이 숙연하여져 원근에서 금할 줄을 알았다.'[88]고 하였다.

IIIIIIIIIIII

88 『송서·무제기(宋書·武帝紀)』.

411년에는 회계(會稽) 여요(餘饒)의 호족 우량(虞亮)을 죽였다. 이 해에는 또한 형(荊)과 강(江) 두 주의 호적과 조역(租役)을 정리하였다. 413년에는 호강이 산택(山澤)을 차지하는 것을 금하고 아울러 환온의 후로 다시 한 번 토단법(土斷法)을 실행하였다. 정식으로 명을 내려 '경술년의 토단의 법에 준하여 경계에 따라 토단하도록 하라.'라 하였다. 서(徐)·청(青)·연(兗) 세 주의 북방 변경에 의거하여 잠시 '단한(斷限)'을 갖지 말게 한' 것 외에 그 나머지 동진이 관할하던 각 주군에서는 널리 추진하여 행하였다. 토단의 결과 교거(僑居)와 떠돌아다니던 호구가 모두 본토에 편입된 백성이 되었으므로 '군현을 떠돌며 우거하던 사람들이 많이 한꺼번에 줄어들었다.'[89]

동진 시대에는 모두 네 차례의 토단이 있었다. 이는 남방의 경제 개발이 대동한 복잡한 사회적 모순을 설명하고 있다. 영가의 난 후에 중원의 세도가는 남천하여 산과 물을 차지하고 대토지 전장을 개발하였다. 더불어 대량의 노예와 소작인, 부곡 등의 노동력을 숨겨 강남의 경제적 번영에 촉진작용을 일으켰다. 그러나 다른 면에서는 사가가 노동력을 차지하였으니 필연적으로 조정의 이익에 손해를 끼쳤을 것이다. 조세와 부역의 내원을 충실하게 하기 위하여 조정은 숨겨진 호구와 유민을 빠짐없이 조사했다. 동시에 교치 주군을 정돈하여 교거호 또한 백성으로 편입하려 하였는데 이는 바로 동진이 토단을 시행한 유래이다.

동진의 토단 과정에서 보면 세가대족은 기본적으로 찬성하지 않았다. 왕도와 사안은 모두 조정의 중신으로 공개적으로 반대하는 것은 좋아하지 않았다. 오히려 소극적으로 지지하지 않는 태도를 취하였다. 지

||||||||||||
89 『송서·무제기』.

방의 권세 있는 호족은 숨겨놓은 호적이 샅샅이 조사될 때 갈등이 가장 첨예화하였다. 유유가 유량을 죽인 까닭은 바로 그가 '다시 망명한 사람 천여 명을 숨겼기' 때문이었다. 바로 지방 권문 호족과 권귀 사족들이 제지한 것 때문에 앞선 몇 차례의 토단을 모두 거두는 데 큰 효과를 보지 못하였다. 유유는 더욱 대대적으로 이를 추진하여 그가 진나라를 대신하여 나중에 국력을 강화시키는 데 비교적 큰 작용을 하였다. 세도 가문의 발전은 동진에 이르러 정점에 달하였다. 동시에 제한을 가하여 사족은 역사적으로 모순적인 입장에 처하게 되었다.

유유는 개인의 권력을 집중시키기 위하여 내적으로는 또한 자기와 입장을 달리 하는 사람들을 배제하고 할거세력을 제거하였다. 412년에는 먼저 연주자사 유번(劉藩)과 상서좌복야 사혼(謝混)을 죽였다. 다시 군사를 거느리고 이왕의 공동 '근왕(勤王)'이었던 유의(劉毅)를 토벌하여 없앴다. 413년에는 공동 '근왕'이었던 또 다른 장령(將令) 제갈장민(諸葛長民)을 죽이고 아울러 익주(益州)를 수복하였다. 성도왕(成都王) 초종(譙縱)은 자살하였다. 415년에는 또한 진나라 왕실의 구신과 형주자사 사마휴지(司馬休之)를 공격하여 토벌하였다. 강릉을 공격하였는데 사마휴지는 후진(後秦)으로 도망쳐 항복하였다.

이와 동시에 유유는 북벌을 진행하여 자기의 위신을 끌어올렸다. 410년 남연(南燕)을 멸하고 청주(青州)를 수복하였다. 마지막으로 416년 군사를 거느리고 북으로 후진을 정벌하였다. 417년에는 장안을 공격하여 이겼으며 후진은 망하였다. 그가 급히 귀국하여 진나라를 찬탈하려는 공작을 벌이느라 장안에 주둔한 군사는 이듬해에 대하(大夏)의 군사에게 패하고 장안은 하나라 왕 발발(勃勃)의 근거지가 되었다. 유유는 더 이상 북정을 감행할 생각이 없었다. 418년 12월에 사람을 보내어 진안제를 목매달아 죽게 하고 그 아우 사마덕문(司馬德文)을 황제로 세웠는데 공제(恭帝)이다. 중앙정권은 완전히 유유의 수중에 떨어졌다. 419년 유유는 송왕으로 작위를 올렸다. 420년 유유는 진나라를 대신하여 황제를 칭하였는데 송무제이다. 진나라는 제위를 물려주고 영릉왕으로 폄하되면서 동진 왕실은 여기에서 멸망당하였다. 그러나 유유는 제위를 물려준 왕을 결코 봐주지 않았다. 421년 독주로 영릉왕을 독살하려 하였는데 왕은 마시려하지 않았고 결국은 습격을 받아 죽었다.

비수의 전역 때 도잠은 19세였고 진나라가 망하였을 때는 56세였다. 이는 그의 일생 중 청장년 시기였으며 사회 동란과 각 계층의 정치 지위의 변화는 그의 사상에 당연히 영향력을 행사하였다.

제2장

도잠의 가세와 생애

중국의 봉건 사회에서는 가족 본위의 종법 전제제도가 성행하였다. 사람들은 공업을 세우면 선세에 대해서는 조종을 영광스럽게 할 수 있었고, 후대에는 자손들에게 그늘을 드리우기도 했다. 마찬가지로 역대 가문의 높고 낮음은 자신의 사회적 지위에도 상당한 영향을 끼쳤다. 위진 남조는 문벌 관념을 극단적으로 중시한 시대로 도잠은 거의 세속을 벗어날 수 없었다. 이 때문에 그의 가세와 생애의 연구는 그가 이 방면에서 받은 사상 영향을 이해하는데 도움이 된다.

1. 선세의 연원

도잠은 그의 선세에 대하여 두 수의 시에서 서술하였다. 시에서 자술한 그의 선세는 연원이 유장하다고 할 수 있다. 현재 제목이 「명자(命

子)」로 되어 있는 이 시를 아래에 수록하고 다시 분석을 가하겠다.

悠悠我祖	아득한 우리 조상
奚自陶唐	요임금으로부터 비롯되었다네.
邈爲虞賓	멀리는 순임금의 빈객이었고
歷世重光	세대를 지나며 거듭 빛났지.
御龍勤夏	어룡 씨는 하나라에 봉사했고
豕韋翼商	시위 씨는 상나라를 도왔다네.
穆穆司徒	훌륭하신 사도 도숙(陶叔) 시기에
厥族以昌	우리 종족이 번창하였다네.

紛紛戰國	어지럽던 전국시대는
漠漠衰周	적막하게 쇠약하여진 주나라였지.
鳳隱於林	봉황은 숲에 숨었고
幽人在丘	은자는 산에 있었다네.
逸虯遶雲	날쌘 규룡은 구름 어지럽혔고
奔鯨駭流	달리는 고래는 물결을 놀라게 하였지.
天集有漢	하늘이 한나라를 이루어주고
眷余愍侯	우리 민후[陶舍]를 돌봐주었다네.

於赫愍侯	아 빛나는 민후이시여
運當攀龍	운수가 용을 잡고 오르게 되셨지.
撫劍風邁	검 잡고 바람처럼 내달리며
顯玆武功	이 무공을 드러냈다네.

書誓山河	(한고조께서) 산과 강에 맹세를 쓰니
啓土開封	개봉에 봉지를 여시게 되었다네.
亹亹丞相	힘쓰신 승상[陶靑]이시여
允迪前蹤	진실로 부친의 발자취를 따르셨네.

渾渾長源	세차게 굽이치는 긴 근원이요
蔚蔚洪柯	무성한 큰 나무로다.
羣川載導	여러 강들이 여기서 이끌리고
衆條載羅	많은 가지들이 여기에서 퍼졌다.
時有語黙	때때로 말할 때와 침묵할 때 있었고
運因隆窊	운도 따라서 오르내렸다네.
在我中晉	우리 동진 시기에
業融長沙	공적 장사공에게서 빛났다네.

桓桓長沙	헌걸찬 장사공이시여
伊勳伊德	공 이루시고 덕 세우셨다네.
天子疇我	천자께서 우리 장사공께 자문하심에
專征南國	독단하여 남부 지방 정벌하셨도다.
功遂辭歸	공 이루어지자 하직하고 물러나시니
臨寵不忒	총애 받고도 어그러짐 없었다네.
孰謂斯心	누가 일러 이러한 마음을
而近可得	요즈음에 얻을 수 있다고 하겠는가?

肅矣我祖	엄숙하셨던 우리 조부께서는

愼終如始	마지막을 처음처럼 하시어
直方二臺	곧고 바름이 이대(尙書와 御史臺)에 알려지고
惠和千里	천리를 은혜롭게 화합하셨네.
於穆仁考	아아! 어지셨던 선친께서는
淡焉虛止	담담하게 마음 비우고 고요했다네.
寄迹風雲	벼슬길에 자취 맡기기도 하셨으나
冥玆慍喜	이런 섭섭함과 기뻐함에 초연하였지.

嗟余寡陋	아! 내 덕이 없고 고루하여
瞻望弗及	우러러보아도 미칠 수가 없구나.
顧慚華鬢	다만 허연 귀밑머리 부끄러워져
負影隻立	그림자 뒤로 하고 홀로 서 있네.
三千之罪	3천 가지 죄 가운데
無後爲急	후세 없는 것이 가장 다급한 것이라 했지.
我誠念哉	내 진실로 염원하였더니
呱聞爾泣	'으앙' 하는 네 울음소리 듣게 되었다.

卜云嘉日	거북점에 좋은 날이라 하였고
占亦良時	시초 점도 좋은 때라 하였지.
名汝曰儼	네 이름을 '엄'이라 하고
字汝求思	네 자를 '구사'라 하노라.
溫恭朝夕	아침저녁으로 온화하고·공손할 것이니
念玆在玆	이것 생각하여 여기에 마음 둘지어다.
尙想孔伋	위로 공급[子思] 생각하면서

庶其企而	미칠 수 있기 바랄지니라.

厲夜生子	문둥이가 밤에 아이 낳고,
遽而求火	서둘러 불을 찾았다지.
凡百有心	모든 이 그런 마음 가지고 있게 마련이니
奚特於我	어찌 다만 나만 그렇겠느냐?
旣見其生	이미 너 태어난 것 보았으니
實欲其可	실로 너 잘 되기 바란다.
人亦有言	사람들이 또 말하듯이
斯情無假	이 심정 거짓 없단다.

日居月諸	세월 지나가면서
漸免於孩	점차 어린아이 벗어났지.
福不虛至	복은 그냥 오지 않지만
禍亦易來	화는 역시 쉽게 닥친다.
夙興夜寐	일찍 일어나고 늦게 잠자리에 들어
願爾斯才	네 인재 되기 바란다.
爾之不才	네가 인재 되지 못하여도
亦已焉哉	또한 그 뿐일 테지만.

도잠의 이 시는 『책부원귀(冊府元龜)』에는 제목이 「훈자(訓子)」로 되어
있다. 14세 된 맏아들 도엄(陶儼)에게 지어준 것이다. 선조들의 광휘와
업적을 계승하게끔 훈계하고 아울러 밤낮으로 그가 노력하여 인재가
되기를 바라면서 기원하고 있다. 장래에 아무래도 인재가 되지 못하면

다만 자연에 맡길 뿐이다. 이공환(李公煥)은 시의 주석에서 장연(張縯)의 평을 인용하여 말하였다. '선생은 독선(獨善)의 경지에 높이 도달하여 뜻을 매우 널리 기탁하였고 세상의 일에 대해서는 그 가운데 지푸라기만 한 것도 하나 없다고 보았다. 유독 여러 아들에 대해서만은 권권이 훈계하였다. 아들에게 명하는 시가 있고 아들을 책망하는 시가 있으며 (아들인) 엄 등에게 알리는 글이 있다. 선생은 자신에게 쌓인 것이 두터워서 세상에서는 거의 취하지 않았으며 후세에 흥기시켜야 할 것이 있었다. 그러나 육대(六代: 六朝) 때에는 쓰임이 미치지 않았다. 이 또한 선생이 이른바 "천도는 어둡고 머니, 귀신은 아득하고 어둑하다네.(天道幽且遠, 鬼神茫昧然)"[1]라는 것이다.'

장연의 평설은 비교적 도잠의 사상에 부합한다. 도잠은 불교의 인과응보를 믿지 않았다. 이는 무신론에 가깝다. 그러나 그의 인생에 대해 어쩔 수 없다는 문제는 다만 운명으로 귀결된다. 그는 「명자」를 짓고 2년 뒤에 또 「아들들을 나무람(責子)」이라는 시를 지었는데 이런 사상을 그대로 드러내고 있다.

白髮被兩鬢	흰머리 양쪽 귀밑 덮고
肌膚不復實	살결도 더 이상 실하지 못하다.
雖有五男兒	비록 다섯 아들 있지만
總不好紙筆	모두 종이와 붓 좋아하지 않는다.
阿舒已二八	아서는 이미 열여섯이건만
懶惰故無匹	게으르기 실로 필적하지 못한다.

||||||||||||

1 「원가행 체의 초나라 곡조로 방주부와 등치중에게 보여줌(怨詩楚調示龐主簿鄧治中)」의 구절이다. —옮긴이

阿宣行志學	아선은 열다섯 되어 가는데
而不愛文術	글공부를 좋아하지 않는다.
雍端年十三	왕과 단은 나이 열셋인데
不識六與七	6과 7도 구분하지 못한다.
通子垂九齡	통은 아홉 살이 되어 가는데도
但覓梨與粟	배와 귤만 찾을 뿐.
天運苟如此	타고난 운명 실로 이러할지니
且進杯中物	우선 술이나 들고 봐야지.

도잠의 다섯 아들은 그들 선조의 영광된 역사에 경도된 사람이 전혀 없어서 하나도 인재가 되지 못하였다. 맏이는 16세인데 게으르기 짝이 없고, 둘째는 이미 15세인 지학지년(志學之年)이 되었는데도 책 읽기를 좋아하지 않았다. 셋째와 넷째는 13세인데 아무것도 모른다. 도잠은 이에 대하여 어찌 할 수가 없으며 하늘이 명한 것을 따를 뿐이다. 이 또한 그의 인생관이 숙명적인 사상을 갖고 있다는 것을 설명하는 하나의 예증이다. 이 점에 대해서는 뒤에서 더 상세히 서술할 것이다.

다시 도잠의 「명자」 시로 돌아가 보면 그는 선조의 공적과 덕택을 두루 서술함으로써 아들을 훈계하고 있다. 이 사례를 통하여 어떻게 그의 사상과 심리 상태를 평가해야 할지에 대해서는 근래의 학술계에서도 의견이 갈린다. 다 같이 도잠의 시에 주석을 달거나 역주하는 작자들은 이 예를 통하여 도잠의 사상에 각기 다른 평가를 내리고 있다.

녹흠립(逯欽立)은 『도연명집』을 교주(校注)한 작자이다. 이 책의 부록에는 「도연명에 관하여(關於陶淵明)」라는 문장이 있는데 다음과 같이 생각하고 있다. 도 씨 가문은 문벌세족은 아니어서 그들로부터 차별대우와 멸시를 당하였다. 그러나 도간(陶侃)은 동진이 왕조를 창건할 때의 원훈으로 장사군공(長沙郡公)에 봉하여졌다. 신흥 지주귀족이 된 것이다. 이때부터 도 씨 가족의 계급 지위는 최대 문벌세족인 왕 씨 가문과 맞먹게 되어 이미 무시할 수 없는 한미한 가문의 서족(庶族)이 아니었다. 또한 도연명의 위치에서 보면 그는 지주 귀족 도간의 증손이다. 그의 조부와 부친도 이어서 관직 생활을 하였다. 이 때문에 그의 가족이 아직 문벌 세족이라는 숲에 발을 들이지 않을수록 문벌 세족들은 도 씨 가문의 가세를 인정하지 않았다. 도연명은 문벌 세족에게 오만불손함을 드러내었다. 자기의 가세가 고귀하다는 데 대하여 자부심을 가졌으며 강렬한 문벌 관념을 드러내었다. 그 강렬함의 정도는 오히려 일반적인 대가 세족을 넘어섰다.

녹흠립은 생각하였다. 도연명의 강렬한 문벌 관념은 먼저 그의 「명자」 시에 표현된다. 거기서 공로와 덕을 칭송한 인물로는 주(周)나라의 도숙(陶叔)과 한나라의 도사(陶舍) 및 도청(陶靑), 증조부인 도간, 조부인 도무(陶茂), 부친 도일(陶逸) 등이 있다. 그의 글에서는 단언하기를 도간은 소수민족이며, 심양(尋陽) 도 씨 가문은 당요(唐堯), 더욱이 도숙과 도사, 도청 등과는 혈연관계가 있을 수 없으며 하나의 씨족에서 파생되어 오지 않았다고 하였다. 도연명은 도 씨 가문이 당요의 후대임을 표방하였다. 확실히 봉건 사대부의 일반적인 관습을 답습한 것이다. 사칭이라는 수단을 써서 자기의 씨족 전통이 고귀한 것이라고 부풀렸다. 이는 '군망(郡望: 貫籍)은 세족이 아니었고 풍속은 화하와는 달랐다.'는 귀족 후예의 자괴감과 자존심을 동시에 드러낸 것이다.

이에 의거하여 녹흠립의 글에서는 단언한다. 시에서 도연명은 특별히 증조부와 조부, 부친 삼대의 공명 지위를 한꺼번에 칭송하고 있다.

이는 문벌의 고귀함을 자부하는 것이다. 도연명은 결국 심양 도 씨 일가를 고급 세족으로 간주하고 스스로 긍지를 가짐에 자부심을 가졌으나 완전히 몰락한 귀족세가 자제의 말투이다.[2]

다른 시각으로 평가한 것으로는 궈웨이썬(郭維森)과 바오징청(包景誠)이 『도연명집전역(全譯)』의 「명자」 시에 쓴 「제해(題解)」가 있다. 「명자」 시의 앞 여섯 장에서는 조상의 공적과 덕택을 두루 서술한 것으로 단순히 동진의 문벌 관념을 반영한 것이라 볼 수 없다고 생각하였다. 여기서 도연명은 중국 시가의 자존과 자면(自勉)의 묘사방법을 계승하였다. 굴원(屈原)은 「이소(離騷)」의 서두에서 '고양 황제의 아득한 후손이여, 나의 부친은 백용이라네.(帝高陽之苗裔兮, 朕皇考曰伯庸)'라 하였다. 도연명은 조상의 쓰이면 나가고 버려지면 숨는 것이 모두 도와 합치된다고 노래하여 자못 사실을 추구하였다. 칭송하는 것이 전통적인 품덕(品德)이며, 아울러 아들에게 조상들의 영광스런 품격을 욕보이는 일이 없기를 바라고 있다. 이런 것들은 모두 적극적인 의의가 있다고 하였다.[3]

위 두 측면의 평가로 보면 전자는 깎아내리려는 의도를 내포하고 있음이 비교적 많다. 도잠이 봉건 사대부의 일반적인 관습을 답습하였으며 사칭의 수법을 써서 자기네 씨족 전통이 고귀하다는 것을 부풀렸으니 완전히 몰락한 귀족 자제의 말투라고 하였다. 후자는 도잠이 중국 시가의 자존과 스스로 힘쓰는 전통적인 묘사 방법을 계승하였다고 하였고 아울러 굴원을 끌어다 예로 삼았다. 도잠의 조상에 대한 공덕을 칭송하는 노래는 모두 도에 부합하며 자못 사실을 추구하였다. 종족의

||||||||||||

2 녹흠립, 「도연명에 관하여(關於陶淵明)」, 『도연명집』, 중화서국, 1979년 판, 207~209쪽.

3 궈웨이썬·바오징청, 『도연명집전역』, 구이저우(貴州)인민출판사, 1992년 판, 31쪽.

공덕을 칭송하는 전통적인 품덕으로 아들을 훈계하고 바라는데 이런 것은 모두 적극적인 의의를 갖추고 있다고 인정된다. 이 두 가지 평가는 모두 도잠 사상의 품질과 관련된 문제로 연구와 토론을 할 만한 가치가 있다.

나는 이상 두 가지 도잠의 사상과 심리상태에 대한 평가가 다르다는 것은 인정한다. 다만 역사적인 명인들을 찾아 선조로 삼는 것은 봉건사대부의 일반적인 관행을 답습한 것이라는 견해는 일치한다고 생각한다. 사실 이런 관행은 일찌감치 존재하여왔으니 굴원이 한 가지 예이다. 또한 사마천(司馬遷)은 『사기·태사공자서(史記·太史公自序)』에서 부친인 사마담(司馬談)을 자술하면서 '우리 선조는 주나라 왕실의 태사였다. 상세로부터 일찍이 우하(虞夏) 때 공명을 드러냈으며 천문을 관장하는 일을 담당하였다.'라 하였다. 반고(班固)의 『한서·서전(漢書·叙傳)』에서도 '반 씨의 선조는 초(楚)나라와 성이 같으며 영윤(令尹) 자문(子文)의 후손이다.'라 하였다. 이러한 기풍의 유전은 도잠의 후로 이미 천 년이 지난 청대(淸代)에까지 이어졌다. 『유림외사(儒林外事)』의 오경재(吳敬梓) 또한 '주나라 왕조[宗周]의 귀족 후예'라고 하였다. 당나라 때의 『원화성찬(元和姓纂)』에서는 '오(吳) 씨는 주나라 태왕(太王)의 아들 태백(泰伯)과 중옹(仲雍)이 오나라에 봉하여졌다가 나중에 월나라에 멸망당하는데 자손들은 그 나라를 씨(氏)로 삼았다.'라 하였다. 이렇게 말하면 오 씨 성은 모두 주나라 태왕의 후대가 되는 것이다. 엄정한 증거를 가지고 말한다면 아마 거의 사칭한 것일 것이다. 그러나 왜 이렇게 하였는지에 대해 어떤 사람들의 자존하고 스스로 힘쓰는 심리상태에서 나왔다는 것은 가능성이 있을 것이다. 도잠은 극단적으로 가문의 지위를 중시한 동진에서 살았다. 그러니 그에게 조금도 가문에 대한 관념이 없었다고 한다

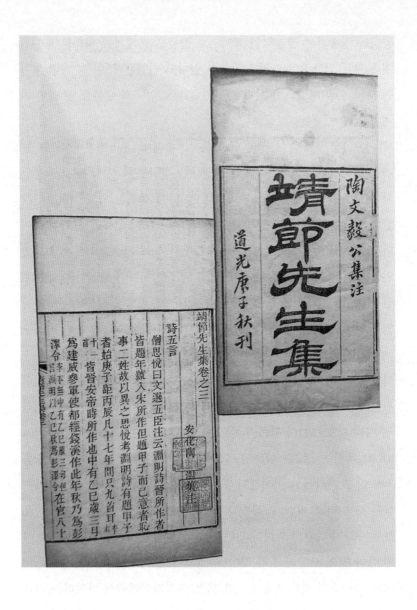

도광 경자년(1840) 간본 도주 주『정절선생집』

면 이는 현실적이지 못하다. 다만 그가 강렬한 가문 관념을 표현해냈다고 한다면 오히려 일반 대가 세족을 능가하며 오히려 또한 사실을 말한 것이다. 그는 「명자」 시에서 선조의 공덕을 서술하였다. 확실히 아이들을 계발하고 훈계하려는 의도가 있었으며 그들이 문중과 조상을 빛내고 그들의 가업을 잇기를 바랐을 것이다. 결코 이를 가지고 기타 문벌 세족들과 서로 비교한 것은 아니다. 도잠의 이런 심리 상태는 봉건시대에서는 속됨을 벗어날 수 없었을 것이다. 도잠이 열거한 도숙과 도사, 도청 등인이 어느 정도 조상을 사칭한 것이라 한다면 현저히 유명한 진나라 대사마이자 장사군공 도간의 후대라는 것은 믿을 만한 것이다. 구눙(顧農)은 「도연명 연구 찰기 삼제(陶淵明研究札記三題)」를 썼는데, 그 중 첫째 글은 「도연명의 출신에 관하여(關于陶淵明的出身)」이다. 그 글에서 어떤 사람이 주자청(朱自淸)의 「도연명 연보 중의 문제(陶淵明年譜中之問題)」에서 더욱 상세히 소개한 적이 있다고 하였다. 도연명은 결코 도간의 후대가 아니다. 그들은 도연명의 작품 원문을 함부로 고치고 함부로 억측하여 전인이 일찌감치 곧잘 반박을 한 적이 있다는 내용이다. 이 외에 또 어떤 사람은 말했다. 도연명은 도간의 증손자가 아니며 세계가 더욱 먼 후예로 주자청이 소개한 적이 있다. 마침내 미해결로 남겨두었으며 가까운 시대의 사람 또한 이 일을 아직 토론하여 결정하지 못하고 있다는 것이다.[4]

구눙이 후면의 상황을 언급한 것은 곧 도잠이 도간의 증손자인가 아니면 세계가 더욱 먼 후대인가 해서이다. 이 문제가 생성된 원인을 나는 도연명이 「증장사공(贈長沙公)」 시를 지었기 때문이라고 생각한다.

<hr>

4 『제로학간(齊魯學刊)』, 1995년 제6기, 93쪽.

시의 제목과 서문은 각 판본마다 문자가 비교적 혼란스러워 독자들로
하여금 쉽게 오해를 사도록 한다. 아래에 도주(陶澍) 주본(注本)에 의거
하여 원시를 수록하고 다시 각종 판본을 가지고 비교해가며 분석을 진
행하여 문제를 해결해나가도록 하겠다.

장사공에게 증정함(贈長沙公) 서문을 아우름(幷序)

장사공은 나와 친족으로 조상이 함께 대사마에게서 나왔지만 촌수
관계가 이미 멀어져 길 가는 남 같이 되었다. 심양을 들렀는데 작별할
즈음에 이 시를 준다.

長沙公於余爲族, 祖同出大司馬, 昭穆旣遠, 以爲路人. 經過潯陽, 臨
別贈此.

同源分流	같은 근원에서 나뉘어 내려오며
人易世疏	사람 바뀌고 세대도 멀어졌네.
慨然寤歎	슬프게 탄식하며
念玆厥初	그 처음을 생각하네.
禮服遂悠	예복의 단계 마침내 멀어지고
歲月眇徂	세월 아득히 지났구나.
感彼行路	저 길 가는 사람같이 된 것에 느낌이 있어
眷然躊躇	돌아보며 머뭇거린다네.

| 於穆令族 | 아! 훌륭한 친족이여 |
| 允構斯堂 | 조상의 공적 잘 이었도다. |

諧氣冬暄	온화한 기상 겨울 햇볕 같고
映懷圭璋	빛나는 마음 귀한 옥 같도다.
爰采春華	성대함은 봄꽃과 같고
載警秋霜	경계함은 가을 서리 같다.
我曰欽哉	내 말하노니 삼갈지어다.
實宗之光	진실로 종족의 영광이니.
伊余云遘	내가 만났을 때
在長忘同	윗사람임에도 친족인 줄 몰랐지.
笑言未久	웃으며 이야기함 오래지 않아
逝焉西東	떠나서 동서로 나뉘게 되었구나.
遙遙三湘	멀고 먼 삼상과
滔滔九江	넘실대는 구강이로다.
山川阻遠	산천 막혀 있고 멀지만
行李時通	심부름꾼이라도 때대로 통하세.
何以寫心	어떻게 이 마음 다 표현해낼 수 있을까?
貽此話言	이 좋은 말을 주노라.
進簣雖微	"한 삼태기의 흙 비록 작지만,
終焉爲山	끝내는 산을 이룬다." 하였지.
敬哉離人	조심할지어다, 떠나는 사람이여
臨路悽然	길 앞에서 슬퍼하네.
款襟或遼	흉금 털어놓을 날 혹 멀더라도
音問其先	소식이나마 먼저 보내세.

각종 판본의 문자가 상이한데 먼저 시 제목이다. 현재 우리가 쓰는 것은 '증장사공(贈長沙公)'인데 도주 주본은 이렇게 쓰고 아울러 시 제목 아래에 살펴 고치도록 하는 소주(小注)를 달아 놓았다.

> 각 판본에는 모두 '증장사공족조(贈長沙公族祖)'로 되어 있다. 양시위 (楊時偉)는 말하였다. "'장사공은 나와 친족으로(長沙公於余爲族)'가 한 구절이고, '조상이 함께 대사마에게서 나왔다(祖同出大司馬)'가 한 구절이다. 제목의 '족조(族祖)' 두 자는 곧 후인이 서문을 잘못 읽어 '조(祖)'를 가지고 구절을 삼아 이로 인하여 함부로 시의 제목을 더한 것이다." 하맹춘(何孟春)과 하작(何焯) 또한 모두 '족조' 두 자를 연문이라고 생각하였으며 지금은 산거한다.[5]

시 제목 아래에 '족조' 두 자가 있고 없고의 관계는 매우 크다. 이는 도잠이 도간의 후대가 되는 항렬상의 문제에 영향을 미친다. 장사공은 원래 도간의 봉호(封號: 長沙郡公)로, 진나라의 제도에 의하면 도간이 죽은 후 자손은 작위를 세습할 수 있었다. 『진서·도간전』의 기록에 의하면 장사군공은 2세 도하(陶夏)와 3세 도굉(陶宏), 4세 도작지(陶綽之), 5세 도연수(陶延壽)가 봉직을 세습하였다. 진나라와 송나라가 교체된 후에는 봉작이 강등되어 예릉현후(醴陵縣侯)가 되었다. 도잠이 만난 장사공이 다른 족조라면 이 사람은 누구일 것이며, 바로 도잠의 항렬과 상관이 있게 된다.

이 문제에 대하여 청나라 학자 전조망(全祖望)은 도연명 문집의 어떤

---

5 『도정절집(陶靖節集)』권1, 3~4쪽, 상무국학기본총서본(商務國學基本叢書本).

옛 주석에 의거하여 이 시는 도연수에게 준 것이라고 하였다. 도잠이 이미 그를 족조라 불렀다면 도연수는 도간의 5세손이므로 도잠은 7세손으로 밀려날 수 있다.[6] 야오잉(姚瑩)은 다른 견해를 가지고 있는데, 그는 이 시는 도작지에게 준 것으로 도잠이 그를 족조라 불렀으니 자기는 6세손이 된다고 하였다.[7] 이는 곧 도잠이 「명자」 시에서 스스로 도간의 4세손이라고 술회한 항렬과 부합하지 않는다. 시의 제목에서 '족조' 두 자를 산거한 것은 이 모순점을 해결하려는 것이다.

그러나 시 제목을 산정하는 것만으로는 완전히 모순점을 해결할 수 없을 것 같다. 서문의 첫 두 구절이 각종 판본의 문자에서 구절을 끊어 읽는 법까지 모두 같지 않기 때문이다. 이를테면 위에 수록한 도주본에서는 '長沙公於余爲族, 祖同出大司馬'라 하였다. 족(族), 조(祖) 두 자를 끊어놓으면 다만 장사공과 도잠이 동족이며 모두 대사마 도간을 할아버지라고 한다는 것을 말한다. 이는 바로 도잠이 만난 사람이 몇 대 장사공인지, 누가 누구의 조상이고 항렬의 선후가 어떻게 되는지의 문제를 회피하는 것이다. 그러나 다르게 구절을 끊은 판본도 있다. 녹흠립의 판본에서는 '余於長沙公爲族祖, 同出大司馬'[8]라 하였다. 이는 곧 명확하게 도잠이 자기가 만난 장사공이 족조임을 인정하는 것이다. 이 장사공이 도연수라면 도잠의 항렬은 도간의 7세손이 아니며 연이어 네 등급이나 오르는 것이다. 도연수를 족조라 칭하는 것에서 도연수의 족조가 되는 것으로 바뀌니 그렇다면 곧 도간의 3세손이 되는 것이다. 이

IIIIIIIIIIIII

6 전조망, 「도연명세계고(陶淵明世系考)」, 『길기정집(鮚埼亭集)』 외편 권40.

7 야오잉, 「방식지와 도연명이 환공의 후손이라는 설을 논함(與方植之論陶淵明爲桓公後說)」, 『동명문후집(東溟文後集)』 권1.

8 녹흠립, 『도연명집』, 18쪽.

렇게 되면 도잠이 스스로 술회한 도간의 증손(제4세)이라 한 것과도 모순이 있다.

　이 모순을 해결하기 위해서 구능은 도연명의 출신을 토론할 때 이렇게 서술했다. 도연명이 만난 장사공은 그보다 두 항렬 낮은 사람으로 도연수의 아들일 것이다. 도연수가 이미 예릉현후로 강등되어 봉하여졌다고 하더라도 도연명은 여전히 장사공이라 불러야 통한다. 또한 도연명이 유송 정권을 인정하지 않는 태도를 드러내었다고 하였다. 조송(趙宋)의 오인걸(吳仁杰)은 『도정절선생연보(陶靖節先生年譜)』에서 말하였다. '세차(世次)로 고찰해보면 선생은 도연수의 부항(父行)이다. 지금 스스로 장사공에게 족조가 된다고 한 것은 도연수가 송나라로 들어와 죽었으며 선생을 심양에서 만난 사람이 어찌 그의 아들이 아니겠는가? 도연수는 이미 오창(吳昌)으로 강등되어 봉하여졌는데도 여전히 장사(長沙)로 칭하였으니 진나라의 관작을 따른 것이다.'라는 해석이 합리적이다.[9]

　구능은 오인걸의 견해를 인용하여 도잠이 만난 장사공은 도연수의 아들이라고 하였다. 이는 다만 추측일 뿐 도잠이 도간의 4세손이라는 항렬에 부합시키고자 해서였다. 그러나 도잠은 증시(贈詩)의 서문에서 이 장사공과의 친속관계를 말하였는데 '촌수 관계가 이미 멀어져 길 가는 남같이 되었다.(昭穆旣遠, 以爲路人)'라 하였다. 증시의 첫 두 구절에서도 '같은 근원에서 나뉘어 내려오며, 사람도 바뀌고 세대도 멀어졌다.(同源分流, 人易世疏)'라 하였다. 이런 소원한 관계는 아마 자기 자신도 그리 분명하지 않은 것 같다. 나는 「명자」 시의 자술과 각종 사전의 기

9　『제로학간(齊魯學刊)』, 1995년 제6기, 93~94쪽.

록에서 모두 그가 도간의 증손 항렬이라고 한 것을 따라 그런대로 믿을 만하다고 생각한다. 나중의 여러 설은 거의 추측일 따름이다.

2. 가운의 성쇠

위에서 말한 도잠 선세의 연원에서 그가 도당(陶唐)과 주(周)·한(漢) 시대의 먼 선조를 말한 것은 가문 관념의 산물이라는 유무를 떠나 모두 실제에 적용하기 어렵다. 그가 도간의 후대라는 것은 일반적으로 인정될 수 있다. 어떤 사람이 '조상이 함께 대사마에게서 나왔다(祖同出大司馬)'는 것을 한나라 고제 때의 도사(陶舍)라고 하지만, 도사는 다만 우사마(右司馬)만 지낸 적이 있다. 한나라 초기에는 대사마라는 관직이 없었다. 청나라 학자 염약거(閻若璩)는 이 설에 의거하여 도잠은 결코 도간이 아니라 도사의 후대라 한 적이 있다. 대사마를 우사마로 고쳐야 한다고 주장하기도 하였다. 이런 견해는 터무니없는 것 같다.

도잠은 도간의 후대로 몇몇 사람들의 의심을 받기는 하였지만 논란을 거쳐 대체적으로 긍정적으로 여겨진다. 다만 도잠의 가운이 중도에 쇠락한 것이 도 씨 가족의 성쇠와 무슨 관계가 있는지, 그의 사상에 대해서는 무슨 영향을 끼쳤는지는 여전히 연구할 만한 가치가 있는 문제이다.

여기서는 먼저 도간의 가정사부터 시작하겠다.

『진서·도간전』의 기록에는 도간의 가세가 매우 간략하게 서술되어 있다. '도간의 자는 사행(士行)이며 본래 파양(鄱陽) 사람이었다. 오(吳)나라가 평정되자 여강(廬江)의 심양(尋陽)으로 이사하였다. 부친인 단(丹)은 오나라 양무장군(揚武將軍)이었다. 도간은 일찍 부친을 여의고 가난하여 현리(縣吏)가 되었다.' 여기서는 그의 부친 단이 오나라에서 무관이었다는 사실만 언급하였다. 이는 비교적 일찍 세상을 떠났기 때문이다. '일찍 부친을 여의고 가난하여(早孤貧)'라 하였으며, 게다가 진나라가 오나라를 평정한 후에 오나라 사람들은 일반적으로 멸시를 당하여 다만 보잘것없는 관리가 될 수 있을 뿐이었다는 설명이 그것이다. 여기서 도단의 가세를 보면 확실히 세가 호족이라고는 말 못하며 그리 높은 사회적 지위도 없었음을 알 수 있다.

도간은 일처리가 매우 뛰어난 사람이었지만 '부친을 여의고 가난한' 가세는 오히려 그의 이 '현리'가 되는 앞길에 이롭지 못하였다. 이는 곧 누군가 그를 관계에 추천해 주는 것이 필요할 때였으며, 따라서 그 어머니의 '절발유빈(截髮留賓)' 고사가 나오게 되었다. 당시 효렴(孝廉) 범규(范逵)가 도간의 집에 이르렀다. 집이 가난한 데다 창졸간이라 대접할 길이 없었다. 그의 모친은 즉시 머리카락을 잘라 술과 음식으로 바꿔 손님들을 접대하였다. 범규는 매우 만족하였다. 나중에 손님을 전송하는 도중에 도간이 주군에 출사할 생각이 있으나 활로가 없다는 뜻을 나타내었다. 이에 범규는 여강(廬江) 태수 장기(張夔)가 있는 곳에 도착하였을 때 도간을 좋게 말해주었다. 장기가 도간을 불러 '독우(督郵)로 삼아 종양령(樅陽令)을 거느리게 하였는데 뛰어나다는 이름이 있었다.'는 것으로 보아 도간은 현리에서 현령으로 승진하여 관계에 진입하였다. 아울러 유능하다는 명성을 얻게 되었다는 것이다. 도간은 장기에게 발탁되었기 때문에 그를 위하여 있는 힘을 다하였다. 한번은 '장기의 아내가 병에 걸려 수백 리 밖에서 의원을 맞아 와야 했다. 때는 마침 춥고 눈이 내려 주부(主簿: 綱紀)들이 모두 난색을 표하였다. 도간만이 말하기를 "어버이를 섬기는 도리로 임금을 섬기는 법입니다. 소군(小君)은 모친과 같으니 어찌 부모가 병에 걸렸는데 마음을 다하지 않겠습니까!"라 하고는 갈 것을 청하였다. 모든 사람들이 그 의리에 탄복하였다.' 이로 말미암아 그는 정의(情義)를 중시한다는 아름다운 명성을 얻게 되었다. 장사태수(長沙太守) 만사(萬嗣)가 여강(廬江)에 들른 길에 '도간을 보고 마음을 비우고 기뻐하며 말하였다. "그대는 종당에 큰 명성을 얻을 것이오." 그 아들에게 그와 교유하도록 명하고 떠났다.' 여기서 도간이 관계에서 확실히 어느 정도 명성을 얻었음을 알 수 있다.

진나라는 극도로 문벌세족을 중시하는 사회였다. 도간이 관계에 진입하고 몇몇 장관의 인정을 받기는 하였지만 여전히 한미한 가문의 지위를 바꿀 수는 없었다. '복파장군(伏波將軍) 손수(孫秀)는 망국의 지차라 하여 문망(門望)이 드러나지 않았으며 중화의 인사들은 연리(掾吏)가 되는 것을 부끄러워하였고, 도간은 한미한 벼슬아치라 하여 사인(舍人)으로 불렀다.' 이 손수는 손오(孫吳) 종실의 방계일 것이므로 '망국의 지차(亡國支庶)'라 부르며 중원의 사람들이 무시하여 그의 부하가 되기를 원하지 않았다. 다만 한미한 가문에서 출사한 도간을 찾아 사인으로 불렀다. 또한 예장국낭중령(豫章國郎中令) 양탁(楊晫)이 있는데 그는 도간을 매우 중시하여 도간과 한 수레에 함께 탄 적이 있었다. '이부랑(吏部郎) 온아(溫雅)가 양탁에게 말하기를 "어째서 소인과 함께 수레를 타십니까?"라 하였다.' 공공연히 도간을 소인이라 일컬었다. 당시 출신이 한미한 벼슬아치에 대한 멸시를 엿볼 수 있다.

그러나 도간은 결국 재능과 담력, 식견을 두루 갖춘 인물이 되고 만다. 그는 결코 남의 아래에 있는 것을 달갑게 여기지 않았다. 마침 이런 동란의 시대를 만났으니 영웅에게 무(武)의 재능을 쓸 곳이 있게 되었다. 이에 그는 군공을 세우는 것을 발전시켜 유홍(劉弘)의 신임과 중용을 얻게 되었다. 『진서』 본전에서는 말한다.

　　마침 유홍(劉弘)이 형주(荊州)자사가 되어 임지로 가려 하면서 도간을 불러 남만(南蠻) 장사(長史)로 삼아 먼저 양양(襄陽)으로 가서 장창(張昌)을 토벌하게 하여 깨뜨리게 하였다. 유홍이 이르자 도간에게 일러 말하기를 "내 지난날 양공(羊公)의 참군(參軍)이 되었었는데 내게 이르기를 나중에 내가 처할 곳이라 하였다. 지금 관찰해보니 반드시 늙은이를 잇게 될 것이다."라 하였다. 나중에 군공(軍功)으로 동향후(東鄕侯)에 봉하여져 천호를 식읍으로 받았다. 진민(陳敏)의 난 때 유홍은 도간을 강하(江夏) 태수로 삼고 응양장군(鷹揚將軍)을 더하였다. 간은 위의를 갖추고 어미를 관사로 맞았으며 향리에서는 영광스럽게 생각하였다. 진민은 그 아우 진회(陳恢)를 보내어 무창(武昌)을 약탈하게 하였고 도간이 군사를 내어 그를 방어하였다. 수군(隨郡) 내사(內史) 호괴(扈瓌)가 유홍에게 도간을 이간질하여 말하기를 "도간과 진민은 향리에서 오랜 친분이 있는지라 큰 군에 있으면서 강한 군사를 통솔하여 벗어나 다른 뜻을 품으면 형주(荊州)는 동문(東門)이 없어지게 될 것입니다."라 하자, 유홍이 말하기를 "도간의 충직함과 유능함은 내가 안 지 이미 오래거늘 어찌 이러하겠는가!"라 하였다. 도간이 가만히 듣고 급히 아들인 도홍(陶洪) 및 형의 아들 도진(陶臻)을 보내어 유홍을 맞아 스스로 견고하게 하였다. 유홍은 끌어다 참군으로 삼고 힘입어 그리 보냈다. 또한 도간에게 독호(督護)를 더하여 여러 군사와 함께 힘을 합쳐 진회에게 맞서게 하였다. 도간은 곧 물자를 싣는 배를 전함으로 삼았는데 혹자가 안 된다는 말을 하자 도간은 말하였다. "관가의 물건으로 관가의 적을 토벌하는 데는 다만 모름지기 본말만 늘어놓으면 될 따름이다." 이에 진회를 쳐서 가는 곳마다 반드시 격파하였다. 도간은 군정(軍政)이 정제되고 엄숙하여 무릇 노획한 것이 있으면 모두 사졸들에게 나누어주고 자신이 사사로이 취하지 않았다.

이 단락의 기록은 상당히 상세하다. 도간이 입사한 후 신의(信義)가 밝게 드러났으므로 상사 유홍의 신임을 깊이 얻어 '큰 군에 있으면서 강한 군사를 통솔하여' 그가 '다른 뜻'을 가질까 두려워하는 사람이 있었지만 유홍의 그에 대한 신임은 시종 요지부동이었다. 그는 마침내 진회와의 전투 중에서 '가는 곳마다 반드시 격파하는' 승리를 거두게 된다. 당연히 그의 성공에는 또한 중요한 원인이 있다. 바로 군사를 거느리는 기율이 엄하고 밝았기 때문이었다. 그는 전리품을 모두 사졸들에게 고루 나누어주고 자신은 결코 사사로이 가진 것이 없었다. 이런 풍격은 당시 군사를 거느리는 고관들에게는 보기 드문 경우였다. 그리고 도간의 이런 조처는 확실히 사병의 옹호를 얻었으며 전투력이 더욱 강화되기에 이르렀다.

이 후 도간은 이 길을 따라 누차 전공을 세웠지만 얼마간의 좌절을 겪기도 했다. 예를 들면 그와 왕돈(王敦)의 관계 같은 것인데, 군사를 내어 '승리를 알렸을' 때 왕돈은 이렇게 말하였다. "도후가 없었더라면 형주를 잃게 되었을 것이다." 그러나 나중에 또 '도간의 공을 깊이 시기하여' 그를 살해할 생각을 한 적이 있다. 왕돈의 난이 일어나자 그를 이랬다저랬다 하는 사람으로 간주하였고 왕돈의 난이 평정되자 도간은 '도독형·옹·익·양주제군사(都督荊·雍·益·梁州諸軍事)와 호남만교위(護南蠻校尉), 서정대장군(征西大將軍), 형주자사(荊州刺史)'에 임명되었다. 나중에 소준(蘇峻)이 난을 일으켰을 때 '경도(京都)를 지키지 않아' 주로 도간의 군사에 의지하여 토벌하였다. 이로 말미암아 지위가 승진하여 시중(侍中)·태위(太尉)에 우보고취(羽葆鼓吹)가 더하여졌다. 장사군공(長沙郡公)으로 바뀌어 봉하여졌으며, 봉읍 3천 호에 비단 8천 필이 내려졌다. 또 도독교·광·영 칠주군사(都督交·廣·寧七州軍事)가 더하여졌다. 이는 도연명의 시에서 말한 '천자께서 우리 장사공께 자문하심에, 독단하여 남부 지방을 정벌하셨다.(天子疇我, 專征南國)'는 것의 근거가 된다.

도간은 만년에 공업이 더욱 성하였다. 조정에서는 '대장군에 임명하고 검을 차고 신을 신은 채 전각에 오르며 입조할 때 종종걸음을 걷지 않고 조배하여 예를 올릴 때 이름을 부르지 않도록' 하려 했으나 도간은 '표장을 올려 굳이 사양하였다.' 함화(咸和) 7년(332) 6월에 병이 위독해지자 또 표장을 올려 지위를 내놓았고' 스스로 '어렸을 때와 조금 커서 고아가 되었고 한미했으며 첫 소원은 한계가 있었으며' 지금 이미 '나이가 여든이 다 되어가고 신하들 가운데 지위가 지극하다.'고 일컬었다. 그는 '속히 신하를 가려 뽑아 반드시 우수한 인재를 얻을' 것을 요청하였다. 도연명의 시에서는 그를 일러 '공이 이루어지자 하직하고 물러나시니, 총애를 받고도 어그러짐이 없었다. 누가 일러 이러한 마음을, 요즈음에 얻을 수 있다고 하겠는가?(功遂辭歸, 臨寵不忒. 孰謂斯心, 而近可得)'라 하였다. 도간이 죽었을 때 그의 나이는 76세였다.

도간이 죽은 후에 진성제(晉成帝)는 조칙을 내려 말하였다.

"고(故) 사지절(使持節)·시중(侍中)·태위(太尉)·도독형강옹량교광익녕팔주제군사(都督荊江雍梁交廣益寧八州諸軍事)·형강이주자사(荊江二州刺史)·장사군공(長沙郡公)은 법도와 덕이 쌓이고 밝았으며 계책이 넓고 멀었다. 바깥으로는 울타리를 만들어 8주가 숙청(肅淸)되었다. 안으로는 왕의 일에 진력을 다하여 황가가 이로써 편안해졌다. 지난날 환문(桓文: 제환공과 진문공)의 공훈으로 백구(伯舅)에게 의지하였다. 바야흐로 큰 계책에 힘입어 과인을 비호하였도다."

아울러 '대사마'에 추증하였다. 여기서 도간은 동진 조정에 대하여 나라 안을 안정시키고 밖으로 외적을 물리친 공적을 인정할 수 있다. 도간은 진나라 왕실에 충성하였을 뿐만 아니라 동시에 자못 백성들의 환영을 받았다. 왕돈의 난이 평정되어 그를 형주자사로 임명하였을 때 '초영(楚郢)의 사녀(士女) 가운데 경하하지 않는 사람이 아무도 없었다.' 『진서』 본전에서는 또한 일컫기를 '도간은 군중에 있은 것이 41년이었으며, 씩씩하고 굳세게 권위가 있었고 영오(穎悟)하여 결단을 잘 내렸다. 남릉(南陵)에서 백제(白帝)에 이르기까지 수 천리 중에 길에서 떨어진 물건을 줍지를 않았다.'라 하였다. 여기서 말한 것은 조금 과장이 있음을 면하기 어렵겠지만, 당시와 같은 동란의 시대에 그의 다스림 하에서 사회가 비교적 안정되게 된 것은 훌륭하다.

도간은 비록 군공으로 집안을 일으켰지만 그는 결코 용맹하기만 한 일개 무인만은 아니었다. 자못 정치적인 두뇌가 있고 아울러 늘 근면하고 스스로를 격려하는 인물이었다. 본전에서는 말하였다.

도간은 성격이 총명하고 민첩했으며 관리의 직책에 부지런하였고, 공손하고 예에 가까웠으며 인륜을 좋아하였다. 종일토록 무릎을 모으고 똑바로 앉았으며 바깥의 많은 일은 천 갈래 만 갈래 빠뜨림이 없었다. 멀리서 가까이서 보내온 글에 손수 답하지 않음이 없었는데 글이 물 흐르듯 하여 막힌 적이 없었다. 소원한 사람들을 끌어다 접대하여 대문에 손님이 그친 적이 없었다. 늘 사람들에게 말하기를 "대우(大禹)

가 성인인 것은 곧 촌음을 아껴 사람들에게 이르러서이니 아주 짧은 시간을 아껴야 할 것이거늘 어찌 편안하게 놀면서 황음을 일삼으며 취하겠는가? 살아서 당대에 도움이 되지 않고 죽어서는 후세에 알려지지 않는 것은 스스로 포기하는 것이다."라 하였다.

이로부터 도간은 꼼꼼하고 총명하며 능력이 있고 문재와 무략을 겸비한 사람임을 알 수 있다. 특히 시간을 아끼고 근면한 방면에 있어서는 매우 특출하였다. 본전에서는 그를 일러 '주에서 일이 없으면 문득 아침에 청사 바깥으로 벽돌 백 개를 옮겼다가 저녁이면 청사 안으로 옮겼다. 사람들이 그 까닭을 묻자 답하기를 "내가 바야흐로 중원의 일에 온힘을 다하고 있는데 지나치게 여유가 있고 편안하면 일을 감당하지 못할까 걱정이 되기 때문이오."라 하였으니, 그 뜻과 힘을 부지런히 함이 모두 이러하였다.'라 하였다. 훗날 늘 훈련을 하면서 타인에 의존하지 않고, 자신이 친히 하였다. 그래서 전투를 할 때면 '단단한 갑옷을 입고 날카로운 무기를 들고 몸소 군대의 일을 하니 장사병들이 분격하여 명을 따르지 않음이 없었다.' 이는 그 몸으로 법도를 삼아 가져온 성과였다. 도간은 은혜를 알고 보답할 줄 아는 사람이었다. 그는 일찍감치 범규와 장기, 유홍 등과 같은 사람들의 추천과 임용을 얻어냈다. 나중에 강주(江州) 도독(都督)이 되고 자사(刺史)를 받아 연리(掾吏)를 증설할 때 '장기의 아들 은(隱)을 참군으로 삼았고, 범규의 아들 요(珧)는 상동태수(湘東太守)로 삼았으며 유홍의 증손자 안을 연속(掾屬)으로 삼아', '무릇 미천했을 때 받은 것이 있으면 밥 한 그릇이라도 다 갚았다.' 도간은 비록 사사로운 은혜를 갚았지만 일을 처리할 때 공사를 분명히 하여 함부로 선물을 받지 않았다. 과분하게 녹과 지위를 탐하지도 않았다. 본전에서는 '말년에는 그만두고 만족할 줄 아는 분수를 품고 조정의 대권에 참여하지 않았으며, 죽기 1년 전에 지위를 물려주고 나라로 돌아가려고 하였다.' '병이 위독해지자 장사로 돌아가려고 하였는데 군중의 물자와 무기, 소와 말, 각종 배에 모두 정해진 장부가 있었으며, 창고를 봉인하고 스스로 자물쇠를 채워 왕건기(王愆期)에게 인계한 다음 배에 오르니 조야에서 미담으로 삼았다.'라 하였다. 그의 사람됨에 대한 평가로 상서인 매도(梅陶)가 친지에게 보낸 편지가 있다. '도공은 민첩하고 감식력이 밝기로는 위무(魏武: 曹操) 같고, 충순(忠順)하고 부지런하기는 공명(孔明: 諸葛亮) 같아, 육항(陸抗) 같은 사람이 미칠 수가 없다.'라 하였다. 사안은 매번 말하기를 '도공은 비록 법을 쓰기는 하였지만 늘 법 외의 뜻을 얻었다.'라 하였다. 그가 세상에서 중시됨이 이와 같았다. 조조와 제갈량은 전혀 다른 유형의 사람인데 도간은 그 장점을 모을 수 있었으며 이는 결코 쉽지 않은 일이다.

도간은 '어려서 고아에 가난하였고', '조금 자라서는 고아에 한미한' 데서 '신하들 가운데 지위가 지극하게' 되도록 공사를 받들고 법령을 준수하였다. 결코 권세로 사적인 것을 도모하지 않았다. 그렇지만 '잉첩이 수십 명이었으며, 가동은 천여 명에 진기한 보화가 천부(天府)보다 부유하였다.' 권세와 재부를 가지고 말하면 어떠한 세가대족과도 겨룰 수 있었다. 그럼에도 그의 사회적 지위는 여전히 남의 조롱을 받는 측면이 있었다. 소준의 난은 유량이 그 원인을 제공하였으나 나중에 도간에 의하여 평정되었다. 유량은 '도간이 토벌하러 올까 두려워했으며' 곧 '온교(溫嶠)의 계책을 써서 도간에게 가서 절하고 감사해했다. 도간은 황급히 제지하며 말하기를 "유원규(庾元規)가 도사행(陶士行)에게 절을 하다니요!"라 하였다.' 『진서』 본전의 이 기록으로 볼 것 같으면 두 사람의 관계는 여전히 좋았다. 그러나 이 일의 내막에는 곡절이 있다. 원래 유량은 도간을 찾아가 만나는 것을 조금 두려워하였으니 뭔가 켕기는 것을 느꼈을 것이다. 온교는 오히려 그에게 권하기를 "계 땅의 개는 내가 잘 알고 있으니 그대는 다만 만나보기만 하면 되오. 틀림없이 걱정이 없을 것입니다!(溪狗我所悉, 卿但見之, 必無憂也!)"[10]라 하였다. 이 말은 비록 등 뒤에서 한 말이기는 하지만 그를 '계 땅의 개(溪狗)'라 일컬을 만큼 말투가 매우 모욕적이다.

이 고사는 도잠의 가세(家世)가 위로 도간에게까지 미치는 족속문제를 끄집어낸다. 근대 학자 진인각(陳寅恪)이 내린 판정에 의하면 도간은 계족(溪族)일 것이다. 그는 「위서 사마예전 강동민족 조의 석증 및 추론(魏書司馬睿傳江東民族條釋證及推論)」에서 상세하게 논증을 한 적이 있다. 온교의 모욕적인 칭호 외에도 『후한서·남만전(南蠻傳)』 장회(章懷: 李賢)의 주석에서 인용한 간보(干寶)의 『진기(晉紀)』에 근거하여 도간이 이사한 여강군(廬江郡)은 원래 계족이 섞여 살던 곳이라고 하였다. 계족 사람들은 거의 물이 얽혀 있는 지대에 살면서 어로를 생업으로 삼았다. 『진서』의 본전에서는 도간을 일러 '어릴 때 뇌택(雷澤)에서 고기를 잡았다.'라 하였다. 오사감(吳士鑑)이 인용한 『진서교주(晉書校注)』에서는 『이원(異苑)』과 『세설신어·현원(賢媛)』편 및 유효표(劉孝標)의 주에서 인용한 『유명록(幽明錄)』 등의 글을 인용하였다. 모두 도간이 낚시하고, 물고기를 잡거나 발담[魚梁]을 만드는 관리가 된 일 등을 기록하고 있다. 이 추론에 의하면 '그렇다면 도간은 본래 어업에 종사하는 천호(賤戶) 출신으로 명사가 된 초창기에 모두 사류(士類)로 대우해주지 않은 것이 이상

---

10 『세설신어·용지(世說新語·容止)』편 '석두사고, 조정경복(石頭事故, 朝廷傾覆)' 조.

할 것이 없다.'라 하였다. 진인각은 또 도잠이 지은 「도화원기(桃花源記)」를 방증으로 삼았다. 이 글의 첫머리에서 '무릉 사람으로 고기잡이로 생활하였는데 시내를 따라 갔다.(武陵人, 捕魚爲業, 緣溪行)'라 하였다. 계족 사람들은 원래 『후한서·남만전』에 따르면 무릉의 만(蠻)족이다. 이 종족이 '계(溪)'를 가지고 이름을 삼은 것은 오계(五溪)의 땅과 관련이 있다. 이곳의 거주민들은 어로를 생업으로 삼았다. 이에 의하면 진인각은 이 글을 '사실을 기록한 문자(記實文字)'로 생각하였으며 도잠이 전대에서 남겨놓은 본족(本族)의 풍광을 묘사한 것이라고 하였다. 이상을 종합하여 고증하기를 '사행[도간]은 어릴 때 고기 잡는 것을 생업으로 삼았다. 뿐만 아니라 계족이 섞여 살던 여강군 출신이므로 태진(太眞: 온교)의 개라는 꾸짖음은 끝내 중대한 혐의를 면치 못한다.'라 하였다.[11]

도잠에 관하여 위로 도간의 가족까지 미루어 가면 『진서』의 본전에서는 분명히 계족 사람이라고는 말하지 않는다. 그러나 끝부분인 사신의 찬(傳)에서는 '사행은 군망은 세족이 아니었고 풍속은 화하와는 달랐다.'라 하였다. 분명히 그가 화하의 풍속과는 다름이 있다는 의미다. 그는 빈천한데서 부귀에 이르렀으므로 믿는 것이라고는 개인의 재간과 분투뿐이었다. 그런 세족의 입장에서 보면 그는 단지 일종의 큰 벼락 출세자로 간주될 뿐이었다. 사회적 밑바탕이 천박하고 가정교육 또한 비교적 차이가 있었다. 도간의 후대가 봉작을 세습하기는 하였지만 진정코 공업을 이룬 사람은 많지 않았다. 어떤 사람은 심지어 형제간에 골육상잔을 일으키기도 하는 등 총체적인 추세는 가세가 중도에 몰

<hr/>

11 진인각, 『금명관총고초편(金明館叢稿初編)』, 상해고적출판사(上海古籍出版社), 1980년 판, 79쪽 이하.

락하는 데로 나아갔다. 특히 도잠의 조부와 부친 일파는 도간의 본전에 이름이 기록되어 있지 않다. '도간은 아들 열일곱을 두었다. 다만 홍(洪)과 첨(瞻), 하(夏), 기(琦), 기(旗), 빈(斌), 칭(稱), 범(範), 대(岱)만 옛 사서에 보이고 나머지는 모두 드러나지 않았다.'라 하였다.

현존『진서·도간전』의 부전(附傳)에 도간의 아들로 이름이 기재되어 있는 사람은 11명이다. 도홍은 일찍 죽었다. 도첨은 소준에게 살해되었다. 세자 도하는 도간을 장사로 송장할 때 도빈, 도칭과 함께 '각기 수천 명의 군사를 끼고 서로 (그 자리를 이으려고) 도모하였다.' 도빈은 '먼저 장사로 가서 국중의 무기와 재물을 모두 빼앗아 도하가 이르자 빈을 죽였'으므로 유량은 표장을 올려 도하에 대하여 '응당 추방을 시켜서 포학함을 징계하여야 한다.'고 주장하였다. 이에 채 이르기도 전에 '도하는 병들어 죽었다.' 도첨의 아들 도홍(陶弘)이 '도간의 작위를 이었다.' 도홍은 '벼슬이 광록훈(光祿勳)에 이르렀다가 죽자 아들 작(綽)이 이었다. 작이 죽자 아들인 연수(延壽)가 이었다. 송나라가 선양을 받자 오창후(吳昌侯)로 강등되었다. 이 파는 도간의 작위를 세습한 적계(嫡系)일 것이다. 또 도잠이 만난 장사공은 그 일파일 것이다.

그 나머지 여러 아들로 도기(陶旗)는 '성질이 매우 흉포하였고', 도칭은 '성질이 사납고 용맹하기가 비할 무리가 없어 여러 아우들과 어울리지 못하였으며' 아울러 인명을 핍박하여 죽여 유량은 도칭을 일러 "불충하고 불효하기가 이보다 심할 수가 없다."라 하였다. 이 때문에 '이좌(吏佐)들이 크게 모여 도칭의 전후의 죄악을 책벌하고', '도칭을 거두어 법에 따라 사형시켰다.' 도기(陶琦)와 도대, 도범은 그 직임(職任) 외에는 기록할 만한 것이 없었다. 도진(陶臻)은 비교적 평판이 좋은 사람이다. 그를 일러 '용략(勇略)과 지모가 있고', '함화(咸和) 연간에 남군

군수(南郡太守), 영남만교위(領南蠻校尉), 가절(假節)이 되었다. 죽어서 평남장군(平南將軍)에 추증되었으며 시호는 숙(肅)이다.'라 하였다. 도간의 여러 아들 가운데 가장 성취가 있다고 할 만하다. 또한 도진의 작은 아우 도여는 '과감하고 강의하여 전투를 잘 하였다 공을 세워 누차 승진하여 무위장군(武威將軍)이 되었다.' 그는 자못 도간의 무장 격 가풍을 계승하였지만 안타깝게도 두도(杜弢)와 싸울 때 '중상을 입고 죽었다. 도간이 통곡하며 말하기를 "우리 집의 가보를 잃었다!"라 하니 삼군이 모두 눈물을 떨구었다.' 그가 도간보다 일찍 죽었기 때문에 공업을 세운 것이 큰 작용을 발휘할 수 없었다. 도간이 생전에 가졌던 '천부(天府)보다 부유했던' 재물에 대해서는 그를 '장사로 송장할' 때 세 아들이 쟁탈전을 벌였다는 기록 외에는 더 이상 보이지 않는다. 작위를 세습하여 계승한 도홍 일파에게도 재부에 관한 기록은 없다. 도잠의 「증장사공」 시에서 읊은 것이 많은 친척 방면의 안위와 기탁에도 상대의 부귀를 묘사한 장면은 없다. 보아하니 도간의 후대가 중도에 몰락하였다는 것은 쟁론의 여지가 없는 사실인 것 같다.

도잠 일파에 이르러 그 조부와 부친은 도간전에 부기되어 언급되지 않았기 때문에 더욱 적적하게 들리는 것이 없다. 현존하는 소통(蕭統)의 「도연명전」에서는 그의 '증조부 도간은 진나라의 대사마'라 언급하였다. 『송서·은일전(隱逸傳)』의 기록도 같다. 『진서·은일전』과 『남사·은일전』에서는 그를 일러 '진나라 대사마 도간의 증손이다.'라 하였다. 이 점은 제가의 인정을 얻어냈다. 그러나 『진서·은일전』의 기록에 '조부 무(茂)는 무창(武昌)태수'라는 말이 있으나 나머지 각 책에는 모두 수록되지 않았다. 그 부친은 한 곳에도 언급이 없다. 그러나 그가 '어버이는 늙고 집은 가난했다.'고 말한 것은 각 책에서 이구동성으로 말하고 있다. 안연지(顔延之)의 「도징사뢰(陶徵士誄)」에서는 '어려서 가난하고 곤핍하였으며 거처에 노복이 없었고', '어미는 늙고 자식은 어려 봉양하느라 고생하고 어려웠다.'라 하였는데 부친의 상황에 대해서는 모든 사람이 오히려 회피하여 말하지 않았다.

그렇다면 도잠의 부친은 누구인가? 그 집안에 대대로 전해 내려온 후세의 설법에도 의견이 갈리고 있다. 도주(陶澍)가 편찬한 『정절선생연보 고이(靖節先生年譜考異)』에 선생의 전을 언급하였다. '조부 무는 무창태수'라 하였으니 아마도 『진서·은일전』의 기록에 근거하였을 것이다. 협주(夾注)에서는 『강서통지』에서 인용한 『예장서(豫章書)』를 인용하여 '맹가(孟嘉)는 두 딸을 도간의 아들인 무(茂)의 두 아들에게 시집보냈는데 하나는 연명(淵明)을 낳았고 하나는 경원(敬遠)을 낳았다.'고 하였다. 부친의 이름과 관작은 사서에 기록되지 않았다. 이공환(李公煥)의 「명자」 시 주석에서 인용한 『도무린가보(陶茂麟家譜)』에서는 '선생의 조부는 이름이 대(岱)이고 산기원외(散騎員外)이다. 부친의 이름은 일(逸)이고 자성태수(姿城太守)이며 다섯 아들을 낳았다.'라 하였다. 또 조천산(趙泉山)의 말을 인용하여 '정절의 부친은 사서에 그 이름이 보이지 않으며 다만 『무린가보』에 보인다.'라 하였다. 도주는 말하였다. 지금 생각건대 『무린가보』는 『송사·예문지(宋史·藝文志)』에만 보이고 그 책이 오래도록 전하지 않으며, 송나라 등명세(鄧名世)의 『고금성씨서변증(古今姓氏書辨證)』에서는 말하였다.

후세의 도 씨들의 군망은 단양(丹陽)에서 나왔으며 진나라 태위(太尉)의 조부 동(同)이 처음으로 그곳에서 살았다. 동은 단(丹)을 낳았는데 오나라 양무장군(揚武將軍) 시상후(柴桑侯)로 마침내 그 땅에서 살았다.

간(侃)을 낳았는데 자가 사형(士衡)이며, 열다섯 아내를 취하여 스물세 아들을 낳았는데 두 아들은 어려서 죽었다. 스물한 번째 아들은 관직이 태수에 이르렀다. 간은 원외산기(員外散騎) 대(岱)를 낳았으며, 대는 진 안성태수(晉安城太守) 일(逸)을 낳고, 일은 팽택령(彭澤令) 증광록대부 (贈光祿大夫) 잠(潛)을 낳았다. 잠은 족인(族人) 희지(熙之)를 낳았는데 송 나라의 탁지상서(度支尙書)이다. …… 진금(進金)은 회남위(淮南尉) 의(毅) 의 제이십장(第二十將) 무린을 낳았고, 무린은 좌중위장군(左中衛將軍) 약 사(若思)를 낳았으며, 약사는 좌효위장군(左驍衛將軍) 감(鑑)을 낳았다.

이상 등명세가 기록한 도 씨의 세계는 매우 상세하여 유송(劉宋) 희지 (熙之)의 후로 제(齊)·양(梁)·진(陳)·수(隋)·당(唐)을 거쳐 조송(趙宋)에 이 르기까지 대대로 전하여진다. 도주는 이공환과 조천산이 인용한 것은 곧 등명세의 이 책일 것이라고 지적하였다. 그러나 이 무린의 가보는 '비슷하지만 그렇지 않아' 오히려 반대 의견을 표시하였다.

도주는 왜 등명세가 기록한 세계(世系)가 도무린의 가보와 같지 않다 고 말했을까? 지금의 창읍 도 씨의 족보에는 송나라 인종(仁宗) 지화(至 和) 원년에 강주종사(江州從事) 찬황(贊皇) 이경손(李慶孫)의 옛 서문이 있 는 것을 보았기 때문이다. 이 씨의 서에서 기록한 것을 보면 도감이 그 에게 몇 장의 찢어진 종이를 보여주면서 '혹은 중간에서 끊어지기도 하고, 더러는 꼬리에서 이어지기도 하며, 행이 없기도 하고, 글자가 뭉 개지기도 하였다.'고 하였다. 비록 잔결되어 완전하지는 않지만 '연구 할 만한 것이 한두 가지는 있다.'고 하였다. 아래는 이경손의 서문에서 기록한 잔편 재료이다.

첫째 행에는 심양(潯陽) 두 자가 있고, 둘째 행에는 왼쪽 글자가 빠져 있고 오른쪽에는 동(同)자만 있다. 아래에서는 스무 아내를 얻어 스물을 낳았다고 하였다. 이 아래에는 글자가 없어 스물이란 것이 남자인지 알 수 없다. 이상은 양(梁)나라 천감(天監) 2년일 따름이다. …… 10행에서는 말하기를 조비(祖妣)는 강하(江夏) 맹(孟) 씨로 5남을 두었다고 하였다. 다음 행에서는 말하기를 10대조는 희지(熙之)로 남송에서 본주의 별가(別駕) 벼슬을 지냈으며 무릉 내사(內史)에 임명되었다고 하였다. ……

도주는 말하였다. 지금 이 서문에 의하면 무린이 편록(編錄)한 것에 의거하여 나왔다. 희지 이상의 세계는 떨어져나가 완전치 못하다. 그 손자 감에 이르러서는 이미 고찰할 길이 없으므로 서문이 이와 같다. 등명세가 말한 조부 대는 산기상시이고 부친 일은 안성태수였다. 선생이 증광록대부로 족인 희지를 낳았다는 것은 모두 감보(鑑譜)에 있는 것이 아닌 것 같다. 또한 이공환의 「명자」 시의 주에 의하면 선생의 부친은 자성태수이며 다섯 아들을 낳았다고 하였다. 등명세의 서문에서는 족인 희지라고 하였다. 옛 서문의 10행에서는 조비는 강하 맹 씨로 5남을 두었다고 하였다. 다음 행에서는 10대조가 희지라고 하였다. 여기에 의거하여 도주는 다음과 같이 제기하였다. 선생을 낳은 모부인은 맹 씨이며, 종제는 경원으로 어머니가 역시 맹 씨였다. 둘 다 맹가의 딸이라고 하였는데 이 맹 씨가 선생의 모친인지 경원의 모친인지는 알 수 없다. 희지 또한 맹 씨의 아래로 1대인지 2대인지 알지 못한다. 1대라면 곧 5남의 하나인지 혹 선생과 동복형제의 아들인지 혹은 경원의 아들인지 경원의 동복형제 아들인지 모두 정해진 것이 없으며 확실히 선생의 아들은 아니다. 선생의 다섯 아들은 엄(儼)과 사(俟), 빈(份), 일(佚)과 동(佟)이다. 소명은 서(舒), 선(宣), 옹(雍), 단(端), 통(通)으로 희지라는 이름은 없으니 선생의 적출(嫡出)은 아닌 것 같다. 또한 자성(姿城)은 등명세의 기록에는 안성(安城)으로 되어 있다. 『진서·지리지』와 『송서·주군지』에는 모두 자성이 없으며 안성태수만 현 7개를 거느리며 오나라의 손호(孫皓)가 보정(寶鼎)을 2년간 나누어 안치하였는데 안성이 옳을 것이다.

이상은 도주가 이공환의 주석과 등명세의 책, 이경손의 옛 서문 세 가지를 비교한 것이다. 도잠의 조부와 아들들의 기록이 모두 일치하지 않고 아울러 이 때문에 의구심이 일게 된다. 도잠의 조부는 도무인가 도대인가? 도주는 「명자」 시의 협주에서 말하기를 '『진서』를 따라 무를 조부로 봐야 할 것이다.'라 하였다. 대를 조부로 생각하는 것은 실로 등명세의 기록에 보이는데 이 책은 송대에 이루어졌고 『진서』보다 늦게 나왔기 때문이다. 동시에 도간의 부전(附傳)에는 도대가 들어 있고 다음에 이어서 다만 '산기시랑' 네 자밖에 없다. 그가 도잠의 조부라면 그 자손은 보충 서술이 있어야 하며, 보아하니 도주의 판단이 비교적 합리적인 것 같다.

도잠의 부친 문제에 이르러 도주는 「명자」 시의 협주에서 조천산의 말을 인용하여 말하였다. "정절의 부친은 사서에 이름이 보이지 않으며 도무린의 가보에만 실려 있는데 그 사적 또한 고찰해 볼 길이 없다. 「명자」 시에서만 '아아 어지셨던 선친께서는, 담담하게 마음 비우고 고요하셨네. 벼슬길에 자취 맡기기도 하셨으나, 이런 섭섭함과 기뻐함에 초연하셨지.(於穆仁考, 淡焉虛止. 寄迹風雲, 冥兹慍喜)'라 하였으니 부자의 기풍이 서로 비슷한 것 같다." 도무린의 가보는 원래 이미 결실되어 완전치 못하여 도주는 이경손의 옛 주에 의거하여 이미 고증을 하였다. 남은 원고 가운데는 결코 도잠 부친의 명자(名字)가 없으며 조천산은 사서에 그 이름이 없다고 하였다. 이는 곧 사서에서 그 명자가 유실되었다는 것을 말한다. 등명세는 오히려 그의 이름을 도일이라고 하였다. 정확히 들어맞는지 아니면 부회한 것인지는 알지 못하겠다. 등명세의 설에는 아직 다른 방증이 없는 것 같다.

도일이 자성 혹은 안성 태수를 지냈었는지에 대한 문제도 있다. 어떤 지명은 착오 문제가 그리 크지 않을 수도 있지만 나는 늘 그가 언제 태수를 지냈었는지 하는 문제에 대하여 의심을 품고 있다. 그렇지 않으면 시간이 매우 짧았거나 단명했을 수도 있다. 이는 안연지가 도잠에 대하여 '어려서 가난하고 곤핍하였으며', '어미는 늙고 자식은 어렸다.'고 말하였기 때문이다. 도잠이 소년 시절에 부친이 현직 태수였다면 청렴의 여부를 떠나서 가정이 대개 지나치게 '가난하고 곤핍할' 수는 없을 것이다. 또한 도잠은 「명자」 시에서 그의 부친에 대하여 찬(贊)한 말 '담담하게 마음을 비우고 고요하셨다(淡焉虛止)'는 세 구절에 자못 격조 높은 사람과 일사(逸士)를 찬송하는 맛이 있다. 조천산은 이 점을 보고 "그 부자의 기풍이 서로 비슷한 것 같다."라고 말하였다. 여기에서 도간이 달리 아들이 몇이 있는지를 떠올리게 한다. 진인각은 '사행[도간] 본인은 이미 당대의 명류가 되었지만 소인으로 배척을 당하였다. 마침내 무공을 세워 지위가 소란하던 때 드러났으나 그의 여러 아들은 흉포하고 사나웠다. 이에 세상 사람들의 두려움이 되었으니 분명히 예법이 있는 사족의 집안은 아니다. 오히려 전투에 뛰어난 계인(溪人)인 것 같다.'[12]라 하였다. 여기서 가리킨 것은 당연히 도기와 도칭, 도하 등과 같은 무리이다. 도잠 부자의 가풍은 확실히 이들과는 그 의지와 취향을 크게

||||||||||||||||
12 진인각, 『금명관총고초편』, 82쪽.

달리 했다. 다만 중도에서 쇠락하여 도잠 부친의 대에는 대체로 이미 고착화하였을 것이다.

도잠의 아들 대에 대해서는 등명세가 희지를 더하였는데 무슨 근거인지 모르겠다. 이경손이 본 도감이 가져온 잔권에도 10대조 희지가 있지만 도간의 부전에 열거한 후대에는 이 이름이 없다. 맹 씨의 다섯 아들과의 관계는 잔권 중간에 빠진 부분이 있어서 설이 불확실하다. 도주는 이에 대하여 의심을 제기하였는데 다만 도잠의 아들이 아닐 것이라고만 하였다. 이 점은 매우 분명하여 그가 다른 지손에 속하는지의 여부는 깊이 연구할 필요성이 없는 것 같다.

도간이 어려서 '외롭고 가난했다'는 데서부터 '부유하기가 천부보다 나았다'까지와, 도잠 또한 '어려서 가난하고 곤핍하였다'는 것은 한 가족의 성쇠가 전환하는 것이다. 이는 집안사람에게 어떤 사상적 영향을 가져올 수 있는데 뒤에서 다시 분석을 하도록 하겠다.

도잠의 윗대 중에는 그의 외조부 맹가가 있다. 비록 부계는 아니지만 도 씨 집안과 관계가 밀접하다. 도잠의 사상에도 영향을 끼쳐 그의 조부와 부친에 대해서보다 이해도가 더 많았을 것이다. 도잠은 「명자」 시에서 그의 조부와 부친에 대하여 몇몇 찬송하는 구절을 짓기는 하였지만 내용이 비교적 결핍되어 있다. 다른 문자에서는 오히려 더욱 적게 언급하고 있다. 그는 맹가에 대해서는 전문적으로 「진 고정서대장군 장사 맹부군전(晉故征西大將軍長史孟府君傳)」을 지었다. 이 글에서 '도연명의 선친은 군의 넷째 딸로 「개풍(凱風)」 시의 찬 샘물의 생각이 실로 이 마음에 몰려든다.'[13]라 하였다. 이 전이 모친의 상이 끝나고 오래지 않아 지어졌으리라는 것을 알겠다. 연명의 모친 맹 씨는 융안(隆安) 5년 (401) 겨울에 죽었다. 당시 도연명은 37세였으며, 이 전은 이 해나 그 이듬해에 지었을 것이다. 도연명은 8세에 부친상을 당하였다. 때문에 어려서부터 모친의 교육과 훈도를 받았다. 이 글로 그 외조부의 사람됨을 이해하게 되는데 자신의 부친에 대한 인식보다 훨씬 명료하다.

맹가는 도간의 열 번째 딸을 아내로 삼았다. 그의 두 딸이 또한 도간의 손자들에게 시집을 갔으니 혈육간의 정이 심상치 않지만 전에서는 그가 도 씨 집안의 가세에 빌붙었다는 기록은 언급하지 않는다. 다만 그를 칭찬하여 '담박하고 조용하여 원대한 도량이 있었고 약관에 무리들이 모두 그를 공경하였다.'고 하였다. 당시 고상하고 깨끗한 절조로 이름난 같은 군의 곽손(郭遜)은 '늘 군이 온아하고 평광하다고 찬탄하였으며 스스로 미치지 못한다고 생각하였다.' 그와 동시대인으로 '명예가 나란한' 곽립(郭立) 또한 '매번 인정하고 탄복하여', '이 때문에 이름이 주리에서 으뜸이었고 경읍(京邑)에 명성이 자자했다.' 그는 일찍부터 같은 군의 '고상하고 깨끗한 지조'와 '재지(才志)'가 있는 이름난 동배의 사람들에게 중시되었다. 이로 인하여 명성이 널리 전파되었음을 알 수 있다. 그가 출사한 후에는 유량이 '덕이 풍성한 사람'이라고 칭찬하였다. 그는 환온의 참군으로 출사하였다. 나중에는 장사(長史)로 승진하였다. '조정에서는 부드럽게 정도와 순리를 지켰을 따름이었고 문에는 잡스러운 빈객이 찾아오지 않았다.' 전의 끝 부분에서는 그를 칭찬하였다. '어릴 때부터 50세에 이르기까지 행실에 구차하게 어울림이 없었고 말에는 잘난 체하는 티가 없었으며 기뻐하고 성내는 얼굴을 지은 적이 없었다. 술 마시기를 좋아하였으나 많이 마셔도 난잡해지지

<hr>

13 「개풍(凱風)」은 『시경·패풍(邶風)』의 편명인데 효자를 찬미한 시로, 그 가운데 '이에 차가운 샘물이, 준읍의 아래에 있도다. 아들 일곱 명이 있으되 어머니를 고생시킨단 말인가.(爰有寒泉, 在浚之下. 有子七人, 母氏勞苦)'라는 구절이 있다. ―옮긴이

가 않았다. 속에 거리낌이 없고 득의하였을 때는 기꺼이 심원(深遠)한 데에 뜻을 붙여 곁에 사람이 없는 듯하였다.'라 하였다. 전에서 맹가의 가문과 인품에 대하여 쓰면서 속세의 일과 잔단 예절에 구애받지 않았다. 정도를 따르고 공사를 봉행하여 풍류가 우아하고 수수하고 털털하였다. 몸은 관계에 있으면서도 절조가 맑았으며 스스로를 잘 지켜 박아(博雅)하고 평평하고 넓은 형상을 띠었다고 하였다. 도잠의 몸에도 이런 영향이 있었으니 바로 그의 사상적 영향을 받아서였다.

3. 평생의 경력

봉건 종법 사회에서 한 개인의 가세(家世)는 사회 역사 환경을 조성하는 요소가 된다. 이 가족 중 어떤 성원의 생활경력으로부터 남과 어울려 살아가는 데 대하여 각기 다른 정도의 사상적 영향을 가져올 수 있다. 도잠의 가세는 위에서 도간의 일생 경력을 다루면서 이미 상세하게 말하였다. 그는 외롭고 가난한 처지에서 벼락 출세자로 바뀌어 직위가 현달해지긴 하였지만 계 땅의 개라는 책망을 면키 어려웠다. 군망(郡望)이 세족이 아니었기 때문이다. 동진이라는 문벌제도가 극히 성행한 연대에서 이런 고귀함과 돈이 번갈아 폭주하는 사회적 지위는 사람들로 하여금 어느 정도 거북스럽게 하는 것을 면키 어려웠다. 도간의 후대에 나누어진 유파가 다시 나타났다. 무인으로 표현되는 횡포한 면은 절로 쇠락하였다. 예법과 교육을 받아들인 쪽도 중도에 쇠락하게 되는데 도잠의 갈래는 대개 후자이다. 따라서 그의 일생 경력의 여정은 제약되었다.

도연명의 생애에 관해서는 여기서 두 단계로 나뉜다. 주군에 출사한 것과 전원으로 돌아와 은거한 것이며, 대체로 그가 팽택령을 그만 둔 시점이 분계선이 된다.

도잠의 생애를 논술하는 데는 무엇보다도 그가 죽은 구체적인 시간과 수명을 분명히 파악해야 한다. 도잠과 관련된 사전(史傳)의 기록에는 그의 졸년을 많이 기록하고 있다. 안연지의 「도징사뢰(陶徵士誄)」에서는 '춘추가 63세(『文選』에는 春秋 若干으로 되어 있다)로 원가(元嘉) 4년(427) 모월 모일에 심양(潯陽)의 시상리(柴桑里)에서 죽었다.'라 하였다. 『송서·은일전』에서는 '잠은 원가 4년에 죽었는데 이때 나이가 63세였다.'라 하였다. 소통(蕭統)의 「도연명전」에서는 '원가 4년 부르는 명에 복명하려고 하였다. 마침 죽으니 이때 나이가 63세였다.'라 하였다. 『진서·은일전』에서는 '송나라 원가 연간에 죽었는데 이때 나이가 63세였다.'라고도 하였다. 이상 제가의 기록은 모두 같지만 모두 그의 생년은 기록하지 않았다. 나중에 일반적으로 도잠의 연보를 편찬하는 사람들은 졸년에 의거하여 역으로 추산하여 동진 애제(哀帝) 흥녕(興寧) 3년 을축 곧 365년으로 고정(考訂)하였다. 도주는 『정절선생연보 고이』에 평어를 남겼다.

나는 이렇게 생각한다. 이공환(李公煥)의 도집총론(陶集總論)에서는 기관(祁寬)의 말을 인용하여 말하였다. "선생은 의희(義熙) 원년(405) 가을에 팽택령이 되었으며 그해 겨울에 인끈을 풀어 던지고 관직에서 떠났는데 당시 41세였다. 16년 후에 진나라는 송나라에 정권을 선양하였고 또 7년이 지나 죽은 때는 송문제(宋文帝) 원가 4년이다. 『남사』 및 양나라 소명태자의 「전」에는 향년은 기록하지 않았다. 『진서·은일전』 및 안연지의 「뇌」에서는 모두 63세라고 하였는데 역법을 가지고 추산해보면 진 애제 흥녕 3년 을축년에 태어났다. 지금 선생이 63세라는 것을 고찰해보면 심약(沈約)의 『송서』에 처음 보이며 소명의 「전」이 그대로 따랐고 『진서』 또한 그대로 따랐다. 『문선』에만 안연지의 「뇌」를 싣고 있는데 춘추 약간이라고 하였다. 여기에서 소명은 향년을 싣지 않았고 안연지의 「뇌」에서는 63세라 한 것은 안연지의 「뇌」를 소통의 「전」으로 잘못 기록한 것일 것이다."

도주는 기관의 추정을 인용하고 거기에 자신이 보충하여 정정(訂正)한 것을 더하였다. 도잠의 이 생졸년은 기본적으로 학계의 인정을 받고 있다. 녹흠립(逯欽立)이 교감하고 주석을 단 『도연명집』의 부록 2 「도연명 사적 시문 계년(陶淵明事迹詩文繫年)」과 궈웨이썬(郭維森)・바오징청(包景誠)이 역주한 『도연명집전역』의 부록 「도연명연보」 및 고등교육의 문과 교재인 『중국문학사』는 기본적으로 이렇게 고정한 생졸년을 채택하여 도잠 생애의 판단 기준으로 삼았다.

그러나 도잠의 생애를 연구하는 학자는 그가 원가 4년(427)에 세상을 떠난 것은 모두 인정하지만 세상을 떠났을 때의 연령을 판단하는 데는 서로 일치하지 않는다. 구즈(古直)는 「도연명의 나이 문제(陶淵明的年紀問題)」라는 글을 써서 다섯 가지 의견을 열거하였다.

1. 63세설

(1) 왕질(王質)의 율리보(栗里譜): 의희 원년 을사년 41세.(왕질은 자가 景文이고 호는 雪山이며 송나라 孝宗 淳熙 연간의 사람이다)

(2) 오인걸(吳仁杰)의 정절선생연보(靖節先生年譜): 의희 원년 을사년 41세.(오인걸은 자가 斗南이며 송나라 寧宗 慶元 연간의 사람이다)

2. 76세설

　장연(張纘)의 연보변증(年譜辨證): 의희 원년 을사년 54세.(장연은 자가 季長이며 오인걸과 동시대인이다)

3. 51세설

　오여륜(吳汝綸)의 도연명음주시주(陶淵明飲酒詩注): 의희 원년 을사년 29세.(오여륜의 자는 摯甫이며 桐城 사람으로 청나라 광서 말년에 죽었다)

4. 56세설

　양계초(梁啓超)의 도연명연보(陶淵明年譜): 의희 원년 을사년 34세.(양계초의 자는 卓如이며 호는 任公으로 新會 사람이며 1929년에 죽었다)

5. 52세설

　저자(古直을 가리킴)의 도정절연보(陶靖節年譜): 의희 원년 을사년 30세.[14]

　구즈의 의견에 의하면 도연명이 죽은 나이는 제가의 견해가 같지 않다. 관건은 의희 원년 곧 도잠이 팽택령이 되었다가 관직을 버리고 귀향한 그해의 나이가 몇 세인가 하는 것이다. 제가의 판단이 일치하지 않아 가장 많게는 54세이며 가장 적게는 29세라 하여 최대 25년이나 차이가 난다. 이런 차이는 제가가 모두 도연명의 시에서 찾아낸 몇몇 근거를 가지고 추산한 것이다.[15]

　나의 의견은 일반적으로 인정되는 견해로 기울어진다. 나의 생각에는 두 가지 이유가 있다. 첫째, 도잠의 졸년을 63세로 기록한 최초의 것

‖‖‖‖‖‖‖‖‖‖‖‖

14 『영남문사(嶺南文史)』 1983년 제1기에 게재, 136쪽.

15 덩안성(鄧安生)의 「도연명의 인품과 시품을 읽다(讀陶淵明之人品與詩品)」의 소개에 의하면 위의 다섯 가지 견해 외에 또한 대만 학자 곽은전(郭銀田)의 61세설과 그 본인의 59세설이 있다. 『동방문화(東方文化)』 제5기에 게재.

은 『송서』다. 심약(沈約)은 도연명과 시대가 멀지 않아 기록한 것에 근거
가 있을 것이다. 나중에 소명태자가 지은 「도연명전」과 『진서』의 기록
은 모두 이에 근거하였으며 결코 이의를 제기하지 않았다. 후인의 각종
추산 또한 확실한 증거가 없이 사전(史傳)의 기록을 번복하지 않았다.
다만 도연명 시의 개별적인 구절에 의지하여 판단한 것도 추측에 불과
할 따름이며 각종의 견해는 그 스스로도 모순점을 지니고 있다. 둘째,
갖가지로 나누어진 판단에 의하면 최대의 설은 의희 원년 도잠 54세라
는 것이다. 「술을 마시며」 시에서 자술(自述)하기를 '쟁기를 내던지고
떠나서 벼슬을 구하였는데 이때가 30을 향하던 때였다.(投耒去學仕, 是時
向立年)'[16]라 하였으니 처음 벼슬길로 나간 것이 29세 때다. 마지막으로
팽택령을 버리고 돌아와 숨은 때까지는 25년이 지났다는 것이다. 도잠
의 몇 차례에 걸친 출사 기간은 매우 짧아 전후의 시간적 거리가 25년
이라면 중간의 단절된 기간이 너무 길다는 것을 면하지 못한다. 63세
설을 따른다면 첫 벼슬은 마지막으로 벼슬을 그만 두기 전의 13년이
다. 76세설을 따른다면 첫 벼슬을 한 것이 이미 42세에 이르니 또한 그
다지 합리적이지 못한 것 같다. 나이를 가장 적게 본 견해는 의희 원년
도잠이 29세라는 것이다. 그렇다면 첫 벼슬을 했을 때에서 마지막으로
벼슬을 그만 둔 것이 같은 해에 있으니 이는 확실히 불가능하다. 앞으
로 13년을 미루어 가면 첫 벼슬을 했을 때가 고작 17세이다. 이 또한 연
령이 너무 어림을 면치 못한다. 따라서 이 문제에 대해서 나는 중의를
따라 63세설을 인정한다.[17]

그 다음은 도잠의 이름과 자(字)에 관한 문제이다. 옛 사람들은 거의

||||||||||||
16 「술을 마시며」 제19수. — 옮긴이

가 이름과 자, 별호(別號)에서 죽은 후에 봉증(封贈)된 것과 후인의 각종 칭위(稱謂)가 있다. 정황이 비교적 복잡한데 이는 당연히 유명 인사를 가리켜 한 말이다. 도잠은 이 방면의 문제에 있어서는 그리 크다고 할 수는 없지만 또한 얼마간의 논쟁이 있다. 이를테면 녹흠립이 교주한 『도연명집』에는 「도연명 사적 시문 계년(陶淵明事迹詩文繫年)」의 첫머리에서 '도연명의 자는 원량(元亮)이며 나중에 이름을 잠(潛)으로 고쳤다.'라 하고 아울러 근거한 자료를 끌어다 증명하였다.

『송서·도잠전』(이하 『송전』)에서는 '도잠의 자는 연명이며, 어떤 이는 연명의 자가 원량이라고도 한다'고 하였고, 소통의 「도연명전」(이하 「소전」)에서는 '도연명의 자는 원량이며 어떤 이는 잠의 자가 연명이라고도 말한다'고 하였으며, 『진서·도잠전』(이하 『진전』)에서는 '도잠의 자는 원량이다.'라 하였고, 『남사·도잠전』(이하 『남전』)에서는 '도잠의 자는 연명이며, 어떤 이는 자가 심명(深明), 이름은 원량이라고도 한다'고 하여 각 전기에 수록된 이름과 자에 서로 차이가 있다. 오인걸의 『도정절선생연보』(이하 『오보』)에서는 '선생의 이름이 연명이라는 것은 문집에 보이는 것이 세 번이고, 그 이름이 잠이라는 것은 전기에 한 번 보인다. 문집에 수록되어 있는 「맹부군전(孟府君傳)」 및 「정씨에게 시집간 누이의 제문(祭程氏妹文)」에서는 모두 자신의 이름을 연명이라 하였다. 또 생각건대 소통이 지은 전기 및 『진서』, 『남사』에 실린 선생의 단도제(檀道

||||||||||||||

17 딩안성은 「도연명 연세 상토(陶淵明年歲商討)」에서 59세설을 견지하였다. 『도연명연구전집(陶淵明研究專輯)』 제2집에 게재, 1985년. 이외에 위엔싱페이(袁行霈)는 「도연명 향년 고변(陶淵明享年考辨)」을 발표하여 76세설을 주장했다. 『문학유산(文學遺産)』 1996년 제1기에 게재. 또한 참고할 만하다.

도잠 화상

濟)에게 한 말에는 자칭 잠이라 하였다. 「맹부군전」은 저작 시기가 기록되지 않았지만 「정씨에게 시집간 누이의 제문」은 진 의희(義熙) 3년 (407)에 지어진 것이다. 이에 의하면 선생의 진나라 때의 이름은 연명이었음을 알 수 있다. 이 해에 단도제를 대한 때가 실은 송나라 원가 연간이었으므로 선생은 이때에 이르러 대개 이름을 잠으로 고쳤을 것이다. 본전(本傳)에서는 "도연명의 자는 원량이며 송나라에 들어와서 이름을 잠으로 고쳤다."라 해야 한다. 이래야만 그 실상을 얻을 수 있다.'라 하였다.

귀웨이썬과 바오징청은 『도연명집전역』의 부록인 「도연명연보」에서 오인걸의 견해를 채택하지 않았다. 일면 시인의 명자(名字)를 정사(正史)의 본전에 근거하는 것은 비교적 분명하나 다른 면에서는 또한 사전 중의 '혹자는 말하기를(或云)'을 인정하여 일치하지 않음을 보여준다. 귀웨이썬과 바오징청 두 사람은 다른 각도에서 변석을 가하였다.

도간과 도무를 모두 외자로 명명한 것에 의하면 도(陶)의 부친 또한 외자 이름이 되어야 하며 다섯 아들도 모두 외자 이름이니 시인의 이름은 외자를 취하여야 비교적 믿을 만하다. 도의 부친은 '담담하게 마음 비우고 고요하셨기(淡焉虛止)'(「命子」) 때문에 이름을 일(逸: 이런 설이 성립한다)이라 하였고, 아들의 이름을 '잠(潛)'으로 취한 것은 잠(潛)이 '숨긴다'(藏)는 뜻이므로 또한 매우 순리적이다. 「맹부군전」과 「정씨에게 시집간 누이의 제문」에서 시인은 모두 스스로 '연명'이라고 칭하였는데 자를 가지고 친히 일컬은 것으로, 이는 바로 연명이 자라는 명백한 증거이다. 소통의 『도연명전』 및 『남사』의 기록에서 시인은 단도제에게 스스로를 '잠'이라 일컬었는데 이름을 바른 말로 삼아 일컬은 것으로, 이는 잠이 이름이라는 방증이다. 오인걸의 『도정절선생연보』에서는 송나라 원가 연간에 단도제에게 스스로 일컫기를 '잠'이라고 하였는데 '송나라로 들어와서 이름을 잠으로 고쳤다'는 것을 설명한다고 생각하였다. 송나라를 건국하였을 때 시인은 이미 56세였으니 원가 3년은 곧 62세가 된다. 『예기·곡례(曲禮)』에서는 '군자는 고(孤)가 되고나면 이름을 고치지 않는다.'(孤는 부친이 죽은 것)라 하였는데, 예와 연령의 특징에서 말한다면 모두 합리적이지 않다. 안연지의 「도징사뢰」에서는 '연명'이라 일컬었는데 안연지와 도잠은 지우(摯友)이므로 자를 가지고 불렀으며, 진송간의 언어 습관으로 연명이 이름이라는 것을 증명하기에는 부족하다. 따라서 연명이 이름이라는 견해는 지금까지 이어지는데 논거가 부족하다.

나는 뒤의 변석(辨析)에 동의한다. 이왕에 세 사전(史傳)의 본문에서 모두 '도잠의 자는 연명이다.'라 하였고 이른바 '혹운'은 다만 그런대로 하나의 설로 갖추어놓은 것뿐이다. '잠(潛)'의 글자 뜻이 '장(藏)'이라는 데 대해서는 오인걸은 '송에 들어와서 이름을 바꾸었다.'라고 하였으니 '다시는 벼슬을 하려하지 않는다.'는 뜻이 없지 않다. 사실 도잠이 귀향하여 은거한 것은 일찌감치 진나라 의희 원년에 있었으며 그 후에는 '부르는 명에 응하지 않았으니' 송나라에 들어선 이후에야 은거하여 벼슬을 하지 않고 이름을 '잠'으로 고친 것은 아니다. 동시에 심약은 도연명이 살던 시대와 멀지 않아 이름을 바꾼 일이 있었다면 또한 마땅히 들은 것이 있을 것인데 『송서』에서는 전의 주요 서사(敍事)에서 시종 '잠'으로 일컬었다. 『진서』와 『남사』에서 「연사고현전(蓮社高賢傳)」도 이렇지 않음이 없으니 송나라로 들어와서 이름을 고쳤다는 것은 확실한 증거가 없는 것 같다.

도잠의 출생지에 관한 문제도 있다. 역사상 군현의 분리와 통합으로 고금의 명칭의 변경은 이따금 문제를 복잡하게 하여 확인하기가 매우 어렵다. 도잠의 관적(貫籍)을 『송서』와 「소전」, 『남사』에서는 모두 심양(潯陽) 시상(柴桑) 사람이라고 하였다. 『진서·지리지』에서는 말하였다. '영흥(永興) 원년(304) 여강(廬江)의 심양(尋陽)과 무창(武昌)의 시상(柴桑) 두 현을 나누어 심양군을 설치하고 강주(江州)에 예속시켰다. 안제(安帝) 의희(義熙) 8년(412)에 심양현을 없애어 시상현에 편입시켰으며 시상은 그대로 군(郡)이었다.' 곧 심양의 치소(治所: 행정소재지)는 시상에 있었다. 당나라 이길보(李吉甫)의 『원화군현지(元和郡縣志)』 강주 심양현 조에서는 말하였다. '진나라 혜제(惠帝) 원강(元康) 2년(292) 예장군 치소에 강주를 세웠다. 동진 원제(元帝) 때 강주는 예장군에서 치소를 무창군으로 옮겼다. 이 후로 분성(湓城)을 치소로 삼기도 하고 심양을 치소로 삼기도 하였으며 반주(半州)를 치소로 삼기도 하였는데 모두 분성 부근에 있었다.' 또한 송나라 진순유(陳舜愈)의 『여산기·총서 산수 제일(廬山記·總序山水第一)』에서는 말하였다. '강주는 본래 대강(大江)의 북쪽, 심수(潯水)의 남쪽에 있었기 때문에 심양(潯陽)이라고 하였다. 지금 기주(蘄州)의 난성(蘭城)이 곧 그 옛 터이다. 함화(咸和) 9년(334) 자사 온교(溫嶠)가 처음으로 강북에서 분성의 남쪽으로 옮겼다. 또한 의희 원년(405) 자사 곽창(郭昶)이 강하(江夏)로 옮겨 살았다. 8년에 맹회옥(孟懷玉)이 심양으로 돌아갔다.' 이에 의하면 시상은 분성의 남쪽에 있다. 당나라 때 심양현은 분성에 있었는데 곧 지금의 강서(江西) 구강시(九江市)이다. 또한 『원화군현지』에서 '시상의 옛 성은 현 서남쪽 20리 지점에 있다.'라 한 것에 의하면 시상의 옛 터는 지금의 구강시 서남쪽 20리 지점에 있다.

　도잠의 구체적인 출생 지점은 그의 군현 관적(貫籍)보다 더 고찰하기 어렵다. 도주의『정절선생연보 고이』에 안어(按語)가 있다.

　　지금 선생의 고거(故居)를 구설(舊說)에 의하여 고찰해보면 세 곳이 있다.『명승지(名勝志)』에서는 군(君)의 옛 집은 시상산(柴桑山)에 있다고 하였다.『진사(晉史)』에서는 시상에 집을 지었다고 하였는데 곧 지금의 초성향(楚城鄉)이다. 집에서 3리 떨어진 곳에 정절(靖節)의 묘가 있다.『명일통지(明一統志)』에서는 원량(元亮)의 고리(故里)는 신창현(新昌縣) 동쪽 25리 지점에 있다고 하였다.『도경(圖經)』에서는 원량은 처음에 의풍(宜豐)에 살다가 나중에 시상으로 옮겼으며 만년에 고리로 다시 돌아갔다고 하였다. 의풍은 지금의 신창이다.『여도비고(輿圖備考)』에서는 신창 의균향(義鈞鄉)의 칠리산(七里山)에는 원량의 독서실과 세묵지(洗墨池), 장서돈(藏書墩)이 있었는데 유적이 지금도 남아 있다고 하였다.『강주지(江州志)』에서는 선생이 처음에는 상경산에 살았는데 성자(星子) 서쪽 7리 지점이며 무오(무신이 되어야 한다)년 6월에 불이 나서 시상산으로 옮겼다. 구강 서남쪽 90리는 옛 율리(栗里)로 지금의 초성향이다. 옛 비석에 '진도정절선생고리(晉陶靖節先生故里)'라 적혀 있다고 하였다. 도주는 문집에서 옮겨 살며 지은 시 및 옛 거처로 돌아가서 지은 시를 고찰하였다. 그 시의 첫 구절에서 '옛날에는 상경에서 살았다.(疇昔家上京)'라 하였다. 곧『강주지』에서 말한 것이 믿음이 간다. 마땅히 처음에는 상경에서 살다가 화재로 시상의 남촌으로 옮겼으며 나중에는 또 상경으로 돌아가서 살았다.『도경』에서는 처음에 의풍에서 살았다고 하는데 무슨 근거인지 모르겠다.

도잠이 출생한 곳은 사전(史傳)에 기록이 없다. 도연명의 시에서 자술한 것 또한 명확하지 않기 때문에 궈웨이썬과 바오징청은 말하였다. "『연보』에서 연명이 출생한 곳은 확실히 고증할 수 없다. 「환구거(還舊居)」와 「비종제중덕(悲從弟仲德)」으로 볼 것 같으면 상경리는 친척과 친구들이 모여 살던 고을로 시인이 이곳의 옛집에서 태어났을 가능성이 비교적 크다고 생각한다." 주자청(朱自清)의 「도연명연보 중의 문제(陶淵明年譜中之問題)」에서는 말하였다. "진순유의 『여산기』에서는 마침내 곧장 연명이 살던 곳이라고 생각하였으며, 후세에서는 그대로 따랐는데 사실 확증이 없다." 옛날에 도연명이 율리에서 태어났다고 말한 것이 있지만 확신이 서지 않는다. 여기서는 의구심을 가지는 태도를 취한다.

위에서는 도잠의 성명과 연령, 적관에 대한 기본적인 정황을 개술하였다. 연대가 오래되고 기록이 소략하여 제가의 견해가 같지 않은데, 예로부터 논쟁거리였다. 나는 갈라진 의견을 인용하는 데 훌륭한 것을 택하여 따를 생각이지만 주관적인 판단까지 모두 반드시 실제와 부합할 수는 없다. 그러나 다방면으로 추론을 하더라도 모든 사람을 만족시키기는 어렵다고 생각한다. 나와 일치하는 점은 취하고 의견이 다른 점은 잠시 보류하면서 기본적으로 문제를 해결할 수 있기를 바란다. 다소 차이가 나더라도 그 때문에 생애의 사상 역정을 전하는 데는 큰 영향을 미치지 않을 것이다.

도잠은 청소년 시기에 집안에서 거듭 불행을 당하였다고 할 수 있다. 63세로 설정한 연보에 의하면 진나라 간문제(簡文帝) 함안(咸安) 2년(372) 그의 나이 8세 때 부친상을 당하였다. 그의 「종제 경원의 제문(祭從弟敬遠文)」에 근거하면 '젖니를 갈 때가 되어서 둘 다 한쪽 어버이가 돌아가셨다.(相及髫齓, 並罹偏咎)' 이주(李注)에서는 '초(齠)는 츤(齓)과 같은 뜻이다.' 라 하였다. 『가어(家語)』에서는 '남자 나이 8세를 츤(齓)이라 한다.'고 하였다. 또 『한시외전(韓詩外傳)』에서는 남자가 '8세면 이를 간다.'라 하였다. 도주의 『정절선생연보 고이』에서는 '안연지의 뇌(誄)에 의하면 "모친은 늙고 집안이 가난하여 어머니를 위하여 출사하였다." 운운하였으니 한쪽 어버이가 돌아가신 것을 부친이 돌아가신 것(失怙)으로 보는 것이 실로 옳을 듯한데 선생이 부친을 여읜 것은 8세 때로 정할 수 있을 것 같다.'라 하였다. 실호(失怙)[18]는 곧 부친상을 당하였다는 뜻이다. 앞에서 안연지의 「뇌」를 근거로 그가 '어려서 가난하고 곤핍하였다'고 하여 그가 이른 나이에 부친을 잃은 것과 상관있을 것이라 추측 단정하였으니 여기에 대하여 서로 검증을 할 수 있다.

도잠의 모친에 대한 문제는 지난날 또한 오해가 있었다. 그가 지은 「정 씨에게 시집간 누이의 제문(祭程氏妹文)」에서는 '누구인들 형제가 없겠는가마는 우리는 또 한 아버지에게서 났으니, 아아 나와 너로 말하면 유독 남보다 백배는 더 정을 지녔느니라. 자애로운 어머니께서 일찍 세상을 떠나시어 그때까지만 해도 아직 어린 아이들이었다. 내 나이는 열둘이었고 너는 겨우 아홉 살이었다. 그래서 철모를 때부터 드리운 머리 만지며 같이 자라났지.(誰無兄弟, 人亦同生, 嗟我與爾, 特百常情. 慈妣早世, 時尙孺嬰. 我年二六, 爾纔九齡. 爰從靡識, 撫髫相成)'라 하였다. 자비(慈妣)는 일반적으로 모친을 가리킨다. 왕질(王質)의 『율리보(栗里譜)』(이하 『왕보』)와 오인걸의 『도정절선생연보』에서는 모두 '내 나이 열둘(我年二六)'이란 구절에 근거하

18 『시경·소아·요아(小雅·蓼莪)』의 "부친이 없으니 누구를 믿고, 모친이 없으니 누구를 믿겠는가?(無父何怙? 無母何恃?)"라 한 말에서 나왔다.─옮긴이

여 도잠은 당시 12세의 나이로 '모부인 맹 씨의 상을 당하였다.'고 단
정했다. 이 일은 도주의 의심을 불러일으켰으며 아울러 고증을 하였다.

　내가 생각건대 안연지의 「뇌」에서는 '모친은 어리고 아들은 어려서
모친을 봉양하느라 수고롭고 빈곤하였다. 멀리 전생(田生)이 어버이에
게 이른 의(義)를 생각하고 쫓아 모자(毛子)가 어머니를 위해 출사한 생
각을 깨닫는다.'라 하였으니 주의 좨주(祭酒)가 된 이후에도 모부인이
아직 살아계셨던 것 같다. 12세에 모친을 여의었다면 전생이니 모자니
운운할 까닭이 없었을 것이다. 안연지는 선생과 동시대를 살았으니 깊
이 아는 것이 있었을 것이다. 탕동간(湯東澗)의 주석을 고찰해보면 누이
의 제문에서는 자비(慈妣)를 서모라고 하였다. '지난날 강릉에 있을 때
거듭 천벌(天罰)에 걸렸다.'라 하였는데 주석에서는 '진나라 안제(安帝)
융안(隆安) 5년(401) 7월에 강릉으로 가서 휴가를 얻어 돌아왔는데 이 해
겨울에 모부인 맹 씨가 돌아가셨다.'라 하였다. 이로써 오랜 세월 쌓였
던 의문이 비로소 풀린다. 그렇다면 자친(慈親)이 일찍 죽었다는 것은
아마 정 씨에게 시집간 누이의 생모일 것이며 선생의 서모일 것이다.

　도주가 『왕보』와 오인걸의 연보의 해석에 대하여 의심을 일으킨 것
은 옳다. 만약 도잠이 12세 때 생모가 일찍 세상을 떴다면 그는 당시 어
디서 온 아들일 것이다. '모친은 늙고 아들은 어렸다'는 설은 당연히 통
하기 어려울 것이다. 사실 왕질과 오인걸 두 사람은 글을 세밀하게 읽
지 못했을 수 있다. 함께 「정 씨에게 시집간 누이의 제문(祭程氏妹文)」에
서 앞에서는 도잠의 매형이 나이가 어렸을 때 '자애로운 어머니께서
일찍 세상을 떠난' 것을 말하였다. 또 뒤에서는 강릉에 이르렀을 때 '거

듭 천벌(天罰)에 걸렸다'는 것을 이야기하였기 때문이다. 구절 아래의 이주에서는 '융안 5년(401) 가을 7월 휴가를 받아 강릉으로 갔다. 이 해 겨울에 모친인 맹 씨가 죽었다.'라 하였다. 여기서 말한 것은 매우 분명하니 앞에서 말한 '자비(慈妣)'는 당연히 맹 씨가 아니라는 것이다. 이 '일찍 세상을 떠난' 사람은 비록 도잠의 서모이지만 그의 가문으로 보면 불행한 일이다.

또한 도잠의 상처(喪妻)에 관한 문제도 있는데 여기에도 두 가지 견해가 있다. 그의 「원가행 체의 초나라 곡조로 방주부와 등치중에게 보여줌(怨詩楚調示龐主簿鄧治中)」시에 '약관의 나이에 세상의 험난함 만났고, 서른 살에는 짝을 잃었다.(弱冠逢世阻, 始室喪其偏)'라는 두 구절이 있기 때문이다.『왕보』에서는 '군의 나이 20세에 첩을 잃었다.'라고 해석하였다. '편(偏)'을 '첩(妾)'의 뜻으로 알았을 가능성이 있다. 도주는 고석(考釋)을 거쳐『연보고이』에서 이를 바로잡았다.

여기에서 첩을 잃었다고 한 것은 잘못되었다. 탕동문의 초조(楚調) 주(注)에서는 '그의 나이 20세에 짝을 잃고 계취(繼娶) 적 씨(翟氏)를 얻었다.'라 하였다. 안연지의 「뇌」에 의하면 '거처함에 종과 첩이 없었다.'라 하였으니 탕동문의 설이 사실에 가깝다. 옛 사람들은 아내도 아직 얻지 못하였는데 먼저 첩을 두는 일은 있을 수 없었는데 하물며 겨우 약관의 나이이겠는가! 오두남(吳斗南: 吳仁杰) 또한 이를 도망시(悼亡詩: 아내를 애도하는 시)로 생각하였다. 그리고 두원개(杜元凱: 杜預)의『춘추전(春秋傳)』주를 인용하여 한쪽이 죽은 것을 과(寡)라고 한다 하여 편(偏)의 뜻을 풀이하였다. 사실 본 시에서는 시실(始室)이라 분명히 말하였다. 옛날에 남자에게 실(室)이 있다는 것은 아내를 가리키는 말이었다. 계배(繼配)라면 계실(繼室)이라 하였고 첩(妾)은 측실(側室)이라 하였다. 여기서는 시실(始室)이라 하였으니 원배(元配)가 아니면 무엇이겠는가? 또한 두남(斗南)은 배우자를 잃은 것을 30세의 일이라고 하였다. 시실(始室)과 약관(弱冠)을 대우(對偶)로 본다면 뜻이 또한 통할 수 있을 것이다.

여기서 도주는 첩을 잃은 것이라는 설을 부정하였다. 시실(始室)은 원배(原配)의 아내라 하였다. 아울러 탕동문의 주를 인용하여 도잠이 약관의 나이, 곧 20세에 상처를 하고 나중에 계실인 적 씨를 얻었다고 하였다. 또한 이주(李注)에서는 '공은 나이 20에 상처를 하고 계취 적 씨를 얻었다.'라 하여 탕동문의 주와 같다. 그러나 도주는 도잠이 상처한 시점을 오두남이 30세 때의 일이라고 한 것은 긍정하였으며 뜻이 통할 만하다고 하였다. 이렇게 하여 도잠이 상처하였을 때의 나이는 두 가지 견해로 바뀌게 되었다.

나의 의견은 도잠이 30세에 상처를 하였다는 쪽으로 기운다. 그의 「아들들을 나무람(責子)」 시 및 「아들 엄 등에게 주는 글(與子儼等疏)」 등에 근거를 두고 자료를 참작하여 변증과 분석을 가하였다. 궈웨이썬과 바오징청이 『도연명집전역』에서는 「아들들을 나무람(責子)」 시를 의희 4년(408) 작으로 분류하여 넣었는데 도잠의 나이 44세 때이다. 아직 그런 논거를 세운 근거는 알지 못하지만 「아들들을 나무람(責子)」 시의 첫 두 구절에서 '흰 머리가 양쪽 귀밑을 덮고, 살결도 더 이상 실하지 못하다.(白髮被兩鬢, 肌膚不復實)'라 한 것을 따르면 도잠은 당시 아주 젊지는 않았을 것이며 그의 큰 아들은 겨우 16세였다. 「아들 엄 등에게 주는 글(與子儼等疏)」에서는 아들 엄 형제에게 '너희들은 비록 같은 어미의 소생은 아니지만(汝等雖不同生)'이라 하였다. '하물며 애비가 같은 사람이겠느냐?(況同 父之人哉)'라고 말한 것에 의거하면 도잠의 장자 엄(儼)은 전처 소생으로 다음의 네 아들과는 이복형제이다. 여기에 문제가 있다. 도잠이 20세에 상처를 하였다면 아들 엄은 그가 20세 전에 출생했어야 한다. 그가 40여 세가 되었을 때 아들 엄 또한 20세가 넘어야 하지만 그가 「아들들을 나무람(責子)」을 지을 때 겨우 16세였다. 도잠은 오히려 이미 '흰 머리가 양 쪽 귀밑을 덮었다.' 이로부터 아들 엄의 출생은 반드시 도잠이 20세 후 여야 한다. 또 「아들들을 나무람(責子)」을 지었을 때는 44세이니 아들 엄 을 낳은 것은 28, 9세 사이여야 한다. 이로써 그가 30세에 상처를 했다 고 보는 것이 비교적 합리적이다.

'약관의 나이에 세상의 험난함을 만났고, 서른 살에는 짝을 잃었다.(弱 冠逢世阻, 始室喪其偏)'한 두 구절이 한 연으로 이어지므로 사람으로부터 쉬 그가 약관의 나이 곧 20세 때에 상처를 하였다고 생각하게 한다. 오두남 은 시실(始室)과 약관(弱冠)을 대우의 구절로 생각하여 해석을 하였는데 이는 곧 작시의 대장(對仗) 문제이다. 이 시에서 스스로 '힘쓰면서 살아 온 것이 54년(僶俛六九年)'이라 하였으니 곧 시를 지었을 때 이미 54세였 다. 시에서는 지난 일을 회고하고 있다. 곧 20세 때 세파의 험난함을 만 났으며 30세가 되어서는 또 마침 상처를 당하게 된다. 그의 부친의 죽음 과 상처 전후로 모친상을 당하기까지 하였으니 모두 집안에서 불행한 일을 만난 것이지만 또한 사람이 살아가면서 피하기 어려운 일이다.

'약관의 나이에 세상의 험난함을 만났다(弱冠逢世阻)'에서 이른바 '세상 의 험난함(世阻)'이란 무슨 뜻일까? 표면적으로만 해석하면 이는 20세 때 만난 세상의 험난함이다. 그가 만년에 지은 「깨달음이 있어서 짓다(有會 而作)」의 첫 두 구절 '젊어서 집안의 곤궁함을 만났는데, 노년에 이르러 더욱더 내내 굶주린다.(弱年逢家乏, 老至更長飢)'라 한 것과 결합하면 20세 전후의 소년 시기에 이미 가정이 빈곤한 문제를 만났다. 큰 환경과 작은 환경을 막론하고 도잠은 청소년 시기에 모두 뜻을 얻지 못하였다. 이는 그의 사상에 자연히 영향을 끼쳤을 것이다.

도잠의 청소년 때에는 전란이 빈번하였고 기아와 흉년이 끊이지 않았으니『진서·오행지(五行志)』의 기록에 따르면 다음과 같다.

해서(海西)에는 태화(太和) 6년(371) 6월 경사(京師)에 홍수가 나서 평지에 비가 몇 자나 내렸다. …… 단양(丹陽)과 진릉(晉陵), 오군(吳郡), 오흥(吳興), 임해(臨海)의 다섯 군에도 홍수가 나서 농작물이 다 쓸려갔고 백성들은 기근에 시달렸다.

간문제(簡文帝) 함안(咸安) 2년(372) 10월에 큰 가뭄과 기근이 있었다. 영화(永和)에서 이때까지 왕은 어렸고 환온(桓溫)이 월권을 행사하여 군사(軍事)와 정벌로 백성들이 원망하고 괴로워하였다.

효무제(孝武帝) 영강(寧康) 원년(373) 3월, 가물다.

효무제 태원(太元) 3년(378) 홍수. 겨울 가뭄.

효무제 태원 4년(379) 여름, 큰 가뭄.

효무제 태원 5년(380), 5월 홍수.

효무제 태원 6년(381), 6월 양(揚), 형(荊), 강(江)의 세 주에 큰 가뭄. 보리와 벼가 없어서 천하에 큰 기아.

효무제 태원 8년(383), 3월 시흥(始興)과 남강(南康), 여릉(廬陵)에 큰 홍수로 평지에 다섯 길의 강우. 6월, 가뭄.

효무제 태원 10년(385), 5월 홍수. 8년 부견(符堅)을 격파한 후부터 중원에 일이 생겨 부역으로 편안한 해가 없었는데 근심과 원한에 응한 것이다. 7월에 가뭄과 기아.

이상은 태화 6년에서 태원 10년까지(371~385) 모두 15년간 사서에서 기록한 수재와 한재 기아, 흉년이 발생한 간략한 기록이다. 이때는 도잠이 7~21세의 청소년 생활 기간이다. 게다가 이런 '내가 사람으로 되어서부터 가난한 운명에 맞닥뜨린(余爲人, 逢運之貧)'[19] 가정이었으니 그 곤란한 상황은 생각해보면 알 만하다. 이 때문에 그는 '30을 향해가던(向立)' 나이가 되도록 '지난날 오래도록 굶주림에 고생하다가, 쟁기를 내던지고 나가서 벼슬을 구하였다.(疇昔苦長飢, 投耒去學仕)'[20] 곧 29세 때 주군으로 벼슬을 하러 나갔다. 그러나 도잠은 관로에서 언제나 관위가 불안하였으며 마침내 41세 때 전원으로 돌아가 은거한다. 다음에서는 그의 성년 후반기를 두 단계로 나누어 간략히 서술한다.

---

19 「나 자신을 제사지내는 글(自祭文)」.
20 「술을 마시며(飲酒)」 제19수.

(1) 주군으로 출사하다

도잠의 첫 벼슬은『송서·은일전』에 의하면 '양친이 연로하고 집안이 가난하여 처음에는 주의 좨주가 되었으나 관리로서의 직무를 감당하지 못하고 얼마 있지 않아 스스로 벗어버리고 돌아갔다. 주에서 주부(主簿)로 불렀으나 나아가지 않고 몸소 농사를 지어 자급하다가 마침내 병을 얻었다.'라 하였다. 소통의「도연명전」및『진서』와『남사』의 기록도 모두 같다. 도잠의 첫 벼슬은 기간이 매우 짧고 아울러 스스로 직위를 떠났기 때문에 '스스로 벗어버리고 돌아갔다.'고 말하였다. 관직을 떠난 원인은 '관리로서의 직무를 감당하지 못해서'였으니 곧 주의 좨주라는 직위가 불만족스러웠거나 할 수 없었다는 의미이다.

도잠은 주의 좨주로 임명되었다가 왜 그렇게 빨리 사직하고 돌아갔을까? 녹흠립은「도연명에 관하여(關於陶淵明)」에서 말하였다.

> 『송서·백관지(百官志)』에 따르면 강주(江州)는 진나라 성제 함강(含康) 연간(325~342)에 비로소 별가좨주(別駕祭酒)를 두었으며 '요직(僚職)의 상부에 있었다.'고 한다. 이 별가좨주는 유송(劉宋) 초에 비로소 없어졌다. 도연명이 좨주가 되었다는 것은 곧 별가좨주로 직위가 비교적 높았음을 알 수 있다. 도연명이 이러한 직책을 맡고 있으면서도 어찌하여 부끄러워하는 바가 많았으며 '직무를 감당하지 못했다'고 하는지 쉽사리 이해가 되지 않을 것 같다.

녹흠립은 별가좨주를 비교적 높은 직위로 생각했다. 도잠은 오히려 '부끄러워하는 바가 많아' 스스로 관직을 버렸으니 이해하기가 어렵게 느껴진다. 그는 이 때문에 도잠이 나중에 말한 명언 '오두미(五斗米) 때문에 허리를 굽힐 수 없다.'는 것이 연상된다. 당시의 자사 왕응지(王凝之)가 곧 오두미도의 무리라 부회하게 하는데 도잠은 확실히 왕응지를 섬기는 것을 달갑게 여기지 않았다. 곧 왕응지에 대한 불만 때문에 직위를 떠났다는 말이다. 이런 추단에 대하여 나는 근거가 부족하다고 생각한다.

귀웨이썬과 바오징청은 녹흠립의 쾌주라는 관직이 '요직의 상부에 있었다.'고 생각하는 견해에 동의하지 않고 고증의 성격을 띤 변석을 내놓았다.

> '쾌주'는 『진서·직관지(職官志)』에서는 찾아도 보이지 않고 지(志)에서 '주(州)에서는 자사와 별가, 치중종사(治中從事) 및 제조(諸曹)의 종사 등 관원을 설치하였다. …… 또 주부(主簿)와, 문정장(門亭長), 녹사(綠事), 기실서좌(記室書佐), 제조좌(諸曹佐), 수종사(守從事), 무맹종사(武猛從事) 등이 있다. 무릇 이(吏)가 41인이며 졸(卒)이 20인이다.'라 하였다. 그리고 도연명이 쾌주의 직책에서 떠난 후 그를 주부로 불렀다. 이는 '쾌주'가 아무리 잘 봐도 종사와 같은 등급의 소관에 상당한다는 것이다.

이 또한 일종의 추측에 의한 판단이지만 쾌주가 '요직의 상부에 있었다.' 하여 직위가 비교적 높은 관직이라고 한 것을 부인한 것은 옳은 것 같다. 이는 도잠이 그 스스로 '생각에 부끄러워하는 바가 많았다.(志意多所恥)'고 하였기 때문인데 주쾌주가 고관이었다면 부끄러운 느낌이 많이 들지는 않았을 것이다. 동시에 그가 관직을 버린 후에 주리에서는 그를 주부로 부르려고 했다. 쾌주가 높은 직위라면 그가 아직 그만두지 않았는데도 그를 더 낮은 직위인 주부로 부르려 했을 때 당연히 응답을 하지 않았어야 한다. 그가 좨주로 있을 때 '관리로서의 직무를 감당하지 못하였다.'고 말했으니 좨주와 주부는 모두 주관(州官)의 속리로 기본적으로 등급이 같은 직무이다.

도잠이 첫 벼슬을 매우 빨리 그만두고 돌아간 것은 무슨 이유였을까? 이 관리의 직무에 대하여 깔보거나 아니면 업무에 적응을 하지 못했다고 느껴서일까? 이 시의 뒷부분에는 '세상길은 횡하니 아득하여, 양주는 그 때문에 발길을 멈추었지.(世路廓悠悠, 楊朱所以止)'라는 두 구절이 있다. 또 「방참군에게 답함(答龐參軍)」의 서언에서도 '양공이 탄식한 것이 어찌 다만 평범한 슬픔이었겠는가?(楊公所歎, 豈惟常悲)'라 하였는데, 나는 이 두 곳에서 양주의 전고를 인용한 것으로 보건대 다분히 의도가 있다고 생각한다.

양주에 관한 전고는 고전 문헌 두 곳에 기록이 있다. 『열자·설부편(說符篇)』에서는 말하였다.

양자(楊子)의 이웃에 사는 사람이 양을 잃어버렸다. 온 일가를 다 모아 놓고 또 양자의 아이종에게도 함께 쫓아갈 것을 청하였다. 양자가 말했다. "히야! 양 한 마리를 잃어버렸는데 어찌하여 쫓는 사람이 이다지도 많은가?" 그러자 이웃 사람이 말했다. "갈림길이 많아서입니다." 돌아옴에 물었다. "양은 찾았는가?" "잃어버렸습니다." "어쩌다 잃어버렸는가?" "갈림길 속에 또 갈림길이 있어서 제가 그 간 곳을 몰라 돌아오는 길입니다." 양자가 슬피 안색을 바꾸어 말하지 않은 지가 한참이 되었고 웃지 않은 것이 하루가 지났다. …… 제자인 맹손양(孟孫陽)이 나와서 심도자(心都子)에게 알렸다. …… 심도자가 말했다. "큰 길에 갈래가 많아서 양을 잃는다면 배우는 자들은 방법이 많으면 방향을 잃는다. 학문은 근본이 같지 않은 것이 아니고 근본이 하나가 아닌 것이 아니지만 끝에 가서 달라지는 것이 이와 같다. ……"

『회남자 · 설림(說林)』에서는 말하였다.

　양자(즉 楊朱)는 사방 널리 뻗은 길을 보고 통곡을 하였는데 남쪽으로도 갈 수 있고 북쪽으로도 갈 수 있기 때문이며, 묵자는 표백한 실을 보고 울었는데 그것을 누렇게 물들일 수도 있고 검게 물들일 수도 있기 때문이다.

　양주의 고사에서 세상에는 갈림길이 매우 많고 인생은 어떤 선택을 하든 큰 난제에 봉착한다는 것을 알게 된다. 도잠 당시에도 인생의 네거리 입구에 서서 남쪽으로도 갈 수 있었고 북쪽으로도 갈 수 있었으며, 나아갈 수도 물러날 수도 있었다. 양주는 천성을 보전하고 참됨을 지킬 것을 주장하였다. 도잠은 마침내 또한 돌아가 전원에 은거할 것을 선택하였다. 그러나 당시에는 아직 결심이 서지 못하여 갈림길에서 면전에 아득한 것이 남아 있었다.

　도잠이 첫 벼슬을 한 시간은 매우 짧아 관직을 버리긴 하였지만 결코 완전히 돌아가 은거한 것은 아니었다. 나중에 또 출사를 한 적이 있는데 『송서 · 은일전』에서는 말하였다.

　다시 진군, 건위참군이 되어 절친한 친구에게 말하기를 "애오라지 현령이 되어 은퇴 후의 생계로 삼고자 하는데 될 법한가?"라 하였다. 책임관이 그것을 듣고는 팽택의 현령으로 삼았다. …… 군에서 감찰관을 현에 파견하자 현리들은 의관을 정제하고 뵈어야 한다고 아뢰었다. 도잠이 탄식하여 말하기를 "나는 오두미 때문에 허리를 굽힐 수 없으니 구차하게 향리의 소인배를 섬기겠는가!" 하고는 그날로 관인주머니를 끌러놓고는 관직을 떠나면서 「돌아가리라」는 사를 지었다. 의희 말에 저작좌랑으로 부름을 받았으나 나가지 않았다. 강주자사 왕홍이 알고 지내고자 하였으나 미칠 수 없었다.

『진서』와 『남사』 등의 기록은 대체로 서로 비슷하지만 그가 다시 출사하여 진군건위참군에 임명된 때와 장소 사람 등은 모두 명확하게 말하지 않았다. 이 때문에 여전히 각종 분분한 쟁론이 나오고 있다.

도잠의 두 번째 출사에 대하여 도주는 『고이』에서 비로소 진군참군이 되었다고 생각하였다. 진나라 안제 융안 3년 기해년(399)으로, 당시 진군은 실제 유뢰지(劉牢之)였다. 이유는 무술년(398) 9월에 왕공(王恭)이 죽고 유뢰지가 그 직임을 대신하여 경구에 부(府)를 열었는데 곧 이때이다. 도주는 또한 도잠의 「옛 거처로 돌아가다(還舊居)」 시에서 '6년 만에 떠났다가 다시 돌아왔다(六載去還歸)', '오늘 비로소 다시 와 보니(今日始復來)'라 한 구절을 끌어서 을사년 이전이라고 밝혔으며 떠나서 돌아온 것은 정하여지지 않았다고 하였다. 갑진년에서 역으로 헤아려 기해년까지 가면 6년이 되며 처음으로 참군이 되었을 때를 경자년의 전으로 엮었으니 또한 기해년임을 알 수 있다. 기해년에 유뢰지의 군사를 보좌하다가 경자년 5월에 휴가를 얻어 돌아오고 신축년 7월에 다시 돌아갔다. 갑진년까지는 또한 건위참군이 되어 떠났다 돌아오고 돌아왔다가 돌아갔으니 이른바 6년간 떠났다가 돌아왔다가 돌아간 것이다.

도잠이 참군으로 임직한 기간을 계산해보면 3년에 미치지 못한다. 주석가들이 6년이라고 한 것은 잘못된 것이다. 도주의 『고이』는 도잠이 환현(桓玄)과 유유(劉裕)의 참군이 된 적이 있는지의 여부에 관한 일은 회피하였다.

도주의 고석에 대하여 녹흠립의 시 계년 같은 데서는 '융안 3년 기해년은 도연명이 35세 되던 해로 이 해에 환현의 관리가 되었다. 아울러 도주의 『고이』에서는 이 해에 비로소 진군참군이 되었다고 하였는데 옳지 않다.'라 하였는데, 곧 도잠이 유뢰지의 참군이 된 적이 있다고 한 설에 동의하지 않았다.

귀웨이썬과 바오징청도 도잠이 환현 밑에서 임직한 적이 있다는 데는 동의를 하였지만 시간을 1년 늦추어 추산하였다. 『연보』에서는 융안 4년 경자년이라 하였는데 도잠 36세 때로 주의 부에 들어가 임직하였다. 주에서는 말하기를 '도연명의 2차 출사는 녹흠립의 『계년(繫年)』에서는 융안 3년(399)으로 정하였는데, 이때 환현은 곧 은(殷, 仲堪), 양(楊, 佺期)과 공방을 펼칠 때라 가능성은 매우 희박하다. 도연명의 출사는 환현이 형주와 강주자사로 임직한 후의 일이어야 하므로 이 해로 고쳐서 연대를 정하였다. 어떤 연보에서는 지점은 강릉이라고 확정하였는데 확실한 증거가 없기 때문에 명기하기는 어렵다. 비교적 가능성이 있는 것은 먼저 강주주부(州府)에 있다가 오래지 않아 다시 형주주부로 발령받아 이른 것이다.

귀웨이썬과 바오징청의 견해는, 당연히 또한 추단이지만 도연명이 두 번째로 출사했을 때와 장소, 사람을 모두 말하였는데 또한 도잠이 환현이 있는 곳에서 임직하였다고 생각하였다. 주자청의 「도연명 연보 중의 문제」에서는 말하였다. '섭몽득(葉夢得)은 형주자사는 융경 3년 환현이 은중감을 습격하여 죽이고 그 자리를 대신하여 찬탈에까지 이르렀다. 다른 사람에게 주지 않았으니 도연명이 임직하여 간 것은 5년이며 환현의 압박을 받았던 것 같다고 하였다.' 융안 5년 도잠은 형(荊)에서 휴가를 청하여 집으로 돌아왔고 7월에는 휴가가 끝나 강릉으로 돌아갔으며 「신축년 7월 휴가 갔다가 강릉으로 돌아감에 밤에 도구를 가다(辛丑歲七月赴假還江陵夜行塗口)」시를 지었다. 이 해 겨울 생모 맹 씨가 세상을 떠나 즉시 집으로 돌아가 상을 치렀다. 도주는 그가 '신축년에 휴가에서 돌아왔으며 이어서 상을 당하여 직임에서 오래 떠나 있었다.'라 하였다. 아마 환현을 피할 문제를 생각한 것 같다. 그리고 도잠이 거상을 할 때 환현은 이미 원흥(元興) 원년(402) 군사를 거느리고 건강으로 쳐들어갔다. 2년에 진나라를 찬탈하여 칭제(稱帝)하였으며 스스로를 황제로 불렀다. 3년 3월에는 유유에게 패하여 강릉으로 도망쳐 돌아갔고 5월에 환현은 피살되었다. 6월에 도잠은 부름을 받아 경구로 가서 진군군부참군이 되었다. 도중에 「처음으로 진군참군이 되어 곡아를 지나다(始作鎭軍參軍經曲阿)」시를 지었는데, 이 해는 도잠이 40세 되던 해이다.

의희 원년 을사년(405)에 도잠은 41세였으며 그의 인생에서 터닝 포인트가 되었다. 이 해에 도잠은 유경선(劉敬宣)의 건위장군군부참군이 되어 도성으로 사행하라는 명을 받아 「을사년 3월 건위참군이 되어 도성으로 사신 가는 길에 전계를 지나다(乙巳歲三月爲建威參軍使都經錢溪)」시를 지었다. 유경선이 스스로 해직의 뜻을 밝혀 도잠은 3, 4월 사이에 집으로 돌아왔다. 이 해 8월에 팽택령에 임명되었다. 11월에 관직을 버리고 귀향하면서 「돌아가자꾸나(歸去來兮辭)」를 지었다. 그는 「서(序)」에서 말하기를 '정 씨에게 시집간 누이동생이 무창에서 죽어 정리상 가봐야 했기에 자진해서 그만두고 직위를 버렸다. 중추에서 겨울까지 관직에 있은 것이 80여 일이다. 일에 따르고 마음에 따라 글의 제목을 「귀거래혜」라고 하였다. 을사년 11월이다.'라 하였다. 도잠은 이번에 관직을 버린 후에는 다시는 출사하지 않고 마침내 전원으로 돌아가 은거의 길로 들어섰다.

(2) 전원으로 돌아가 은거하다

도잠이 세상을 떠난 해가 63세라는 설을 따른다면 그가 팽택령의 관직을 떠난 것은 의희 원년(405) 41세 때의 일이며 원가 4년(427)에 세상을 떠나 돌아가 은거한 시간은 23년에 달하는 것이 된다. 그 가운데 동진에 속한 시간은 15년이고 유송 시대에 들어선 시간은 8년이 된다. 『송서·은일전』에서는 '스스로 증조부가 진의 재상이 된 것으로 다시 후대에 몸을 굽히는 것을 부끄러이 여겼다. 때문에 송무제(宋武帝)의 왕업이 차츰 융성하여지자 다시는 벼슬을 하려고 하지 않았다. 지은 문장에는 모두 연월을 적어 놓았다. 의희 이전에는 진의 연호를 분명히 적어 놓았는데, 영초(永初) 이래로는 다만 간지(干支)만 일러 놓았을 뿐이었다. 자식들에게 글을 써서 그 뜻을 말하고 아울러 훈계하여 말하였다.'라 하였다. 『남사·은일전』의 기록은 같다. 안연지의 「도징사뢰」에서는 그를 일러 '진나라의 징사(有晉徵士)'와 '시호를 정절징사라 했다.(諡曰靖節徵士)'라 하였다. 대개 모두 도잠이 진나라 왕조의 신하의 절개를 굳게 지켜 다시는 다른 조대에 몸을 굽히지 않겠다는 뜻을 칭찬한 것일 것이다.

유유가 정식으로 진나라를 대신한 것은 진나라 공제(恭帝) 원희(元熙) 2년(420)이다. 영초(永初)는 그가 진나라를 대신하던 그 해에 고친 연호

이다. 이른바 '왕업이 점차 융성해진' 것은 당연히 이 해에 시작된 것이
아니다. 환현의 변란을 평정하고 유유가 큰 공을 세웠기 때문이다. 의
희 2년(406) 예장군공으로 봉하여졌고, 의희 7년(411) 3월에는 태위직을
받아들였다. 8년(412)에는 유유에게 태부(太傅)와 양주목이 더하여졌다.
의희 14년(418) 6월에 유유는 상국과 송공(宋公), 구석(九錫)의 명을 받았
다. 12월 유유는 '창명(昌明)의 뒤로 아직 2제(帝)가 더 있다.'라는 참설
(讖說)을 믿고 사람을 시켜 안제를 목 졸라죽이고 그의 아우 사마덕문(司
馬德文)을 공제로 즉위시켰다. 이때 유유는 실질적으로 이미 정권을 장
악하였다. 공제 원희 원년(419) 7월에 유유는 송왕(宋王)으로 작위가 올
라갔다. 원희 2년(420) 6월 유유는 칭제하고 국호를 송(宋)이라 하였다.
연호를 영초로 개원하였으며 동진은 망하였다. 공제는 양위한 후 영초
2년(421) 9월에 유유에게 살해되었다.

　유유의 '왕업이 점차 융성해지는' 데 대한 전 과정은 도잠에게 당연
히 익숙하였다. 그가 팽택령을 물러난 후에 유유는 이미 차츰 권력을
장악해갔으며 이 후에는 또한 다시는 출사하지 않았다. 의희 9년(413)
그는 저작랑으로 불리었으나 나아가지 않았다. 안문(雁門)의 주속지(周續
之) 및 팽성(彭城)의 유유민(劉遺民)과 함께 '심양삼은(尋陽三隱)'으로 불리
었다. 이로 보아 이미 은사로 상당히 명성을 떨쳤을 것이다. 도잠은 만
년에 생활이 어려워져 의희 14년(418)에 저작좌랑으로 부름을 받았으나
여전히 나아가지 않았다. 이 해 12월은 유유가 안제를 목 졸라 죽였는
데 진나라를 대신한 1년 후다. 또한 양위한 공제를 죽이기도 했는데, 이
런 일은 사실 도잠이 이해를 했을 수도 있다. 그렇다면 그가 송나라로
들어선 후 다시는 기꺼이 벼슬을 하려하지 않은 것이 이상하지 않다.

　그러나 도잠이 출사를 원하지 않은 것은 결코 다만 진나라 왕조를 위

해 임금에게 충성하고 절조를 지켜서가 아니다. 그가 첫 번째 벼슬길에 나섰을 때 전원으로 돌아가 은거하려는 생각을 하였기 때문이다. 그러나 이러한 도잠의 행동은 노신에게 '혁혁하고 유명하며 큰 은거'로 일컬어졌으니 어떤 평가를 내려야 할까? 여태까지는 긍정적인 평가가 많은데 대체적으로 그의 청고(淸高)한 방면에 착안한 것이다. 그에 대한 이해도가 비교적 높은 안연지는 「도징사뢰」에서 도잠을 일컫기를 '처음에 주부(州府)의 세 차례 임명을 사양하고 나중에야 팽택령이 되었었다. 도(道)는 외물과 짝이 되지 않으므로 벼슬을 버리고 자기가 좋아하는 바를 따랐다. 마침내 세속의 번잡함에서 몸을 빼내어 세상 밖에다 자기의 뜻을 매어 행적을 정하고 거처를 유심한 곳에 두니 이에 세속과 멀어지게 되었다.' '이것이 아마 이른바 (『장자』의) 나라의 작위도 귀한 도를 체득한 사람에 의하여 버려지고 집안 식구들로 하여금 가난함을 잊게 한다는 것이 아니겠는가!' '글을 지어 돌아가서 홀로 선한 길을 높이 밟았도다.' '생활은 근면함과 검소함을 갖추었고 자신은 가난함과 질병을 달고 살았다. 사람들은 그대에 대한 우려를 금치 못하였으나 그대는 천명을 그대로 받아들였다. 그대는 은거하여 한적하게 생활하였고 물러서서 조정의 초빙을 사양하였다. 단지 밝은 지혜에서 나왔을 뿐만 아니라 이는 도를 지키는 본성에서 나왔도다.'라 하였다. 이는 도잠을 안빈낙도를 즐기는 군자의 형상으로 묘사한 것이다.

그러나 현대의 도잠을 연구하는 학자들 가운데는 또한 그가 돌아가 은거한 데 대하여 자못 비판적인 의견을 가지고 있다. 이를테면 녹흠립의 「도연명에 관하여(關於陶淵明)」의 넷째 항목인 「도연명이 은사의 계급 실질을 맡다(陶淵明當隱士的階級實質)」의 첫머리에서 도연명은 귀족 세가의 후예인데, 그렇다면 그의 은퇴는 무슨 계급의 입장에 서 있으며 어떤 계급의 원망(願望)과 요구에서 나왔는가? 그는 누구를 반대하였는가? 결국은 어떤 '은일시인'인가?라 하였다.

녹흠립은 이렇게 문제를 제기하였으니 도잠이 돌아가 은거한 것에 대해 자연히 비교적 높은 평가를 내릴 수 없었을 것이다. 그는 봉건 사회에서 봉건 황조(皇朝)는 관리를 필요로 하고 은사도 필요로 한다고 생각하였다. 새로운 황조가 성립하면 관료의 하야는 단지 기꺼이 은사가 됨을 나타내야 하며, 봉건 통치자는 그들을 우대하는 뜻을 나타내야 하며, 이렇게 태평함이 점철되는 것이다. 그리고 은사가 된 사람은 결코 그 개인의 지주 계급의 이익에 손해가 가지 않는다. 그가 자기의 전장으로 돌아가든 보호를 받든 수고를 하지 않고 먹고 사는 지주의 생활을 편안히 누린다. 요컨대 그들은 관직 생활을 하거나 은퇴를 하거나를 막론하고 항상 봉건 통치에 유리하며, 대표하는 것은 지주계급의 이익이다. 도연명과 일반 지주계급 은사는 어떤 본질적인 차이가 없다.

계급의 본질로 봉건 사회의 은사를 정의한다면 그들은 당연히 지주계급에 속한다. 일반 농민일 수는 없으니 이는 경제적 지위로 말한 것일 것이다. 그러나 다시 한 번 개괄적으로 논할 수 없으니 도잠이 그가 돌아가 은거한 후에 '지주 나리의 생활을 편안하게 누렸다'고 말한다면 결코 그리 실제에 부합하지 않는다. 녹흠립이 또 말하기를 도연명이 은사가 된 것은 또한 그가 가진 일정한 산업과 관련이 있다고 하였다. 가정은 실로 몰락하였지만 전장과 별업은 아직도 몇 군데 가지고 있다. '원전거(園田居)'(옛 田舍를 일컫기도 한다), '한거(閑居)', '남촌(南村)', '율리(栗里)' 등이다. 아울러 무릇 그가 거주한 곳은 거의 모두가 그의 전장(田莊)과 별업(別業)이 있는 곳이었다. 도연명의 전반 생애는 문벌 세족인 왕희지와 거의 흡사하여 이따금 전장과 별업에 대한 그리움을 표현해내었다. 녹흠립은 또 도연명의 시에는 실로 부단히 '궁벽한 호수를 지키고(守窮湖)', '털옷을 입고(被褐)', '자주 끼니를 걸렀다(屢空)'고 제기한다. 이는 단지 가정이 쇠락한 것에 대한 과장된 서술일 뿐이라고 하였다.

나는 녹흠립의 도연명이 돌아가 은거한 데 대한 평론의 글은 상당한 선입견이 있다고 본다. 그는 도연명은 귀족 세가의 후예로 인정하지만 그 가정은 아직 궐문세족의 숲을 밟아보지 못하였다고 하였다. 아울러 그 가정은 몰락하였음을 인정하였다. 그렇다면 무슨 근거로 문벌세족인 왕희지의 심리상태와 흡사하다고 하였는가? 녹흠립은 언제나 도잠에게 강렬한 가문의 관념이 있었음을 강조하였다. 이 일은 루징윈(路景雲)의 이의를 끌어내었다. 그는 「도연명 가문의 관점에 대한 사견(陶淵明門第觀點之我見)」[21]을 썼다. 그는 도연명은 문벌제도의 전성 사회에서 살고 있었을 뿐만 아니라 봉건 가문관념은 사상적으로 늘 있을 수 있는 것이라고 생각하였다. 그러나 '사람들의 관념과 관점, 개념이라는 한 마디 말은 사람들의 의식이 사람들의 생활 조건과 사람들의 사회관계, 사람들의 사회 존재가 바뀜에 따라 바뀐다.' 도잠은 비록 사족 가정 출신이지만 그의 일생은 오히려 생활은 점차 빈궁해져가고 지위는 형편이 갈수록 악화일로를 걷는 가난을 근심하여 자포자기 상태에서 살아갔다. 그가 지은 「걸식(乞食)」과 「가난한 선비를 읊음(詠貧士)」 등의 시는 마땅히 이때의 궁핍한 생활의 실제 상황을 묘사하였다. 시인의 이처럼 빈곤한 생활 조건과 군색한 경제적 지위는 그의 관념에 영향을 끼치지 않을 수 없다. 가문과 재부는 정비례하는 것으로 빈궁하여 구걸하기에 이르렀는데, 또한 무슨 고귀한 가문에 대해 이러쿵저러쿵 말할 만하겠

||||||||||||||
21 『하북사범대학학보(河北師範大學學報)』 1981년 제3기에 게재.

는가? 따라서 도연명 머릿속의 봉건 사대부 고유의 문벌 관념은 그 경제적 지위에 따라 부단히 아래로 옮겨갔고 생활 조건은 날로 악화되어 점진적으로 담박해져갔다.

나는 이 두 가지 견해 가운데 후자에 동의한다. 도잠이 가문 관념을 가지지 않았다고 말할 수는 없으니 「명자」 시 같은 것은 확실히 조종의 가문을 한번 죽 늘어놓긴 하지만 선인의 공적을 이야기하는 데 치중하고 있다. 결코 그 호화롭고 부귀함을 자랑하지는 않는다. 가령 도간에 대해서는 또한 그의 '공이 이루어지자 하직하고 물러나시니, 총애를 받고도 어그러짐 없었다.(功遂辭歸, 臨寵不忒)'는 것을 강조하고, 자기에 대해서는 '아! 나는 덕이 없고 고루하여, 우러러보아도 미칠 수가 없구나.(嗟余寡陋, 瞻望弗及)'라고 하였다. 아들에 대한 희망과 요구는 '위로 공급[子思]을 생각하면서, 미칠 수 있기를 바랄지니라.(尚想孔伋, 庶其企而)'라고 제기하였다. 그가 자사처럼 공자의 덕업을 계승하기를 바랄 뿐 결코 후대에서 고관의 두터운 봉록을 누리면서 조상을 빛나게 할 수 있기를 요구하지는 않는다. 따라서 「명자」 시에서는 도잠이 강렬한 귀족 문벌 관념을 갖고 있다는 결론을 내리는 것이 결코 실제에 완전히 부합하는 것은 아니다.

도잠이 돌아가 은거한 생활 정황으로 말하면 녹흠립의 글은 그의 원전거(園田居)에 대해서도 과대한 묘사를 면치 못한다. 좋은 전장 별서로 넓고 그윽하다. 조용한 여사(廬舍)를 가지고 있으며 광활하고 사방이 트인 동산 같은 밭을 갖고 있다. 번성하고 풍성한 느릅나무 과수 숲이 있으며 주인에게 바깥나들이의 수단을 제공하는 배와 수레도 있다. 주인이 부리는 동복이 있어서 도연명은 편안하게 주인 나리의 생활을 누린다고 하였다. 그러나 녹흠립은 문장의 뒤쪽에서 도연명은 진정으로 경작하는 노동에 종사하였는데, 42세로 팽택령의 관직에서 풀려난 때부터 시작하였다고 하였다. 도연명은 52세 때 경작 생활에 종사한 지 이미 20년째였다고 하였다. 20년째 노동을 하고 있고 열심히 경작하여 노년에 이르도록 게을리 하지 않았음에도 장년(長年)의 생활은 여전히 굶주림과 추위가 번갈아 닥쳐 최소한도의 생활 요구조차 만족시키지 못하였다. '배곯던 자가 처음으로 배부를 것에 기뻐하였고(飢者歡初飽)', '슬픈 바람은 고요한 밤을 좋아한다(悲風愛靜夜)' 같은 구절은 그의 옷도 없고 먹을 것이 부족한 생활의 인상이 얼마나 절실하고 심각하게 묘사되었는가![22] 이 앞뒤에서 논술한 것의 대비에서 도잠의 돌아가 은거한 후 지주 나리의 생활을 하였는가, 아니면 장년(長年)의 옷도 없고 먹을 것이 부족하며 굶주림과 추위가 번갈아 닥치는 것인가? 이렇다면 사람들에게 큰 모순을 느끼게 하는 것이 아닌가?

전체적으로 말하면 도잠은 주군에서 출사한 때로부터 원전으로 돌아가 은퇴할 때까지 물질적 생활은 다만 형편이 날로 악화되어만 갔다. 하지만 그의 정신적 생활은 어떻게 봐야 할까? 그의 사상과 심리 상태에서 전 인생철학이 어떠한가, 하는 평가에 대해서는 아래에서 다시 분석을 해보겠다.

|||||||||||||
22 녹흠립, 「도연명에 관하여(關於陶淵明)」, 『도연명집』 부록 1.

제3장

시대사조와 학술환경

1. 유가 경학의 학술적 연변

선진(先秦)의 유학은 한대(漢代)에 이르러 동중서(董仲舒)가 유술만 단독으로 높일 것을 건의하였다. 덕분에 유가의 경서가 단독적인 경학이 되었으며 양한(兩漢) 학술사상 관학의 지위를 획득하였다.

양한의 경학은 금문과 고문의 쟁론을 출현시킨 적이 있다. 이는 결코 순수한 학술문제가 아니다. 동중서는 금문학의 대사(大師)로 음양을 추론하여 유학 위주로 제가(諸家)를 융합하였다. 이는 한무제의 대일통 국가 정치의 필요성과 부합한다. 무제부터 서한 말까지 경학은 사인(士人)이 이록(利祿)을 추구하는 중요한 경로가 되었다.

그러나 금문학자는 주로 두 가지 방면에서 병폐가 있었다. 첫째는 번쇄함이다. 어떤 경우 한 경전의 경설은 백여만 자에 이르러 독서하는 사인은 심지어 '흰 머리'가 되도록 하나의 경도 제대로 궁구할 수가 없었다. 동한 광무제(光武帝) 때에 이르러 경사(經師)를 가려 뽑아 번잡한 옛 장구(章句)를 깎아내었으니 이는 금문의 번쇄한 경문에 대한 주석이 이미 환영을 받지 못하였다는 것을 설명한다. 두 번째는 미신(迷信)이다. 동중서가 음양오행을 가지고 경의 뜻을 해석하고부터 유학의 신비한 분위기가 증가되었다. 특히 음양의 재이(災異)를 추론한 것은 나중에 더욱이 참위와 미신이라는 사악한 길을 걷게 된다. 위진 때의 참위설은 실질적으로 이미 경학에서 벗어났지만 여전히 금문 경학이 유전되어 온 변종이다.

경학 내부에서 금문과 대립한 것은 고문경학이다. 고문경학은 경문을 해석하는 데 그렇게 많은 번쇄한 장구가 없었다. 동시에 참위의 미신에도 반대하였다. 그러나 정치상으로는 복고를 주장하고 금문학자처럼 시대의 흐름을 따르지 않아 직접 최고통치자를 위해 봉사할 수 있었다. 때문에 서한이 끝나도록 학관에 설치될 수가 없었다. 동한이 되자 금문의 경사(經師)가 낡은 것을 고집하고 놓지 않아 박학하고 경서에 통달한 인사가 없었다. 그래서 한나라 장제(章帝)는 백호관(白虎館)에 대규모로 선비들을 모아놓고 오경(五經)의 이동(異同)을 강론하고 황제의 명의로 『백호통의(白虎通義)』를 엮었다. 이 책은 금문 경학의 요지를 종합한 책(冊)임에도 오히려 고문학자인 반고(班固)가 편찬하였다. 이는 금문 경사의 인재가 쇠락의 길을 걷고 있다는 것을 설명해준다.

유가의 경학은 동한 때까지 발전하였다. 가규(賈逵)와 허신(許愼) 등 고문 경학의 대사는 대부분 고금에 널리 통달하였으며 금문 경학을 아울러 강론하였다. 동한 말의 정현(鄭玄)은 가장 박학한 사람으로 그는 금문과 고문에 두루 통달하였다. 고문 경전을 엮을 때는 금문의 설을 함께 채택하였다. 이런 고문과 금문이 뒤섞인 것은 정학(鄭學)이라 불리며 당시의 고문과 금문이 합류하는 추세를 반영하고 있다.

동한 말에 금문 경학을 정밀하게 연구한 사람으로 하휴(何休)가 있다. 그는 그런 번쇄하고 난잡한 경설(經說)을 개혁하여 『춘추공양해고(春秋公羊解詁)』를 지었다. 이런 하휴의 성취만 가지고서는 여전히 금문 경학이 쇠퇴해가는 추세를 만회하기 어려웠다.

동한 말기는 바야흐로 정학이 유행하던 때로 고문 경학의 내부에서 왕숙(王肅)이 나왔다. 그의 경서에 대한 주석은 정학과는 달랐다. 정현을 논박하여 뒤집으려 하였으며 『공총자(孔叢子)』와 『공자가어(孔子家語)』를 위조하여 공자의 힘을 빌려 자신의 논거를 강화시키려 하였다. 그가 사마소(司馬昭)의 장인이어서 그가 주석한 경서는 위나라에서 공식적인 승인을 얻고 아울러 박사를 세웠다. 위나라 임금인 조모(曹髦)는 여전히 정설(鄭說)을 주장하여 이로 인하여 경학에서는 왕학을 펴거나 아니면 정학을 펴서 사마 씨와 조 씨 사이의 정치 투쟁으로 번졌다. 서진 때 무제 사마염(司馬炎)은 왕숙의 외손자여서 공식적으로는 여전히 왕학을 중시하였다. 그러나 사인(士人) 가운데는 여전히 정학을 종주로 여기는 사람이 많아 동진 때에 이르러서는 왕학이 점차 세력을 잃어갔다. 금고문 논쟁의 역정으로 보면 정현은 금고문을 뒤섞은 종합유파로 경학 발전의 추세에 부합하며 위진 이후의 경학은 주로 여전히 정학이었다.

위진 시기에 바야흐로 정·왕의 두 학파가 한창 논쟁을 벌일 때 경학에는 뜻밖에 새로운 세력이 돌연 나타났다. 현학가인 하안(何晏)과 왕필(王弼)이 오히려 경학의 영역으로 진입하였다. 현학은 유학의 경학과는 다르다. 중국 학술사상 양한의 경학을 대체하여 위·진을 관통하는 시대사조가 되었다. 하안과 왕필은 현학 주류파의 중견 인물이었다. 그러나 그는 여전히 유학의 사인 무리에 개입하여 유가의 경전 주석에 새로운 기풍을 몰고 왔다.

　하안과 왕필이 주석한 경서는 주로『논어』와 특히『주역』이라는 고지를 점령하였다. 하안은 제가의 주석을 종합하여『논어집석(論語集釋)』을 완성하였다. 거기서 노출된 현학적 관점은 그다지 크게 두드러지지 않은 것 같았다. 진정 유학의 통치 지위를 빼앗기 위하여 현학으로『주역』을 강학하여 유학에 한 차례 큰 충격을 주었다.『주역』은 유가의 중요한 경전으로 나중에는 오경의 첫머리에 놓이게 된다. 유가사상의 본원으로 내용은 우주관과 방법론에서 인생의 철리 등 중대한 문제에까지 영향을 미쳤다.『역』은 원래 복서(卜筮)의 책이다.『역』은 음양을 말하였으나, 한유(漢儒)들은 상수(象數)를 가지고『주역』을 강학하여 길흉을 예측하는데 매번 거의 천착하고 부회하는 말이 많았다. 하안은『주역사기(周易私記)』와『주역강설(周易講說)』을 지었다고 하는데 모두 이미 망실되었다. 현존하는 위·진인의 경서 주석으로는 왕필이 찬(撰)한『주역주(周易注)』가 있는데, 한유의 상수학을 배제하고 현리(玄理)로『역』을 말하였다. 이는 바로 원래 유가 경전이 가지고 있던 성질을 확 바꾸었으며 현학의 기본 경전이 되었다.『주역』에『노자』와『장자』를 더하여 '삼현(三玄)'이라 부른다.

　위·진 시기의 사람이 지은 경의 주석은 상술한 하안과 왕필이 지은『논어집석』과『주역주』외에『상서(尙書)』에는 매색(梅頤)의『위공전(僞孔傳)』이 있다.『좌전』에는 두예의 집해(集解)가 있으며『곡량전(穀梁傳)』에는 범녕(范寧)의 주가 있다. 이런 위·진 시기의 사람이 지은 경의 주석은 주로 동진과 남조의 경사(經師)에 의해 연용(沿用)된다. 북방의 경사들은『주역』과『상서』는 정현의 주를 썼으며,『좌전』은 복건(服虔)의 주를 썼다.『시』에서 모전(毛傳)과 정전(鄭箋)을 채용하고,『삼례(三禮)』에서 정현의 주를 사용한 것은 남북이 같다. 그러나 학풍의 방면에서는 남북의 차이가 비교적 크다. 북방은 주로 동한 경사의 가법(家法)을 견지하여 장구를 강하여 밝히고 훈고하여 정학을 숭상하였다. 남방에서는 경의를 상세히 해석하는 데 치중하여 여러 가지 장점을 널리 취하여 가법에 구애되지 않았다. 왕필의『역』학은 유가와 도가의 양가를 관통하여 남방에서 줄곧 성행하였다. 남조 말년에 이르러서야 북방으로 전하여졌는데 때는 도잠 사후 몇 년이 지나서였다.

위진남북조 시기에는 현학과 불·도가가 성행하여 일반적으로 유학은 이미 저속해졌다고 생각하였다. 사실 이는 상대적인 말로 양한의 경학가, 특히 금문학가들이 유가사상을 참위의 신학화로 끌어넣어 유가를 기로로 끌어넣었다는 점에는 의심의 의지가 없다. 그러나 유가가 옹호해야 할 도덕윤리와 명교의 강상은 어떠한 봉건 통치자도 완전히 포기할 수 없는 것이었다. 이를테면 조조는 사람을 등용하면서 유가의 도덕적 표준을 돌파해야 한다고 했던 적이 있다. 「현인을 천거하는 데 품행에 구애받지 말라는 명(擧賢勿拘品行令)」을 내려 '불인하거나 불효하더라도 나라를 다스리고 용병술에 능한' 인재를 임용할 수 있다고 공언하였다. 어떤 사람은 이에 의거하여 조조가 반유가적인 법가라고 말하였다. 사실 조조는 아주 분명히 말하였다. "치세에는 덕치를 숭상하고, 난세에는 능력을 칭찬한다." 난세에는 경쟁이 필요하여 얼마간 기이한 능력을 가진 선비가 없다면 정권을 할거함에 승리를 쟁취하기가 어려웠다. 그러나 원대한 안목으로 볼 때 오래도록 잘 다스리려면 유가의 교화 작용은 오히려 포기할 수 없다. 그 때문에 조조는 어떻게 다음 세대를 배양할까 얘기하면서 또 말하기를 "나중에 태어난 사람들이 인의 예양(仁義禮讓)의 기풍을 보지 못한 것을 내 매우 가슴아파한다."라 하였다. 이에 의해 그는 「수학령(修學令)」을 내려 '선왕의 도를 폐하지 않아 천하를 유익하게 함이 있을 것'을 요구하였다. 조위(曹魏) 이후 이어서 일어난 진대의 사마 씨는 찬탈을 통하여 천하를 얻었기에 임금에게 충성하라는 말은 조금 꺼내기가 어려웠을 것이다. 그래서 효도로 나라를 다스리는 것을 표방하였다. 이는 비록 각자 필요한 만큼 가지는 것이기는 하지만 유학의 사회적 기능은 언제나 환하게 드러남이 있는 것으로 귀결된다. 교화는 유학의 주요 기능이기에 봉건시대에는 일반적으로 학동(學童), 특히 사족 집안의 학동은 모두 유가의 경전교육을 받았다. 이는 도잠도 예외는 아니었다. 그러나 각자가 받아들이는 정도와 영향의 깊이는 같지 않음이 있을 것이므로 구체적인 분석을 해야 한다.

유가 경학의 발전 과정으로 말하면 양한 때 금고문가의 다툼은 이면에 정치적 요소가 포함되어 있었다. 학술상으로는 조화를 지향하였는데, 특히 생도를 교화하는 데 종사하는 사람은 더욱 이 방면의 일을 하는 데 치중하였다. 동시에 사회적으로 더욱 큰 영향을 낳았다. 아래에 『진서·유림전(儒林傳)』에서 몇몇 전형적인 인물의 사례를 들어보겠다.

유조(劉兆)는 자가 연세(延世)로 제남(濟南) 동평(東平) 사람이며 한(漢)나라 광천혜왕(廣川惠王)의 후손이다. 유조는 박학하고 식견이 넓었으며 온화하고 독실하여 잘 이끌어 좇아서 배운 사람이 수천 명이었다. 무제(武帝) 때 다섯 번 공부(公府)로 부르고 세 번 박사로 불렀지만 모두 나아가지 않았다. 가난을 편안하게 여기고 도를 즐겨 마음을 가라앉히고 저술을 하여 문과 뜰을 나가지 않은 것이 수십 년이었다. 『춘추』경하나에 삼가(三家)가 길이 달라 유자들이 시비를 가리는 의론이 분분하고 서로 원수와 적이 되자 곧 삼가의 다름을 생각하여 합하여 통하게 하였다. 『주례(周禮)』에 조인(調人)이란 관직이 있는데 『춘추조인(春秋調人)』7만여 언을 지어 모두 그 처음과 끝을 논하여 대의가 어그러지지 않게 하였다. 이따금 맞지 않는 것이 있으면 그 장단점을 들어 통하게 하였다. 또한 『춘추좌씨해고(春秋左氏解詁)』를 지어 『전종(全綜)』이라 하였다. 『공양(公羊)』과 『곡량(穀梁)』을 풀이하여 모두 경전(經傳)에 넣었는데 붉은 글씨로 써서 구별하였다. 『주례훈주(周易訓注)』도 지어 움직이는 두 체를 바로잡아 그 문장에 서로 통하게 하였다. 무릇 찬술한 것이 백여만 언이었다.

서묘(徐苗)는 자가 숙주(叔胄)이며, 고밀(高密) 순우(淳于) 사람이다. 여러 대에 걸쳐 이어받아 모두 박사로 군수가 되었다. …… 서묘는 어려서 집이 가난하여 낮에는 호미와 쟁기를 잡고 밤에는 읊조리고 외웠다. 약관의 나이에 아우 가(賈)와 함께 박사인 제남(濟南)의 송균(宋鈞)에게 나아가 학업을 배워서 마침내 유종(儒宗)이 되었다. 『오경동이평(五經同異評)』을 지었으며, 또 도가에 의거하여 『현미론(玄微論)』을 지었는데 전후로 지은 것이 수만 언이었다.

두이(杜夷)는 자가 행제(行齊)로 여강(廬江) 첨(灊)의 사람이다. 대대로 유학으로 일컬어져 군에서 저명한 성이 되었다. 두이는 어려서 편안하고 담박하였다. 지조와 지향이 정순하고 소박하였다. 거처함에 빈곤하고 궁핍함이 심하였는데도 생업을 경영하지 않고 경적(經籍)과 백가의 책을 두루 보았다. 산력(算曆)과 도위(圖緯)를 끝까지 궁구하지 않은 것이 없었다. 여(汝)와 영(潁) 사이에 우거하면서 10년 동안 발이 문 밖에 나가지 않았다. 40여 세에 비로소 고향으로 돌아가 문을 닫고 가르쳤는데 생도가 천 명이었다.

  범선(范宣)의 자는 선자(宣子)이며 진류(陳留) 사람이다. 나이 10세 때 『시경』과 『서경』을 욀 수 있었다. …… 어려서 은둔하는 것을 숭상한 데다 학문을 좋아하여 손에서 책을 놓지 않았다. 밤으로 낮을 이어 드디어 여러 책에 널리 통하였다. 특히 삼례(三禮)에 뛰어났다. 집안이 매우 가난하고 검소하여 몸소 농사를 지어 봉양했다. 어버이가 돌아가시자 흙을 지고 봉분을 쌓아 무덤 곁에서 여막살이를 하였다. 태위(太尉) 치감(郗鑒)이 주부(主簿)로 명하고 어명으로 태학박사(太學博士), 산기랑(散騎郎)으로 불렀으나 모두 나아가지 않았다. 예장에 집을 지어 살았다. 태수인 은선(殷羨)이 초가집이 완전하지 않은 것을 보고 집을 고쳐주려 하였으나 범선은 굳이 사양하였다. 유원지(庾爰之)가 범선이 평소에 가난한 데다 흉년에 전염병까지 겹쳤다고 생각하여 두터이 음식을 보내주었으나 범선은 받지 않았다. 유원지가 범선에게 물었다. "그대는 박학하고 통달하였으니 어떻게 큰 선비가 되었소?" 범선이 말하였다. "한나라가 흥하고 경학을 귀하게 여겨 석거각(石渠閣)의 논의에 이르게 되었는데 실은 유가가 쇠락하였다고 생각하였소. 정시(正始) 연간 이래 세상에서는 노장(老莊)을 숭상하였소. 진나라 초에 이르러 다투어 맨몸을 드러내는 것을 고상하다고 생각하였소. 저는 비록 큰 선비이기는 하지만 '구(丘)는 더불어 바꾸지 않았소.'[1]" 범선은 담론을 하면서 노장을 언급한 적이 없다. 손님이 묻기를 '사람이 태어나면 근심을

---

1 『논어 · 미자(微子)』에 나오는 말. "천하에 도가 있으면 내 더불어 변역 시키려 하지 않을 것이다.(天下有道, 丘不與易也)"란 말을 인용한 것이다. ─옮긴이

하면서 살아간다.'는 말이 어디서 나오는지 모르겠다고 하였다. 범선이 말하였다. "『장자·지락(至樂)』편입니다." 손님이 말하였다. "그대는 노장은 읽지 않는다고 말하였는데 어떻게 이를 아오?" 범선이 웃으면서 말하였다. "어렸을 때 한번 훑어본 적이 있습니다." 당시 사람들은 아무도 그를 헤아리지 못하였다. 범선은 비록 한가로이 거처하면서 끼니를 자주 굶었지만 늘 강송하는 것을 업으로 삼았다. 초국(譙國)의 대규(戴逵) 등이 모두 소문을 듣고 숭앙하여 멀리서도 이르렀으니 책을 외는 소리가 제로(齊魯)와 같았다. 태원(太元) 연간에 순양(順陽)의 범영(范甯)이 예장태수(豫章太守)가 되었다. 범영도 박학하고 널리 통하여 군에다 향교를 세웠으며 가르친 사람이 수백 명이었다. 이로 말미암아 강주(江州)의 인사가 모두 경학을 좋아하게 되었으니 두 범(范) 씨가 교화한 풍속이었다.

위에서 열거한 몇몇 예증은 대체로 「유림전」에 들어간 전형적인 인물이다. 그들은 거의가 집이 가난하면서도 학문을 좋아한 선비들로 박학다식하다. 경학을 종합적으로 연구하여 일가만을 고집하지 않았다. 한 파의 사견을 없앴지만 또한 명리(名利)를 이야기하여 조정의 부름을 받아들이지 않았다. 안빈낙도하는 가운데 스스로 저술에 침잠하는데 문을 열고 학당을 개설하거나 생도들을 가르쳐 유학사상을 실로 인생을 육성하는 것으로 전한다. 이러한 도를 전하고 학업을 가르치는 정신은 사회에서 영향을 갖게 마련이다. 도잠과 동시대를 살았던 범선과 태원 연간에 예장태수로 임명된 범녕은 그들의 유학을 전파하는 활동을 했다. 강주의 인사들이 경학을 좋아하도록 두 범 씨의 화육(化育)의 기풍을 받아들이게 만들었다. 이는 이런 영향이 상당히 심원하다는 것을 설명한다.

도잠은 생애를 통하여 유가 경학의 교양을 받아들인 적이 있을까? 그의 사상에 영향을 끼쳤을까? 녹흠립은 「도연명에 관하여(關於陶淵明)」에서 이 귀족 세가는 분명하게 세족가정의 요구를 따라『시』,『서』등 육경을 가지고 도연명을 교육하였다고 말하였다. 태원 5년(380)에는 도연명이 16세였고, 태원 16년에는 도연명이 27세였다. 이 시기에는 강주에 경학이 성행하여 그는 이의 영향을 받았다. 이 영향은 40세 이전까지 쭉 지속되었다. 39세 때 「술을 마시며(飮酒)」시를 지었는데 그 스스로 '젊은 시절에는 사람을 사귀는 일이 드물었고, 육경에서 노니는 것을 좋아하였다.(少年罕人事, 遊好在六經)'고 하였다. '어찌하여 세상(한나라) 끊긴 후에는, 육경 가까이 하는 이 하나도 없는가?(如何絶世下, 六籍無一親)' 하면서 개탄도 하였다. 40세 때 지은 「무궁화(榮木)」에서는 또한 스스로 '어려서 도를 들었는데 흰머리가 되도록 이룬 것이 없다.(總角聞道, 白首無成)'라 하고 아울러 들은 '도'가 선사(先師: 孔丘)가 남긴 가르침임을 명확히 가리켰다. 이런 것은 모두 도연명이 장년시기에 '경학'을 매우 숭배하였으며 아울러 그것을 자기 생활의 도덕규범으로 삼았음을 나타내고 있다.

녹흠립이 추측하여 판단한 것은 어느 정도 근거가 있다. 문제는 도연명이 숭배한 것이 어떤 경학인가 하는 것이다. 공·맹의 원시 경학인지 아니면 나중의 동중서나『백호통의(白虎通義)』, 마융(馬融), 정현, 왕숙에서 하안 왕필에 이르는 경의 주(注)인가? 그의 인생에 대한 주요 가치에 어떤 영향을 가져왔는가? 생활의 도덕규범이 된다면 또한 어느 곳에서 표현되었는가? 여기서 우리는 다만 시대적인 사상과 유가의 경학이라는 일각만 드러내고 도잠의 사상에는 어떤 체현이 있는지에 대해서는 아래의 장에서 다시 분석을 해보도록 하겠다.

2. 현학의 분화 및 역사적인 작용

위에서 우리는 양한 이래 유가의 경학이 발전해온 역정과 위·진때에
이르러 하안과 왕필의 경주(經注)가 두드러졌다고 하였다. 그러나 하안
과 왕필은 결국 현학가다. 특히 왕필은 현학이 위·진의 시대적 사조가
되게 하는 데 중요한 공헌을 하였다. 위·진 현학에 대하여 나는 주류파
와 비주류파로 나눌 수 있다고 생각한다. 하안과 왕필, 곽상(郭象)은 모
두 주류파에 속하고 혜강(嵇康)은 돌출된 반대파이다. 쌍방의 주요 구별
은 명교와 자연의 관계에 대하여·다른 해결책을 채택하였다. 아래에서
는 먼저 고개를 돌려 현학의 생성과 발전, 그런 대표적인 인물에 대하
여 개략적으로 살펴보겠다.

동진 때 원굉(袁宏)은『명사전(名士傳)』을 짓고 조위 정시 연간 이래의
명사를 3기(期)로 나누었다. 이런 소위 명사는 대체로 거의 현학사상과
상관이 있다.

> 원굉은 하후태초(夏侯太初, 玄)와 하평숙(何平叔, 晏), 왕보사(王輔嗣, 弼)를
> 정시(正始)의 명사라고 생각하였다. 완사종(阮嗣宗, 籍)과 혜숙야(嵇叔夜,
> 康), 산거원(山巨源, 濤), 상자기(向子期, 秀), 유백륜(劉伯倫, 伶), 완중용(阮仲
> 容, 咸), 왕준충(王濬沖, 戎)은 죽림명사(竹林名士)라 하였다. 배숙칙(裴叔則,
> 楷)과 악언보(樂彦輔, 廣), 왕이보(王夷甫, 衍), 유자숭(庾子嵩, 敳), 왕안기(王
> 安期, 承), 완천리(阮千里, 瞻), 위숙보(衛叔寶, 玠), 사유여(謝幼輿, 鯤)는 중조
> (中朝)의 명사라고 하였다.[2]

||||||||||||||||
2 『세설신어·문학(文學)』'원백언(袁伯彦)이『명사전』을 짓다' 조의 주석 인용.

여기서 말한 정시 시기의 하안과 왕필, 죽림 시기의 혜강과 완적, 상수, 중조 시기의 악광과 왕연은 모두 일정한 대표성을 지니고 있다. 이외에 또한 원강(元康) 시기의 배외(裴頠)와 곽상(郭象)을 더하여야 한다. 비록 이런 사람의 관점은 결코 일치하지 않지만 대체적으로 모두 현학과 관련 있는 인물들이다.

정시 시기의 하안(190~249)과 왕필(226~249)은 후세에 기초를 다진 현학의 대사(大師)로 인정받고 있다. 왕필은 비록 청년기에 요절하였지만 그의 사상은 현학의 사조에 가장 큰 영향을 끼쳤다.

> 위나라 정시 연간에 하안과 왕필 등은 노장(老莊)을 조술하여 논점을 세워 말하였다. '천지만물은 모두 무(無)를 근본으로 한다. 무라는 것은 사물을 열고 일을 이룸에 어디를 가도 존재하지 않음이 없는 것이다. 음양은 그것에 의지하여 변화 생성하고, 만물은 그것에 의지하여 형체를 이룬다. 현자는 그것에 의지하여 덕을 이루고 못난 사람은 그것에 의지하여 화를 면한다. 따라서 무의 쓰임은 작위가 없어도 귀하다.'[3]

왕필은 '무(無)를 근본[本]으로 하는' 현학 사상체계를 세웠다. 그는 '무'를 '유(有)'의 본체로 삼고 '유'가 존재하는 근거로 삼았다. '무를 근본으로 하는' 사상은 도가의 노자에게서 왔지만 다른 점이 있다. 노자 사상의 '유'와 '무'는 '무'는 '유'가 있는 바깥에서 실제적으로 '유'를 낳는 조물주이다. 이를테면 '도는 일을 낳고(道生一)' '유는 무에서 생겨나며(有生於無)' '섞이어서 이루어진 것이 있으니 하늘과 땅보다 먼

||||||||||||
3 『진서·왕연전(王衍傳)』.

저 생겼다.(有物混成, 先天地生)' 등등이다. 그런데 왕필은 '체와 용이 같고 (體用如一)', '본말은 둘이 아니다(本末不二)'라는 것을 가지고 '무'(본체)와 '유'(현상, 공용)의 관계를 논증했다. 이 때문에 왕필은 '무'는 노자에게서 왔다고 하였다. 또한 노자의 '무'에 대한 인식에 부족함이 있다고 비판하였다. 하소(何劭)의 「왕필전」에서는 말하였다.

이때 배휘(裴徽)는 이부랑(吏部郎)이었다. 왕필은 약관의 나이도 되지 않았는데 가서 찾아보았다. 한번 만나보고 배휘는 기이하게 여겨 왕필에게 물었다. "대체로 무는 실로 만물이 힘입는 바이지만 성인은 언급하려 하지 않는데 노자는 펴서 그치지 않은 것은 어째서인가?" 왕필이 말하였다. "성인은 본체가 없으며 무는 또 가르칠 수가 없기 때문에 말을 하지 않는 것입니다. 노자는 있는 사람이므로 항상 무를 말하였는데 부족합니다."

이곳의 성인은 공자를 가리킨다. 배휘는 '무'는 만물이 힘입는 바이지만 왜 공자는 이야기하지 않았으며 노자는 반복하여 펴서 말하였을까, 라고 생각하였다. 왕필은 또 답하여 말한다. 공자는 '무'와 '유'는 일체(一體)이며 본체인 '무'는 곧 만물에 있다. 달리 하나의 물질이 있는 것이 아니기 때문에 말할 필요가 없다. 그러나 노자는 늘 '무'는 오히려 사람으로 하여금 체용과 본말로 분리된 듯 느껴지게 한다고 하였다. 왕필은 '체와 용이 같고(體用如一)', '본말은 둘이 아니다.(本末不二)'라는 관점을 공자에게 귀속시키면서 한편 그가 결코 유가를 반대하지 않았음을 표명한(사실 이 '성인은 본체가 없다'는 것은 왕필의 개정을 거쳤던 공자이다) 동시에 그와 현학의 주류파가 명교와 자연을 이론화시키는 작업이었다.

주지하다시피 '자연'은 도가의 노자에게 가장 중시되어 '사람은 땅을 본받고 땅은 하늘을 본받으며 하늘은 도를 본받고 도는 자연을 본받는다.(人法地, 地法天, 天法道, 道法自然)' 왕필 주『노자』의 도법자연(道法自然) 구에서는 말하였다.

> 도는 자연을 어기지 않아야 그 본성을 얻고 자연을 본받는다. 자연을 본받는다는 것은 모난 데 있다. 네모를 본받고 둥근 데 있으며 원을 본받아 이에 자연이 어긋남이 없는 것이다.[4]

이 '자연'은 우주본체와 세계의 본원은 본래 바로 이 모양이며 형체도 없고 하는 것도 없는 것이라는 말이다. 그래서 왕필은 또 해석하여 말하였다. '자연은 그 흔적을 찾을 수가 없으며 그 의취(意趣)를 볼 수가 없다.' '천지는 자연에 맡겨 인위적으로 함도 없고 조작함도 없다.' 자연은 기본적으로 '무'의 동의어다. 이른바 '모난 데 있으면 네모를 본받고 둥근 데 있으며 원을 본받는 것'이다. 또한 '자연에 순응하여 인위적으로 함도 없고 조작함도 없다'는 뜻이다. 하후현(夏侯玄) 또한 말하기를 '천지는 자연을 가지고 움직이며 성인은 자연을 쓴다. 자연이라는 것은 도이다. 도는 본래 이름이 없으므로 노 씨가 억지로 이름을 붙였다.'[5]라 하였다. 곧 자연 또한 명칭을 붙일 수 없는 것이라고 생각하였다.

'명교(名敎)'는 유가에 의하여 제창되고 동일시된 것이다. 공자는 '명

---

4 『노자』 25장 주.
5 장잠(張湛)의『열자·중니(仲尼)』주석에서 인용.

도연명기념관에 있는 도연명 입상

분을 바르게 할 것(正名)'을 이야기하였다. '임금은 임금다워야 하고, 신하는 신하다워야 하며, 아버지는 아버지다워야 하고, 자식은 자식다워야 한다.(君君臣臣, 父父子子)'는 것을 강조하였다. 곧 사회에서 사람과 사람 사이에 있게 마련인 등급과 명분은 초월할 수 없다는 것을 일컫는다. 동시에 유가는 교화(敎化), 곧 교육 수단을 통하여 백성의 사상을 녹이는 것을 중히 여겨 스스로 명분에 따라 규정한 등급 제도를 깨달아 지킬 수 있도록 하였다. 신하는 충성을 다하여야 하고 자식은 효성을 다하여야 하니 이것이 곧 명교에서 규정한 중요한 내용이다. 정선지(鄭鮮之)의 「등선사환도(滕羨仕宦圖)」에서는 말하였다. '명교에서 가장 극진한 것은 충과 효일 따름이다.' 따라서 명교를 말하는 것은 대대로 봉건 통치자들이 제창한 것이다. 그들의 통치에 유리하였기 때문이다. 진조(晉朝)의 사마 씨가 효(孝)로 천하를 다스린다고 표방한 것 또한 명교에 대한 일종의 옹호이다.

자연과 명교의 관계는 이러하다. 선진(先秦)의 도가와 노장은 자연이 명교를 반대한다고 창도하였다. 이는 도가와 유가의 근본적인 분기점이다. 왕필의 현학은 이미 자연을 창도하려고 하였지만 명교(실질적으로 당시의 봉건 통치를 반대할 수 없었다)를 위반할 수 없었다. 이 때문에 양자를 조화시킬 생각을 해야 한다. 왕필의 철학은 '체와 용이 같고(體用如一)', '본말은 둘이 아니다.(本末不二)'라는 것을 주장할 뿐만 아니라 이 때문에 '근본을 숭상하며 끝을 들고(崇本擧末)', '어미를 지킴으로써 자식을 보존해야 한다.(守母存子)' 이런 관점은 '자연'과 '명교'의 관계에도 응용되어 '명교'는 '자연'에서 나왔으며 '체와 용이 같고(體用如一)', '본말은 둘이 아니다.(本末不二)'라는 관계라고 생각하였다. 왕필은 이에 대하여 또한 논증하여 말하였다.

소박한 것이 진실된 것이다. 진실됨이 흩어지면 모든 행동이 다른 종류로 생겨남과 같으니 그릇 같은 것이다. 성인은 그 분산됨을 따르므로 장관을 세워주고 선(善)을 스승으로 삼으며 선하지 않음을 바탕으로 삼아 풍속을 바꾸어 다시 하나로 돌아가게 한다.[6]

소박함[朴]은 자연의 도이며 도는 늘 이름이 없다. 소박함이 흩어져 기물이 되면 이름이 있게 된다. 명교는 자연에서 나오며 소박함을 흩어서 기물이 되는 관계이기 때문에 '어미를 지킴으로써 자식을 보존하는(守母存子)' 것이니 명교는 폐할 수 없다.

그러나 왕필의 사상은 때때로 모순이 있다. 이 때문에 그는 노장을 조술할 뿐만 아니라 단순히 노자의 사상을 천술(闡述)할 때 또한 '근본을 숭상하고 말을 종식시키는(崇本息末)' 제기 방식을 내었다. 이를테면 다음과 같이 말하였다.

소박함[素]을 보고 소박[朴]한 것을 안아 성지(聖智)를 끊으며 사욕을 적게 하여 교묘한 이익을 버리는 것은 모두 근본을 숭상하여 말을 종식시키는 것을 이른다.[7]

도로 나라를 다스리고 근본을 숭상하여 말을 종식시킨다.[8]

여기서는 왕필이 유교와 도교를 조화시킴에 이따금 모순이 있다. 또

6 『노자』 28장 주.
7 『노자지략(老子指略)』.
8 『노자주』 57장.

한 주류파에 찬동하는 사람을 다루는 데 보충되었다는 것을 설명한다.

동시에 '자연의 숭상'은 다만 자연과 명교의 관계를 처리할 때만 존재한다. 왕필의 것은 혜강(223~262)과 완적(210~263)을 대표로 하는 것과는 같지 않다. 혜강과 완적 또한 파가 없는 것을 귀하게 여겼지만 자연을 질서와 화해를 갖춘 정체로 간주한다. 천지만물은 '자연'에 있어서 각기 일정한 위치를 갖고 있다. 따라서 이 의의로 본다면 결코 정상적인 명교를 반대하지 않는다. '그렇기 때문에 성인은 그것을 가지고 천지의 위치를 세웠고 존비의 제도를 지켰다.' 그러나 성인이 나라를 다스리는 데는 자연의 이치에 따라 행사할 것을 요구한다. 곧 '간이(簡易)한 가르침을 높이고 무위의 다스림을 행하고, 임금은 위에서 조용하고 신하는 아래에서 따른다. …… 백성들이 안일하게 되면 절로 복이 많음을 구한다. 잠자코 도를 따르며 충심을 품고 의를 안으며 그렇게 되는 까닭을 깨닫지 못한다.'[9] 다만 이렇게 해야 '자연'의 '명교'에 부합되며 '자연'과 함께 화해와 일치를 얻는다.

그러나 현실적인 상황은 결코 이러한 것이 아니다. 이른바 '명교'는 '자연'의 화해를 파괴하고 오히려 '자연'과의 대립을 형성하였는데 아래에서 혜강과 완적의 의론을 보도록 하겠다.

말년에는 점점 쇠퇴하여 왕위를 잇고 재산을 이어받는다. 존귀함에 의지하고 세력을 믿어 벗을 사귀지 않고 스승을 두지도 않는다. 천하를 분할하여 그 사사로움을 받든다. 그러므로 임금의 자리는 더 사치스럽게 되고 신하의 길에는 욕심이 생긴다. 나라를 도모하는 데 지혜

---

9 혜강, 「성무애락론(聲無哀樂論)」.

가 다하고 재처럼 사라져 없어지는 것을 아깝게 여기지 않는다. 상과 벌이 존재하지만 아무도 권하지 않고 아무도 금하지 않는다. 잔뜩 교만하고 뜻을 제멋대로 하며 군대를 믿고 권세를 제멋대로 행하고 위엄을 부리며 멋대로 포학하게 군다면 화가 언덕과 산을 덮을 것이다. 형벌은 본래 포악함을 징계하는 것인데 지금은 현자를 으르고 있다. 옛날에는 천하였는데 지금의 하나의 몸이 되었다. 아래에서 윗사람을 싫어하고 임금이 신하를 시기하면 상란(喪亂)이 많아지고 나라는 멸망당한다.[10]

지금 너는 현자를 높이며 서로 고상하다고 여기고 능한 것을 다툰다. 서로 숭상하고 권세도 다툰다. 서로 임금으로 삼고 영예롭고 귀하게 여기면서 서로 가하고 천하를 달리며 다다른다. 이것은 아래 위가 서로 해치는 까닭이다. 천지만물의 지극함을 다하여서 성색(聲色)의 무궁한 욕망을 받드니 이것은 백성을 기르는 것이 아니다. 이에 백성이 그렇게 되는 것을 아는 것이 두려워 상을 무겁게 하여 기쁘게 하고 형벌을 엄하게 하여 으른다. 재화가 다하여 상을 주지 못하고 형벌이 다하여 벌이 행하여지지 않으면 이에 비로소 나라가 망하고 임금을 죽이고 허물어지는 화가 있게 된다. 이것이 네 군자가 하는 것이 아니냐? 네 군자의 예법은 실로 천하를 해쳐 어지럽고 위태로우며 사망하는 술책일 따름이다. 그러면서도 곧 눈으로 아름답다고 여기고 바꾸지 못하는 도를 행하니 또한 지나치지 않은가![11]

||||||||||||
10 혜강, 「태사잠(太師箴)」.
11 완적, 「대인선생전(大人先生傳)」.

이상은 실질적으로 당시의 정치에 대한 엄혹한 비판이다. 따라서 이른바 '명교'는 절로 '천지의 근본'과 '만물의 본성'을 어기게 된다. 곧 인류 자연의 본성을 위배하는 것이다. 혜강은 '인의는 거짓을 다스리는 데 힘쓰는 것이지 곧음을 기르는 중요한 기술이 아니며, 염치와 양보는 다투고 빼앗는 데서 생기며 자연에서 나오는 것이 아니다.'[12]고 생각하였다. 이런 '자연'과 서로 대립되는 '명교'는 당연히 사람들의 버림을 받아야 한다. 혜강과 완적은 '명교를 넘어서 자연에 맡겨야 하는' 것을 제기하였다. 이는 완전히 학술상의 쟁론은 아니다. 실질적으로 사마 씨 정권에 대한 옹호이거나 반대하는 일종의 정치적 성격을 띤 태도이다.

혜강과 완적은 모두 현학의 비주류파에 속하지만 현실에의 표현은 서로 다르다. 혜강은 공공연하게 유가에서 추숭하는 성인을 비방하여 '당우(唐虞: 堯舜)를 깔보고 대우(大禹)를 비웃었으며' '탕(湯)·무(武)를 비방하고 주·공(周·孔)을 경시하였다.'[13] 그는 또 '노자와 장주(莊周)는 나의 스승이다.'라고 언명하였다. 아울러 스스로 '경서는 읽지 않았으며 또한 『노자』와 『장자』를 읽어서 방자함은 더하여갔다. 그러므로 영달하거나 나아가려는 마음은 날로 약해졌고 방종하고 본성에 맡기는 마음은 더욱 돈독해졌으며', '예법에 얽매인 사람의 탄핵을 받게 되면 원수처럼 미워하였다'[14]고 하였다. 혜강은 이미 그런 예법의 선비들에게 죄를 지어 나중에 종회(鍾會)의 참소를 당하여 그를 '시속을 해치고 교화를 어지럽히는' 소정묘(少正卯)에 비겼다. 혜강과 여안(呂安) 등은 '언론이 방탕하고 (국가의) 전장제도와 법을 비방하고 훼손하여 제왕이 용

|||||||||||||
12 혜강, 「난자연호학론(難自然好學論)」.
13 혜강, 「산거원과 교유를 끊다(與山巨源絶交書)」.
14 『진서·혜강전』.

납하지 않아야 하기' 때문에 명교에 반한다는 죄명으로 살해당하였다. 혜강이 죽었을 때 '그의 나이 마흔으로 해내의 선비 가운데 애통해하지 않은 사람이 없었다.'[15]

완적과 혜강은 사상이 서로 가깝기는 하였지만 처세하는 방법은 같지 않았다. 완적은 혜강처럼 자신의 예기(銳氣)와 재주를 모두 드러내 보이지 않았으며 폭음을 빌려서 화를 피하였다. 역사에서는 '위·진이 바뀔 즈음에 천하에는 변고가 많아 명사들 가운데 온전한 자가 거의 없었다. 완적은 이로 인하여 세상일에 참여하지 않고 마침내 술을 즐겨 마시는 것을 일상으로 삼았다.'[16]고 하였다. 혜강을 참소하여 살해한 종회는 '여러 차례 시사문제를 가지고 그에게 물었다. 찬성을 하든 반대를 하든 간에 그에 따라 죄를 덮어씌우려 하였기 때문에 언제나 술에 취하여 화를 면하였으며', '완적은 비록 예교에 속박되지는 않았지만 말을 하면 심원하였고 입으로 사람들을 포폄하지도 않았다.'[17] 그는 비록 예법을 준수하지는 않았지만 또한 의론으로 어떤 사람에게도 죄를 짓지 않았으므로 끝내 화를 피할 수 있었다. 사실 그는 결코 불평불만이 없었던 것은 아니다. 왕침(王忱)은 그가 '흉중에 맺힌 불평의 기운이 있었으므로 술로 그것을 삭였다.'[18]고 하였으니 술을 빌려 시름을 녹이는 데 지나지 않았을 따름이다. 그가 지은 시 「속마음을 읊음(詠懷)」을 보면 이미 '봄 가을은 그치지 않으니, 부귀를 어찌 항상 보존할 수 있으리?(春秋非有託, 富貴焉常保)', '포의로 일생 마칠 만하니, 총애며 녹봉 어찌

||||||||||||
15 『진서·혜강전』.
16 『진서·완적전』.
17 『진서·완적전』.
18 『진서·상수전(向秀傳)』.

믿을 만한가?(布衣可終身, 寵祿豈足賴)'라 했다. 또한 '이 한 몸도 지킬 수 없는데, 하물며 처자식을 그리워하겠는가?(一身不自保, 何況戀妻子)', '천 년 만 년 후에, 아름다운 명성 어디로 가겠는가?(千秋萬歲後, 榮名安所之)'라 하였다. 이는 그가 비록 공명과 부귀를 달관하였다는 것을 표명하는 것이지만 여전히 자신을 지키기가 어려웠다. '일단 참새처럼 가련한 처지가 되고 나면, 눈물이 흐르는 것을 누가 금할 수 있겠는가?(一爲黃雀哀, 涕下誰能禁)'를 느낀 것이다. 이로부터 '천하에 변고가 많을' 때는 '명사'의 처신이 이렇게 어렵다는 것을 알 수 있다.

천하에 변고가 많을 때 어떤 명사는 자기를 보존하기 위하여 조정에 기대기도 하였다. 죽림칠현(竹林七賢)의 상수(向秀) 같은 사람은 혜강이 '이미 죽임을 당하자 상수는 본군의 계책에 응하여 낙양에 들어갔다. 문제(文帝)가 묻기를 "기산(箕山)에 은거할 뜻이 있다고 들었는데 어째서 여기 있는가?"라 하자 상수는 말하기를 "소보(巢父)와 허유(許由)의 고고하고 깨끗한 선비를 생각하였는데 요임금의 마음에 미치지 못하니 어찌 충분히 많이 그리워할 만하겠습니까?"라 하니 문제가 매우 기뻐하였다.'[19] 상수는 혜강이 피살된 후에 낙양으로 들어갔는데 (혜강 같은) 조정에 협조하지 않는 은자를 비판함으로써 사마 씨의 칭찬을 얻어냈다. 그러나 그가 이왕에 조정에 빌붙은 바에야 유가와 도가의 취향에 대한 문제는 형세의 수요에 근거하여 조정해야 했다. 상수는 원래 '평소에 노장의 학문을 좋아하여' 장주(莊周)의 저작에 대하여 '상수는 이에 그 것의 숨은 뜻을 찾고 풀이하여 기묘한 정취(情趣)를 발명하여 현담의 기풍을 떨치니 그것을 읽은 사람들은 초연히 마음으로 깨달아 한때 만족

<hr>

19 『진서·상수전』.

하지 않는 사람이 없었다.' 그러나 상수가 평소에 노장을 좋아하여 현담의 기풍을 떨치기는 하였지만 양생의 문제에 있어서는 오히려 혜강의 관점과는 같지 않았다. 그는 말하였다.

> 대체로 사람은 오행을 머금고 태어나 입은 다섯 가지 맛을 생각한다. 눈은 다섯 가지 색을 생각하며 감정이 동하면 아내를 생각한다. 주리면 먹을 것을 구하게 되는 것이 자연의 이치이다. 다만 그것을 예로 절제하여야 한다.[20]

상수는 사람의 본능적인 욕망과 욕구는 '자연의 이치'에 부합하긴 하지만 도를 넘을 수 없으므로 '예로 절제하여야 한다'고 생각하였다. 여기서 상수는 곧 '자연'과 '명교'에 조화를 더하여야 한다고 생각하였다. 나중에 사령운(謝靈雲)은 「변종론(辨宗論)」에서 '상자기(向子期, 秀)는 유가와 도가가 하나라고 생각하였다.'라 하였으니 바로 그의 이런 조화 사상에 대한 개괄이다.

그러나 '명교'와 '자연'의 관계에서 보면 왕필부터 상수까지는 모두 완전히 유교와 도교를 하나로 간주하지 않았다. 왕필은 비록 명교가 자연에서 나왔다고 생각하였지만 오히려 '무(無)를 근본으로 하는 것'을 견지하였다. 이따금 '근본을 숭상하고 말을 종식시키는(崇本息末)' 것을 제기하기도 하였는데 이 두 가지는 결코 하나가 아니다. 상수는 '자연의 이치'를 '예'로 조절해야 한다고 이야기하였다. 다만 양자 사이의 조합 또한 하나가 아닌 것이다. 이 문제는 곽상(郭象)에 와서야 진정으로 해결된다.

‖‖‖‖‖‖‖‖‖‖‖
20 상수, 「난양생론(難養生論)」.

172

곽상(253~312)은 위·진 현학의 주류파를 발전시킨 높은 봉우리이다. 그는 왕필의 '체와 용이 같고(體用如一)' '본말은 둘이 아니다.(本末不二)' 라는 관점을 계승하기는 하였지만 '무를 근본으로 하는' 것은 이야기 하지 않았다. 아울러 시작부터 '만유(萬有)'의 위에 다른 조물주가 있다 는 것을 부인하였다. 그는 말하기를 '조물자에게 묻건대 있는가 없는 가? 없다면 어떻게 사물을 만들 수 있는가?'라 하였다. 또 말하기를 '무 가 이미 없다면 유를 낳을 수 없다. 유가 낳지 않으면 살 수가 없으니 그 렇다면 삶을 낳는 것은 누구인가? 외로이 스스로 날 따름이다.'[21] 곽상 은 '무'는 '유'를 낳을 수 없으며 이 '유' 또한 저 '유'를 낳을 수 없기 때 문이다, '만유(萬有)'는 모두 '외로이 스스로 낳는' 것이니 곧 자연히 생 성되는 것이라고 생각하였다. '만유'가 존재하는 근거에 대해서는 각종 사물이 모두 '자성(自性)'을 갖고 있다. 각종 '자성'은 '천성에서 받아 각 기 본분이 있어서 달아날 수도 없고 더할 수도 없다.'[22] 이는 곧 어떤 사 람과 사물이라도 모두 그 본성에 따라서 각기 그 자리를 편안하게 하여 '하늘이 절로 높고 땅이 절로 낮으며 머리는 절로 위에 있고 발은 절로 아래에 있는 것과 같으니 어찌 바뀜이 있겠는가?'[23]라는 말이다. 이는 어떠한 존재라도 모두 합리적이라는 말과 같다. '성인은 비록 묘당(廟 堂) 위에 있지만 그 마음은 산림 속에 있는 것과 다르지 않으며'[24] 입세 (入世)와 출세(出世)가 한 가지 일이니 명교 또한 곧 자연이다. 확실히 유 가와 도가가 곧 진정하게 합쳐져서 하나가 된 것이다. 그의 이런 '사물

<hr>

21 『장자·제물론주(齊物論注)』.
22 『장자·양생주주(養生主注)』.
23 『장자·제물론주』.
24 『장자·소요유주(逍遙遊注)』.

은 각기 분수가 있다'는 사상은 오히려 자연운명론으로 발전한다.

　명교와 자연의 관계를 과연 어떻게 봐야 하는가 하는 것이 당시 담론의 뜨거운 쟁점이었던 것 같다. 완적의 질손인 완첨(阮瞻)이 사도(司徒) 왕융(王戎)을 만나보았을 때 왕융이 물었다. "성인은 명교를 귀하게 여기고 노장은 자연을 밝히는 데 그 뜻이 같은가?" 완첨이 말하였다. "아마 같지 않겠는지요?(將無同)" 왕융이 한참이나 찬탄을 하다가 그를 (아전으로) 부르게 하였는데 당시 사람들이 삼어연(三語掾: 세 마디 아전)이라고 하였다.[25] 이 기록으로 완첨과 왕융의 대화가 당시 사람들에게 전해 내려오며 자못 칭송되었다는 것을 알 수 있다.

　위·진의 현학은 사변성(思辨性)이 비교적 강한 철학이어서 비교적 추상적인 이론 문제에 대한 탐구를 중시한다. 제기된 우주본체론 문제와 그에 상응하는 현학방법이 이를 뒷받침한다. 토론 중에 사용되는 범주개념으로 중국의 전통적인 철학 범주체계의 형성과 발전에 중요한 작용을 하였음을 알 수 있다. 위·진의 현학은 양한 경학의 뒤를 이어 시대사조가 되어 경학 본연의 번쇄하고 고수하는 학풍에 대하여 학술 연구방면에 있어서도 어느 정도 사상을 해방시키는 작용을 하였다. 이는 긍정적 요소일 것이다. 그러나 당시 현학가들이 창도한 현풍(玄風)이 생성시킨 사회적 기능 및 인생 가치가 지향하는 데 대하여 가져온 영향은 당시와 후세에 적지 않은 부정적인 면을 겨냥한 비난을 일으켰다. 『진서·배외전(裴頠傳)』에서는 말하였다.

　　배외는 시속이 방탕하고 유술(儒術)을 높이지 않는 것을 깊이 근심하

ı ıı ıı ıı ıı ıı ıı ı
25 『진서·완적전』에 부기된 「완첨전」.

였다. 하안과 완적은 평소에 세상에서 명성이 높았는데 입으로 부허(浮虛)한 말만 하고 예법을 따르지 않았으며, 시위소찬하고 총애만 탐하여 벼슬을 하면서도 섬기는 일을 하지 않았다. 왕연(王衍)의 무리는 명예가 매우 성하고 지위가 높고 권세가 중하였는데 사물에 스스로 얽히지 않았다. 마침내 서로 모방하여 풍교(風敎)가 쇠퇴하여 이에 유(有)를 높이는 이론을 지었다.

동진의 갈홍(葛洪)은 현학이 사회의 기풍을 파괴한다고 비판하였다. 그런 '속인을 멸시하고 스스로 방자한' 사람들은 '혹 모자를 단정하게 쓰지 않기도 하고 혹은 맨몸을 드러내고 쪼그려 앉기도 하였다. 혹은 많은 대중 앞에서 발을 씻는가 하면 사람 앞에서 소변을 보기도 하였다.' 그는 '이른바 통달했다고 하는 것은 도덕에 통하여 인의에 이른 것일 따름이니 어찌 가볍고 교만한 데 통하고 음탕하고 사악한데 이른 것을 이르겠는가?'[26]라고 생각하였다. 간보(干寶)는 『진기(晉紀)』를 지었다. 「총론(總論)」에서 당시의 '풍속이 음란하고 편벽되었으며 있을 곳을 잃은 것을 부끄러워하며', '담론하는 자들은 허박(虛薄)한 것을 분별을 잘한다고 생각하며', '행하는 사람은 방종하고 행실이 탁한 것을 통한다고 생각하였다.'고 지적하면서 질책하였다. 나중에 당나라 사람은 『진서』를 편찬하면서 「유림전(儒林傳)」 서론(叙論)에서 다시 말하였다.

진나라는 중조(中朝)부터 강좌(江左)에 이르기까지 꾸미는 것을 높이고 화려한 것을 다투었다. 현허(虛玄)함을 조술하지 않음이 없어 궐리

||||||||||||||
26 『포박자·자교(抱樸子·刺驕)』.

(闕里)의 전아한 경전을 물리치고 정시(正始) 연간에서 남긴 언론에 익숙해져서 예법을 가리켜 유속(流俗)이라 하였다. 방종한 것을 지목하여 맑고 높다고 하니 이에 마침내 전장제도가 해이해지고 명교가 쇠퇴하여 허물어져 오호(五胡)가 그 틈을 타고 다투었다. 이경(二京)이 잇달아 몰락하고 운이 다하고 도가 사그라졌으니 길게 탄식할 만하다.

위에서 말한 위·진의 현풍에 대한 비판을 개괄하였다. 청담이 나라를 그르쳤고 음란하고 편벽된 것이 몸을 망쳤다는 두 마디로 귀결될 수 있다. 이는 결코 사실적인 근거가 없는 것이 아니다. 예를 들면 완수(阮修)는 '왕연은 당시의 언담의 종주[談宗]이다.'라 하여 현학의 영수임을 공인하였다. 『진서·왕연전』에서는 말하기를 '명성이 성대하여 당세를 기울이고 움직였다. 현언(玄言)에 정묘하고 뛰어나 노장(老莊)의 이야기를 일삼았다.', '여러 차례나 현직(顯職)에 있어서 후진의 선비들 가운데 우러러 사모하여 모방하지 않음이 없었다. 선발하여 임용되어 조정에 오르면 모두 으뜸이라 생각하였다. 고상하다고 뻐기고 부화하고 허탄하여 마침내 풍속을 이루었다.' 여기에서 왕연의 사람됨 및 그 영향을 알 수 있다.

그러나 바로 왕연 같은 사람은 '현언에 정묘하고 뛰어난' 사람인 동시에 '지위가 높고 권세가 중하여' 사리사욕을 취할 것을 꾀하는 무리였다. 본전(本傳)에서는 그를 일컬어 '비록 재보(宰輔)라는 중한 지위에 있었으나 나라를 경영할 생각은 하지 않고 자신을 보전할 생각만 하였다.'고 하였다. '이에 아우인 징(澄)을 형주태수로, 그리고 집안의 아우인 돈(敦)은 청주태수로 삼은 뒤 왕징과 왕돈에게 말하기를 "형주는 양자강과 한수를 방벽으로 삼은 굳건함이 있고, 청주는 바다로 둘러싸인

험준한 지형을 갖고 있다. 그대들 두 사람이 바깥에 있고 나는 이러한 곳에 근거지를 마련하여 두었으니 족히 어떠한 위기에도 살아남을 세 구멍[三窟]이 만들어졌다고 하겠다."라 하였다. 이에 식견 있는 이들은 그를 천하게 여겼다.'라 하였으니 이 '현언에 정묘하고 뛰어난' 문벌세 족이 사실은 '권세로 사리를 도모하는' 비루한 인간이었던 것이다. 나 중에 그는 동해왕(東海王) 월(越)을 따라 군사를 내었다. 사마월(司馬越)이 죽자 그는 '사람들에 의해 원수(元帥)로 추대'되었지만 군사적 재능이라 곤 전혀 없어 매우 빠른 시간에 '온 군사가 석륵(石勒)에게 격파되었다.' 그러나 이 문벌이 고귀한 명사는 오히려 또 후안무치해졌다. 그가 포로 가 되어 석륵과 만났을 때 '스스로 말하기를 젊어서 일을 도모하는 데 참여하지 않았다고 말하고 스스로 죽음을 면하기를 구하여 이에 석륵 에게 존호를 칭할 것을 권하였다.' 그는 자기는 예로부터 (세상) 일에 관 여하지 않았다는 핑계를 대고 죽음을 면할 것을 구하였다. 동시에 또한 석륵에게 황제를 칭할 것을 권하여 이로써 그를 받들었다. 투항의 의사 가 있음을 암시한 것임을 알 수 있다. 그러나 재야의 영웅인 석륵은 이 에 대해 결코 수혜를 받지 않고 오히려 노하여 질책하여 말하였다.

그대의 명성은 사해를 덮고 몸은 중임을 맡았다. 젊어서 조정에 올라 백수(白首)에 이르렀거늘 어찌하여 세상일에 참여하지 않았다고 하는 가! 천하를 파괴한 것 이것이 바로 그대의 죄이다.

석륵은 이 맑고 고상하며 실로 부끄러움이라고는 없는 현학가를 직 접적으로 꾸짖었지만 마지막으로 풍자성을 띤 말로 그의 체면을 조금 세워주었다. "칼날을 가할 수 없으면 사람으로 하여금 밤에 담장을 밀어 쓰러뜨려 사람을 깔려죽게 한다."라 하였는데, 생매장을 한 것으로 생각된다. 왕연은 죽었을 때 나이가 56세였다. 그러나 죽음을 앞두고 말한 몇 마디는 오히려 음미할 만하다.

왕연은 곧 죽으려 하면서 돌아보고 말하였다. "아아! 우리는 비록 옛 사람들 같지는 않으나 그때 부허함을 숭상하지 않았더라면 있는 힘을 다하여 천하를 바로잡아 오히려 오늘에 미치지 않을 수 있었을 것이다."

이는 사람이 죽으려할 때면 그 말이 선해진다는 걸 보여준 것이라 할 수 있겠다. 그러나 실로 정말 깨달을 수 있었다 하더라도 일에는 아무런 도움이 되지 않았다. 청담은 나라를 그르쳤고 일락(逸樂)은 몸을 망쳤으니 왕연은 후인들에게 이러한 하나의 전형을 남겼다. 또한 몇몇 언행이 음란하고 편벽된 사람들이 있는데 역시 후대의 비판을 받았다.

그러나 위·진시기의 현학가에 대한 도덕품격은 한마디로 개괄하여 논할 수가 없다. 동진의 대규(戴逵)는 비록 '현풍(玄風)'에 대하여 엄혹한 비판을 가하기는 하였지만 죽림(竹林) 시기와 원강(元康) 시기의 방달함에 대해서는 또한 선을 그었다. 그는 「죽림칠현론(竹林七賢論)」에서 말하였다.

죽림의 현자들의 풍도는 높았지만 그래도 예교가 높았다. 원강 연간에 이르러서 마침내 방탕하여 예를 넘게 되었다. 악광(樂廣)이 놀리어 말하였다. "명교 가운데 절로 낙지(樂地)가 있거늘 어찌하여 여기에 이르렀는가?" 악령(樂令)의 말에 뜻이 있도다! 저것이 현심(玄心)이 아니나 이익이 방자하게 옮겼을 따름임을 이른다.

사실 죽림의 제현 가운데 혜강과 완적의 방달함이 표현해낸 때를 슬퍼하고 세인을 깔본 것은 사마 씨가 통치하는 현실에 대한 불만으로, 반대한 것은 가짜 명교였다. 다만 그 자신들의 인생태도는 여전히 엄숙하였다. 그러나 원강 때의 왕연 등과 같은 사람들은 오히려 부귀를 자랑하고 부허한 것을 발달함으로 생각하여 지나치게 교만방자하고 타락한 인생이었다. 결국 더욱 생을 탐하고 죽음을 두려워하여 나라를 팔아 살기를 구하였다. 따라서 우리는 현학가에 대하여 또한 구별하여 다루어야 할 것이니 하나로 싸잡아 매도할 수는 없다. 노신(魯迅)의 「위·진의 풍도 및 문장과 약 및 술의 관계(魏晉風度及文章與藥及酒之關係)」에서는 죽림 칠현에 대하여 언급하였다. '그들 7인은 거의 모두 옛 예교에 반항하였지만', '후인들이 혜강과 완적을 꾸짖을 때 남들이 말하는 대로 자기도 따라 말하여 지금까지 1천 6백 년이나 되었기 때문에' '고대의 많은 사람들이 큰 억울한 누명을 썼다.'[27]라 하였다. 따라서 '인물을 평가하고 세사(世事)를 논함에' 공정하게 옛 사람의 사상을 평가하기는 결코 쉽지 않음이 분명하다.

　　위·진의 현학은 한 시대의 사조가 되어 사회와 인생에 대하여 당연히 매우 큰 영향을 끼쳤다. 현학가가 되거나 현풍의 영향을 받은 사인(士人)들의 사상 표현 또한 각양각색이다. 도잠은 이 시대사조의 큰 환경에서 세상을 버리고 독립할 수가 없었다. 그러나 그가 이 복잡하기 그지없는 만화경 속에서 어떻게 자기 인생의 범주를 정하였는지 다음 장에서 다시 분석을 해보겠다.

‖‖‖‖‖‖‖‖‖‖‖
27 『노신전집』제3권, 501쪽.

작자 미상의 도연명 초상

3. 도·불사상의 변천 및 그 사회 영향

위진남북조는 현학이 시대사조가 되었다는 특색 외에도 불·도의 이교(二教) 또한 차츰 성행하게 되었다. 유가(儒家)는 나중에 또한 유교(儒

敎)로 불리게 되지만 주로 가리키는 것은 교화(敎化)였다. 신앙을 특징으로 하는 종교는 당시 불교와 도교뿐이었다.

주지하다시피 도교는 선진의 도가 노자를 조사(祖師)로 받들었다. 노자가 지은 '오천문(五千文)'을 『도덕진경(道德眞經)』으로 높이고 『장자』를 『남화진경(南華眞經)』으로 높여 전하며 도교의 주요 경전으로 받들었다. 앞에서 위·진의 현학은 '노장(老莊)을 조술하였다'고 말한 적이 있다. 여기에 의거하여 보면 현학과 도교는 일맥상통하는 것인가? 비록 상호간에 얼마간의 관계가 있긴 하지만 대부분의 경우 여전히 양자는 구별이 된다.

현학과 도교가 같지 않은 것은 현학은 하나의 학술유파라는 것이다. 현학가인 왕필과 하안, 혜강, 완적은 비록 노장을 조술하기는 하였지만 『노자』와 『장자』를 학술 연구 저작으로 보았다. 숭상한 것은 노장이 자연을 귀하게 여긴 주지(主旨)이다. 도교는 명확히 일종의 종교로 노자는 이미 신격화된 이 종교의 교주가 되어 신으로 변모하여 사람이 아니었다. 더 이상 은사와 사상가 본래의 면목이 아니었던 것이다. 노장의 저작은 종교의 신학적 경전으로 바뀌었으며 도교의 교의(敎義)는 장생과 신선을 추구하였다. 이것이 현학과의 중대한 구별이다.

이 때문에 신선도교가 된 것으로 말하면 사상 연원이 선진의 도가에서 나왔다기보다는 차라리 고대의 신선가에게서 나왔다고 하는 것이 더 가깝다. 이 두 가지는 원래 구별되는 것이다. 한나라 유흠(劉歆)의 『칠략(七略)』에서는 도가와 신선가를 분별하여 저록하였다. 반고의 『한서·예문지(藝文志)』에서는 '도 37가(家)'를 저록하여 제자류(諸子類)에 귀속시켰으며, '신선 10가'는 방기(方技)에 집어넣었다. 반고의 양가에 대한 개술 또한 확연히 구별된다. 그는 말하였다.

도가자류(道家者流)는 사관(史官)에게서 나왔을 것이다. 성패(成敗)와 존망(存亡), 화복(禍福)과 고금(古今)의 도를 두루 기록하였다. 그런 다음에 요지와 근본을 잡는 것을 알았다. 청허(淸虛)로 스스로 지켰으며 비약(卑弱)으로 스스로 견지하였으니 이는 임금이 남면을 하는 술책이다. 요임금의 능히 겸양함과 『주역』의 겸양함은 부합한다. 한번 겸손하여 네 가지가 유익하니 이것이 그 장점이다. 방일한 자가 그것을 하게 되면 예학을 끊어버리고 인의를 한꺼번에 버리려고 하면서 홀로 청허를 맡아 다스릴 수 있다고 한다.[28]

신선(神仙)은 성명의 참됨을 보존하여 바깥에서 놀면서 구하는 자이다. 애오라지 뜻을 씻고 마음을 평정하여 죽고 사는 영역을 함께 하여 마음속에서 두려움을 없앤다. 그러나 혹 오로지 이것만 힘쓰면 허탄하고 속이며 괴이하고 우활한 글이 더욱 많아져서 성왕이 교화하는 까닭이 아니다. 공자께서 말씀하셨다. "숨은 것을 찾고 괴이한 것을 행하여 후세에 저술을 남기는 것을 나는 하지 않는다."[29]

이상 반고의 도가와 신선가에 대한 정의로 볼 때 현학은 도가에 접근하지만 도교는 더욱 신선가에서 온 것 같다. '성명의 참됨을 보존함'은 당연히 도교의 교의에 부합한다. 그러나 '허탄하고 속이며 괴이하고 우활한 글'은 오히려 '성왕이 교화하는 까닭이 아니다.' 종교 또한 군중을 교화하는 일면이 있기 때문에 이런 신선가의 말은 매우 적합하지 않

||||||||||||
28 『한서』 권30 「예문지(藝文志)」.
29 『한서』 권30 「예문지」.

은 듯하다. 동시에 성망을 갖춘 교주를 맡을 만한 인물이 없어 이에 노자의 몸에서 찾아냈다.

　도교는 무엇 때문에 도가에 의탁하여 노자를 교주로 삼았을까? 이는 상당히 깊은 이론적 근원과 사회적 근원이 있다. 노자가 창립한 신통하고 광대한 '도' 때문에 사람들에게 신비한 감각의 일면을 줄 수 있었다. 더불어 책에서 '오래 살고 오래 보는 도(長生久視之道)'[30]를 선양한다. '죽어도 없어지지 않는 자는 장수한다.(死而不亡者壽)'[31]는 등과 같은 말도 하였다. 게다가 사마천(司馬遷)은 『사기』에서 노자는 "160여 세를 살았을 것이라고도 하고 혹자는 2백여 세를 살았다고도 하는데 도를 닦아 보양하여 수명을 늘렸기 때문이라고 한다."라 하였다. 또 그가 서쪽으로 함곡관을 나가서 끝내 "그가 일생을 마친 곳을 아무도 몰랐다."고 하였다. 자못 신룡(神龍)이 머리는 보이는데 꼬리는 보이지 않는 식의 신출귀몰한 의미가 있어서 신선 방사들에게 의탁하고 부회할 거리를 제공하였다. 『장자』에서는 더욱 적지 않은 이른바 '신인(神人)'과 '지인(至人)', '진인(眞人)'을 묘사하였다. 비록 『장자』에서 말한 것이 '열 개 가운데 아홉이 우언(寓言)'이긴 하지만 거기에서는 확실히 이미 벽곡행기(辟穀行氣)와 토납도인(吐納導引) 등과 같은 장생을 수양하는 방법을 언급하였다. 그래서 나중에 도교에서 노자를 교주로 받들고 장자까지 남화진인으로 받든 것이 결코 우연이 아니다.

　서한 초기에서 동한까지 도가 황로지학의 정치 방면에서의 작용은 나날이 희미해져갔으나 신선방술 및 참위미신(讖緯迷信)과 관련한 종교

<hr />

30 『노자』 59장.
31 『노자』 33장.

화의 정도는 오히려 날로 심화되었다. 동한 초 명제(明帝)의 형제인 초왕(楚王) 유영(劉英)은 '황로의 미신을 외고 부도(浮屠)의 인사(仁祠: 佛寺)를 숭상하였는데'[32] 바로 황로와 불교를 동등하게 본 것이다. 황로의 도는 종교로 바뀌어 가는 도중에 분화가 나타났다. 그 중 한 방면은 통치자들에 의해 떠받들어졌다. 실례로 '연희(延熹) 연간에 환제(桓帝)는 황로의 도를 섬겨 모든 묘우(廟宇)를 다 허물었다.'[33] 다른 방면으로는 오히려 민간에서 광범위하게 유전되고 아울러 농민의 기의를 조직하는 데 쓰였다. 같은 환제 때인 '건화(建和) 2년에 장평(長平)의 진경(陳景)이 스스로를 "황제의 아들(黃帝子)"이라 부르며 부서를 설치하여 관속(官屬)을 두었다. 남돈(南頓)의 관백(管伯) 또한 "진인(眞人)"이라 일컬으며 함께 거병을 도모하였다.'[34] 동한 말년에는 유명한 황건(黃巾)이 기의하였다. 그 우두머리인 장각(張角)은 스스로 '"대현량사(大賢良師)라 일컬으며 황로의 도를 받들고 섬기며 제자들을 기르고 양성하여" 10여 년의 조직 활동을 거쳐 "수십 만의 무리"를 모으게 되었다.'[35] 위의 예는 동한 말년에 이르러 황로의 도가 분화되어 정치상으로 완전히 상반된 작용을 일으켰다는 것을 설명한다.

황로도가는 동한 말년의 분화와 조합을 거쳐 신선방술에서 원시도교로 변천되어 갔다. 도교는 단정(丹鼎)과 부전(符籙)의 양파로 나뉘었다. 금단(金丹) 도교와 부수(符水) 도교라고도 한다. 전자는 동한 말년 위백양(魏伯陽)의 『주역참동계(周易參同契)』를 대표작으로 한다. 이 책의 내

||||||||||||||
32 『후한서·초왕영전(楚王英傳)』.
33 『후한서·왕환전(王渙傳)』.
34 『후한서·환제기』.
35 『후한서·황보숭전(皇甫嵩傳)』.

용은 신선가의 연단술과 『주역』, 황로 세 가지를 상호 참작하여 하나로 합친 것이다. 후자, 곧 부전파의 주요 저작은 『태평청령서(太平淸領書)』이며 나중에는 『태평경(太平經)』으로 통칭된다. 이 책의 내용은 방대하고 이것저것 두서없이 마구 뒤섞여 있어 한 사람 한때의 작품이 아닌 것 같다. 신주(神咒)의 작용도 제멋대로 선양하고 있다. 장각이 창립한 태평도가 신봉하는 것은 『태평경』이다. 곧 '부수(符水)로 기도하여 병을 치료하는 것'이다. 게다가 『태평경』은 '높고 낮음, 크고 작음이 모두 마찬가지다.(尊卑大小皆如一)'[36]라는 유토피아적 이상을 갖고 있다. 때문에 부수 도교는 하층의 민중 사이에서 널리 유행하여 동한의 농민이 크게 기의하는 일종의 조직 형식이 되었다. 『태평경』 또한 기의(起義)의 사상적 무기가 되었다.

동한 말기의 원시 도교에는 여전히 장릉(張陵)이 창립한 오두미도가 있었다. 비록 노자를 교주로 받들고 『오천언(五千言)』을 주요 경전으로 삼는다고는 하지만 그 술책은 귀신과 부전(符篆)을 빌려서 무리를 모으고 대중을 혹하게 하는 것이었다. 기도와 부수로 사람의 병을 치료하여 대규모의 군중을 흡수하였다. 나중에 장로(張魯)는 동한에서 정교합일과 모종의 경제 시책을 취합하여 각계각층 백성의 환영을 받았다.

동한 말년에 출현한 원시 도교와 장릉이 창립한 오두미도는 보편적으로 유행되었다. 장릉은 천사(天師)로도 불렸다. 도교도는 이 일파의 도교를 신봉하여 천사도(天師道)라 불렸다. 또한 오두미도라는 옛 명칭도 남겨두었는데 사실은 동일한 교파이다.

동진 때까지도 오두미도의 신도는 분화되고 있었다. 주의해야 할 점

||||||||||||||
36 『태평경』.

은 왕희지 같은 명문대족도 『진서』의 본전에서는 오히려 '왕 씨는 대대로 장씨의 오두미도를 섬겼다'고 하였다. 이는 통치계급의 상층이다. 이와 동시에 손태(孫泰)와 손은(孫恩) 일족도 '대대로 오두미도를 섬겼다.'[37] 당시 혼용했던 진나라 효무제는 회계왕 사마도자(司馬道子)를 중용했다. 385년(太原 10년) 사안이 병사한 후 사마도자와 사마원현(司馬元顯) 부자가 정권을 잡았는데 탐욕스러웠고 사치스러웠다. 398년(진나라 安帝 隆安 2년)에는 동진 통치계급의 내부에 전란이 발생하였다. 경구를 진수하던 왕공(王恭)과 은중감(殷仲堪), 환현(桓玄) 등이 잇달아 군사를 일으켜 사마도자를 반대하였다. 손태는 기회를 틈타 농민들을 일으켰다. 동진의 정치에 반항하려 하였는데 일이 실패하여 사마도자에게 죽임을 당하였다. 그의 조카 손은은 해도(海島)로 달아나 기회를 엿보아 재기하였다.

399년 사마원현이 권력을 잡자 명령을 내렸다. 그는 강(江)·절(浙) 일대의 노예에서 전객(佃客)이 된 장정을 강제로 징발하여 경성으로 보내어 병역을 채웠다. 이에 강남 백성들의 강력한 반대에 부딪쳤다. 손은은 기회를 틈타 유민 백여 명을 거느리고 해도에 상륙하여 농민으로 구성된 기의군을 발동시켜 성을 공격하고 땅을 약탈하였다. 지방 관리도 잡아 죽였는데 왕응지(王凝之) 등을 포괄하는 몇몇 고문 사족들은 조정과 사회에서 큰 파란을 일으켰다.

손은과 노순(盧循)이 기의를 하게 된 성격은 학술계에서도 논쟁거리다. 일반적으로는 농민 기의라고 하지만 어떤 사람들은 손은의 도당을 '장생인(長生人)'이라 일컫는다. 일군의 오두미도를 신봉하는 망명 무뢰

<hr>

37 『진서·손은전』.

186

배이다. 또 손은이 패주하여 바다로 들어가기 이전에는 농민을 거느린 기의로 얼마를 쳐야 하느냐고도 말했는데 노순은 완전히 오두미도의 난이다.[38] 그러나 기의든 반란을 일으킨 것이든 이런 참가자들은 대다수가 오두미도의 무리일 것이다. 계급의 속성으로 말할 것 같으면 기본적으로 농민 전객 등 피통치자에 속한다. 왕응지 등은 고문사족으로 당연히 통치자의 상층에 속한다. 그들이 모두 천사도(곧 오두미도)를 믿기는 하였지만 같지 않은 계급 이익이거나 또는 같은 도를 초과하는 신앙이다. 왕응지의 오두미도에 대한 주술은 그것을 '더욱 독실히(彌篤)' 믿는 것이다. 『진서』의 본전에서는 말하였다.

손은이 회계(會稽)를 공격하였을 때 요좌(僚佐)들이 거기에 대비할 것을 청하였다. 왕응지는 따르지 않고 바야흐로 정실(靖室)로 들어가 기도를 청하였다. 나와서 장수와 요좌들에게 말하기를 '내 이미 큰 도를 청하여 귀병(鬼兵)이 도와줄 것을 허락하였다. 그러니 적은 저절로 깨질 것이다.'라 하였다. 결국 아무런 대비를 해놓지 않아 마침내 손은에게 해를 당하였다.

왕응지는 지나치게 미신을 믿었던 듯하다. 기도로 귀병에게 도와달라고 청하면 적을 격파할 수 있을 것이라 생각하였지만 당연히 영험이 있을 리 없었다. 그러나 같은 도를 믿는 사람임에도 손은은 아랑곳하지 않고 그를 죽여 버렸다.

또한 천사도를 독실히 믿는 왕응지는 오히려 유가의 경학이 전파되

||||||||||||||
38 범문란(范文瀾), 『중국통사간편(中國通史簡編)』 수정본 제2편, 369, 370쪽.

는 것을 찬성하지 않았다. 태원 연간에 범녕이 예장태수가 되어 '군에 학교[庠序]를 크게 설치하자 이른 자가 천여 명이었다. 오경을 학과목으로 읽었다. 또한 학대(學臺)를 일으켜 비용이 더욱 늘어났다.'고 하였다. 이런 일은 대개 경비가 많이 들었다. '강주자사 왕응지가 상주하여 (범녕은) 이 때문에 죄에 저촉되었다. 아들 손태는 당시 천문태수(天門太守)가 되어 관직을 버리고 칭찬하여 말하였다.'[39] 이 때문에 매우 오랜 시간에 걸쳐 재판이 진행되었다.

왕응지는 도잠과도 관계가 있다. 앞에서 도잠이 29세 때 처음으로 주 좨주로 출사하였는데 관리의 직책을 감당하지 못하여 사퇴하고 돌아 갔음을 언급하였다. 녹흠립은 이에 대하여 이해하기가 쉽지 않다고 생각하였다. 그는 자사 왕응지는 곧 오두미도의 신도라고 지적하였다. 그렇지만 나중에 도잠은 오히려 오두미 때문에 허리를 굽힐 수 없다고 공언하였다. 이로써 도연명은 확실히 왕응지를 섬기는 것을 달갑지 않게 여겼다는 것을 알 수 있다고 말하였다.[40] 녹흠립의 설은 확실히 추단으로, 그 해에 왕응지는 바로 강주자사로 부임해 있었다. 도잠은 그의 속리로 '견디지 못한' 것과 '부끄러움이 많음'을 느꼈으며 사상적으로도 무슨 절제를 넘어선 것을 보아하니 의심할 만한 가치가 있다. 그러나 여기에서 또 다른 문제를 제기해보겠다. 진인각의 연구에 의하면, 그는 처음에는 도간의 출신과 향리, 당시 사람들의 평론에 근거하여 계(溪) 사람이라고 단정하였다. 나중에는 계 사람의 성명과 군사 통속에 근거하여 이 족속은 천사도를 신봉한다고 이해하였다. 이렇게 진인각은 도

IIIIIIIIIIIIIII
39 『진서·범녕전』.
40 녹흠립, 『도연명집』, 265쪽.

연명이 계 사람이고 천사도 출신의 세가라는 결론을 내렸다. 동시에 진인각은 노순과 서도복(徐道覆)의 부중(部衆)은 곧 손은의 영도 하에 있는 천사도 종족의 군대라고 말한 적이 있다.[41] 이렇게 하여 왕응지와 손은, 도잠은 모두 천사도 세가 출신으로 피차의 사상 사이에 무슨 이동이 있는지 자못 완미해 볼 만하다.

동진 때 금단도교의 대표적인 인물은 갈홍(葛洪)이다. 갈홍의 생년은 미상이고 진나라 성제(成帝) 함강(咸康) 8년(342)에 죽었다. 『진서』 본전에서는 갈홍의 졸년이 81세라고 하였는데 『태평환우기(太平寰宇記)』에는 졸년이 61세로 되어 있다. 그가 지은 『포박자(抱朴子)』는 위진 시대 연단술을 집대성하였으며 장생불사의 신선 이론을 고취시켰다. 갈홍은 신선의 양생과 유가의 강상 및 명교를 결합시켰다. 도술(道術)과 유수(儒修)는 다른 이치가 아니다. 신선과 충효에 완벽한 사람이 있으며, 이런 도가와 유가를 아울러 종합한 사상은 결코 쌍방이 대등하지 않다고 제기하였다. 도(道)를 체(體)로 하고 인의를 용(用)으로 하여 신선도교의 입장을 견지하였을 뿐만 아니라 '때를 보좌하고 나라를 다스림'을 말하였다. 이 때문에 그는 황로의 무위이치(無爲而治)와 노장의 퇴화(退化) 사관(史觀)을 반대하였다. 다른 도가학파인 포경언(鮑敬言)이 주장한 '무군론(無君論)'을 반대하였다. 그는 '도가의 말은 높기는 높지만 쓰면 해지며' '얻어서 논할 수는 있지만 얻어서 행하기는 어렵다'[42]고 하였다. 곧 노장의 정치 이상은 통용되지 않는다고 생각한 것이다. 그는 현실적인 봉건 통치를 위해 봉사해야 한다고 하였는데 이는 곧 관방 도교의 사상

||||||||||||
41 「위서 사마예전의 강동 민족 조 분석 증명 및 추론(魏書司馬睿傳江東民族條釋證及推論)」 참고.
42 『포박자·외편』 권44 「용형(用刑)」.

적 특색이다.

요컨대 동한에서 위진남북조시대까지 원시 도교가 생겨난 후 분화하고 조합되는 과정 중에 도가사상은 이미 도교로 흡수가 되었다. 동시에 시대와 계급투쟁의 필요성에 따라 각자의 도가사상도 진화되고 개조되었다. 대체적으로 금단도교를 주로 하는 것이 부수도교의 상층과 합류하여 차츰 관방도교로 변천해갔다. 한편으로는 통치계층에게 입도승선(入道升仙)의 길을 제공하였다. 정치적인 측면에서는 덕치와 형벌을 아울러 쓰는 양다리 정책을 내세우며 세속적인 봉건 통치를 위하여 봉사할 것을 주장하였다. 부수도교의 하층에서는 여전히 농민 기의의 비밀결사와 연계되어 도가의 현실에 만족하지 못하는 사상을 흡수하는 것에서 봉건 반역의 도로를 달렸다. 또한 포경언을 도교에 포함시켜야 할지는 모르겠지만 그가 원고(遠古)의 무군(無君) 사상을 선양하여 선진의 원시도가사상과 일정한 관계가 있었음은 알 수 있다.

위·진 시기에 도교와 함께 통행했던 종교로는 불교가 있었다. '불(佛)'은 외래종교로 중국으로 전해져서 통치계층이 신봉하였다는 최초의 기록은 동한 명제(明帝) 영평(永平) 8년(서기 65) 초왕(楚王) 유영(劉英)에게 보낸 조서에 보인다. 그를 '부도(浮屠)의 인사(仁祠: 佛寺)를 숭상하였다'고 칭찬하였다. 환제(桓帝)와 영제(靈帝) 때에 이르러서는 서역의 명승 안세고(安世高)와 지참(支讖) 등인이 낙양으로 들어왔다. 거기서 여러 종의 불경을 번역하여 사회적으로 점차 영향을 확대시켜나갔다. 당시 한나라 환제는 궁중에 황로 사원과 불교의 절을 세웠다. 이때 황로는 이미 서한 초기와는 달라져서 이미 종교화하는 경향을 띠었다. 황로도의 지위를 향상시키기 위하여 양해(襄楷)는 환제에게 글을 올려 '혹 노자가 이적(夷狄)의 땅으로 들어가 부처가 되었을 것이다.'라 하였다. 이런 노자가 서쪽으로 가서 오랑캐가 되었다는 전언은 바로 불교를 노자의 문하로 통괄하여 귀의시키려는 것이다. 그러나 동한 말기에 지어진 『태평경』은 오히려 불교의 몇몇 교의를 흡수하여 도교의 교의에다 가공하여 조작해 넣었다. 쌍방이 일종의 모순적인 경쟁 상태에 놓이게 된 것이다.

그러나 불교가 중국에 전래된 후에 어떤 불교도는 중국의 현실적 상황에 적응시킬 것을 고려하여야 하는 처지에 놓였다. 동한 말년 모자(牟子)의 『이혹론(理惑論)』은 중국에서 최초로 불학을 강연한 저작이다. 기본적으로는 도가의 사상을 가지고 불교를 이해한 것이다. '무위(無爲)'를 수도를 마친 후에 도달하는 최고 경계로 삼아 멸체(滅諦)[43]에 상당하였다. 이 책에서는 '세상의 일을 닦는' 요(堯)·순(舜)·주공(周公)·공자(孔子)와 '함이 없는 뜻'의 불로(佛老)가 서로 용납될 수 있음을 확인하였다. 곧 외래의 불교를 가지고 중국인들에게 받아들여질 수 있는 교의를 해석하였다. 평민 백성에 대해서는 주로 권선보응(勸善報應)과 윤회전생(輪回轉生), 그리고 영혼불멸을 이야기하려 했다. 이런 설교는 사회에서도 점차 전파되어 나갔다.

대략 모자(牟子)와 동시대이거나 조금 후의 인물일 것으로 여겨지는 강승회(康僧會)는 나중에 손권(孫權)의 오나라에 정착한다. 그의 학설은 '정심(正心)'쪽으로 무게가 기우는 경향이 있다. 사람들은 자기의 심의(心意)만 단정하게 할 수 있는데 '마음을 오로지하여 때를 씻어내는 정신이 도와 함께하여' 충분히 해탈하게 되고 부처의 경지에 들어가게

---

43 멸체(滅諦): 사제(四諦)의 하나. 사체는 네 가지 변치 않는 진상(眞相)인 고(苦)와 집(集)·멸(滅)·도(道)를 말한다. 멸체는 산스크리트어 nirodha-satya를 의역한 것으로, 괴로움의 소멸이라는 진리이다. 갈애(渴愛)를 남김없이 소멸하면 괴로움이 소멸되어 열반에 이른다는 것을 말한다. —옮긴이

된다. '중생이 구원을 얻는 것'이 개체 자아가 해탈하는 전제조건이 된
다. 관건은 왕자(王者)가 '인도(仁道)'를 행하도록 설복하는 데 있다. 그
는 반복하여 '왕은 인으로 다스리고 백성은 서(恕)로 교화하여야 한
다.'[44]는 것을 강조하였다. 또 '부처들은 인을 삼계(三界)의 상보(上寶)로
여긴다.'[45]라 하였다. 이렇게 해서 강승회는 불교를 유교와 조합시켰다.
유교와 도교를 조화시켜 중국에 전래된 후 이른 시기의 불교 이론의 특
색이 되었다.

불교의 교의에 따르면 승도(僧徒)는 출가하면 속인에게 절을 하지 않
으며, 이는 왕자(王者)라 할지라도 예외가 없다. 이는 봉건 사회의 예제
(禮制)를 위반하는 것으로, 결국 동진 성제 함강(咸康) 6년(340)에 승려는
왕자를 공경하지 않는다는 논쟁을 발생시켰다. 당시는 유빙(庾冰)이 정
치를 보좌하고 있었다. 승려는 왕자에게 공경을 다하여야 한다고 하였
고 상서령 하충(何充) 등은 공경하지 않아야 한다는 의론을 폈다. 이에
쌍방에 변란(辯難)이 전개되었다.

유빙은 황제의 명의로 조서를 내려 '부자간의 공경을 따르고 군신의
질서를 세우며 법도를 제정하고 예질(禮秩)을 높이는 것이 어찌 헛되이
그러는 것이겠는가!'라 하였다. 또한 '명교에는 유래가 있어 백대가 되
도록 폐하지 않았으며', '다스림을 논하면 마땅히 국전(國典)을 중시해
야 한다.'라 하였다. 하충 측은 불교는 '오계(五戒)의 금함은 실은 천자
의 교화를 돕는다.' '지금 한번 절을 하라는 영을 내리면 마침내 그 법
을 허무니 선을 닦는 한 풍속이 성세(聖世)에서 폐하여지고 습속이 항상

||||||||||||||||
44 『육도집경·계도무극장(六度集經·戒度無極章)』.
45 『육도집경·계도무극장』.

성이 생겨나 반드시 근심하고 두려움에 이르게 된다.'고 해석하였다. 여기서 불교는 '오계(五戒)'를 행하여 이미 성왕의 교화를 도왔다고 생각하였다. 승도(僧徒)에게 왕자에게 무릎을 꿇고 절하게 하도록 강박하였다면 습속을 위반하는 것이고 오히려 사람들의 의심과 두려움을 쉽게 일으키게 된다. 유빙 측은 '또한 오계가 선하여 대략 인륜과 비슷한데 더욱이 임금에게 예로 공경함을 소홀히 하겠는가? 예는 중하고 경(敬)은 커서 다스리는 강기(綱紀)가 여기에 극진하다.' '존비(尊卑)는 가리지 않으니 왕의 교화는 하나로 통일되지 않을 수 없어 둘로 갈리면 어지럽게 되니 이것이 전에 성인이 법령을 정하고 나라를 다스린 까닭으로 의혹이 없는 것이다.'고 제기하였다. 여기서 말한 것은 불가의 오계는 인륜에 비견되는 것으로 왕자가 예경(禮敬)을 이야기하지 않겠는가? 하는 것이다. 존비가 나누어지지 않으면 사회질서는 어지럽게 될 것이다. 이는 나라를 다스리는 큰 강령으로 바꿀 수 없는 것이다. 그러나 하충 측은 여전히 변명하였다.

"승려 가운데 계명을 독실히 지키는 자는 몸을 망치는 것을 아끼지 않으니 어찌 감히 형해(形骸: 肉身)를 가지고 예경을 태만히 하겠는가? 향을 사르며 소원을 비는 것을 볼 때마다 반드시 나라보다 우선이고 복을 받고 보우하기를 바람이 융성하여 정이 끝이 없다. 위를 받들고 순리를 높이는 것은 자연에서 나왔으며 예를 겨우 간략히 하는 것은 아마오로지 법을 지키는 것이니 이런 까닭에 선성이 대대로 따라서 고치지 않은 것이다."

여기서 승가의 수계(受戒)는 바로 진정으로 나라를 위하여 복을 빌고 황제를 높이 받드니 지키는 법을 오로지하는 표현이다. 비록 예의가 간략함을 따르더라도 역대의 선성이 이것 때문에 승가의 옛 법도를 고치지 않은 것이라는 논조가 아닌 것이 없다. 마지막까지 하충 등은 여전히 승가에 대하여 '절을 하지 않게 하는 것은 법령에 흠결이 없다.'고 하였다. 예의의 형식에 있지 않기 때문에 불교는 사회적으로 '하나를 지키고 선을 수양하는 사람'을 가지게 하여 봉건 통치의 왕자에게 유리하다는 것을 견지하였다. 이렇게 쌍방의 변명이 되풀이 되던 중 마침 '이때 유빙의 의논이 그쳐 마침내 경(敬)을 베풀지 않았다.'[46]

승려가 왕자에게 경배를 하여야 할지 말아야 할지의 변론은 한편으로는 불교의 사회적 기능을 설명한다. 인과응보 같은 것으로 사람들에게 오로지 선을 수행할 것을 권한다. 이는 모두 봉건 통치에 유리하기 때문에 조정의 중시를 받은 것이다. 그러나 다른 한편으로 불교의 교의는 유가에서 창도한 이론 강상과는 여전히 모순이 있다고 설명하였다. 승려가 속세에서 경배를 하는 문제는 당나라 초기에 이르도록 논쟁이 있었는데 이것은 후일담이다. 아래에서는 도잠과 동시대인으로 접근할 기회가 있었던 명승 혜원(慧遠)의 상황에 대하여 조금 이야기해보겠다.

혜원은 도안(道安)의 문도이다. 『고승전·석 혜원전(高僧傳·釋慧遠傳)』의 기록에 의하면 그는 도안을 떠난 후에 '제자 수십 명과 함께 남쪽 형(荊)의 땅으로 가서 상명사(上明寺)에 머물렀다. 이때에 이르러 나부산(羅浮山)에 머물고자 하여 심양(潯陽)을 지나다가 여산(廬山)의 봉우리가 맑고 조용하며 마음을 쉬기에 충분한 것을 보고 비로소 용천정사(龍泉精舍)에 머물렀다.'고 했다. 때는 진나라 효무제 태원(太元) 10년(385)으로 도잠이 21세 되던 해였다.

아래에서는 이 몇 년간의 사회적 상황을 서술하여 서로 대비해보고

|||||||||||||||
46 『홍명집(弘明集)』 권12.

또한 뒤의 도잠의 사상연구에서 드러나도록 하겠다.

혜원의 큰 도는 극단적으로 중시되었다. 혜원이 여산에 이르렀을 때
는 승려 혜영(慧永)이 서림사(西林寺)에 거처하고 있었다. 혜원과는 동문
으로 예로부터 친하여 혜원과 함께 머물고자 했다. 혜영이 자사인 환윤
(桓尹)에게 말하였다. "혜원이 바야흐로 도가 넓은데 지금 문도가 이미
많은 데다 찾아오는 사람이 많아 빈도가 깃들기에는 편협하여 함께 거
처하기에 부족하니 어찌할까요?" 환윤은 곧 혜원을 위하여 산의 동쪽
에 방전(房殿)을 새로 세웠는데 곧 동림사이다. 혜원은 정사를 지으면서
산의 아름다움을 극대화시켰다. 뒤로는 향로봉(香爐峯)을 지고 곁으로
는 폭포가 있는 골짜기를 띠었다. 바위가 절터에 첩첩이 쌓였고 소나무
로 집을 지었다. 맑은 샘이 섬돌을 두르고 흰 구름이 온방에 가득하였
다. 다시 절 안에 별도로 선림(禪林)을 설치하였다. 빽빽한 나무에는 연
무가 서려 있고 돌 오솔길에는 이끼가 끼어서 우러러 예배를 드리면 정
신이 맑아지고 기운이 엄숙해졌다.

혜원의 여산에 있는 선림이 얼마나 볼품이 있고 아정(雅靜)하며 한 갈
래 태평한 기상인가를 묘사하였다. 그러나 바로 이 해 5월에 홍수와 기
근이 발생하였다. 『진서·오행지(五行志)』에서는 '(太元) 8년(383) 부견(苻
堅)을 깨뜨린 후 중주(中州)에서 전쟁을 일으켜 부역으로 인하여 연중
평안하지 못하였으니 가을의 원망으로 나타났다.'라 하였다. 어느 정
도 미신을 가지고 말하였지만 인간의 화가 천재를 유발하였을 것이다.
「오행지」에서는 또 말하였다. '태원 10년 정월 국자감의 학생이 바람
부는 것을 틈타 불을 지르니 방 백여 칸이 불탔다. 이 후로 고과(考課)가
엄정하지 못하게 되었고 상벌이 법도가 없었다. 대체로 인재를 육성한
다는 이름만 있을 뿐 현자를 거두는 실질은 없었으니 이는 밝지 못한

벌의 앞선 조짐이다.' 이로 보건대 사회 또한 충분히 안정되지 않았다. 이 해에 회계왕 사마도자가 전권을 행사하였다. 비수(淝水)의 전역에서 공을 세운 사안은 건강으로 밀려났다가 광릉(廣陵)으로 나가서 진수(鎭守)하였다. 8월에 사안이 죽자 사마도자는 중외(中外)의 군사 도독이 되었다. 동진의 난은 이로부터 시작되었다.

그러나 이런 조정의 몰락은 불교의 전파에는 결코 영향을 끼치지 못한 것 같다. 태원 16년(391)에 시중(侍中)을 맡은 왕국보(王國寶)가 중서령이 되어 오래지 않아 중령군(中領軍)을 겸하였다. 진나라 황제는 주색에 빠졌고 부처를 숭배하느라 재물을 낭비하였다. 사마도자가 정권을 전횡할 때는 뇌물이 공공연히 행하여졌으며, 상벌이 남발되어 어지러웠다. 강주자사 왕응지는 불교를 숭앙하고 도교를 믿어 여산에서 불경 번역하는 것을 주재하였다. 『출삼장기집·아비담심경서(出三藏記集·阿毗曇心經序)』에서는 태원 16년 겨울 심양의 남산정사(南山精舍)에서 아리야데바[提婆]가 호경(胡經)을 잡고 먼저 본문을 번역한 후에 곧 진어(晉語)로 번역하였다고 하였다. '당시 승려들은 상좌(上座)인 축법근(竺法根)과 지승순(支僧純) 등 88명이었다. 지주인 강주자사 왕응지와 우바새(優婆塞) 서양(西陽) 태수 임고지(任固之)가 단약(檀約)을 하여 함께 돕기를 권하여 세웠다.' 바로 천사교의 독실한 신자인 왕응지가 이때 불교를 일으키는 것을 크게 지지하였지만 전해에는 범녕이 유가 경전을 학과로 읽기를 제기함에 대하여 불만을 표시하였다. 나중에 그는 천사도 신자인 손은의 기의군에게 목숨을 잃었다. 이로써 보건대 당시 사람들의 사상이 복잡한 정황은 또한 연구거리가 될 수 있다.

혜원은 여산에 있었던 30여 년 동안 불교와 속세에 모두 매우 큰 영향을 끼쳤다. 원흥(元興) 원년(402) 유유민(劉遺民) 등 '승속 123인과 함께 정사(淨社)를 결성하여 미타(彌陀) 상 앞에서 맹세하고 함께 서방을 기약하였다.'『연사고현전(蓮社高賢傳)』에서는 "당시 혜원법사는 현사들과 연사(蓮社)를 결성하고 글을 써서 연명을 불렀다. 연명이 말하기를 '술을 마시는 것을 허락하면 가겠다.'라 하였다. 허락하여 마침내 그곳에 갔는데 갑자기 눈썹을 찌푸리고 떠났다."라 하였다.『여부잡기(廬阜雜記)』에서도 말하였다. "원사(遠師: 혜원법사)가 백련사(白蓮社)를 결성하고 글을 써서 연명을 불렀다. 도연명은 말하였다. '제자가 술을 좋아하니 마시는 것을 허락해주면 가겠습니다.' 이에 힘껏 연사에 들도록 하였는데 도연명은 눈썹을 찌푸리고 떠났다." 두 곳의 기록은 똑같다. 생각건대 혜원이 여산에서 결성한 정사(淨社)는 연사라고도 하였으며 도연명은 참가하지 않았을 것이다. 나중에 혜원이 글을 보내와서 부르고 그가 술을 마시는 것을 동의했다. 이에 도잠이 비록 가기는 하였지만 '눈썹을 찌푸리며 떠났다'는 것으로 보아 그는 불교의 교의에 대하여 저어함이 있었을 것이다. 동진의 유·도·석[佛] 제가의 사상이 교차하고 모순되어 복잡한 상황 하에서 이런 문화 환경은 도잠의 인생에 모종의 영향을 가져왔을 것이며 깊이 탐색할 만한 가치가 있을 것이다.

제4장

도잠의 자연관과 인생철학

도잠의 사상은 주로 인생철학 방면에 표현되어 있다. 어떤 사람이 되려면 인생의 목적은 무엇인가? 어떻게 자기 인생의 이상에 도달할까? 무슨 신앙을 가지고 무엇을 추구할까? 사람의 생명은 어디에서 오고 죽은 후에는 또 어디로 귀의하는가? 모든 사람은 어떻게 근심 없이 살아가고 또 어떻게 인생을 대하는가? 이런 복잡한 문제는 모든 사람들에게 다 생각이 미치는 것은 아니다. 여기에서 어떤 사람은 자각을 하는데 어떤 사람은 자각을 하지 못하는 문제는 주체성을 발휘하는 작용이다. 혹은 객관적인 환경에서 경향을 따라 흘러가게끔 강요하는 것이다. 도잠은 이런 문제들을 어떻게 보고 인식하고 있으며 실천과정에서 또한 어떤 효과를 얻게 될까? 그의 세계관과 인생관은 형성이 되었을까? 이 장에서는 이런 문제들에 대하여 탐색해 보고자 한다.

1. 소박한 유물주의 자연관과 무신론

도잠이 생활한 연대에는 앞에서 이야기 했듯이 불교와 도교의 두 가지 사상이 매우 유행하였다. 불가는 육신은 죽어서도 정신은 죽지 않는다고 힘껏 말하면서 인과응보를 밝혔다. 도교는 사람은 장생불사를 고취하여 죽지 않는 신선이 되는 것을 추구하였다. 불교와 도교는 종교이니 결국 유신론(有神論)으로 귀결될 수 있다. 도잠의 가세에 대해서는 진인각의 고증에 의하면 계족의 도씨들은 대대로 천사도(天師道)를 받들었다. 도잠은 '평생토록 집안 대대로 전해 내려온 천사도 신앙을 지켜왔으며 비록 유술(儒術)은 마음에 새겨 잊지 않았지만 석가에는 귀의하지 않았다.' 진인각이 내린 결론은 '도연명의 사상은 위진의 청담이 변천시켜온 결과 및 집안 대대로 신앙으로 지켜왔던 자연설에 근거하여 개변한 신자연설이며' '신자연설은 구자연설의 이 유형의 생명을 기르는 것과 같지 않아 혹 달리 신선을 배워 오로지 운행 변화하는 가운데 정신을 융합하기를 구하였으니 곧 대자연과 일체가 된다. 이러하기 때문에 구자연설의 형해와 물질의 구속이 없을뿐더러 절로 주공과 공자의 출세라는 명교설에 저촉되고 저애되는 바가 있음에 이르지도 않았다. 그러므로 도연명의 사람됨은 실로 겉은 유가이나 안은 도가이며 석가를 버리고 천사도를 종주로 삼았다.'[1]

진인각은 도 씨 가문 동족 및 집안에서 전해오는 신앙이란 두 가지 점에서 이론적 근거를 세웠다. 도잠의 사상은 신자연설이라고 제기하

||||||||||||

[1] 진인각, 「도연명의 사상과 청담의 관계(陶淵明之思想與淸談之關係)」, 『금명관총고초편(金明館叢稿初編)』.

였는데 이는 실로 빼어난 견해이다. 그러나 마지막으로 도잠은 '석가를 버리고 천사도를 종주로 삼았다.'라고 하였다. 이 마지막 결어는 과학계에서 논정한 요구조건에 의하면 그다지 엄밀하지는 못하다. 진인각은 '이 유형의 생명을 기르고 혹 달리 신선을 배우는 것'을 구자연설에 귀속시켰다. 실질적으로 도교의 각파는 천사도를 포괄하며 안에서는 모두 이를 특징으로 한다. 그리고 도잠이 이른바 신자연설은 '운행 변화하는 가운데 정신을 융합'하는 것이다. 이는 이미 신선도교의 지의(旨意)가 아닐뿐더러 차라리 선진 노장도가의 자연의 운행 변화로 복귀하는 것을 말한다. 도잠이 마지막으로 결국 고정불변하는 천사도를 종주로 하였다고 한다면 이는 곧 신자연설이라고 말할 수 없다.

도잠의 우주관은 나는 왕충(王充)의 원기자연론과 근사하다고 생각한다. 도잠은 말하였다.

아아, 천지간에 생기를 받은 것들 중에는 어찌하리오! 사람만이 홀로 영특하니 신령한 지혜를 받아 밝히는 힘을 간직하고 삼황오제의 덕을 잡고서 이름을 드리운다.
咨大塊之受氣, 何斯人之獨靈. 稟神智以藏照, 秉三五而垂名.[2]

끝없이 망망한 땅덩어리, 머나먼 높은 하늘. 이 하늘과 땅 사이에 만물이 생겨나, 나는 사람으로 될 수 있었다.
茫茫大塊, 悠悠高旻, 是生萬物, 余得爲人.[3]

||||||||||||||
2 「선비가 때를 만나지 못함을 슬퍼하다(感士不遇賦)」.
3 「자제문(自祭文)」.

여기서 '대괴(大塊)'는 대지(大地)를 가리킨다. 『장자·제물론(齊物論)』에서는 '대저 천지가 숨 쉬는 것을 바람이라고 한다.(夫大塊噫氣, 其名爲風)'라 하였다. '수기(受氣)'는 대지가 부여받은 자연의 기운으로 이것을 얻어서 만물을 낳으며 사람은 독특하게 만물의 영장이 되었다. 또 망망한 대지와 아득한 머나먼 높은 하늘에서 자연히 만물이 생겨나는데 그 가운데서 나는 '사람'이 될 수 있었다고 말하였다.

여기서 도잠은 만물은 사람이 가지고 있는 것을 포괄하며 모두 자연의 기가 변하여 생성된 것이라고 분명히 말하였다. 다음에서는 다시 왕충의 견해와 대조해보겠다.

천지는 기운을 머금고 있는 자연이다.[4]

하늘은 사람과는 높고 멀리 떨어져 있으니 기운이 아득하여 끝이 없는 것이 아니겠는가?[5]

만물이 생겨나는 것은 모두 원기를 품부(禀賦) 받는다.[6]

천지가 기운을 합하면 만물이 절로 생겨난다. …… 대체로 하늘은 위에서 덮고 있으며 땅은 아래에 누워 있으니 아래의 기운은 위로 올라가고 위의 가운은 아래로 내려오며 만물은 그 중간에서 절로 생겨난다.[7]

---

4 『논형·담천(論衡·談天)』.
5 『논형·변동(變動)』.
6 『논형·언독(言毒)』.
7 『논형·자연(自然)』.

혈맥을 지닌 생물은 태어나지 않는 것이 없고 태어나면 죽지 않는 것
이 없다. 태어나기 때문에 그것이 죽는다는 것을 알게 된다. 천지는 생
기는 것이 아니기 때문에 죽지 않는다. 음양의 기는 생기는 것이 아니
기 때문에 죽지 않는다.[8]

왕충이 이곳에 논술한 것은 먼저 '기'를 천지만물('혈맥을 지닌' 동물과 사
람을 포괄한다)을 구성하는 일종의 통일된 물질 원소로 간주하였다. 생명
이 있는 사람과 사물은 모두 원기가 응결된 것이며 사멸하면 다시 원기
로 돌아간다. 이는 하나의 자연이 발생하고 변화하는 과정이라는 것이
다. 모든 혈맥을 지닌 동물과 사람은 태어나면 반드시 죽게 된다. 물질
의 원소가 되는 '기'만은 '끝이 없어서' 시작도 없고 끝도 없다. 태어나
지도 않고 죽지도 않으며 영원히 존재한다. 이것이 바로 왕충이 창도하
고 논증한 유물주의 원기자연론이다.

'천지가 그러므로 사람을 낳고 그러므로 만물을 낳는다'는 것을 반
박하기 위하여 왕충은 신령이 주재하는 신학 목적론을 가졌다. '천지
가 기운을 합하면 만물이 우연히 절로 생겨난다'[9]는 자연발생론도 제
기하였다. 또한 말하였다. '하늘이 움직여 사물을 낳고자 하지 않는데
사물이 절로 생겨나니 이는 자연이다.'[10] '자연은 하는 것이 없으니 하
늘의 도이다.'[11] '하늘을 일러 자연스러우며 하지 않는다는 것은 무엇
인가? 기운이다. 조용하고 담담하여 하고자 함이 없으면 하는 것도 없

||||||||||||||
8 『논형·도허(道虛)』.
9 『논형·물세(物勢)』.
10 『논형·자연』.
11 『논형·초품(初禀)』.

고 일도 없는 것이다.'[12] 왕충은 반복적으로 자연과정의 객관성을 강조
하였다. 물질자연계의 변화에는 그 객관적인 규율성이 있으며 사람의
일로 할 수 있는 힘이 아니다. 그는 '차갑고 따뜻한 기운은 천지와 관계
가 있고 음양으로 통괄되는데 사람의 일과 나라의 정치가 어찌 그것을
움직이겠는가?'[13]를 예로 들기도 하였다. 이는 곧 천인감응과 하늘이
상과 벌을 내릴 수 있다는 따위의 신학적 설교를 부정한다. 곧 일체의
모든 것이 자연을 운행하고 변화시키는 데로 돌아간다는 것이다. 왕충
은 아울러 자기의 철학은 '도가에 의해서' 이론의 근거를 세웠다고 공
언하였다. '비록 유가의 설과 어긋나지만 황로의 뜻과는 부합한다.'[14]
고도 하였다.

왕충은 황로학파의 '자연무위'의 천도관(天道觀)을 흡수하여 '황로지
가는 천도를 논설하여 그 실(實)을 얻었다.'고 생각하였다.[15] 그러나 '도
가가 자연을 논한 것은 물사(物事)를 끌어서 그 언행을 징험할 줄 모르
므로 자연의 설이 믿음을 사지 못하였다.'[16]며 그 부족함도 지적하였다.
그는 각종 자연현상에 유의하고 아울러 효험을 결합하여 관찰과 논증
을 진행하였다. 신학자들이 말하는 '우레는 하늘이 노한 것', '비는 하
늘이 기뻐하는 것', 우레와 번개가 사람을 죽이는 것은 '천벌'이라는 등
의 허황한 말이다. 왕충이 관찰한 바에 따르면 '우레는 태양의 격한 기
운이다.', '한여름 철에 태양이 힘을 쓰는 것은 양기가 올라타고 음양이
일을 나누어 서로 얽히며, 얽히면 격하게 쏘게 된다. 격하게 쏘면 독이

||||||||||||||
12 『논형·자연』.
13 『논형·변동』.
14 『논형·자연』.
15 『논형·견고(譴告)』.
16 『논형·자연』.

되어 사람이 맞으면 죽고 나무에 맞으면 나무가 부러지고 집에 맞으면 집이 부서진다. 사람이 나무 아래의 집에 있다가 우연히 맞으면 죽는다.' 이로써 '우레가 하늘이 노한 것이라는 것은 망령된 말이다.'[17]라는 결론을 내렸다. 비가 내리는 것에 대하여 그는 또한 하늘이 떨어뜨리는 것이 아니라고 하였다. 그의 관찰에 의하면 '처음에 나와서 구름이 되고 구름이 많아지면 비가 되고', '여름에는 이슬이 되고 겨울에는 서리가 되며, 따뜻하면 비가 되고 추우면 눈이 되며', '모두 땅에서 발하는 것이지 하늘에서 내리는 것이 아니다.'[18]라 하였다. 왕충의 우레와 번개가 사람을 죽인다는 데 대한 해석은 당시의 과학 수준의 제한을 받아서 당연히 그리 정확하지는 않다. 다만 '천노(天怒)'니 '천벌(天罰)' 따위가 인과응보라고 하는 억설(臆說)에 비하여서는 매우 고명하다.

　도잠의 자연관은 왕충과 상당히 근사하다고 할 수 있다. 그는 만물의 영장은 인류로, 정신과 지혜라는 면에서는 다른 생물에 비해 월등히 뛰어나고 또한 자연의 기화(氣化)에서 생성된 것이라고 지적하였다. 그는 과학적으로 자연계의 조화와 만물이 생성소멸하고 변화하는 규율을 제대로 인식하지는 못하였다. 그렇지만 여기서는 신이 세계를 주재하고 만물에 깃든 작용을 주재한다고는 보지 않았다. 그의 자연계 사물과 사람의 형체 및 정신 관계에 대한 관찰은 「몸·그림자·정신(形·影·神)」이라는 일련의 시에서 기본적으로 소박한 유물주의적 '원기자연'론의 관점을 견지하고 있다. 이 시들은 도잠이 불교와 도교의 미신적 무신론 사상을 가장 집중적으로 반영하고 있다. 그 때문에 아래에 먼저 전시의

||||||||||||
17 『논형·뇌허(雷虛)』.
18 『논형·설일(說日)』.

원문을 수록하여 일반 독자들이 순조로이 도연명 시의 원의를 이해하는 데 편의를 제공하고자 한다.[19]

「몸·그림자·정신(形·影·神)」

귀한 이나 천한 이, 현명한 이나 어리석은 이 모두가 애쓰며 생에 연연해하지 않는 이가 없는데 이는 매우 미혹된 것이다. 그래서 몸과 그림자의 괴로움을 다 드러내고 정신이 자연의 이치를 따져서 풀어준 것을 말하노니, 관심 있는 군자들은 함께 그 뜻을 취할 것이다.

貴賤賢愚, 莫不營營以惜生, 斯甚惑焉, 故極陳形影之苦, 言神辨自然以釋之. 好事君子, 共取其心焉.

몸이 그림자에게 보냄(形贈影)

天地長不沒	천지는 장구하여 사라지지 않고
山川無改時	산천은 바뀔 때가 없다.
草木得常理	초목은 한결 같은 이치를 얻어
霜露榮悴之	서리와 이슬에 번성하고 시든다.
謂人最靈智	사람이 가장 영묘하고 지혜롭다고 하나
獨復不如玆	유독 이들만도 못하구나.
適見在世中	우연히 나타나 세상에 존재하다가
奄去靡歸期	갑자기 떠나서 돌아올 기약이 없다.
奚覺無一人	어떻게 한 사람 없어진 것을 깨닫겠으며

---

19 원서에는 시의 원문 뒤에 궈웨이썬과 바오징청의 백화 번역을 수록하였다. ―옮긴이

親識豈相思	친척이나 알던 이들도 어찌 생각해주겠나?
但餘平生物	그저 평소에 쓰던 물건만 남아 있어
擧目情悽洏	눈을 들어보니 마음이 슬퍼져 눈물이 흐른다.
我無騰化術	나는 신선 되어 오를 도술이 없으니
必爾不復疑	반드시 그러할 것임을 다시 의심하지 않는다.
願君取吾言	바라건대 그대[그림자]는 내 말을 들어
得酒莫苟辭	술 얻거든 구차하게 사양하지 마시게나.

그림자가 몸에게 답함(影答形)

存生不可言	삶의 영속성은 장담할 수 없고
衛生每苦拙	그것을 유지하기조차 항상 힘들고 서툴다.
誠願游崑華	실로 곤산과 화산에 노닐고 싶지만
邈然玆道絶	아득히 그 길은 끊어져 있다.
與子相遇來	그대[몸]와 만난 이래
未嘗異悲悅	슬픔과 기쁨 달리한 적 없었지.
憩蔭若暫乖	그늘에서 쉴 때 잠시 떨어지는 듯했지만
止日終不別	햇빛에 머물면 내내 헤어지지 않는다.
此同旣難常	이렇게 함께하는 것도 이미 한결같기 어려우니
黯爾俱時滅	서글프게 때 같이하여 사라지리라.
身沒名亦盡	몸이 없어지면 이름도 사라질 텐데
念之五情熱	이를 생각하면 온갖 감정 들끓는다네.
立善有遺愛	선 이루면 사랑 남겨지리니
胡爲不自竭	어찌 스스로 힘을 다하지 않겠는가.
酒云能消憂	근심은 술로 없앨 수 있다고 하지만

| 方此詎不劣 | 이에 비하면 어찌 보잘 것 없지 않겠는가? |

정신의 풀이(神釋)

大鈞無私力	조물주 사사로이 힘쓰지 않으니
萬物自森著	만물이 절로 성대히 드러난다네.
人爲三才中	사람 삼재 가운데 하나가 된 것,
豈不以我故	어찌 나 때문이 아니겠는가?
與君雖異物	그대들과 비록 존재 달리 하나
生而相依附	나면서 서로 의지하고 붙어 지냈지.
結託善惡同	한 몸 되어 좋고 나쁨 함께 하였으니
安得不相語	어찌 말해주지 않을 수 있겠는가?
三皇大聖人	삼황은 위대한 성인이셨으나
今復在何處	지금은 또 어디에 있는가?
彭祖愛永年	팽조 장수 좋아하여
欲留不得住	남아 있고자 하였으나 머물 수 없었지.
老少同一死	늙은이든 젊은이든 한번 죽는 것은 마찬가지
賢愚無復數	현명한 이든 어리석은 이든 다시 따질 것 없다네.
日醉或能忘	날로 취하면 혹 잊을 수 있겠지만
將非促齡具	아마 수명 재촉하는 도구는 아닌지?
立善常所欣	선 이룸 늘 좋아하는 일이나
誰當爲汝譽	누가 장차 그대 위해 칭송하리오.
甚念傷吾生	심한 염려 우리 삶 해치니
正宜委運去	진정 운명에 맡겨 살아가야 하리.
縱浪大化中	큰 변화 가운데 자유자재하면서

不喜亦不懼	기뻐하지 않고 또 두려워하지도 않으리.
應盡便須盡	끝날 때가 되어서는 바로 끝나야 할 것이니
無復獨多慮	다시는 홀로 많이 근심하지 말 것이다.

　이 세 수는 도잠의 문집에서 철리(哲理)가 가장 풍부한 시이자 도잠의 자연관과 인생철학을 반영하는 중요한 편장이다. 전배 학자들과 도잠을 연구한 논저들은 이 시들을 매우 중시하였다. 양계초는 그가 지은 『도연명』에서 말하기를 도잠의 문집에 「몸·그림자·정신(形·影·神)」이 있는데, 이 세 수는 '바로 그 자신의 인생관을 써내었다.' 그는 이런 인생관에 의지하여 일생 동안 충분히 "술을 즐겨 마시고 시를 읊으며 그 뜻을 즐겼고", "이해득실은 마음에 두지 않았으며 평생을 이렇게 일관하였다."(「五柳先生傳」) 임종을 맞을 때까지 여전히 유유자적하였으며 당황하거나 서두르지 않고 몇 편의 스스로 제사지내고 스스로 애도하는 절묘한 글을 남겼다.'[20]라 하였다. 양계초는 또한 도잠의 「자제문」을 인용하고 '부지런히 일하고 힘을 아끼지 않았으나 마음은 언제나 한가하였다. 천명을 즐기며 분수에 맡기고 한 평생을 살았다.(勤靡餘勞, 心有常閑. 樂天委分, 以至百年)' 16자는 도연명 인격의 총결이라 생각한다고 하였다. 그리고 이곳의 '천명을 즐기며 분수에 맡겼다(樂天委分)'는 네 자는 바로 도잠 인생철학의 총결이다.
　진인각의 「도연명의 사상과 청담의 관계(陶淵明之思想與淸談之關係)」에서는 '도연명이 지은 글은 세상에 전하는 것이 많지 않다. 그 가운데서 그 종지(宗旨)를 가장 엿볼 만한 것은 「몸·그림자·정신(形·影·神)」의 주

||||||||||||||
20 『도연명』. 『음빙실전집(飮冰室全集)』 제22책에 수록.

고 답하고 풀이한 시만 한 것이 없으며', '이 세 수는 실로 조위(曹魏) 말년에서 동진에 이르기까지 사대부의 정치사상과 인생관이 변천해간 역정 및 도연명 자신이 얻은 결론을 대표한다. 이에 의하여 아무런 근심 없이 살아가는 것에 대한 결론으로 삼을 수 있다.'[21]라 하였다.

저우쉰추(周勛初)는 진인각의 글을 '가장 집중적으로 도연명의 사상을 반영한 「몸·그림자·정신(形·影·神[并序])」 시를 해부하는 것으로부터 손을 댔다.'[22]고 하였다. 「몸이 그림자에게 보냄(形贈影)」에 대해 진인각은 '이 시는 도연명의 구자연설의 말이 아니다.'라 하였다. 「그림자가 몸에게 답함(影答形)」은 '명교에 위탁한 것으로 구자연설의 말이 아니다.'라 하였다. 「정신의 풀이(神釋)」에 대해서는 '구자연설과 명교설 둘 다 아니며 신자연설의 요지는 운명에 맡기고(委運) 변화에 맡기는(任化) 데 있으며 운명과 변화 또한 자연이다. 이미 자연을 따라 자연과 함께 섞였으니 자기의 몸을 인식하는 것 또한 자연의 일부로 따로 등화(騰化)의 기술을 구할 필요가 없으니 구자연설을 주장하는 사람이 하는 것과 같은 것이다. 그러나 이 운명에 맡기고(委運) 변화에 맡김(任化)은 자연의 뜻과 혼동되어 절로 자연설이 아니라고 말할 수 없다. 이것이 따로 신자연설이라고 일컫는 까닭이다.'라고 설명하였다. 신자연설은 바로 진인각이 주로 「몸·그림자·정신」 시를 통한 연구로 도잠의 사상이 만들어낸 귀결점의 한계를 결정짓는다.

녹흠립은 「도연명에 관하여(關於陶淵明)」에서 오로지 「몸·그림자·정신」 시에서 도연명의 현학관을 본다.'라 논술하였다. 그는 다시 지적하

||||||||||||||
21 진인각, 『금명관총고초편』, 197쪽.
22 저우쉰추, 『당대 학술연구 사변(當代學術研究思辨)』, 난징대학출판사, 1993년 판, 269쪽.

였다. '동진 말년에 강주와 심양은 불교와 도교, 경학과 현학의 각종 사상이 서로 모순되고 투쟁하던 전형적인 구역이었다. 이 구역에서 생활하였던 도연명은 위에서 말한 각종 사상의 영향과 제약을 받았다. 사회 관계에서 보면 그의 친우와 교왕한 사람은 각종 사상의 신봉자이자 대표자들이었다. 그의 상사인 강주자사 왕응지(王凝之)는 도교도였으며, 그의 종제인 도경원(陶敬遠) 또한 도교도였다. 불교로 말하자면 그는 여산의 승려 혜원과 교왕하였다. 그와 함께 "심양삼은(尋陽三隱)"으로 불린 벗 유유민(劉遺民)과 주속지(周續之) 또한 모두 불교도였다. 현학으로 말하면 그의 상사인 환현은 자연관을 견지한 현학가였다. 경학을 가지고 말하면 그의 친구 조기(祖企)와 사경이(謝景夷)는 모두 『예경(禮經)』을 연구하였다. 이로 보건대 도연명은 각종 사상에 둘러싸였다. 각종 사상이 상호 모순을 일으키며 투쟁하는 중에 그는 "자연"을 가슴 깊이 새기는 현학 신앙인이 되었다. 「몸·그림자·정신」 시는 일련의 곧 불교와 도교의 미신을 비판하면서도 "자연"을 긍정하는 철리시이다.'[23]

녹흠립에 대한 관점은 위에서 저우쉰추의 문장을 인용한 데서 언급하였다. 진인각이 '도령(陶令, 연명)은 절대로 원공(遠公, 혜원)의 불교의 영향을 받지 않았다.'라 하였고, 후인들은 여기서 한 걸음 더 나아가 논증을 하여 「몸·그림자·정신」 시는 곧 혜원의 「사문불경왕자론·출가 2(沙門不敬王者論·出家二)」의 글에 반대하는 것이라는 결론을 꺼내게 되었다. 저우쉰추는 녹흠립이 지은 「형·영·신 시와 동진의 불·도 사상(形影神詩與東晉之佛道思想)」을 인용하여 이 시는 곧 갑(甲)은 보응설(報應說)에 반대한 것이고, 을(乙)은 형체가 없어져도 정신은 사라지지 않는다는 설에

||||||||||||||
23 녹흠립,『도연명집』, 213, 214쪽.

반대한 것이라고 하였다. 녹흠립은 또한 총괄하여 말하였다. '도교의 이중 형체와 불문(佛門)의 이중 정신은 마침 서로 상반된다. 여기에서 혜원의 형체가 없어져도 정신은 사라지지 않는다는 이론을 함께 알았다. 다만 불교 때문에만 눈을 크게 뜬 것이 아니라 몰래 도가도 배척하였다. 이로써 연명의 형체와 정신이 함께 소멸한다는 설은 당시의 불교와 도교 양가를 싸잡아 한꺼번에 반대한 것이다.'[24] 저우쉰추는 이렇게 생각하였다. '이런 논점은 비록 진인각의 설과는 차이가 있는 것 같지만 또한 간파하기가 어렵지 않으며 전자는 실제적으로 후자를 따라 변화되어 나온 것이다.'[25] 곧 진인각의 관점이 실로 녹흠립 등인이 도잠의 사상을 연구하는 선도자 역할을 했다고 생각한 것이다.

도잠의 사상에 관하여, 특히 「몸·그림자·정신」 시의 주제는 불교와 도교 양가를 반대하였다. 이런 관점은 대체적으로 학술계에 받아들여질 수 있었다. 궈웨이썬과 바오징청은 「몸·그림자·정신」 시의 '해제' 에서 말하였다. '명승 혜원은 여산에서 동림사 주지로 있으면서 「형체가 다하여도 정신은 사라지지 않음에 대하여(形盡神不滅論)」와 「만불영명(萬佛影銘)」을 지어서 정토종의 교의를 선양하였다. 이 일의 충돌로 도연명은 자기의 관점을 나타내었다. 동진 말년에는 불·도·현학 사상이 범람하였다. 정토종은 정신이 사라지지 않음을 선양하였으며 부처를 믿으면 윤회를 통하여 내세의 행복을 얻을 수 있을 것이라고 하였다. 오두미도(도교의 한 큰 종파)는 부록연단(符籙煉丹)과 신선이 되어 승천하여 영생한다고 선양하였다. 현학은 무위의 자연에서 방탄(放誕)함으로 나

|||||||||||||||
24 『역사어언연구소(歷史語言研究所)』 제16장, 1947년 판에 게재. 나중에 『한위육조문학론집(漢魏六朝文學論集)』, 섬서인민출판사 1984년 판에 수록됨.
25 저우쉰추, 『당대 학술연구 사변(當代學術研究思辨)』, 272쪽.

아가 달관귀족은 사치와 향락을 추구하게 되었다. 또한 명교에서 유전되어 온 해악이 있었는데 사인들에게 명예를 사고 낚으라고 부추겼다. 이런 일련의 시들은 이상의 여러 가지를 겨냥하여 종교의 미신을 반대하였다. 뿐만 아니라 기타 정상적인 생명을 방해하는 그릇된 관점을 비판하였다.'

귀웨이썬과 바오징칭의 이 해제는 대체적으로 양계초와 진인각, 녹흠립 등의 도잠의 인생철학에 대한 평가를 개괄하였다. 각자의 주안점과 구체적인 논증이 다 서로 같지는 않다. 양계초는 이를 주로 도잠의 '인격' 표현이라고 생각하였다. 진인각은 명교와 자연의 관계에서 착안하여 도연명의 시에 대하여 다음과 같은 해석을 하였다. 형체가 대표하는 구자연설과 그림자가 대표하는 명교설이 다 그르다. 정신이야말로 도연명이 스스로 기탁한 것이다. 옛 뜻을 다 깨뜨리고 홀로 해석을 열어 자기의 몸에 따로 발명한 신자연설이 있다. 그것이 편안하게 몸을 의탁하여 살 곳이라고 생각하였다. 도잠은 형체와 그림자의 대화를 통하여 사람이 나면 죽어야 한다는 것을 녹흠립은 긍정하였다. 몸과 이름을 다한 이후에 또 「정신의 풀이(神釋)」에서 정신의 형체와 그림자에 대한 해석을 차용하였다. '형체가 다하면 정신도 없어진다.'는 관점을 밝혔다. 사람의 형체와 정신이 되는 관계를 분석하는 데서 불교의 미신적인 유심주의의 그릇된 이론을 드러내었다. 도교가 금단(金丹)을 만들 수 있으며 도를 배우는 사람은 장생불사한다는 종교적 미신에 대하여 「몸·그림자·정신」 시에서는 마찬가지로 부정하였다. 이는 모두 도연명이 자연을 마음에 새겨 잊지 않았고 불교와 도교의 미신적인 현학 자연관을 반대하는 관점을 형성하였음을 설명한다.

진인각과 녹흠립 두 사람의 논증을 저우쉰추는 서로 비교해가면서 평가하였다. 진인각의 이론 설정은 보통 사람들과는 다르다. 어떤 관점은 근거가 부족하고 결론도 충분히 온당치 않다고 하였다. 곧 그는「몸이 그림자에게 보냄(形贈影)」과「그림자가 몸에게 답함(影答形)」두 시에 대한 해석에서 또한 근거가 없다고 말할 수 없었지만 기타의 다른 해석도 꺼낼 수 있었다. 녹흠립의 해석이 비교적 평탄하여 후인들은 대부분 그의 결론을 채택한다. 그러나 문장을 가지고 말하면 진인각의 이 글은 오히려 더욱 계발하는 의의가 있다.[26]

진인각과 녹흠립 등인의 문장의 득실에 대해서는 일단 평가를 보류하고 어떤 상관문제는 뒤에서 다시 결합하여 토론할까 한다.

도잠의 자연관 및 인생철학에 대한 토론은 전배 학자들의 연구가 우리를 계발시켜줌이 있을 것이며 모종의 논단 또한 인정을 얻어낼 것이다. 나는 개인적으로 '깨뜨리고[破]' '세우는[立]' 두 방면에서 분석을 가하려고 한다. 총괄적으로 말하여 유신론을 깨뜨리고 무신론을 세우는 것이다. 나는 사람들이 종교를 믿는 이유를 이렇게 생각한다. 결국 신령함이 있는 존재를 믿어야 굴복하게 되기 때문이며, 대체로 그것을 종교라고 하는 것은 이를 벗어날 수 없을 것이다. 도교는 노자를 신선의 교주로 가장시켰으며 범인(凡人)들 또한 도를 닦아 신선이 될 수 있다. 불교에서는 수양하여 정과(正果)를 이루면 부처가 되고 조사(祖師)가 될 수 있다고 여긴다. 일반적으로 선남선녀들도 윤회를 통하여 다른 것으로 태어날 수 있고 인과응보를 받아들인다. 그 근거는 바로 육신은 다하여 없어져도 정신은 사라지지 않는다는 것이다. 따라서 불교와 도교의 미신을 타파하려면 유신론을 부정하고 비판하여야 한다.

||||||||||||||
26 저우쉰추, 『당대 학술연구 사변』, 272쪽.

동진의 도교를 대표하는 인물은 갈홍(葛洪: 283~343)으로, 도교의 신선론 이론을 다진 인물이라고 할 수 있다. 그가 생활한 연대는 도잠보다 조금 이르며 주요 이론 저작으로는 『포박자(抱朴子)』내외편이 있다. 그는 신선과 장생불사를 논증하기 위하여 주객의 문답을 설정하여 그의 의론을 펴서 단정한 적이 있다. 그는 말하였다.

혹자가 물었다. "신선이 죽지 않는다는 것을 실로 믿을 만합니까?"
포박자가 답하였다.
……"만물 운운하는 것이 어느 곳엔들 있지 않겠으며 하물며 신선 같은 사람들은 서책에 넘쳐납니다. 죽지 않는 도가 어찌 없다고 하겠습니까?"
이에 질문자가 크게 웃으며 말하였다.
"대체로 처음이 있으면 반드시 끝이 있고, 존재하는 것이 있으면 반드시 망하는 것이 있게 마련입니다. 그래서 삼황오제, 공구와 주공 같은 성인과 기질(棄疾)과 장량(張良), 진평(陳平) 같은 지자(智者), 자공(子貢)과 안영(晏嬰), 수하(隨何), 역이기(酈食其) 같은 변사, 맹분(孟賁)과 하육(夏育)과 오정(五丁) 같은 용사도 모두 죽는 것이 늘 그래온 사람의 이치여서 반드시 이르는 큰 단서입니다. …… 만년의 장수를 누리고 영생불사를 기약하는 것에 대해서는 들어보지 못하였습니다. 그래서 옛 사람들은 학문이 신선을 추구하지 않았고 말을 해도 괴이한 것은 하지 않아 저 이단을 막고 이 자연을 지켜 거북과 학을 별류로 미루었고 생사를 아침 저녁으로 여겼습니다. …… 세간에서 또한 어찌 기이한 방법을 얻어 늙은 자를 다시 젊게 하고 죽은 사람을 다시 살려내겠습니까? 그런데 그대는 곧 쓰르라미와 땅강아지의 수명을 연장시켜 1기(紀: 12년)를 사는 수명을 갖게 하고 조균(朝菌)의 꽃을 길러 여러 달이나 살게 하려 하니 또한 잘못된 것이 아닙니까? 여러 번 생각하시어 잘못된 길로 들어 멀어지기 전에 돌아오시기를 바랍니다."

포박자가 답하였다.

"대체로 시작이 있으면 반드시 끝이 있는 것이 많습니다만 섞어서 똑같이 여기는 것은 통한 이치가 아닙니다. 여름은 반드시 생장시킨다고 하는데 냉이와 보리는 (여름에) 말라죽고, 겨울에는 반드시 시든다고 하지만 대나무와 측백나무는 (겨울에도) 무성합니다. 시작이 있으면 반드시 끝이 있다고 하나 하늘과 땅은 끝이 없습니다. 태어나면 반드시 죽는다고 하는데도 거북과 학은 오래도록 남아 있습니다. …… 살아 있는 것 가운데 가장 신령하기로는 사람보다 뛰어난 것이 없습니다. 품성이 귀한 사물은 반드시 고르지 않음이 있게 마련입니다. 현명하고 어리석으며 사악하고 바름, 아름답고 추함과 길고 짧음, 맑고 탁하며 정숙하고 음란함, 느슨하고 급함과 더디고 빠름, 취사(取捨)의 숭상함과 귀와 눈의 하고자함은 같지 않아서 이미 하늘과 땅이라는 느낌이 있어 얼음과 숯처럼 어그러집니다. 어찌 다만 신선이 달라 보통 사람과 함께 모두 죽는 것을 이상하게 여깁니까? …… 저 신선은 약으로 몸을 기르고 술수로 수명을 연장하며 인체 내부에 병이 생기고 외부에 근심이 생기지 않게 하여 비록 장생불사하고 옛날의 몸이 바뀌지 않게 하는데 실로 그 도가 있어서 어렵게 생각지 않습니다. ……『선경』에 의하면 상급의 도사는 형체를 들어 하늘을 탈 수 있는데 '천선(天仙)'이라 하고, 중급의 도사는 이름난 산에서 노니는데 '지선(地仙)'이라 하며, 하급의 도사는 몸이 죽은 뒤에 해탈을 하는데 '시해선(尸解仙: 주검으로 해탈을 한 신선)'이라 한다고 하였습니다."[27]

갈홍이 가상으로 설정한 주객의 문답에서는 '존재하는 것이 있으면 반드시 망하는 것이 있게 마련이며', '만년의 장수를 누리고 영생불사를 기약하는 것에 대해서는 들어보지 못하였다'고 제기하였다. 아울러 세간에는 '늙는 자를 다시 젊게 하고 죽는 사람을 다시 살려내는' '기이한 방책'은 없다고 하였다. 이는 상식과 일상의 경험에서 입론한 것이다. 예로 든 고인들, 즉 삼황, 오제, 주공, 공자, 안영, 자공, 장량, 진평, 수하, 역이기에서부터 맹분과 하육 등에 이르는 인물은 모두 옛날의 성현이다. 이런 사람들도 모두 죽을 수 밖에 없으니 이로써 '사람의 이치가 늘 그러함'을 설명하였다.

갈홍은 대답하였다. 한편으로는 성질이 다른 사물이 뒤섞여 있다. '하늘과 땅은 끝이 없고', '거북과 학은 오래도록 남아 있다.' 천지는 우주가 되어 공간과 시간에서 무궁무진하지만 우리는 생사와 존망을 따지며 가리키는 것이라고는 생물뿐이다. 그가 '거북과 학은 오래도록 남아 있다'고 한 것은 잘못된 것이다. 거북과 학이 가장 장수하기는 하지만 영생불사하는 것은 불가능하다. 한편 그는 다소 무리하게 '신선[仙者]'과 '보통 사람[凡人]'을 구분한다. 그는 '범인은 모두 죽는다.'고 인정하지만 신선은 '약으로 몸을 기르고 술수로 수명을 연장하며 인체 내부에 병이 생기고 외부에 근심이 생기지 않게 하여 장생불사하고 옛날의 몸이 바뀌지 않게 할' 수 있는데, 이는 곧 천년토록 부서지지 않는 몸이 되는 산 신선이다. 그러나 그는 이른바『선경』에서 이른 천선(天仙)과 지선(地仙), 시해선(尸解仙)을 도출해내는데 누가 그들의 '등장'을 보았단 말인가? 그러나 갈홍의 도교의 신선론은 비록 약간 견강부회하는

꠹꠹꠹꠹꠹꠹꠹꠹꠹꠹꠹
27 『포박자·내편』 권2 「논선(論仙)」.

경향이 있지만 그 스스로는 확실히 신체적으로 역행(力行)하고 있다. 금단을 달이고 영약을 캐어서 화학과 의약학 방면에서 신선이 되는 부산품을 만듦으로써 확실히 어느 정도 공헌을 하였다.

돌아와서 도잠의 「몸·그림자·정신」 시를 보면 그는 신선론을 반박하는 것을 작정하고 겨냥하였다. 그의 사물에 대한 구분은 세 가지 유형이나 층차(層次)이다. 천지산천이 첫 번째로 물질성 자연계이며 오랫동안 존재하여 변화가 없는 것이라 생각하였다.(사실 자연계의 산천도 변화가 있지만 생물계의 생과 사의 문제는 아니다) 초목 등 식물류가 두 번째에 속하지만 계절의 변화에 따라 번성과 쇠락을 거듭한다. 가장 신령스러운 부류인 사람은 세 번째 유형에 속한다. 사람은 죽은 후에는 다시는 부활하여 돌아올 수 없으니 이것이 바로 「몸이 그림자에게 보냄(形贈影)」 시가 신선도교를 반박하면서 내놓은 논증이다. 이어서 「그림자가 몸에게 답함(影答形)」 시의 앞 네 구절은 한 걸음 더 나아가 생명이 세간에 영원히 존재하는 것은 불가능하다고 천명하였다. 도교도들에게 곤륜산에 오르고 화산에 오르면 신선이 되는 것을 배울 수 있다고 선양하는데 이런 허환(虛幻)한 생각은 그것과 결렬되어야 한다고 하였다. 마지막으로 「정신의 풀이(神釋)」에서는 몸과 그림자, 정신이 분리할 수 없는 의존관계임을 천명하였다. 이는 한편으로는 불교의 정신불멸론을 비판한 것이다. 동시에 삼황과 큰 성인 및 팽조(彭祖) 같은 장수가 시종 또한 세상에 남아 있을 수 없다는 것을 잊지 않은 것이다. 그래서 말하기를 '늙은이나 젊은이는 마찬가지로 죽으며' 살아 있는 신선은 없다고 말한 것이 결론이다.

도잠의 신선도교에 대한 반대는 다른 시편 중에서도 표현된다. 「연일 비가 내려 홀로 술을 마시다(連雨獨飮)」의 첫 네 구절에서 '운행 속에서 삶이 죽음으로 돌아가기 마련이니, 옛날부터 그렇다고 말해왔다네. 세상에 적송자와 왕자교 있었으나, 지금은 정작 어디에 있는가?(運生會 歸盡, 終古謂之然. 世間有松喬, 於今定何間)'라 하였다. 인생의 운행은 결국 종결 될 날이 있다는 것을 지적하였는데 이는 예로부터 사람들이 공인해온 것이다. 그는 특히 적송자와 왕자교라는 두 신선으로 화한 인물이 지금 은 어디로 갔느냐는 것을 제기하고 있다. 위의 정황으로 보건대 도교에 있어서 신선의 유무는 쌍방이 논박하기 어려운 이론으로 수준이 결코 높지 않다. 내가 앞에서 지적한 것처럼 도잠은「몸이 그림자에게 보냄」 시에서 천지와 산천, 초목 그리고 사람의 형체를 관찰하여 비교하고 천 지산천의 자연계의 전체적인 모습은 바뀔 수 없다고 생각하였다. 초목 또한 한 해에 한번 꽃이 피었다가 시드는데 유독 가장 신령한 인간의 형체는 사람이 사망한 후에 소멸되어 다시 살아날 수 없다. 당연히 그 의 이곳의 관찰과 판단은 그다지 과학적이거나 정확하지 않다. 천지산 천의 자연계는 결코 영원불멸하지 않으며 구체적인 초목도 영원히 한 해에 한 번씩 꽃을 피웠다 말랐다 하지 않는다. 다만 그는 결국 자연계 의 산천초목 변화와 생멸만 보았다. 이는 생명이 있고 가장 신령하고 슬기로운 인간과는 같지 않으며 아울러 이의 구별을 지적하였다. 그런 데 당시 신선을 추구하길 고취하던 도교도인 갈홍 같은 무리는 오히려 일부러 이 구별을 말살하였다. 쌍방 간에 비교를 해보면 도잠의 인지는 그래도 비교적 객관적으로 사실에 접근하였다.

그러나 귀신과 다른 사물은 같지 않아서 확실한 비교는 검증하기가 어렵다. 따라서 종교상의 신앙, 백성이 신선을 추구하고 부처를 숭배하 는 것은 다만 믿으면 있고 믿지 않으면 없다고밖에 말할 수 없다. 곧 도 잠의 가족은 천사교를 믿은 세가라고 하지만 그 본인은 신선도교술에 대해 또한 무신론을 지향했다고 하겠다.

위·진 시기 신선도교와 불교도의 믿음에는 차이가 있다. 신선도교는 사람이 신선의 도를 닦고 도를 배우면 장생불사한다고 선양하는 비교적 얕고 거친 유신론을 추구했다. 불교도는 육신은 죽어도 정신은 사라지지 않는다는 식의 말을 했다. 신선도교에 비해 비교적 세밀하고 정교하지만 더욱 기만적인 성격을 지니고 있다. 도잠과 동시대인인 혜원화상과 같은 사람은 이 방면에 있어서 그만의 한 가지 견해를 가지고 있다. 본래 육신과 정신의 관련 문제는 한대의 환담(桓譚)과 왕충이 이미 유물주의의 회답을 내놓았다. 환담은 '촛불로 육신과 정신을 비유하는' 유명한 명제를 내놓았다. '정신이 육신에 거처하는 것은 불이 초를 태우는 것과 같다'고 하였다. '초가 없으면 불 또한 홀로 허공에서 행할 수 없으며', '사람이 늙어서 …… 숨이 멎는 것은 불과 초가 함께 다하는 것과 같다.'[28]고 하였다. 왕충은 이렇게 지적하였다. '사람이 태어나는 것은 정기(精氣) 때문인데 죽으면 정기가 소멸된다. 정기가 될 수 있는 것은 혈맥이다. 사람이 죽으면 혈맥이 고갈된다.', '형체는 기를 기다려서 이루어지고 기는 형체를 기다려서 지각한다. 천하에 홀로 타는 불이 없으니 세간에 어찌 몸이 없이 홀로 지각하는 정기가 있겠는가?', '사람이 죽는 것은 불이 꺼지는 것과 같다. 불이 꺼지면 빛이 비치지 않으며 사람이 죽으면 지각이 베풀어지지 않으니 두 가지는 동일한 실체이다. …… 사람이 죽어도 지각이 있다고 하는 것은 불이 꺼지면 다시 빛이 있다고 하는 것과 같다.'[29]

||||||||||||||

28 『신론·형신(新論·形神)』.
29 『논형·논사(論衡·論死)』.

위에서 말한 환담과 왕충의 관점은 옳기는 하지만 이 비유는 허점이 있다. 촛불은 다 타면 다른 초로 이어 붙여 계속 태울 수 있기 때문이다. 혜원은 바로 이 점에 착안하여 문장을 지었다. 그는 또한 주객이 답문하는 형식을 가지고 육신이 다하여도 정신은 사라지지 않는다는 관점을 논증하였다.

물었다. "하늘에서 부여 받은 일생이 다하여 삶이 다하면 다 사그라져 없는 것과 같습니다. 정신이 비록 묘한 물건이라고 하더라도 음양이 화한 것일 따름입니다. 이미 화하여 태어나고 또 화하여 죽음이 되며 이미 모여서 시작이 되고 또 흩어져서 끝이 나니 이로 인하여 미루어 가므로 정신과 형체가 모두 화하여 원래 통괄함이 다름이 없습니다. 정(精)과 조(粗)는 하나의 기운이고 처음과 끝은 집을 함께 합니다. 집이 완전하면 기가 모여서 신령함이 있게 되고 집이 허물어지면 기가 흩어져서 소멸됨을 비춥니다. 흩어지면 도리어 큰 근본에서 받게 되고 소멸되면 다시 사물이 없는 곳으로 돌아가게 됩니다. 다하여 끝남을 반복하는 것은 모두 자연의 운수일 따름입니다. 누가 그렇게 하겠습니까? 가령 근본이 다르다면 기가 여러 번 합쳐서 동화됩니다. 또한 정신이 형체에 처하는 것은 불이 나무에 있는 것과 같아 살면 반드시 함께 하고 허물어지면 반드시 소멸합니다. 형체가 떠나면 정신이 흩어져서 기탁하지 못하게 되고 나무가 썩으면 불이 적요하게 되어 기탁을 하지 못하니 이치가 그런 것입니다."

대답하였다. "정신이라는 것은 둥글어서 주인이 없는데 응하고 묘하여 이름이 없는 데서 다하여 사물에 감응하여 움직이고 운수를 빌려서 행한다. 사물에 감응하는 것은 사물이 아니므로 물화하여 소멸하지 않는다. 운수를 빌리는 것은 운수가 아니기 때문에 운수가 다하여도 끝이 나지 않는다. 정이 있으면 사물에 감응할 수 있고 앎이 있으면 운수를 구할 수 있다. 운수에는 정하고 거친 것이 있으므로 그 성품이 각기 다르다. 지혜에는 밝고 어두움이 있으므로 그 비춤이 같지 않은 것이다. 이를 미루어 논하면 화는 정으로 느끼고 정신은 화로 전하여지니 정은 화의 어머니가 되고 정신은 정의 뿌리가 됨을 안다. 정에는 사물을 모으는 도가 있고 정신에는 어둠을 옮기는 공이 있다. 다만 관철함을 깨달은 자는 근본으로 돌아가고 이치에 혹한 자는 사물을 쫓을 뿐이다. …… 불과 나무의 비유는 원래 성인의 경전에서 나왔는데 그 통괄로 흐름을 잃었으므로 그윽한 지취를 찾지 못하는 것이다. 미묘한 말이 마침내 떳떳한 가르침에 빠져서 이야기 하는 자로 하여금 그에 힘입어 의심을 이루는 것이다. …… 논하는 자들은 시험해보라. 실로 불이 땔나무에 옮겨 붙는 것은 정신이 형체에 전하여지는 것과 같고 불이 다른 나무에 옮겨 붙는 것은 정신이 다른 형체로 전하여짐과 같다. 앞의 땔나무는 뒤의 땔나무가 아니니 다함을 가리키는 기술이 묘함을 안다. 앞의 형체는 뒤의 형체가 아니니 정의 운수가 느낌이 깊음을 깨닫는다. 의혹된 자가 일생에서 형체가 썩는 것을 보면 정신과 정을 모두 잃었다고 생각할 것이니 이는 불이 나무에서 다 탄 것을 보는 것과 같으니 기한이 끝나 모두 다하였다고 하는 것일 따름이다."[30]

위에서 말한 혜원이 설정한 문답에서 묻는 쪽은 왕충의 관점을 썼다. 사람의 형체는 기운을 받아서 이루어지며 일생만 있을 뿐 내세는

||||||||||||||||

30 『홍명집·사문불경왕자론(弘明集·沙門不敬王者論)』.

없으며 사람의 정신 또한 음양에 화하여지는데 처음에는 모였다가 끝에는 흩어진다. 실질은 형체와 정신은 모두 기로 말미암아 구성된다는 말로 형체가 다하면 정신이 소멸되는 것은 자연의 규율이다. 정신과 형체의 관계를 '불이 나무에 있는 것'에 비유하였다. 불은 나무를 완전히 태우고 나서야 또한 꺼진다. 이런 논증에는 허점이 존재하고 있기 때문에 혜원 또한 '불과 나무의 비유'를 받아들였다. 불경『중론(中論)』에「관연가연품(觀燃可燃品)」이 있기 때문이다. 연(燃)은 불이고 가연(可燃)은 땔나무이다. 혜원의 해석에 따르면 나무 한 토막이 불에 타서 다 타갈 무렵에 다른 나무에 이어 붙인다. 그러면 한 나무가 다 타고 다시 다른 나무에 붙어서 불이 영원히 꺼지지 않을 수 있다. 이를 일러 신진화전(薪盡火傳: 땔나무가 다 타도 불은 옮겨감)[31]이라고 한다. 사람의 정신이 형체가 죽을 때 다른 육신으로 전이되어 갈 수 있다는 것을 비유한다. 본래 이런 논증은 무분별한 견강부회이다. 나무토막은 이 나무토막에서 저 나무토막으로 옮겨 붙어 탈 수 있다. 사람은 다르다. 죽은 뒤에 영혼이 존재할 수 있다고 하더라도 어떻게 다른 육신으로 섞이어 이어갈 수 있겠는가? 그러나 불교도들은 이런 방법을 가지고 있으니 환생론이랄 수 있겠다. 곧 사람이 죽은 후에 영혼이 환생하여 다른 신생아가 되는 것이다. 또한 불교에서 선양하는 것은 삼세인과응보론(三世因果應報論)이다. 이런 교의는 모두 형체가 죽어도 정신은 없어지지 않는다는 이론을 논거로 삼는다.

　도잠의「몸·그림자·정신」을 녹흠립은 여산의 화상 혜원의「형체가

||||||||||||||||

31 『장자·양생주(養生主)』에서 나온 말로 원문은 '指窮於爲薪, 火傳也, 不知其盡也'이다. ― 옮긴이

타이베이 고궁박물원에 있는 작자 미상의 〈호계삼소도(虎溪三笑圖)〉

다하여도 정신은 사라지지 않음에 대하여(形盡神不滅論)」와 「만불영명(萬佛影銘)」 등 불교의 미신을 선양하는 것을 겨냥한 것이라고 생각하였다. 전문적인 술어를 차용하여 '정신은 사라지지 않는다(神不滅)'는 잘못된 이론을 반대했다. 혜원은 원흥(元興) 3년(398)에 「사문불경왕자론(沙門不敬王者論)」을 써서 환현에게 답변하였다. 그 가운데 다섯째 부분이 「형체가 다하여도 정신은 사라지지 않음에 대하여」이다. 곧 사람이 죽어 형체가 다 없어졌지만 영혼은 사라지지 않고 있다가 인과응보에 따라 연속되어갈 수 있다는 것이다. 의희 8년(412)에 혜원은 또 여산에서 돌을 깎아 불상[佛影]을 세웠다. 그런 다음 「만불영명」을 지어 말했다. "크구나, 큰 불상이여! 이치 현묘하여 이름이 없고 몸과 정신이 입화하여 그림자 떨어지고 형체 떨어졌다네." 거듭 정신은 사라지지 않는다는 것을 강조한 것이다. 아울러 몸과 그림자, 정신을 체계적으로 들추어냈다. 이에 의거하여 녹흡립은 도잠의 시「몸·그림자·정신」은 의희 9년(413)에 지어졌다고 생각하였다. 이는 '그대의 창으로 그대의 방패를 공격하는 것'으로 혜원의 그릇된 논리에 대하여 반박을 진행하였다.

　다음은 도잠과 혜원의 관계이다. 혜원은 여산에서 활동하였다. 위의 장에서 불교를 이야기할 때 이미 개술하였다. 그는 일찍이 도잠을 연사(蓮社)에 들게끔 초청하려 했으나 사실상 '완곡한 거절'을 당하였다. 도잠의『연보』에서도 말하기를 그와 혜원은 '평소에 속세를 떠난 교유를 하였는데 동등하게 연사에 들기를 바라지 않았다. 원공이 마침내 글을 짓고 술을 푸짐하게 차려놓고 정중하게 초치하였으나 끝내 굽힐 수 없었다.'라 하였다. 달리『여산기(廬山記)』의 기록에 의하면 '원법사가 여부(廬阜)에 30여 년을 거처하면서 그림자는 산을 나서지 않았고 자취는 세속에 들어가지 않았다. 손님을 전송할 때 이곳을 건너면 호랑이가 그때마다 크게 울부짖었다. 옛날 도원량(즉 도연명)은 율리에 살았으며, 여산 남쪽의 육수정(陸修靜) 또한 도가 높은 선비였다. 혜원스님이 일찍이 이 두 사람을 전송하면서 함께 이야기를 하였다. 서로의 이야기가 도에 들어맞아 이곳을 지나치게 된 것을 깨닫지 못하였으므로 서로 크게 웃었다. 지금 세상에는「세 사람이 웃는 그림(三笑圖)」이 전한다.'라 하였다. 위에서 말한 기록으로 도잠이 연사에 들어가는 것을 거절하여 정신은 사라지지 않는다는 불가의 교의에 동의하지 않았다. 사상 관점에서는 타협을 하지 않았지만 혜원과의 사사로운 교유는 걸림돌이 없었다. 아울러 '말해보고 도가 합치되어' 서로 말이 통하는 곳도 있었다. 당시의 사람들과 어떨 때는 학술적인 관점이 같지 않아 반목하여 원수가 되기도 하였다. 그 잣대는 확실히 일치하지 않는다.

도잠의 시「몸·그림자·정신」은 혜원의 정신은 사라지지 않는다, 라는 이론에 대한 반박이다. 하지만 이론적인 수준으로 볼 때 환담과 왕충에 비해 그리 많은 진전을 보이지는 않았다. 시「몸·그림자·정신」전문과 번역은 앞에 이미 전재하였으니 독자들은 알아서 참고하기 바란다. 이 시들은 몸과 그림자의 대화를 통하여 사람은 나면 죽는다는 것을 긍정하였다. 몸과 이름이 함께 다한 이후에 또한「정신의 풀이(神釋)」에서 정신의 몸과 그림자에 대한 해석을 차용하였다. '육신이 죽으면 정신이 사라진다.'는 관점을 밝혔다. 그러나 혜원의 이 글은 이미 '신진화전'의 변론을 쓰고 있어 '육신이 죽으면 정신이 사라진다.'는 이론을 향하여 오히려 도전을 제기하였다. 때문에 도잠의 반박은 정곡을 찌르지는 못하였다. 나중에 범진(范縝)이「신멸론(神滅論)」을 쓰고 난 다음에야 다시 이론상의 해결 문제를 향상시켰는데 이는 후일담이다. 그러나 도잠은 시인이자 문학가로 충분히 환담과 왕충의 뒤를 이어 몸과 정신의 관계에 대한 문제에 대하여 정확한 관점을 견지하였다. 중국 무신론의 발전사에서도 일정한 지위를 부여받았다.

도잠은 육신이 죽으면 정신이 사라진다는 것을 주장하였기 때문에 그는 결코 귀신이니 인과응보 같은 것을 믿지 않았다. 그는 명백히 '하늘의 도는 깊고도 멀며, 귀신의 일은 까마득히 어둡다.(天道幽且遠, 鬼神茫昧然)'[32]라고 표명하였다. 귀신의 일이 까마득히 어두워 상고하지 못한다고 생각하였으므로 '견고하고 무름은 사람에게 달려 있고, 화와 복은 문이 없다.(貞脆由人, 禍福無門)'[33]고 하였다. 절대로 무슨 귀신이 지배하

‖‖‖‖‖‖‖‖‖‖‖
32 「원가행 체의 초나라 곡조로 방주부와 등치중에게 보임(怨詩楚調示龐主簿鄧治中)」.
33 「무궁화(榮木)」.

고 있는 것이 없으며 또한 선악에 따라 응보(應報)함도 없다고 하였다. 그는 '착한 일을 쌓으면 갚음이 있다고 하나, 백이와 숙제는 서산(首陽山]에 있었다네. 선과 악 실로 응보 없다면, 무슨 일로 공연히 말을 세우리.(積善云有報, 夷叔在西山. 善惡苟不應, 何事空立言)'[34]라고 하여 역사적 사실도 고찰하였다. 이른바 인과응보라는 것이 결코 영험하지 않을 때였다면 무엇 때문에 이런 빈말을 꺼내었겠는가?

도잠은 성대한 장례도 반대하였다. 이론적 근거는 바로 육신이 죽으면 정신이 사라진다고 생각했기 때문이다.

'죽고 나면 아는 것이 무엇일까? 마음에 맞는 것이야 말로 실로 좋은 것이라네.(死去何所知, 稱心固爲好)', '맨몸으로 묻힌들 어찌 반드시 나쁘리, 사람들 마땅히 속뜻을 알아야 하리.(裸葬何必惡, 人當解意表)'[35] 그는 이렇게도 읊었다. 이 또한 미신을 타파하는 무신론 사상의 표현이기도 하다.

도잠은 은사이지만 얼마간 노기가 등등한 시편도 있다. 그는 '형요는 오래 살지 못하였지만, 맹렬한 뜻은 실로 항상 남아 있었다.(形天無干戚, 猛志固常在)'[36]며 칭찬하였다. '천산(天山)에는 형요라는 짐승이 있다. 황제(黃帝) 때 천제와 신의 지위를 놓고 싸우다가 천제가 그 머리를 자르자 곧 젖을 눈으로 삼고 배꼽을 입으로 삼아 방패와 도끼를 잡고 춤을 추기를 그치지 않았다.'[37]고 한다. 『산해경』의 이 이야기는 당연히

――――――――――

34 「술을 마시며(飮酒)」 제2수.
35 「술을 마시며」 제11수.
36 「산해경을 읽으며(讀山海經)」 제10수. 『산해경·해외서경(海外西經)』에서는 '형요는 이곳에서 천제와 신의 지위를 다투었는데 천제가 그의 머리를 잘라 상양산에 묻자 곧 젖을 눈으로 삼고 배꼽을 입으로 삼아 방패와 도끼를 들고 춤추었다.(刑天與帝爭神, 帝斷其首, 葬之常羊之山, 乃以乳爲目, 以臍爲口, 操干戚以舞)'라 하였다. 간(干)은 방패이고, 척(戚)은 자루가 긴 도끼인데 모두 무기이다.
37 단성식(段成式), 『유양잡조(酉陽雜俎)』.

신화이다. 여기서 도잠은 오히려 감히 천제에게 반항하여 죽은 후에도 여전히 투쟁을 그치지 않은 형요를 찬송하였다. 그가 최고신의 권위에 대하여 결코 그다지 감복하지 않는 것에 대한 표명인 것이다. 그는 또 '정위가 잔 나뭇가지를 물어다가 큰 바다를 메우려 하는(精衛衝微木, 將以 塡滄海)' 정신을 높이 샀다. '해와 경주하는 과보(夸父)'에 대해서는 '남은 흔적을 등림에 부쳤으니, 공적은 결국 죽은 뒤에 남아 있다.(餘迹寄鄧林, 功竟在身後)'[38]고 칭찬하였다. 요컨대 도잠은 천제에 대해서와 자연과 투쟁하는 전설적인 이야기를 긍정적으로 보았으며 그의 무신론적 사상 경향을 표현해내었다.

도잠은 천지는 자연계이며 인격신이 주재와 조물주가 되지 않았다고 생각하였다. 그렇다면 만물이 번성하였다가 시드는 변화는 어떻게 생겨난 것일까? '조물주는 사사로이 힘씀이 없으니, 만물이 저절로 성대히 드러난다.(大鈞無私力, 萬物自森著)'[39]고 그는 제기하였다. 대자연은 녹로가 기물을 만들어내는 것처럼 만물의 변화가 모두 그 필연의 도리를 가지고 있다고 생각하였다. '풀에 꽃이 피면 계절이 온화해진 것을 알고, 나무가 시들면 바람이 매서워진 것을 안다. 비록 달력의 기록은 없지만, 네 계절이 저절로 한 해를 이루어 가는데(草榮識節和, 木衰知風厲. 雖無 紀曆誌, 四時自成歲)'[40] 사람은 '태어나면 반드시 죽음이 있으며', 죽은 다음에는 '득실을 더 이상 알지 못하니, 잘잘못을 어찌 깨달을 수 있겠는가?(得失不復知, 是非安能覺)'[41]라고도 하였다. 이렇게 하여 이른바 천제와

|||||||||||||||
38 「산해경을 읽으며」 제10수, 제9수.
39 「정신의 풀이(神釋)」.
40 「도화원기와 시(桃花源記幷詩)」.
41 「만사를 본떠서, 세 수(擬挽歌辭三首)」 첫째 시.

귀신은 사람에게 화와 복을 가져다줄 수 있고, 윤회와 삼세응보 등에 이르러서는 아무런 역량과 작용이 없음을 썼다.

2. 유교와 도교를 아울러 종합한 자연 본성론
― 명교와 자연관계의 연구

시대사조가 된 위·진의 현학, 그 중에서도 명수(名數) 및 자연과 관련 있는 다툼은 당시 사상사에서 곧장 하나의 극단적으로 중요한 이론적인 문제가 되었다. 진인각은 연구에서 지적하였다. 당시 여러 사람들의 명수와 자연에 대한 주장이 서로 다른 것은 자신의 정치적 입장이 달라서다. 이는 실제적인 문제이지 현상(玄想)에 그치는 것이 아닐 따름이라고 하였다. 그렇다면 도잠은 당시의 정치와 사상의 소용돌이 중에서 명교와 자연의 관계에 대해 무슨 태도를 취하였으며 이론의 관점과 정치실천에서는 이 양자의 관계를 어떻게 처리하였을까? 이는 도잠의 인생철학에 중대한 영향을 끼쳤다.

진인각은 「도연명의 사상과 청담의 관계(陶淵明之思想與淸談之關係)」에서 '명교를 숭상한 수령, 이를테면 왕상(王祥), 하증(何曾), 순의(荀顗)의 3대 효(大孝)를 열거하였다. 이들은 곧 사마 씨가 고아와 과부를 기만하도록 도와 지위가 위나라 말과 진나라 초기에 삼공(三公)의 지위에 이르렀다.' '그 위나라를 그리워하여 사마 씨에게 달려가지 않은 자들은 모두 노장의 학문을 표방하여 자연을 종주로 삼았다.'라 하였다. 죽림칠현 중의 혜강 같은 사람은 '명성을 가지고도 당세에 출사하지 않았으니, 이는 곧 사마 씨에 협조하는 종지(宗旨)에 참여하지 않은 것이다. 이는 사마 씨가 불효한 여안(呂安)과 당파를 이루었다고 생각했기 때문이다. 사마 씨는 명교를 위반한 대죄에 연좌시켜 그를 죽였다.' 이에 의하여 볼 것 같으면 자연과 명교는 합일할 수가 없다. 이 때문에 정치 지향이 표준이 된다. 곧 사마 씨의 현 정권에 출사하지 않는 사람은 곧 명교를 위반하는 것이 된다.

이처럼 엄혹한 정치 투쟁 상황 하에서 죽림칠현도 나누어지게 된다. '본래 세상을 구제하려는 뜻을 가졌으나 위·진의 교체기에 처하여 천하에 일이 많아 명사들 가운데 살아남은 자가 적었다. 완적은 이 때문에 세상일에 관여하지 않았으며 마침내 마음껏 술을 마시는 것을 일상사로 삼았다.'[42] '완적은 세상에 연고가 많았지만 봉록 때문에 벼슬을 하였을 따름이다. 보병교위(步兵校尉)의 자리가 비었는데 주방에 맛있는 술이 많고 주방장이 술을 잘 빚는다는 말을 듣고 교위가 되기를 구하여 마침내 실컷 술을 마시고 대취하여 세상일은 내팽개쳤다. …… 완적은 남의 잘못은 따지지 않았고 자연스럽고 고매하였으므로 예법을 따지는 선비인 하증 등의 심한 미움을 받았다.'[43]

완적의 표현 방법과 처한 상황에 대하여 진인각은 한 차례 평한 적이 있다. 그는 완적은 혜강이 적극적으로 진나라를 반대한 것과는 달리 소극적인 태도를 취하여 겉으로만 순종하는 척함으로써 마침내 구차하게 생명을 보존하게 되었다고 생각하였다. 그는 또 완적이 혜강처럼 시종 사마 씨에게 굴복하지 않은 데는 미치지 못하였지만 행동이 '봉록 때문에 벼슬을 하였을' 따름이라고 하였다. 여전히 방탕하고 얽매이

||||||||||||
42 『진서·완적전』.
43 『삼국지·왕찬전(王粲傳)』 배송지(裴松之)의 주에서 인용한 『위씨춘추(魏氏春秋)』.

지 않는 행위를 유지하였기 때문에 노장의 자연의 뜻에 부합하였다. 그러므로 명교는 몸이 하증의 무리처럼 사마 씨의 좌명(佐命) 원훈이 되어 그를 죽이려 한 후에야 후련함을 느낀다고 주장하였다. 완적과 하증에게서 보이는 서로를 용납할 수 없는 모습은 당시 사람의 마음속에 자연과 명교가 같지 않다는 또 한 가지의 예증이다. 진인각은 아울러 유령 (劉伶)은 '늘 술을 마음껏 마시며 방달(放達)하였고'[44], 완함(阮咸)은 '방종하고 예법에 얽매이지 않았으니'[45] 또한 기탁함이 있었으나 달아난 것이다. 이를 빙자하여 사마 씨에게 협조하지 않았음을 나타내었으니 완적이 구차하게 성명을 보존한 것과 같이 노장의 자연의 뜻이라고 생각하였다. 진인각은 또 「죽림칠현론(竹林七賢論)」을 인용하여 '완 씨들은 선대는 모두 유가로 집에 거처하는 것을 잘하였는데 완함 일가만이 도가를 숭상하여 일을 버리고 술을 좋아하여 가난하였다.'[46]라 하였다. '유학'은 명교를 따른다는 뜻이고, '상도(尙道)'는 자연을 숭상한다는 뜻이다. 곧 명교와 자연을 유가와 도가의 본의로 귀속시켰다.

먼저 자연을 숭상하다가 나중에 명교로 귀의한 사람도 있다. 앞에서 제기했던 적이 있던 상수(向秀)는 혜강이 피살된 후 낙양으로 들어가 사마소를 만났다. '소보(巢父)와 허유(許由) 같은 견개(狷介)한 선비'를 비판함으로써 사마 씨의 양해를 얻어냈다. 진인각은 그를 가리켜 '완전히 전향하여 절개를 잃었으며', '노장의 자연을 버리고 주공과 공자의 명교를 따랐다.'고 하였다. 산도(山濤) 같은 사람도 있는데 원래는 '노장을

|||||||||||||

44 『세설신어·임탄(任誕)』.

45 『진서·완적전』에 부기된 「완함전」.

46 『세설신어·임탄(任誕)』의 '완 중용 보병이 도남에 거처하다(阮仲容步兵居道南)' 조에서 인용한 유효표(劉孝標)의 주석.

좋아하여 혜강과 친하였으나'[47] 혜강은 당세에 출사하는 것을 거절하고 「산거원과 교유를 끊다(與山巨源絶交書)」를 지었다. 두 사람이 절교하게 된 것은 정치적 입장이 같지 않아서였다. 진인각은 나아가 주안점을 가세와 혼인의 두 방면에 두었다. 혜강은 위무제의 손녀를 아내로 맞아 본래 조 씨와 이어져 있고, 산도는 원래 사마 씨의 인척, 곧 사마의(司馬懿)의 아내 장 씨(張氏)의 내외종이 되므로 끝내 사마 씨에게 붙어 찬탈을 도와서 이루었다고 그는 생각하였다. 왕융(王戎)과 왕연(王衍) 형제는 진나라 왕실의 개국 원훈 왕상(王祥)의 동족이다. 그 부친은 모두 사마 씨의 당파였다. 그 가세에 남아 있는 환경이 으레 원래 새 왕조로 달려가 몸을 바쳐 세상에 나아가 높은 지위를 얻고자 함이 당연했다.

이상 진인각의 연구에 의하면 위진 교체기에 자연과 명교의 논쟁은 대대적으로 당시의 정치적 환경의 영향을 받았다. 그는 사마 씨 정권은 산도와 왕융 등에 대해서는 이익으로 꾀었다고 할 수 있다. 혜강의 피살은 위세로 협박한 것이라고 할 수 있다고 생각하였다. 이렇게 하여 조성된 후과(後果)에 대해서는 다음과 같이 평가하였다.

위나라 말기에 자연을 주장한 명사들은 회유와 협박을 거친 후에 거짓으로 미친 척하여 방탕하게 보냈다. 명교를 위배하고 범하여 화를 면하기를 기도한 무리, 완적과 완함, 유령 같은 무리들은 여전히 스스로 이해하고 세인들의 양해를 받았다. 그럴수록 더욱 자연을 주장한 최초의 마음을 고치지 않았다. 산도와 왕융의 무리 같은 사람들은 초년에는 본래 자연을 숭상하며 은거하여 출사하지 않았다. 나중에 갑자기 변

<hr>

47 『세설신어·정사(政事)』의 '산공이 도량이 중후해서 조정에서 신망을 받다(山公以器重朝望)' 조 유효표(劉孝標)의 주석에서 인용한 우예(虞預)의 『진서(晉書)』.

절하여 남의 조정에 서고 자리에 올라 집정하였다. 내면에 부끄러운 기색이 있었는지는 알지 못하겠지만 이런 재주와 지력(智力)이 있는 선비들은 형세가 한때 가졌던 구설(舊說)을 이용하였다. 새로운 설을 발명하여 종지를 반복하고 출처를 바꾼 약점을 변호하지 않을 수도 없었을 것이다. 이로부터 말할 것 같으면 그 사람들은 한 몸에 드러난 달관과 청고한 명사를 겸하였다고 할 수 있겠지만 부끄러워하고 꺼림이 없었다. 조신의 부귀를 누렸을 뿐만 아니라 또한 임하(林下)의 풍류도 간직하였다. 예로부터 명리를 아울러 겸한 실례로 가장 드러난 자들일 것이다. 그러므로 자연과 명교가 서로 같다는 설이 청담의 핵심이 된 까닭은 원래 정치상 실제 적용되는 공용이 있어서다. 청담이 나라를 그르친 것은 바로 묘당의 집정에서 가장 큰 책임을 지고 있는 달관이 허무를 숭상해서다. 입으로 현허(玄虛)를 이야기하고 세무(世務)를 통괄 관리하는 것을 달가이 여기지 않아서다. 그렇지 않다면 임천(林泉)의 은일과 청담의 현리는 응당 있는 일을 나누어 국가정책과 민생에 도움이 되지 않을 뿐이다. 또한 반드시 '신주(神州)가 가라앉아 백년의 폐허'가 되도록 하지는 않을 것이다.[48]

진인각의 이 평가는 자연과 명교가 서로 같다는 설을 주장한 사람의 '현달과 청고함을 한 몸에 겸비한 명사'를 지적한 것이다. 이런 사람은 '조신의 부귀를 누렸을 뿐만 아니라 또한 임하(林下)의 풍류도 간직'하였으니 도처에서 수원(水源)을 얻고 명리(名利)를 한꺼번에 거두었다고 할 수 있을 것이다. 그러나 이런 사람이 이미 묘당에서 집정하는 책임

||||||||||||||
48 진인각,『금명관총고초편』, 187, 188쪽.

을 지고서도 입으로는 현원(玄遠)이나 이야기하고 세상일은 다스리지 않으니 그 결과는 필연적으로 청담이 나라를 그르친 것으로 생각하였다. 앞에서 이미 왕연(王衍) 같은 사람이 그 전형적인 인물이라고 말한 적이 있다. 그러나 이 시대가 가엽게 느껴지는 것은 출사하려는 사람이 자연과 명교가 서로 같다는 것을 인정만 할 수 있으면 당권자의 총애를 받을 수 있었다는 것이다. 완첨(阮瞻)과 왕융의 대화를 인용해보겠다.

> (阮瞻이) 사도(司徒) 왕융을 만났는데 왕융이 물었다. "성인은 명교를 귀하게 여기고 노장은 자연을 밝게 보는데 그 뜻이 같은가?" 완첨이 말하였다. "아마 같지 않겠는지요?(將無同)" 왕융은 한참 동안 탄식을 하다가 그를 부르라고 명하였다. 당시 사람들이 그를 일러 '세 마디 속관(三語掾)'이라고 하였다.[49]

완첨은 완함의 아들이다. 본전에서는 그 사람됨을 '식자들은 그가 조용하고 담담하며 영욕을 따르지 않는다고 찬탄하였다.'라 하였다. 또 '고요히 물러나 다투지 않음이 이와 같았다.'[50]고 하였다. 담박과 자연을 숭상한 인물인 것 같지만 그는 자연과 명교가 같다는 설을 가지고 왕융과 영합하였다. 이미 이런 현상이 시대의 풍조가 되었음을 알 수 있다. 그래서 앞에서 하안과 왕필부터 곽상까지는 위·진 현학의 주류라고 하였다. 그들은 이론상으로만 명교가 자연에서 나왔다고 논증하였기 때문이다.

‖‖‖‖‖‖‖‖‖‖‖

49 『진서·완적전』에 부기된 「완첨전」.
50 『진서·완적전』에 부기된 「완첨전」.

현학은 사변의 형식으로 표현한 위진 시기 문벌 사족 집단의 세계관이다. '유교와 도교를 아울러 종합한' 것은 현학의 기본적 특징이다. 그중 논제는 '유무'와 '본말', '체용', '동정', '일다(一多: 하나이거나 많거나)' 등과 같은 사변적 추리를 통하여 자연과 명교의 통일을 논증한다. 위·진 현학의 변화 과정은 곡절 있게 문벌 사족 집단의 탈취에서 통치 권력을 공고히 하기까지의 현실적 정치 요구를 이론적인 면에서 반영하고 있다. '귀무(貴無: 무를 중시함)'론의 '명교는 자연에 근본한다'에서 '숭유(崇有: 유를 숭상함)'론의 '자연은 명교를 떠나지 않는다'까지, 다시 곽상의 '독화(獨化)'론까지 두 가지를 종합해서 '명교는 곧 자연이다.'라는 것을 논증하였다. 이는 곧 지위가 높은 현달한 관리와 청고한 명사를 한 몸에 겸한 사람의 수요를 적응시켜 시대사상의 주류가 되었다.

그렇다면 도잠의 시대에서 그는 또 어떻게 자연과 명교의 관계를 처리하였을까?

여기서는 또 처음으로 돌아가 다시 「몸·그림자·정신」이란 철리시를 보지 않을 수 없다. 앞에서 진인각의 의견을 인용하여 「정신의 풀이(神釋)」를 통하여 형(形)이 대표하는 구자연설과 영(影)이 대표하는 명교설이 둘 다 그르며 자기의 몸에 따로 발명한 신자연설이 있다고 생각하였다. 이 해석에 의하면 도잠은 신자연설을 가지고 명교를 반대한다. 그러나 진인각은 한 걸음 더 나아가 도잠은 자연론자이지 명교주의자는 아니며, 이론으로 표현하였을 뿐만 아니라 동시에 또한 정치적인 출처와도 연관이 있다고 생각하였다. 그는 도잠이 '술을 즐긴 것은 실록일 뿐 아니라 시 중 음주(飮酒)와 지주(止酒), 술주(述酒) 및 술과 관련 있는 문자를 보면 곧 멀리 완적과 유령의 유풍을 이어 실로 일종의 당시 정권에 협조하지 않는 태도를 나타내었으며', '따라서 도연명이 자연을 주장하는 것은 전인의 구설이거나 자기의 새로운 해석이거나를 막론하고 모두 당일의 실제 정치와 연관이 있는데, 다만 추상적인 현리만이 아님은 의심의 여지가 없다'고 하였다.

도잠이 당시의 정권에 과연 협조를 했느냐 하지 않았느냐하는 문제는 대체로 『송서·은일전』의 한 단락에서 야기되었다. 도잠이 '스스로 증조부가 진의 재상이 된 것으로 다시 후대에 몸을 굽히는 것을 부끄러이 여겼기 때문에 고조(高祖: 劉裕를 가리킴)의 왕업이 차츰 융성하여지자 다시는 벼슬을 하려고 하지 않았다. 지은 문장에는 모두 연월을 적어 놓았다. 의희 이전에는 진나라의 연호를 분명히 적어 놓았는데 영초 이래로는 다만 간지(干支)만 일러 놓았을 뿐이었다. 자식들에게 글을 써서 그 뜻을 말하고 아울러 훈계하여 말하였다. …… 또한 「명자(命子)」시를 지어 주었다.'라고 하였다. 그 후 소통의 「도연명전」과 『남사·은일전』에서는 모두 유사한 서술을 하고 있다.

『송서』의 이 기록은 후인들에게 얼마간 의견이 일치하지 않는 쟁론을 일으켰다. 저명한 학자 양계초와 진인각은 전혀 다른 견해를 발표한 적이 있다. 양계초는 「도연명의 문예 및 그 품격(陶淵明之文藝及其品格)」[51]에서 말하였다.

소통은 도연명전을 짓고 '스스로 증조부가 진의 재상이 된 것으로 다시 후대에 몸을 굽히는 것을 부끄러이 여겼기 때문에 송나라 고조의 왕업이 차츰 융성하여지자 다시는 벼슬을 하려고 하지 않았다.'라 하였다. 사실 도연명은 다만 당세의 사도(仕途)가 혼탁한 것을 눈으로 볼 수

51 이 글은 『음빙실합집(飮冰室合集)』 내 전집(專集) 제22책에 수록, 상해중화서국(上海中華書局) 출판.

가 없어서 그런 권세 있는 관리와 무리를 이루는 것을 달갑지 않게 여겼다. 유유의 왕업이 융성하고 융성하지 못한 데는 관심이 없었다. 이를 유유에게만 적용하려 한다면 어떨까? 도연명이 벼슬을 그만 둔 해는 바로 유유가 난을 진압하고 반정한지 두 번째 되는 해였다. 어떻게 그가 도간의 공을 본받을 수가 없어서 마침내 벼슬을 그만 두고 돌아가 곧 20년 후에 제위를 찬탈하리라는 것을 미리 알 수 있었다고 볼 수 있겠는가? 본집의 「선비가 때를 만나지 못함을 슬퍼하다(感士不遇賦)」의 서문에서는 '참된 기풍이 사라지고부터 큰 거짓이 일어나 여염간에는 청렴하고 사양하는 절개가 해이해지고 도회지에서는 쉽게 나가려는 마음을 몰아세운다.(自眞風告逝, 大僞斯興, 閭閻懈廉退之節, 市朝驅易進之心)'라 하였다. 당시 사대부들이 부화하고 다투며 염치가 땅에 떨어진 것은 도연명이 가장 가슴아파한 일이었다. 그는 설사 풍속을 바꿀 힘은 없었다 하더라도 최소한 더러운 흐름에 함께 휩쓸리어 자기의 인격을 잃게 하려고는 하지 않았다. 이것이 도연명이 벼슬을 버린 가장 중요한 동기인데 그의 시문 도처에서 모두 보인다. 다툼이 무슨 성이 사마 씨니 성이 유 씨니 하는 데 있다고 한다면 그를 너무 작게 봄을 면치 못할 것이다.

양계초의 이 논술은 진인각의 강한 반대를 불러일으켰다. 그는 자기의 관점을 밝히는 외에 또한 양계초에 대하여 직접적으로 비판을 제기하였다. 그는 말하였다.

위·진의 교체기에 자연설을 지닌 가장 유명한 두 인물인 혜강 및 완적과 도연명을 가지고 비교해보자. 도연명은 술을 좋아하여 벼슬을 하여 유송의 신하들인 왕홍(王弘), 안연지와 교제하며 왕래를 하다가 창문 아래서 죽음을 맞았으니 실로 완사종(阮嗣宗, 籍)과 비슷하다. 그러나 그의 「형가를 읊음(詠荊軻)」의 강개하고 격앙된 표현 및 「산해경을 읽으며(讀山海經)」의 정위(精衛)와 형요(形夭)의 구절 같은 것은 글에 정이 드러나니 또한 혜숙야(嵇叔夜, 康)의 원래 곧음과 가까울 것이다. 요컨대 심약(沈約)의 『송서·도연명전』에서 이른바 '스스로 증조부가 진의 재상이 된 것으로 다시 후대에 몸을 굽히는 것을 부끄러이 여겼기 때문에 (송나라) 고조의 왕업이 차츰 융성하여지자 다시는 벼슬을 하려고 하지 않았다.'라 한 것은 가장 믿을 만하다. 혜강이 조위와 인척이어서 사마 씨에게 반항한 것과 아주 또 비슷하다. 이 혜강과 완적이 부절을 맞춘 듯 같은 점은 이것이다. 실로 주장한 자연설과 서로 인과관계가 되어 대체로 당시 사대부의 언행과 출처를 연구하는 자들은 반드시 그 가세의 인척관계와 종교 신앙의 두 가지 사실을 상세히 알고 있다. 이는 역사를 연구하는 자들의 상식으로 군더더기 의론을 기다리지 않는다.

임공(任公: 양계초) 선생은 자신의 사상 경력을 취하여 고인이 지향하는 행동을 해석하였다. 그러므로 도연명이 태어난 시대며 출신 가문, 유전된 옛 가르침, 발명한 신설에 대하여 모두 통하기 어려우니 심휴문(沈休文: 심약)의 실록을 의심하기에는 확실히 논거가 부족하다.

양계초와 도연명 두 사람의 도잠의 사상에 대한 평가는 어느 정도 첨예하게 맞서는 양상을 보인다. 두 사람에 대한 시비는 뒤에서 다시 나의 견해와 논증을 기쳐 밝혀보겠다. 진인각은 양계초가 자신의 사상 경력을 가져다 고인이 지향하는 행동을 해석하였다고 비판하였다. 이는 도연명의 평가에 대한 문제만을 가리키는 것이 아니라 또한 그의 양계초 본인에 대한 견해라고 할 것이다. 그의 양계초에 대한 비평은 왕국유(王國維)의 죽음에서 기인한다. 저우쉰추는 「진인각 선생의 '중국 문화 본위론'(陳寅恪先生的中國文化本位論)」[52]을 써서 여기에 대하여 개술한 적이 있다.

1927년 왕국유는 곤명호(昆明湖)에 뛰어들어 자살하였다. 진인각은 애통함을 깊이 표현하였으며 「왕관당선생만사(王觀堂先生挽詞)」를 지었는데 그 가운데 몇 구절에서 말하였다.

> 청화학원에 영걸 많은데, 그 가운데 새 모임 기철이라 하였네. 옛날에는 용 수염 6품의 신하였고, 나중에 마창에 올라 원훈의 반열에 들었네.(清華學院多英傑, 其間新會稱耆哲. 舊是龍髯六品臣, 後躋馬廠元勛列)

이 몇 구절은 명확히 양계초를 비판한 것이다. 양계초는 청나라 때 광서(光緒) 황제의 지우를 받아 유신 변법에 참여한 적이 있다. 그러나 민국에 진입한 이후에 강유위(康有爲)는 여전히 황제를 보호하려 했고 양계초는 북양(北洋) 정부에서 적극적으로 활동하였다. 나중에 강유위는 장훈(張勳)의 복벽운동에 가담하여 부의(溥儀)가 칭제하는 것을 옹호하였다. 양계초는 단기서(段祺瑞)가 군사를 일으켜 전국에 전보를 치고 마창에서 군사의 출정에 앞서 맹세하고 이 복벽을 기도하는 작은 정부를 전복시키는 것을 격려하였다. 따라서 진인각의 시에서 그는 원래 청나라 왕조의 육품관이었다가 지금은 단기서 정부에서 큰 공을 세운 '원훈'이 되었다고 말한 것이다.

‖‖‖‖‖‖‖‖‖‖‖

52 저우쉰추, 『당대 학술연구 사변』, 난징대학출판사, 1993년 출판.

진인각은 왕국유의 「만사」에 왜 양계초를 끌어들였을까? 이는 틀림 없이 어떤 일을 빌미로 은연중에 자신의 진의를 드러낸 것이다. 왕국 유는 청나라 말기에 학부총무사행주(學部總務司行走)를 맡았다. 나중에 또 부의를 따라 고궁(故宮)에서 남서방(南書房)에 들어간 적이 있기 때문 에 청나라 왕실에 심후한 감정을 품은 것이다. 따라서 그가 호수에 투 신자살한 후에 얼마간의 의론을 자못 일으켰으며 그는 '청나라를 위하 여 순국'하였다고 생각하였다. 진인각은 여기서 생각이 양계초와의 비 교로 이어졌으므로 양계초 또한 걸고넘어진 것이다. 또한 장천추(蔣天 樞)가 시의 주석에서 인용한 진인각의 말을 따랐다. 그는 말하였다. "양 선생은 전보에서 장훈을 주온(朱溫)에 비겼고 또한 이따금 강유위를 꾸 짖었다. 비중심(費仲深) 수울(樹蔚)[53]의 시에서는 말하였다. '첫째 일 실로 적의와 같기 어렵고, 원흉 어찌하여 주온에 비기는 데 이르렀는가?(首事 固難動翟義, 元凶何至比朱溫)'라 하였다. …… 전보를 친 내용에는 남해를 아 울러 꾸짖었으나 실로 불필요한 것이었다. 나의 마음은 그렇지 않다고 여기므로 이 시에서 언급하였다." 이는 양계초가 전보를 쳐서 장훈에 게 반대하였을 때 그의 스승 강유위마저도 꾸짖은 것이 있는 것을 가리 킨다. 진인각은 심중에서 그렇지 않다고 생각하였기 때문에 왕국유의 만사에서 싸잡아 양계초를 비판한 것이다.

진인각의 양계초에 대한 비평에서 그들 청화의 학생인 주전유(周傳儒: 1900~1988)는 다른 견해를 가지고 있다. 그는 「사학의 대사인 양계초와 왕국유(史學大師梁啓超與王國維)」[54]에서 양계초를 언급할 때 '스승을 높이

|||||||||||||||

53 비(費)는 성(姓)이고 중심(仲深)은 자이며 수울(樹蔚)은 이름이다. 1883년에 나서 1935년에 죽은 인물이다. —옮긴이
54 『사회과학전선(社會科學戰線)』 1981년 제1기에 게재.

고 도를 중시하는' 미덕이 있다고 하였다. '1926년 강유위가 세상을 떠나자 신회(新會)는 법원사(法源寺)에 제단을 설치하고 조문을 받기 시작하였는데 문하의 제자들을 거느리고 제사를 드렸다. 자신은 상복을 입고 조문을 오는 자가 있으면 머리를 조아리며 예를 행하여 효자처럼 하였다. 그러나 복벽의 역(役)에 대해서는 이치가 타당하고 말이 엄숙한데다 토벌을 가하여 공사가 분명하였다.'라 말하고 있다. 여기서 말하기를 양계초는 그의 스승 강유위에게 스승과 학생의 사사로운 뜻을 맺어 그가 스승을 높이고 도를 다하기를 제자처럼 하였으나, 나라의 큰 정치에 대해서는 복벽을 반대하여 원칙을 견지하여 공사가 분명한 것을 모두 긍정적으로 여겼던 것이다.

이상의 상황에 근거하여 저우쉰추는 문장을 지어 평가를 하였는데 우리가 한 걸음 더 나아가 진인각의 사람됨을 이해하게 해준다.

진인각과 주전유라는 스승과 제자의 양대의 같지 않은 평가로부터 시대의 연변 및 도덕관념의 변화를 파악할 수 있다. 진인각 선생은 결국 청나라 말기에 태어난 사람으로 '삼강육기(三綱六紀)'의 윤리를 더욱 중시하였다. 그러나 그는 또한 깊은 사학 관념을 갖춘 사람으로 이미 사회경제 제도의 변화에서 '강기의 설이 기댈 곳이 없다'는 것을 고찰하여 중국 문화의 추상과 이상의 경계가 실현되기 어렵다는 것을 분명히 알고 그것이 삭아 없어져 몰락하는 것을 앉아서 지켜볼 수밖에 없었다. 왕국유의 비극은 또한 그의 마음에 말 못할 괴로움이었다. 이는 그가 각종 문자에서 늘 슬픔을 드러내는 원인이다.[55]

||||||||||||||
55 저우쉰추, 『당대 학술연구 사변』, 33쪽.

나는 상술한 양계초와 진인각 두 사람의 사상 문화적 배경을 이해하면 그들이 도잠이 당세에 출사하지 않은 문제에 대하여 상반된 의견을 나타낸 원인을 비교적 쉽게 이해하리라고 생각한다. 진인각은 양계초가 자기의 사상 경력을 취하여 고인의 지향 행동을 해석하였다고 비평하였다. 이런 비평은 옳다. 양계초는 송나라 이후 도연명 시를 비평하여 그가 두 성씨를 섬기는 것을 부끄러워한 것을 가장 치켜세웠다고 말하였는데 이런 논조에 가장 찬성하지 않는다. 그는 이 몇 마디가 의심할 바 없이 '부자(夫子)가 스스로 말한 것'이라고 말하였다. 양계초 본인이 정치를 따르든 종교를 따르든 이는 (그가) 모두 청조에 있거나 민국에 있거나에 달려 있지 않으며 (도연명이) 무슨 '두 성씨를 섬기는 것을 부끄러워하는' 문제가 존재하지 않기 때문에 그는 도잠이 출사를 하였는지의 여부를 논쟁하였다. 쟁론이 사마 씨니 유 씨니 하는 데 있다고 말하는 것은 그가 가벼이 보았다는 것을 면하지 못한다. 마찬가지로 양계초의 출사에 대하여 청조에 있거나 민국에 있었다고 논쟁하는 것은 그를 너무 가벼이 보았다는 것을 면치 못할 것이다.

이쯤에서 말을 또한 되돌려야 할 것이다. 진인각이 이렇게 양계초를 비평한 것은 사실 또한 자신에게로 되돌려 자신은 또한 이렇게 하지 않았는가 하는 점을 스스로에게 물어보아야 한다. 진인각은 왕국유를 끌어다 동조하였지만 이 두 사람의 경우는 서로 같지 않다. 왕국유는 청나라 왕실에서 알아주는 은혜를 입은 적이 있다. 진인각은 13세부터 외국에서 유학하여 청나라 정부에서 관직생활을 하며 봉록을 받지 못하였으니 그가 옛 정을 품은 것은 그의 가세와 관련이 있을 듯싶다. 그의 조부 진보잠(陳寶箴)은 호남순무(湖南巡撫)로 임직한 적이 있으며, 부친 진삼립(陳三立)은 이부주사(吏部主事)에 임명된 적이 있다. 부자 두 사람은 모두 변법 유신 활동에 참여하였으며 또한 양무파의 중요 인물이었다. 무술변법이 실패로 돌아간 후 진인각의 가문은 청나라 조정의 처분을 받은 적이 있다. 다만 그들은 봉건 사회의 신하의 도덕규범을 충실히 지켰다. 청나라 왕실이 교체된 후에는 새 왕조에 더 이상 출사하지 않았으니 진인각은 그 선세의 가풍에서 영향을 받았을 가능성이 있다.

진인각은 '두 성씨를 섬기는 것을 부끄러워했다'는 문제에 관하여 왕국유의 예를 통하여 이론상의 설명을 제고시켰다. 그는 「왕관당선생 만사서(王觀堂先生挽詞序)」에서 '중국 문화의 정의는 『백호통』 삼강육기의 설에 갖추어져 있으며 그 의의는 추상적 이상의 최고 경지이다.'라 하였다. 그는 왕국유가 '순국한 도는 그가 이룬 인과 함께 모두 추상적인 이상의 보편성이지 구체적인 한 사람 하나의 일이 아니다.'고 생각하였다. 여기서 왕국유가 순국한 도와 그가 이룬 인은 결코 어떤 한 사람이나 하나의 일이 아니다. 그가 준수한 것은 이른바 '삼강육기(三綱六紀)'의 봉건 강상의 원칙으로 중국의 전통적인 정신문화의 일종의 표현으로 승화되었다고 말하였다. 그러나 당시 봉건적 강상 원칙은 이미 몰락의 길을 향하고 있었으며 진인각 또한 '이미 부지불식간에 삭아 없어져 몰락하였다.'고 인정하였다. 따라서 그는 마지막으로 말하였다. '대체로 오늘날 적현(赤縣) 신주(神州)가 수천 년 동안 겪은 적이 없는 큰 재난과 뜻밖의 변화를 만났다. 재난이 다하고 변화가 끝나면 문화 정신이 응집된 사람이 어찌 생명을 함께 하여 다하지 않겠는가? 이것이 관당 선생이 죽지 않을 수 없었던 까닭이며 마침내 천하 후세에 매우 애도되고 깊이 애석해하는 하는 바가 되었다.'

진인각은 왕국유가 죽은 원인을 매우 애통해 하였다. 그것은 봉건 강상이라는 문화 정신의 몰락에 대하여 확실히 어느 정도 '어쩔 수 없이 몰락해 간다는' 감개 때문이었다. 그러나 '절조'가 되어 그는 시종 또한 견지하였다. 그는 「증장병남서(贈張秉南序)」에서 말하였다. '구양영숙(歐陽永叔: 歐陽脩)은 어려서 한창려(韓昌黎: 韓愈)의 문장을 배워 만년에 『오대사기(五代史記)』를 지어 의아(義兒) 풍도(馮道)의 전기 등을 지어 권세와 재리를 폄척하고 절기(節氣)를 높이어 마침내 오대의 경박함을 한번 바로잡아 순정한 데로 되돌려놓았다. 그래서 천수(天水)의 일조(一朝)의 문화가 마침내 우리 민족이 남긴 보석이 되었으니 누가 빈 글이 도를 다스리는 학술에 도움이 없다고 하겠는가?' 중국의 역사로 보면 송대는 유약함이 쌓여 한(漢)·당(唐) 전성시기의 문치와 무공에 비하면 그 격차가 매우 컸다. 그런데 진인각은 송대의 문화에 정을 모아 기절을 숭상하였으니 확실히 송(宋)·명(明) 시기의 특색을 보이고 있다. 진인각이 이런 지도 사상을 가지고 고인을 평론하였기 때문에 도잠의 '더 이상 벼슬을 하지 않으려는' 문제에 대하여 심약이 『송서』에서 기록한 것이 '가장 믿을 만하다'고 생각하였다. 이는 일자천금의 걸어이지만 양계초가 말한 '가장 찬성하지 않는' 것과는 선명한 대비가 되는 것 같다.

도잠이 '더 이상 벼슬을 하지 않으려는' 것이 진나라와 송나라가 교체되는 것과 관련이 있든 없든 간에 양(梁)나라와 진(陳)나라 이전에 벌써 논쟁이 있었다. 이 일은 심약이 『송서』에서 도잠이 두 성씨를 섬기는 것을 부끄러워하였다고 설명하면서 '지은 문장에는 모두 연월을 적어 놓았다. 의희 이전에는 진의 연호를 적어 놓았는데 영초(永初) 이래로는 다만 간지[甲子]만 일러 놓았을 뿐이었다.'라 한 데서 기인한다. 나중에 소명(昭明, 蕭統)의 『문선』에 선록된 도연명 시의 오신주(五臣注)[56]에서는 말하였다. '도연명의 시는 진나라 때 지은 것은 모두 연호를 적어 놓았으며, 송나라로 들어가서 지은 것에는 갑자만 적어놓았을 따름이다.'이 일은 승 사열(僧思悅)의 의심을 불러일으켰으며 아울러 반대 의견을 제기하여 후래의 논쟁에 불을 지폈다.

도주(陶澍) 주『도정절집』권3 '시오언(詩五言)'의 첫머리에 승 사열이 한 말이 기록되어 있다.

『문선』오신주에서는 '도연명의 시는 진나라 때 지은 것은 모두 연호를 적어놓았는데, 송나라로 들어가서 지은 것에는 갑자만 적어놓았을 따름이다.'라 하였다. 두 성씨를 섬기는 것을 부끄럽게 생각했기 때문에 달리한 것이다. 내[思悅]가 도연명의 시에 갑자를 적은 것이 있는 것을 고찰해보니 경자(庚子)가 처음이다. 병진(丙辰)과는 17년의 거리가 있으며 단지 9수만 그렇게 하였고 모두 진나라 안제 때 지은 것이다. 그 가운데 「을사년 3월에 건위참군이 되어 도성으로 사신 가는 길에 건계를 지나며(乙巳歲三月爲建威參軍使都經錢溪)」가 있는데 이 해 가을에 곧 팽택령이 되었다. 관직에 있은 지 80일 만에 인끈을 풀고 귀거래사를 짓고 돌아갔다. 16년 후인 경신년에 진나라는 송나라에게 양위하였는데 공제 원희 2년이다. 어찌 진나라가 송나라에게 양위하기 20년 전에는 용인을 하다가 문득 두 성씨를 섬기는 것을 부끄러워하다가 지은 시에 다만 갑자만 적어서 스스로 달리했겠는가! 하물며 시에서 또한 진나라 연호를 나타내지 않았으니 그 갑자를 적은 것은 아마 우연히 한때의 일을 기록한 것일 따름이다. 후인이 비슷하다고 따랐으니 또한 도연명의 본의가 아니다. 세상의 호사자들은 옛 설을 많이 숭상하여

---

56 오신주(五臣注): 당나라 개원(開元) 연간에 여연제(呂延濟)와 유량(劉良), 장선(張銑), 여향(呂向), 이주한(李周翰) 등 5명이 『문선』에 주석을 달았는데 이를 일컬어 오신주라고 한다.—옮긴이

지금 일부러 3권의 첫머리에서 드러내어 오신의 잘못을 밝히고 또 앞으로 올 의혹을 없앤다.

사열의 이 평론은 견해를 달리 하는 반응을 이끌어냈다. 『복재만록(復齋漫錄)』에서는 말하였다.

사열은 운운하였다. 진소유(秦少游: 秦觀)는 일찍이 말하기를 '송나라 초에 부르는 명을 받았는데 스스로 증조부가 진의 재상이 된 것으로 다시 후대에 몸을 굽히는 것을 부끄러이 여겼다. 때문에 스스로 탄핵하고 심양으로 돌아가 밭을 갈았다. 의희 이전에는 진나라의 연호를 적었고 영초 이후에는 다만 갑자만 적어놓았을 따름이다.'라 하였다. 황노직(黃魯直: 黃庭堅)의 시에도 '갑자는 의희 전 헤아리지 않는다네.(甲子不數義熙前)'라는 구절이 있다. 그렇다면 소유와 노직 또한 여전히 오신의 설에 혹하였다는 것을 그는 알 수 있었을 따름이다.

여기서는 진관과 황정견은 오신의 설을 믿었고 『복재만록』은 사열의 설에 동의하였다는 것을 지적해내었다. 또한 증계리(曾季貍) 역시 '도연명의 시는 송나라 의희 이후에는 모두 갑자를 적었는데 이 설은 오신 주 『문선』에서 처음으로 그렇게 말하였을 따름이며, 그 뒤로는 마침내 그 설을 그대로 따르게 되었다. 치평(治平: 송나라 영종의 연호로 1064~1067년) 중에 호구(虎丘)의 승 사열이란 자가 『도연명집』을 엮었는데 그렇지 않다고 홀로 변별하였다. 그 설에서는 "…… 어찌 송나라가 선양을 받기 20년 전에 두 성씨를 섬기는 것을 부끄러워하여 갑자를 적을 리가 있겠는가?"라 하였다. 사열의 말은 믿음이 가며 입증을 하였다.'(『艇齋詩話』)

이는 명확하게 사열의 관점을 지지하는 것이다.

그러나 사열파의 관점 또한 반대 의견을 야기하였다. 사방득(謝枋得) 같은 사람은 오신의 설에 동의하는 동시에 사열의 관점에 의해 새로운 해석이 진행되는 것을 부정하였다. 그는 말하였다.

오신 주『문선』에서는 도연명의 시는 의희 이후에는 모두 갑자를 적었는데 후세에서 그 설을 그대로 따랐다고 하였다. 다만 치평 연간에 호구의 승 사열이 도연명의 시를 엮으면서 그렇지 않다고 변별하였다. …… 증구보(曾裘父) 복재 또한 그 설을 믿었다. 그러나 내가 고찰해보니 원흥 2년에 환현이 제위를 찬탈하였다. 진씨(晉氏)는 실처럼 끊어지지 않아 유유를 얻어 비로소 평안을 찾아 연호를 의희로 고쳤으며 이때부터 천하의 대권은 모두 유유에게로 돌아갔다. 도연명이「귀거래사」를 읊은 것은 실은 의희 원년이다. …… 공제(恭帝) …… (元熙) 2년 경신년에 송나라에 양위하였다. 공제가 한 말을 살펴보면 '환(桓) 씨의 시대에 진 씨는 이미 천하를 잃었는데 거듭 유공에게까지 이어져서 20년이 다 되어가니 오늘의 일은 본래 달가운 마음이오.'라 하였다. 이 말을 상세히 음미해보면 유 씨는 의희 경자년부터 정권을 잡았고 경신의 혁명에 이르러서는 모두 20년이 된다. 도연명은 경자 이후부터 갑자를 적었는데 아마 그 끝에 가서는 반드시 이렇게 될 것을 미리 알았던 것 같다. 충성이 지극하고 의를 다한 것이다. 사열과 구보는 아마 제대로 알지 못한 것 같다.(『碧湖雜記』)

이 문제에 대해서는 아직도 적지 않은 의론이 있는데 대체로 두 가지 의견으로 갈린다. 도주의 주본(注本)에서는 제가의 설을 집록한 후에 스스로 안어(按語)를 추가하였다. 그는 사열 등인의 의견에 반대하여 또 다른 각도에서 '두 성씨를 섬기는 것을 부끄러워하였다'는 도잠의 설을 정확하게 논증하였다.

내[謝]가 생각건대 진나라는 연호로 나타내고 송나라는 갑자만 썼다는 설은 심약이 『송서』에서 밝히어 이연수(李延壽)의 『남사』와 이선(李善)의 『문선주』에서 서로 이어 다름이 없었다. 오신은 말하기를 두 성씨를 섬기는 것을 부끄럽게 생각했기 때문에 달리한 것이라 하였다. 송나라의 승 사열에 이르러 비로소 의론을 창신하여 시에서 진나라의 연호를 나타내지 않은 것은 제시한 갑자가 아마 어쩌다 한때의 일을 기록한 것이다. 어찌 진나라가 송나라에 양위하기 20년 전에는 용인을 하다가 문득 두 성씨를 섬기는 것을 부끄러워하면서 지은 시에 다만 갑자만 적어서 스스로 달리 했겠는가!라 하였다. 이로부터 왕복재, 증계리, 오사도(吳師道), 송경렴(宋景濂), 낭인보(郎仁寶) 등 여러 사람이 일어서서 화답하였다. 그러나 선생이 숨은 속마음은 사관의 특필과 함께 거의 사라졌으니 이것이 이른바 미치지 않은 것을 미쳤다고 하는 것이다.

도주는 여기서 사열 등인에 반박하는 이유는 끄집어내지 않고 그들이 도잠의 속내와 사서의 특필을 이해하지 못했다는 비평만 하였다. 아울러 그들에게 '미치지 않은 것을 미쳤다고 한다.'라고 꾸짖었다. 그는 도연명 시의 각종 판본이 달라지고 어지러이 엇섞인 것을 이유로 들었다. 그의 문인 조소조(趙紹祖)의 의견을 가지고 도잠은 '반드시 모든 시에 연호와 갑자를 적지는 않았고 한 해에 지은 것의 앞에 적어놓은 것에 지나지 않으며, 「조풍(阻風)」과 「부가(赴假)」[57] 등의 시에는 아마 어쩌다가 제목의 첫머리에 갑자를 적었을 것이다. 후인들이 매년 표시한 갑자를 깎아내었는데 이 몇 수의 갑자는 제목에 들어 있어서 깎아내지 않았다.'라 하였다. 도주는 '그 설이 사실에 가깝다.' 하여 조소조의 설에 긍정을 나타내었다. 마지막으로 판결의 성격을 띤 결어를 지어 말하였다.

> 송경렴이 말하기를 선생의 청절(淸節)함은 갑자를 쓴 다음에야 드러나는 것은 아닐 것이라고 하였다. 곧 기록을 하였는지 하지 않았는지를 다툼에 미처 살피지 못한 것은 갑자가 아니라 진나라와 송나라의 연호이다. 송나라의 연호를 기록하지 않은 것은 바로 외로운 신하가 옛 왕조를 그리워하는 것으로 빈 말에 의탁하여 뜻을 드러낸 것이다. 왕후재(王厚齋: 王應麟)는 기자(箕子)와 함께 은나라의 제사를 일컬었으며, 진(陳)나라는 모두 한나라의 납제를 쓰는 것에 뜻을 같이 하였으니 실로 선생은 전에 없이 자신을 안 사람이다. 이설이 분분하여 말을 그쳐야 할 것이다.

여기서 도주가 내린 결론이 자신감이 넘치는데도 그 후 양계초와 진인각은 여전히 논쟁을 계속하지 않았는가?

나는 양계초와 진인각 사이의 논쟁은 기본적으로는 여전히 위에서 말한 두 가지 의견의 연장이라고 생각한다. 양계초는 승 사열의 노선을 따랐다. 그는 도잠이 관직을 그만 둔 해는 바로 유유가 환현을 평정

<hr>

57 「庚子歲五月中從都還阻風於規林」와 「辛丑歲七月赴假還江陵夜行塗口」 같은 시를 말한다. —옮긴이

하고 난을 진압하여 반정한 이듬해라고 생각하였다. 이에 의거하여 양계초에게 질문해 본다. 어떻게 유유는 도간의 공을 배워 마침내 관두고 돌아갈 수가 없어 20년 후에 제위를 찬탈하리라고 헤아려 정하였는가? 사실 승 사열 또한 이 의문을 제기하였다. 그는 '어찌 진나라가 송나라에게 양위하기 20년 전에는 용인을 하다가 문득 두 성씨를 섬기는 것을 부끄러워하였는가?'라 하였다. 그렇다면 도잠의 '예지력'이 너무 지나친 것 아닌가? 그러나 사방득 같은 반대파에서는 유유가 환현을 평정한 후에 '천하의 대권이 모두 유유에게 돌아갔다.'라 하였다. 도잠도 '그 끝에 가서는 반드시 이렇게 될 것을 미리 알았다.'고 하였다. 유유가 반드시 진나라를 찬탈하리라는 것을 일찌감치 알았기 때문에 20년 전에 이미 '두 성씨를 섬기기를 부끄러워하는' 사상을 가졌다는 것이다. 진인각은 명확하게 이렇게 말하지 않았다. 그는 도잠의 출생시대와 가세(家世), 물려받은 구교(舊教)와 발명한 신설(新說)로부터 종합적으로 판단을 진행함에 심약의 논술이 가장 믿을 만하다고 생각하여 곧 '절기를 숭상하는' 쪽으로 의견을 세웠다.

다음에서는 나의 이 문제에 대한 종합적인 견해를 이야기하겠다.

위 도잠의 사상에 대한 논쟁에서는 주로 그의 출사 문제를 중심에 두었다. 심약과 도주에서 진인각까지 모두 도잠이 다시는 벼슬을 하려고 하지 않았던 원인을 진나라와 송나라의 왕조 교체로 귀결하였다. 진인각은 또 명교와 자연의 관계를 연계시켰다. 그는 위나라 말기 진나라 초기의 명사인 혜강과 완적 숙질은 자연파이며 명교가 아니고, 하증의 무리는 명교이며 자연파가 아니며, 산도와 왕융 형제는 자연과 명교의 양다리를 걸쳤다고 생각하였다. '자연파는 세상을 피하거나 봉록 때문에 벼슬을 하여 당시의 정권에 대하여 반항하거나 협조하지 않는 태도를 지녔다.' '명교파는 세상에 나아가기를 구하여 당시의 정권에 적극 찬조하는 태도를 지녔다.' '자연과 명교의 양다리를 걸친 무리는 전날 물러나 고상한 선비가 되었다가 만년에 벼슬에 급급하여 현달한 관직에 이르러 명리를 아울러 거두었으니 실로 가장 부끄러움이 없는 교환(巧宦)이다.' 이와는 대조적으로 진인각은 또한 동진 말엽은 완연히 조위의 말년과 같았다고 하였다. 따라서 도잠의 삶은 그 때를 만나 '혜강의 자연과도 완전히 같지 않을뿐더러 더욱이 하증의 명교와도 다르고 또한 명교와 자연을 동등하게 여기는 산도, 왕융이 하는 것에도 주안점을 두지 않았다. 아마 자신의 이해가 곧 일종의 신자연설로 혜강과 완적의 구자연설과는 다르지만 여전히 자연이므로 소극적으로 신왕조에 협조하지 않았다. 매 편마다 술이 있지만 탐닉하거나 제멋대로 하는 행동 및 복식(服食: 단약 등의 복용)으로 장생을 구하려는 뜻도 없었다.'58고 하였다.

진인각의 논술은 그 나름 합리적인 면을 갖고 있어 도잠은 확실히 유유의 새로운 조정에 협조하지 않았다. 그렇지만 여기에 허점이 있으니 명교에 대한 이해 또한 단편적인 것이 있어서 그 결론의 정확성에 영향을 끼치고 있다.

내가 여기서 말한 허점이라는 것은 도잠은 유송의 새 왕조가 진나라를 대신하고 나서야 세상을 피하여 벼슬을 하지 않은 것이 아니다. 그는 일찌감치 20년 전 팽택령에서 벼슬을 그만두고 돌아간 후로 죽을 때까지 벼슬을 하지 않았다는 것이다. 그의 이 방면의 사상을 더 소급한다면 더욱 시기가 당겨질 것이다. 앞에서 이미 말했듯이 29세에 처음으로 벼슬을 하여 강주좨주직을 맡았으나 곧 '관리로서의 직무를

||||||||||||||||
58 「도연명의 사상과 청담의 관계(陶淵明之思想與淸談之關係)」.

감당하지 못하고 얼마 있지 않아 스스로 벗어버리고 돌아갔다. 주에서 주부(主簿)로 불렀으나 나아가지 않았다.'[59] 그는 스스로 시에서 또 말하기를 '지난날 오랜 굶주림을 괴로워하여, 쟁기 내던지고 가서 벼슬길 배웠네. 가족 먹여 살리는 일 제대로 되지 않아, 추위와 굶주림 실로 나를 휘감고 있네. 때는 벌써 서른을 바라봐도, 마음속에 품은 뜻 부끄러움 많았네. 마침내 굳센 분수 다하여, 옷 털고 고향마을로 돌아왔네.(疇昔苦長飢, 投耒去學仕. 將養不得節, 凍餒固纏己. 是時向立年, 志意多所恥. 遂盡介然分, 拂衣歸田里)'라 하였다.[60] 그는 매우 일찍부터 벼슬을 그만두고 전원으로 돌아갈 생각을 가졌다. '두 성씨를 섬기는 것을 부끄러워하였기' 때문에 비로소 행동에 옮겼다고 말하기는 매우 어렵다. 승 사열과 양계초 등은 이 꼬투리를 잡고 그가 '두 성씨를 섬기는 것을 부끄러워하였기' 때문에 비로소 은거하여 벼슬을 하지 않았다는 것을 인정하지 않았는데 이는 옳다. 그러나 도잠이 송나라로 든 이후에 '다시 벼슬을 하려하지 않았다.'라는 말은 돌이켜봐야 한다. 여기에는 '두 성씨를 섬기는 것을 부끄러워하는' 사상 요소가 있을 것이며, 심약이 이렇게 기술한 것은 결코 전혀 근거가 없지 않을 것이다. 도잠은 전기에 몇 차례 벼슬을 그만 두었는데 '관리로서의 직무를 감당하지 못해서', '오두미 때문에 허리를 굽힐 수 없어서'라고 말하였다. 이는 양계초가 '다만 당세의 사도(仕途)가 혼탁한 것을 볼 수가 없어서 그런 권세 있는 관리와 무리를 이루는 것을 달갑지 않게 여겼다.'라 한 것과 똑같다. 쟁점이 무슨 성이 사마 씨니 유 씨니 하는 문제에 있는 것이 결코 아닌 것이다.

‖‖‖‖‖‖‖‖‖‖‖
59 『송서·은일전』.
60 「술을 마시며 20수」 제19수.

도잠이 유유가 반드시 제위를 찬탈할 것이라는 데 대하여 일찌감치 몇 십 년 전에 '미리 알았다'는 것 또한 설득력을 갖기 어렵다. 그러나 유유가 찬탈한 후 도잠의 후기 사상은 새 왕조에 대해 불만을 품었다. 진나라 왕실에는 옛 정서를 품어 시에서 '배가 고파 수양산의 고사리 먹다가(飢食首陽薇)', '갑자기 산하 바뀜 만났다네(忽値山河改)'⁶¹, '하늘과 사람 혁명하여서는, 자취 감추고 궁하게 살았도다. 고사리 캐며 높은 소리로 노래 부르고, 개연히 황제와 순임금 생각하였다네.(天人革命, 絶景窮居. 采薇高歌, 慨想黃虞)' '하물며 나라 바뀌게 되어서는, 눈에 띄는 것 모두 틀려먹었다네.(矧伊代謝, 觸物皆非)', 「교활한 아이」 노래, 애처롭구나 그 슬픔.(狡童之歌, 悽矣其悲)'⁶²이라 말한 등의 구절과 같다. 유유는 제위를 찬탈한 이듬해에 이미 제위를 물려준 진나라 공제 사마덕문을 살해하여 도잠의 의분을 샀다. 그의 「술을 말함(述酒)」에 '산양공이 작은 나라로 돌아갔다.(山陽歸下國)'라는 구절이 있는 것은 조비(曹丕)가 한나라를 찬탈한 고사를 써서 영릉왕(零陵王)을 슬퍼한 시이다. 이 시기에 사마 씨 아니면 유 씨의 조정에 관심을 집중한 것으로 보아 어느 정도 염두에 두었을 것이다.

이 때문에 나는 한 개인의 사상 감정은 사회 환경, 경제와 정치, 문화 등 외부적인 조건을 포괄하는 제약과 영향을 받을 것이라고 생각한다. 도잠이 당세에 벼슬을 하지 않은 원인은 전기와 후기의 사상 감정이 일치하지 않는다. 양계초와 진인각은 각기 한쪽 끄트머리를 잡고서 하나의 단편을 가지고 하나의 단편을 반대하였다. 이런 서면을 통한 논쟁은

||||||||||||
61 「옛 시체를 본떠서 짓다, 아홉 수(擬古九首)」 제8, 제9수.
62 「역사를 읽고 말하다, 9장(讀史述九章)」 제1수 「백이와 숙제(夷齊)」, 제2수 「기자(箕子)」.

영원히 끝나지 않을 것이다.

　이외에 자연과 명교의 함의는 어떻게 구분하는가? 위의 논술에서 자연주의자는 은거하여 세상을 피하고 명교주의자는 세상에 나아가기를 추구한다고 생각하였다. 위·진 시대 사람의 견해로는 '성인은 명교를 귀하게 여기고 노장은 자연을 밝힌다.' 전자는 유가에 속한 사람의 세상에 들어가는 설이고, 후자는 도가를 행하는 사람의 세상을 나가는 설이다. 이는 인생관에 속한 것으로 곧 인생의 가치가 선택하는 방향의 문제이다. 도잠의 인생철학이 유가에 속하든 도가에 속하든 위의 토론 상황으로 보건대 응당 자연의 일파에 속할 것이다. 그가 당세에 출사를 하지 않은 것은 분명히 명교에 대한 반대 표현이다.

　다만 여기에는 문제가 있다. 도잠이 후기에 '두 성씨를 섬기는 것을 부끄러워한' 것은 절기를 숭상한 사람으로 유가 아니면 도교에 속한 사상인가? 충효절의는 유가의 도덕 정조에 속할 것이어서 '두 성씨를 섬기는 것을 부끄러워하는' 이런 사상은 '삼강육기'를 지키는 유학에 내포된 것이다. 이런 사상 행위를 하는 것은 확실히 명교에 속한 사람이고 이런 칭위는 세속의 인정을 받을 것이다.

　이렇게 하여 명교의 '옳고(是)' '그름(非)'은 동시에 존재할 수 있다. 곧 '두 성씨를 섬기는 것을 부끄러워하는' 사람을 가지고 말하자면 새 왕조에 대해서는 명교가 아니라고 말할 수 있지만 옛 임금에 대해서는 명교를 준수함이 변하지 않은 것이다. 이는 곧 모순된 이중성을 드러내 보이는 것이다.

　진인각은 도잠의 사상에 대한 연구에서 마지막으로 총결하였다. 먼저 옮겨 기록한 후 다시 분석을 진행하겠다.

도연명의 사상은 위·진의 청담이 연변해온 결과를 이어받았으며 집안 대대로 믿어온 신앙인 도교의 자연설에 의거하여 신자연설로 바뀌었다. 그가 자연설만 주장한다고 생각하기 때문에 명교설이 아니며 아울러 자연과 명교는 서로 같지 않다고 생각하였다. 다만 명교가 아니라는 그의 뜻은 겨우 당시 정치세력에 협조하지 않는 데 한정되었다. 완적과 유령(劉伶) 등과 같이 거짓으로 미친 척하고 거리낌이 없었던 것과는 다르다. …… 또한 신자연설은 구자연설의 이 유형한 생명을 기르는 것과도 같지 않고 혹 따로 신선을 배우고 운행하고 변화하는 가운데 정신을 융합시키기를 구하니 곧 대자연과 일체가 되는 것이다. 이와 같기 때문에 구자연설의 형해와 물질이 체루(滯累)됨도 없고 절로 주공과 공자와 더불어 세상의 명교로 들어가 거리낌을 녹임이 있는 것이다. 그러므로 도연명의 사람됨은 실로 겉은 유가이나 안은 도가이고, 석가를 버리고 천사를 조종으로 삼은 자이다. 그 조예가 지극한 곳을 미루면 아마 천년 후의 도교가 선종의 학설을 가지고 교의를 개진한 것과 자못 근사한 곳이 있다. 그렇다면 그 구의로 나아가 혁신하여 '외로이 밝히고 먼저 펴서' 논한 실로 중국 중고시대의 대사상가일 것이니 어찌 다만 문학의 품절(品節)로 고금의 제일류를 차지하여 세상에서 다 알려진 자일 뿐이겠는가?[63]

이곳의 도잠의 사상에 대한 총평을 보면 지나치게 높이 평가하였음을 면치 못한다고 생각한다. 진인각은 도잠의 집안에서 대대로 믿어온 도교의 자연설을 신자연설로 바꾸었다는 점을 강조하고 있다. 도

63 진인각,『금명관총고초편』, 204~205쪽.

잠의 가세(家世)는 천사도를 믿은 신선도교의 일파인데 진인각은 그 것을 구자연설이라고 하였다. 그렇다면 도잠이 개창(改創)한 신자연설은 내가 보건대 노장의 도법자연으로 돌아간 것에 지나지 않는다. 이는 일종의 '환원유전(返祖)'으로 가장 잘 보아도 '근본으로 돌아가 새로 연 것'이라 하겠다. 도잠이 천사도의 구의(舊義)를 개혁한 것에 대해 말한다면 또한 그가 종교 개혁에 다대한 작용을 끼쳤다는 것은 식별할 수가 없다. 이 시각에서 그를 중고시대의 대사상가라고 말하는데 나는 동의하지 않는다. 신자연설과 명교의 관계는 실질적으로 노장도가와 유가사상의 관계이다. 인생 가치의 취향을 가지고 말해본다면 출세(出世)는 또한 세상으로 들어가는 선택이다. 추상적 가치관이라는 면에서 말해본다면 양자는 대립적이긴 하다. 하나의 구체적인 사람의 몸에 이르러서는 이미 대립적인 일면이 있다고 할 수 있겠지만 또한 서로 통할 수 있는 곳이 있다. 도잠의 사상은 모순이라는 이중성의 색채를 띠고 있다.

도잠의 가세 신앙에 대하여 진인각은 그 성(姓)이 대대로 천사도를 믿은 계족(溪族)에서 나왔다고 생각하였다. 그러나 그는 또 말하기를 중국은 원래 유(儒)·석(釋, 佛)·도(道) 삼교(三敎)를 일컬어왔고 유가는 진정한 종교가 아니므로 겉으로 유풍을 따르는 선비는 안으로 불교의 이치를 숭상하거나 몰래 도행(道行)을 닦아서 그 사이에 충돌이 없었다. 그가 도잠의 사람됨이 겉은 유가이나 내적으로는 도가라고 말한 것은 대개 이를 근거로 한다. 그러나 나는 이런 내외의 구분은 분명히 말하기가 그다지 쉽지 않다고 본다. 차라리 모순 속에서 융합한 것이 있어서 유가와 도가를 아울러 총합한 사상적 색채를 띠고 있다고 하는 것이 어느 정도 적합하다고 생각한다.

도잠의 가세로 말하면 도간은 기본적으로 무장이어서 유가적 문화에 물듦이 비교적 적었다. 그러나 그는 '삼강육기'에 대해서는 그런대로 준수하였다고 하겠다. 도잠의 조부와 부친은 비록 중류 계층의 지방관이긴 하였지만, '천리에 은혜와 인화를 베풀었고' '담담하게 빈 곳에 머물러' 대체적으로 또한 유가의 덕치를 받들어 행하였다. 명리는 오히려 그다지 중시하지 않았다 하겠다. 도잠의 대에 이르러서는 비록 가세가 점차 중도에 쇠락하기는 하였지만 결국 이미 사족 가정을 이루어 일찍부터 으레 유가의 교육을 받아야 했다. 그 스스로도 말하기를 '젊은 시절에는 사람을 사귀는 일이 드물었고, 육경에서 노니는 것을 좋아하였고(少年罕人事, 遊好在六經)'[64], '선사가 유훈을 남겨, 도를 근심하고 가난은 근심하지 않았다.(先師有遺訓, 憂道不憂貧)'[65]라 하였다. 공자의 유학에 대해서는 평가하여 오히려 '복희씨와 신농씨는 우리를 떠난 지가 오래되어, 온 세상에 순진한 데로 돌아가는 이가 적다네. 바쁘디 바빴던 노나라의 늙은이〔공자〕는, 깁고 채워서 그를 순박하게 하였네. 봉황새가 이르지 않았어도, 예악이 잠시나마 새로워질 수 있었네.(羲農去我久, 擧世少復眞. 汲汲魯中叟, 彌縫使其淳. 鳳鳥雖不至, 禮樂暫得新)'라 하였다.[66] 이로써 보건대 그는 유가 공자의 사상 이념에 상당히 집착하였다는 것을 알 수 있다. 도잠은 초년까지만 해도 세상에 뛰어들어 공업(功業)을 세우려는 이상을 가지고 있었으며 또한 웅대한 포부를 지녔었다. 나중에 와서는 비록 성공을 거두지 못하여 유감을 느끼기는 하였지만 만년에도 여전히 '촌음을 아끼는(惜寸陰)' 정신을 가져 여전히 사람들로 하여금 그의 적

iiiiiiiiiiii
64 「술을 마시며」 제16수.
65 「계묘년 초봄에 농막에서 옛일을 생각하다, 두 수(癸卯歲始春懷古田舍二首)」.
66 「술을 마시며」 제20수.

극적으로 세상에 뛰어드는 태도를 느끼게 한다.

憶我少壯時 나의 젊은 시절 생각해보니

無樂自欣豫 즐거운 일 없어도 저절로 기뻤다.

猛志逸四海 웅대한 뜻 온 세상으로 치달려

騫翮思遠翥 날개 펼치고 멀리 날 것 생각했다.

荏苒歲月頹 점점 세월 흐르면서

此心稍已去 이 마음 조금씩 사라졌다네.

值歡無復娛 기쁜 일을 만나도 더 이상 즐겁지 않았고

每每多憂慮 언제나 근심걱정만 많다.

氣力漸衰損 기력은 점점 약해지고 줄어들어

轉覺日不如 갈수록 날로 달라짐 느끼겠구나.

壑舟無須臾 골짜기의 배는 잠시도 멈추지 않고

引我不得住 나를 끌고 가니 머물 수 없다.

······

古人惜寸陰 옛 사람들 한 치의 시간도 아꼈는데

念此使人懼 이를 생각하니 사람 두렵게 하는구나.

白日淪西河 밝은 해 서산으로 지니

素月出東嶺 흰 달은 동산에 떠오르네.

······

日月擲人去 세월은 사람 버리고 가버리니

有志不獲騁 뜻 가지고 있으나 펼칠 수가 없구나.

念此懷悲悽 이를 생각하니 마음 서글퍼져

終曉不能靜　　새벽 다하도록 평정 얻지 못하네.

人生無根蔕　　뿌리도 꼭지도 없는 인생

飄如陌上塵　　길 위에 떠도는 먼지와 같네.

……

盛年不重來　　한창 나이 다시 오지 않고,

一日難再晨　　새벽은 하루에 두 번 맞기 어렵다.

及時當勉勵　　제때에 미쳐서 힘써야 할 것이니

歲月不待人[67]　　세월은 사람을 기다리지 않는다네.

　이로써 보건대 도잠은 결코 세상일에 참여하여 공덕을 세우려는 생
각을 하지 않은 것은 아니다. '뜻을 가지고도 펼칠 수가 없어서(有志不獲
騁)' 공연히 시간이 흐르는 것만 기다려 다만 '세월이 사람을 기다리지
않는다(歲月不待人)'고 탄식만 할 뿐이었다. 도잠은 「선비가 때를 만나지
못함을 슬퍼하다(感士不遇賦)」도 지었다. 전대의 현사들의 각종 순탄치
못한 조우를 나열한 시다. 그 자신도 세상에 쓰이지 않아 '참된 기풍이
사라지고부터 큰 거짓이 일어난(眞風告逝, 大僞斯興)' 사회에서 시의에 맞
지 않음이 드러났다. 그러나 그는 결코 이 때문에 세상에 아첨을 하지
않았다. 부의 마지막 단락에서는 말하였다.

　　차라리 궁한 데서 굳게 살며 뜻을 살리지, 굽히고서 자기에게 누를 끼
　　치지는 않을 것이다. 수레와 관복을 영화로이 여기지 않을 바에야 어찌

‖‖‖‖‖‖‖‖‖‖‖
67 「잡시, 12수(雜詩十二首)」, 제5, 제2, 제1수.

여산과 주장(九江) 중간 지점에 있는 도연명 석상

해진 옷이 부끄러우랴. 실로 기회 그르쳐 졸렬함 취했으니 다만 기꺼이 돌아가서 있겠다. 외로운 옷깃 껴안고서 여생을 보내고 조정과 시장에서의 좋은 값은 사절하겠다.

寧固窮以濟意, 不委曲而累己. 既軒冕之非榮, 豈縕袍之爲恥. 誠謬會以取拙, 且欣然而歸止. 擁孤襟以畢歲, 謝良價於朝市.

이는 도잠의 인생가치에 대한 선언이다. 그는 '도를 근심하고 가난은 근심하지 않은(憂道不憂貧)' 데서부터 궁하게 되기까지 뜻을 바꾸지 않고 다만 은거하여 세상을 피하고 안반낙도의 인생을 향하여 가 귀숙할 수 있었다. 이렇게 이미 노장의 자연을 귀하게 여기는 사상 모순과 함께 하지 않았다. '부귀가 마음을 방탕하게 하지 못하며, 빈천이 절개를 옮겨놓지 못하는(富貴不能淫, 貧賤不能移)'[68] 유가의 절기를 보존할 수 있었다. 입세와 출세라는 사상적인 모순의 융합, 명교와 자연의 모순 또한 그로 인해 잘 배합될 수 있게 되었다. 이는 유가와 도가를 아울러 종합한 사상이 도잠의 인생철학에서 체현된 것이다.

도잠의 명교와 자연 사상에 대한 배합은 산도와 왕융 형제 등 이른바 자연과 명교를 둘 다 옳게 여겼던 무리들과는 다르다. 이는 명리를 아울러 거두어들인 고결함을 가장한 거짓 군자이며, 도잠은 진정성을 가지고 융합하였다. 이른바 '성질이 생긴 대로 굴어야 하고 억지로 닦달해서 고쳐지는 것이 아닌 것(質性自然, 非矯勵所得)'[69]이다. 이 '자연'은 바로 사람의 진솔한 본성을 가리킨다. 그러나 '여염에서는 청렴하고 사

||||||||||||||
68 『맹자·등문공(滕文公) 하』 ─ 옮긴이
69 「귀거래혜사서(歸去來兮辭序)」.

양하는 절개가 해이해지고 도회지에서는 쉽게 나아가려는 마음을 몰아세우는(閭閻憚廉退之節, 市朝驅易進之心)'[70] 사회에서 당세에 출사를 하려면 파렴치하고 권세 있는 자에게 아부하는 거짓에 능한 사람이 되어야 한다. '새장'에서 달아나야만 '자연'의 본성으로 복귀할 수 있다. 이는 도잠이 유가와 도가를 조화시킨 마음 상태이다. 이런 인생 사상의 경계는 '이 가운데 참뜻이 있어, 설명을 하려 하니 이미 말을 잊었다.(此中有眞意, 欲辨已忘言)'라고 말할 수 있다.

3. 도법자연에서 귀근숙명의 자연 명정론으로 돌아가다

이 장의 앞부분에서는 처음에 도잠의 자연관에 대하여 말하였다. 우주는 자연적으로 생성되었으며 인격신이 주재와 조물주가 되는 것은 없었다. 이는 왕충의 유물주의 원기자연론과 근사하다. 이것을 기초로 하여 사람이 신선술을 수양하고 도를 닦으면 장생불사한다는 것을 그는 믿지 않았다. 이어서 도교의 유신론을 배척하였다. 진·한 이래 방사의 신선설도 비판하였다. 불교도가 선양한 형체는 없어져도 정신은 사라지지 않는다는 설에도 반대하였다. 삼세인과에서 선악보응에 이르는 따위의 거짓말을 믿지 않았으며 어느 정도는 무신론 사상을 견지하였다.

도잠의 자연관에서 얼마간 무신론 사상을 낳을 수 있었던 까닭은 그가 처한 사회적 지위 특히 후반생의 생활실천과 아주 큰 관계가 있다. 앞에서 말했듯이 그의 증조 도간은 동진 때 군공으로 대사마에 임명된

||||||||||||

70 「선비가 때를 만나지 못함을 슬퍼하다(感士不遇賦)」.

적이 있다. 고급관료라고 할 수 있겠지만 도 씨 가문은 결코 문벌 사족이 아니었다. 오래지 않아 몰락하여 도잠의 지파에 이르렀을 때는 이미 '어버이는 늙고 집은 가난했다.' 그는 비록 몇 차례 작은 관직을 맡은 적이 있지만 '창생을 크게 구제할' 큰 바람을 실현할 길이 없었다. '참된 기풍이 사라지고 큰 거짓이 일어나는(眞風告逝, 大僞斯興)' 사회의 기풍 하에 그는 교묘한 거짓말을 하는 사람이 되는 것을 원치 않아 순진한 자연의 본성에 따라 일을 행하였다. 마침내 다시는 벼슬길에 자취를 섞지 않았다. 중년 후에는 전원으로 돌아가 숨었으며 직접 농업 노동에 참가하였다. 생산 실천과 빈곤한 생활의 연마에 종사하는 것은 그의 사상 감정 또한 변화를 일으키게 하였다. 이는 유물주의와 무신론 경향의 자연관을 형성시키는 데 밀접한 관계가 있다.

도잠은 전원시인이다. 그가 지은 시가는 자연히 한적한 일면을 가지고 있으나 인생의 무거운 생활고는 그를 물질세계에서 현실적인 태도를 가지지 않을 수 없게 하였다. 그는 '순임금도 몸소 밭을 갈았고 우임금 또한 농사를 지었으며(舜旣躬耕, 禹亦稼穡)', '기결은 아내를 데리고 밭에 갔고, 장저와 걸닉은 짝을 지어 밭을 갈았다. 더 현명하고 통달한 사람을 보아도, 오히려 논밭에서 힘을 썼다.(冀缺攜儼, 沮溺結耦. 相彼賢達, 猶勤壟畝)'[71]고 하였다. '사람의 삶이란 결국 길이 있으니, 입고 먹는 것이 그 단초이며(人生歸有道, 衣食固其端)', '농사짓는 이가 어찌 힘들지 않겠는가만, 이 어려움은 그만 둘 수 없다. 온 몸이 실로 피곤하지만, 다른 근심이나 침범하지 않았으면,(田家豈不苦, 弗獲辭此難. 四體誠乃疲, 庶無異患干)'[72]하

||||||||||||||
71 「농사를 권장함(勸農)」.
72 「경술년 9월 중에 서쪽 밭에서 올벼를 거두고서(庚戌歲九月中於西田穫早稻)」.

는 것도 알게 되었다. 물질생활은 누구나 필요한 것이다. 생산노동에 참가한 적이 있는 사람은 누구나 체험을 통하여 공감할 것이다. 그래서 도잠은 '입고 먹는 것 마땅히 경영해야 하리니, 힘써 짓는 농사 나를 속이지 않으리.(衣食當須紀, 力耕不吾欺)'[73]라 하였다. '가난한 생활 농사에 의지하니, 동쪽 숲의 모퉁이에서 힘 다한다. 봄 농사 고되다 말하지 않고, 늘 마음먹은 것 저버리게 될까 걱정한다.(貧居依稼穡, 勤力東林隈. 不言春作苦, 常恐負所懷)' '배곯던 자가 처음으로 배부를 것 기뻐하여, 허리띠 매고 닭 울기 기다린다.(飢者歡初飽, 束帶候鳴雞)' '멀리 하조장인에게 알리노니, 그런대로 그대 따르는 삶 얻었노라.(遙謝荷蓧翁, 聊得從君栖)'[74]라고도 하였다. 그는 생활이 빈곤하여 의식문제를 해결하려면 고생을 두려워하지 말고 농업 경작에 종사해야 했다. 그는 고대의 하조장인처럼 전원으로 돌아가 은거하였다. '쟁기 잡고 제때의 일 기쁘게 하고, 얼굴에 웃음 가득 농부들 격려한다.(秉耒歡時務, 解顔勸農人)' '길게 노래하며 사립문 닫은 채, 그저 농사짓는 백성이나 되리.(長吟掩柴門, 聊爲隴畝民)'[75] 그 자신도 토지에 기대어 경작하는 농민이 된 것이다.

농업 노동에 참가하고 일상생활과 접촉하는 중에 도잠은 물질 원소인 수(水)와 화(火)에 대하여 친밀한 감정을 띠었다. 그는 말했다. "일찍이 밭의 물소리를 듣고 지팡이를 짚고 한참이나 들었다. …… 탄식하여 말하기를 '이 물은 나의 스승 장인을 지난 것이다.'라 하였다." 또 그는 "날마다 구리 주발을 써서 죽을 끓였으며 식사 도구 두 개를 만들어 불을 피우게 되면 두 번 절하고 말하기를 '이 불이 아니면 어떻게 배를 채

||||||||||||
73 「이사(移居)」.
74 「병진년 8월에 하손의 농막에서 추수하면서(丙辰歲八月中於下潠田舍穫)」.
75 「계묘년 초봄에 농막에서 옛일을 생각하다, 두 수(癸卯歲始春懷古田舍二首)」 제2수.

우겠는가?'라 하였다."[76]라고도 하였다. 옷과 음식, 물과 불은 사람들이 잠시라도 떨어질 수 없는 물건으로 시인의 당시 생활은 한 편의 시에서 묘사된다.

代耕本非望	벼슬살이 본래 바라던 것 아니었고
所業在田桑	일삼는 것 농사와 누에치기에 있네.
躬親未曾替	직접 하면서 그만 둔 적 없는데도
寒餒常糟糠	춥고 굶주려 늘 지게미와 겨만 먹는다네.
豈期過滿腹	어찌 배 채우는 것 이상 바라리오?
但願飽粳糧	그저 멥쌀밥이라도 배불리 먹어봤으면.
御冬足大布	겨울 나는 데는 거친 무명이면 족하고
粗絺以應陽	굵은 갈포로 여름 태양 맞으리.
正爾不能得	바로 이것도 얻지 못하니
哀哉亦可傷	슬프다! 또한 가슴 아픈 일이네.
人皆盡獲宜	남들은 모두 다 잘 해내는데
拙生失其方	삶에 서툴러 그 방법 잃었다네.
理也可奈何	상리이니 어쩔 수 있으리오?
且爲陶一觴[77]	일단 술이나 한 잔 즐기세.

시인은 벼슬을 그만두고 고향으로 돌아와서 농사짓고 누에치는 일로만 생활을 유지해나간다. 비록 직접 노동을 하여 멈춘 적이 없지만

||||||||||||
76 『운선산록(雲仙散錄)』에 수록된 「연명별전(淵明別傳)」.
77 「잡시」, 12수(雜詩十二首)」 중 제8수.

굶주림과 추위가 번갈아 닥쳐 늘 술지게미만 먹을 수 있을 뿐이다. 베옷과 거친 양식조차 만족하기 힘든 생활이어서 확실히 사람으로 하여금 상심케 한다. '하늘의 이치(天理)'이니 또한 어찌할 수 없다고까지 말한다. 오직 '나에게 달렸으니 어찌 하늘 원망하리오? 근심 만나고 보니 눈앞이 처량하다.(在己何怨天, 離憂悽目前)'[78] 이런 상황 아래서 하늘을 원망하고 욕하거나 혹은 천제나 귀신의 비호와 도움을 바라는 것은 아무런 쓸모가 없는 것이다. '천도는 어둡고 머니, 귀신은 아득하고 어둑하여(天道幽且遠, 鬼神茫昧然)'[79] 더 이상 무슨 믿을 것이 없다.

그러나 그의 생산과 생활 방면에서의 실천은 도잠의 신세와 더불어 실로 무신론 사상을 낳는 데 도움을 준다. 또한 소극적이고 부족한 곳도 있다. 그는 왕충과 조금 비슷하여 하늘이 상선벌악을 할 수 있는 의지가 있고 귀신이 보응한다는 등을 믿지 않았다. 오히려 자연계, 특히 사회 인사가 변화하는 원인은 해석할 길이 없다고 여겼다. 사람의 생과 사, 요절과 장수, 궁통과 화복 또한 과학적으로 예견하고 파악할 수 없다. 이는 마치 무형의 주재자가 지배하는 것 같으며 따라서 자연 명정론으로 빠져들었다.

'명'이나 '천명'에 대한 언급은 중국 전통 사상 중에서 근원이 멀고 오래 되었다고 할 수 있다. 일찌감치 하(夏)·상(商)·주(周) 삼대에 출현한 천명 신권 사상이 있다. 당시에는 '하늘(天)'이 상제와 비슷한 의지가 있는 인격신으로 왕위를 향유하여 자칭 하늘에서 명을 받았다고 하였다. 은나라의 주왕(紂王)은 '내가 태어남은 다만 명이 하늘에 있지 않

||||||||||||
78 「원가행 체의 초나라 곡조로 방주부와 등치중에게 보여줌(怨詩楚調示龐主簿鄧治中)」.
79 「원가행 체의 초나라 곡조로 방주부와 등치중에게 보여줌」.

겠는가?'[80]라 하였다. 뜻은 자신이 태어난 것은 바로 천명을 받아서라는 것이다. 당시 왕위에 있는 사람은 자칭 하늘의 명을 받았다고 하였으며 옛 왕조를 전복시키는 것을 혁명이라 하였다. 역사적으로 탕(湯)이 하나라를 멸하고 무왕이 상나라를 멸한 것을 '탕무혁명(湯武革命)'이라고 한다. '혁명'이라는 단어가 중국에서 매우 일찍 나타난 것임을 알수 있다. 그러나 이 '명(命)'자는 분명 조금 신비하다. 과연 '천(天)'자와함께 이어진다면 이 '천'자는 일종의 의지가 있는 인격신으로 이해하는 것이다. 탕(湯)이 걸(桀)을 치면서 '하나라[有夏]의 죄가 크므로 하늘이 명하여 정벌하게 하시는 것이다.'[81]라 하였음이다. 또 주나라 사람이 은나라를 정벌하면서 '문왕이 크게 드러나 하늘로부터 큰 명을 받았다.'[82]라 하였다. '황천(皇天) 상제가 그 원자(元子)와 이 대국인 은(殷)나라의 명(命)을 바꾸었다.'[83]라고도 하였으니, 이는 명확히 왕권신수의관점이다. 역대의 봉건 통치자의 이른바 '하늘을 받들고 운을 잇는' 것은 대체적으로 이 전통을 이어받은 것이다.

그러나 선진의 각 학파 가운데 도잠에게 깊은 영향을 끼친 것은 유가와 도가의 양가이다. 모두 '천'이 의지가 있는 인격신이라는 것을 그다지 강조하지 않았다. 특히 '자연을 귀하게 여기는' 노장은 더욱 그러하다. 공자는 '하늘에 죄를 지으면 빌 곳이 없다.'[84]고 하였다. '나를 알아주는 것은 하늘일 것이다.'[85] 등과 같은 말도 하였다. 이는 일견 의지가

||||||||||||
80 『상서·주서·서백감려(周書·西伯戡黎)』.
81 『상서·상서·탕서(商書·湯誓)』.
82 「대우정(大盂鼎)」.
83 『상서·주서·소고(周書·召誥)』.
84 『논어·팔일(八佾)』.
85 『논어·양화(陽貨)』.

있는 하늘을 인정한 것 같지만 그는 '하늘'의 정성(定性)에 대하여 오히려 '하늘이 무슨 말을 하던가? 사시가 거기서 운행되고 만물이 거기서 난다.'[86]라 하였다. '하늘'은 다만 자연의 규율에 의하여 행사하는 것이라는 인상을 준 것이다. 그래서 그는 '천명을 두려워하였다.'[87], '쉰 살에 천명을 알았다.'[88]라 하여 사람들에게 함의가 분명하지 않은 느낌을 주었다. 이 외에도 공자는 '괴이함과 용력과 패란의 일과 귀신의 일을 말씀하시지 않으셨고'[89], 세상을 떠난 부모와 조상들에게는 다만 '제사를 지내실 적에는 (先祖가) 계신 듯이 하셨으며, 신을 제사지낼 적에는 신이 계신 듯이 하시어'[90] 제사의 의식을 올리거나 선조와 부모를 기념할 때 유가의 '초상을 삼가고 멀리 돌아가신 분을 추모하는' 뜻이 아님이 없었다. 또한 계로(季路)가 귀신을 섬기는 일에 대해 묻자 공자는 '사람을 잘 섬기지 못한다면 어떻게 귀신을 섬기겠는가?'라 하였다. 다시 '죽음'의 문제를 묻자 '삶을 모른다면 어떻게 죽음을 알겠는가?'[91]라 하였다. 귀신과 사람의 생사에 대하여 공자는 (대답을) 회피하였다. 나중에 도잠이 '귀신은 아득하고 어둑하다(鬼神茫昧然)'고 말한 것은 사실 공자가 말한 것과 같은 의미이다.

공자는 천명과 귀신에 대하여 대체적으로 존재한다고 생각하나 논하지 않는 태도를 가졌다. 그러나 그는 '명'에 대해서는 여전히 믿었다. '도가 행해지는 것도 명이며 도가 폐하여지는 것도 명이니, 공백료(公伯

||||||||||||||

86 『논어·양화』.
87 『논어·계씨(季氏)』.
88 『논어·위정(爲政)』.
89 『논어·술이(述而)』.
90 『논어·팔일』.
91 『논어·선진(先進)』.

寮)가 그 명을 어떻게 하겠는가?'[92]라 한 것도 그 때문이다. '천명'은 주어가 있어서 '하늘'에 대한 이해는 의지가 있는 하늘일 것이다. 아니면 자연의 하늘일 것이며 어느 정도 목적성이나 규율성의 의미를 띠고 있다. '명'에 이르러서는 추측을 할 수 없는데 그 원인을 해석할 수 없을뿐더러 또한 어찌할 수가 없다. '천'과 '명'은 때로는 범주가 나누어지기도 한다. 자하(子夏)가 '죽고 삶에는 명이 있고 부귀는 하늘에 달려 있다.'[93]라 한 것이 사람들에게 가장 잘 알려져 있다. 맹자도 '그렇게 함이 없는데도 그렇게 되는 것은 천이요, 이르게 함이 없는데도 이르는 것은 명이다.'[94]라 하였다. 묵자(墨子)의 유가에 대한 비평에서도 '천'과 '명'을 분리하였다. '유가는 하늘을 밝지 않다고 하고 귀신을 신명하지 않다고 하는데 하늘과 귀신이 기뻐하지 않을 것이니 이는 천하를 잃게 할 만하며', '또한 명(命)이 있다고 생각하는데 빈부와 요수(夭壽), 치란(治亂)과 안위(安危)는 다함이 있으니 덜고 더할 수 있는 것이 아니다.'[95]라 하였다. 묵자는 하늘을 높이고 귀신을 섬겼다. 유가는 하늘이 밝게 살피지 않는다고 그는 생각했다. 또 귀신의 권위를 부인하는 것이라고 비평하였다. 그러나 명에 대해서는 오히려 사람의 사생과 화복이 모두 미리 정하여져 고칠 수가 없다고 생각하였다. 이는 숙명론이라 칭할 수밖에 없다.

도가의 노·장이 강조한 것은 자연의 천이었다. '사람은 땅을 본받고 땅은 하늘을 본받으며 하늘은 도를 본받고 도는 자연을 본받는다.'[96]는 도가 노자의 주제사상이다. '대체로 사물은 풀처럼 쑥쑥 자라지만 모

||||||||||||||

92 『논어·헌문(憲問)』.
93 『논어·안연(顔淵)』.
94 『맹자·만장(萬章) 상』.
95 『묵자·공맹(公孟)』.
96 『노자』 25장.

두 결국에는 자기 뿌리로 돌아간다. 뿌리로 돌아가는 것을 고요함이라 하고 고요함을 명으로 돌아간다고 한다.'[97]에서 '명'은 만물이 각기 모두 뿌리를 하늘이 부여한 본연으로 돌아가는 것을 가리킨다. 바로 도법 (道法) 자연의 귀결이다. 장자는 사람이 하늘을 이길 힘이 없으며 명을 멸할 수도 없다고 하였다. 그는 '죽고 사는 것은 명이고 그 밤과 아침의 떳떳함이 있는 것은 하늘이며, 사람에게 더불어 하지 못하는 것이 있는 것은 모두 사물의 정이다.'[98]라고 하였다. 그는 생사를 일월의 교체로 보았는데 이는 사람이 간여할 수 없는 것으로 단지 자연에 맡겨둘 뿐이다. 그는 '사생과 존망, 궁달, 빈부, 현불초(賢不肖), 훼예(毀譽), 기갈(飢渴), 한서(寒暑)는 일이 변하는 것이고 명이 운행하는 것이다.'[99]라고도 하였다. 곧 이 일체는 모두 사람의 힘으로 바꿀 수 있는 것이 아니라 운명이 그렇게 되도록 하는 것이라 생각하였다. 그는 결국 '어찌할 수 없다는 것을 알아서 그 운명을 편안하게 여긴다.'[100]라고 말할 수밖에 없었다. 사람의 힘으로는 방법이 없다. 또 어찌할 수 없는 상황 하에서는 편안하게 이런 자신의 역량과는 다른 주재(主宰)를 따를 수밖에 없다. 이것이 바로 명정(命定)이다. 이는 한 개인의 최고 도덕 수양의 체현이다. 장자는 명을 편안히 여기는 것을 '지덕(至德)'의 고도(高度)라 제기하여 사람들에게 '명'을 신비하고 알 수 없는 것으로 삼게 하였다. 이를 받아들이지 않을 수 없는 필연성으로 숭배하도록 만들었다. 이는 과학적 성질을 띤 자연 법칙이 아니라 종교적 색채를 띤 자연 명정의 신으로 철학

||||||||||||
97 『노자』 16장.
98 『장자·대종사(大宗師)』.
99 『장자·덕충부(德充符)』.
100 『장자·인간세(人間世)』.

에서는 숙명론이라 통칭한다.

선진의 유가와 도가 양가 이후에 동한 말년에는 걸출한 유물주의 사상가 왕충이 출현하였다. 그는 신학 목적론을 견지하였다. 투사적인 무신론자이지만 그는 원기 자연론을 사회와 인사의 방면에 직접적으로 응용하였다. 이는 자연 명정론의 전형이다. 나는 도잠이 두 방면 모두에서 각각 정도를 달리하여 영향을 받았을 것이라고 생각한다.

왕충은 유가의 경학 방면에서는 고문 경학가에 속한다. 그러나 그는 스스로의 철학을 오히려 도가를 따랐다며 '비록 유가의 설과는 어긋나지만 황로의 의(義)와는 합치된다.'[101]라고 언명하였다. 왕충은 '영세한 족속의 고립된 문하' 출신이라는 미천한 계층이었다. '세상에서 실의를 겪었고', '남의 모함에 빠졌기' 때문에 '쫓겨나 억압을 받았고', '물러나 궁벽하게 산' 사회를 만나게 되었다. 따라서 그는 현실에 대해 불만을 품었다. 특히 '용렬한 사람이 높이 드러나고', '현명한 준걸이 실의에 빠지는' 사회의 불평과 귀천의 대립을 목도하고 더욱 깊은 개탄에 빠지게 되었다. 그는 당시의 사회현상을 폭로하여 말하였다.

절개를 지키는 사람의 행동은 늘 현명하지만 벼슬하는 사람은 늘 임금의 마음에 들 수가 없다. 현명하고 현명하지 않고는 재질(才質)의 문제이며, 임금의 마음에 들고 안 들고는 시운이다. …… 혹 재질이 뛰어나고 행동이 고결해도 임금의 마음에 들지 못하여 낮은 지위에 머물러 있고, 능력이 천박하고 비열한 행동을 하더라도 임금의 마음에 들면 뭇사람들 위에 있을 수 있다. …… 높고 현달한 데 처하여도 반드시 현명

||||||||||||||
101 『논형·자연(自然)』.

해서가 아니라 임금의 마음에 들었기 때문이다. 지위가 낮아 아래에 있어도 반드시 어리석어서가 아니라 임금의 마음에 들지 못하였기 때문이다. 그러므로 임금의 마음에 들면 혹 비열한 행동을 하더라도 걸(桀)의 조정에서 지위가 높아지고, 임금의 마음에 들지 못하면 혹 고결한 절개를 지녔다 하더라도 요(堯)의 조정에서 지위가 낮아지게 된다.[102]

여기서 왕충은 봉건 계급제도의 통치 하에서 사람들이 귀천의 신분이 있는 것을 때를 잘 만난 때문, 즉 우연한 기회를 만나 조성된 것으로 보았다. 그는 또 말했다. "무릇 사람의 행동에는 현명함이 있고 어리석음이 있으나 화를 당하거나 복을 만나기도 한다. 일을 행할 때는 옳은 것이 있고 그른 것이 있기도 하나 상을 받기도 하고 죄에 저촉되기도 하니 우연히 맘에 듦이 있고 우연히 맘에 들지 않음도 있다."[103] 여기서 개인이 사회에서 만나는 것을 완전히 다행(幸)과 우연(偶)으로 귀결시켰는데 당연히 문제를 설명하기가 어렵다.

이 때문에 왕충은 한 걸음 더 나아가 그의 원기자연론을 유용하게 썼다. 그는 말하였다.

함께 원기(元氣)를 받았는데 사람이 되기도 하고 금수가 되기도 한다. 같은 사람이지만 어떤 사람은 귀하고 어떤 사람은 천하며 어떤 사람은 가난하고 어떤 사람은 부유하다. 부유하면 황금을 쌓기도 하고 가난하면 먹을 것을 구걸하기도 하며, 귀하여져 제후에 봉해지기도 하고 천하

||||||||||||||||
102 『논형·봉우(逢遇)』.
103 『논형·행우(幸偶)』.

여 노복이 되기도 한다. 이는 하늘이 베푼 기에 차이가 있어서가 아니라 사람과 사물이 받은 본성이 두텁고 얇음이 있기 때문이다.[104]

사람은 기를 받아서 태어나고 기를 머금고 자라며, 귀하여질 기를 받으면 귀해지고 천해질 기를 받으면 천하여진다. 귀하여져도 혹 녹봉에 높낮이가 있고 부유해져도 혹 재화에 많고 적음이 있으니 모두 별자리의 지위에 따라 존비와 대소의 주어짐이 있게 된다.[105]

왕충의 이런 자연관에서의 원기론은 사람은 원기를 받아서 태어나고 원기를 머금어서 자란다. 그 때문에 선천적으로 타고난 기의 정도가 사람의 빈부와 귀천, 사생과 화복을 결정한다고 생각하였다. 이는 물질성의 원기를 기계적으로 짜 맞추어 사람의 몸에 적용을 하여 사회인사의 문제를 해결한 것이다. 사실 원기론은 세계의 본원은 물질적인 것이며 인류의 형체를 포괄하는 것 또한 물질적인 것으로 구성되었다는 것을 설명하는 것뿐이다. 다만 각자가 타고난 기의 정도는 헤아릴 수 없다. 더욱이 어떤 사람이 부귀해지거나 빈천해지는 것을 볼 수가 없다. 그가 타고난 기가 두터운지 아니면 얇은지를 결정한다고 하는데, 이는 원인을 결과로 잘못 안 것이다. 이렇게 내린 결론은 신비주의에 빠지지 않을 수 없다.

왕충이 이왕 인생의 조우에 대하여 타고난 기의 정도를 가지고 해석을 가하였다면 사람이 '원기를 받고', '본성을 받은' 후에 일생의 부귀

||||||||||||||
104 『논형·행우』.
105 『논형·명의(命義)』.

와 빈천, 요수(夭壽)와 화복은 이미 결정이 되어 고칠 수가 없다. 이런 일생이 일찌감치 결정되었다는 기운을 왕충은 '명'이라는 범주에 넣었다. 다음에 그의 말 두 단락을 보자.

> 무릇 사람이 중용되거나 화를 당하는 것은 모두 '명'에 달려 있다. 죽고 삶, 장수하고 요절하는 '명'이 있고 귀천과 빈부의 '명'이 있다. 왕공(王公)에서 서민에 이르기까지, 성현 및 어리석은 사람까지 무릇 머리와 눈이 있는 종류와 피를 머금고 있는 따위까지 '명'이 있지 않음이 없다.
> 그러므로 일을 앞두고 있을 때 지혜롭고 어리석으며 품행이 맑고 탁한 것은 본성과 재주에 딸린 문제다. 벼슬에 나아가 귀하고 천하게 되며 재산을 경영하여 가난하고 부유하게 되는 것은 명과 시운의 문제이다. 명은 힘쓴다고 되는 것이 아니고 시운은 노력을 한다고 되는 것이 아니다. 그래서 지혜로운 사람은 하늘의 뜻으로 돌리므로 마음이 안정되어 흔들리지 않는다.[106]

이렇게 말하면 사람의 일생은 죽고 삶, 장수와 요절 아니면 귀천과 부귀를 막론하고 모두 변할 수 없는 명운에 의해 결정이 된다. 즉 명의 좋고 나쁨은 인력으로 되는 것이 아니다. 의지가 있는 인격신에게서 오는 것이 아니라 선천적으로 타고난 원기의 정도 차이에서 말미암아 품기가 각자에게 어떻게 차이가 나게 되는가가 정하여진다. 해석할 길 없이 자연적으로 형성되며 다만 자연 명정론에 귀의하거나 선천적으로

||||||||||||||

106 『논형·명록(命祿)』.

타고난 숙명론에 맡겨야 한다.

왕충이 자연 명정론의 숙명 사상을 형성한 까닭은 앞에서 말한 적이 있는 그의 가세, 특히 그의 평생의 불우한 처지와 떼려야 뗄 수 없는 관계가 있다. 그는 스스로 선조는 '농상(農桑)을 업으로 삼고', '상업을 일삼았는데' 호족의 괴롭힘을 당하여 '온 집안이 짐을 싣고' 상우(上虞)의 안가(安家)로 이주했다. 이런 측면에서 보면 그는 도잠과는 그래도 좀 차이가 있다. 나중에 주와 현의 지방에서 몇몇 소관(小官)을 지내긴 했지만 배척을 받아 만년에는 집에 머물며 일생 동안 '가난하여 공양도 하지 못하고 뜻이 즐겁지 못한' 영락한 생활을 보냈다.[107] 이 점은 도잠과 비교적 가깝다.

그러나 왕충과 도잠 두 사람이 걸은 길은 달랐다. 왕충은 어려서부터 총명함이 남달랐다. 그는 청년 시기에 낙양에서 태학에 진학하여 '집이 가난하고 책이 없어 늘 낙양의 시장 점포에서 보냈다. 파는 책을 열독하여 한 번만 보면 기억하여 마침내 제자백가의 말에 널리 통하게 되었다.'[108] 그는 만년에 집에 거처할 때 '문을 닫고 깊이 생각하여' 책을 가르치고 저작하는 일에 종사하였다. 이 불후의 명저『논형』을 써서 그는 중국 철학사상 또한 중요한 사상가가 되었다. 도잠은 어려서 널리 듣고 기억력이 강했다고 말한 기록이 없다. 나중에 몇 번 하찮은 벼슬을 지낸 적이 있지만 모두 평소의 뜻을 이루기가 어려웠고 전원으로 돌아와 은거하며 밭이랑에서 농사를 지을 수밖에 없었다. 그는『논형』같은 저작을 써내지는 못하였지만 중국 문학사상 첫째가는 대시인이었다. 그

|||||||||||||
107『논형·자기(自紀)』.
108『후한서·왕충전』.

의 시문 작품에서도 마찬가지로 자연 명정론의 색채를 불 수 있다.

왕충의 숙명론은 인생의 지우를 받느냐 받지 못하느냐 하는 문제에서 촉발되어 나온 것이다. 도잠 또한 전문적으로 「선비가 때를 만나지 못함을 슬퍼하다(感士不遇賦)」를 써내어 이 방면의 사상 감정을 펼쳐내었다. 그는 「서」에서 먼저 종전에 동중서(董仲舒)가 「사불우부(士不遇賦)」를 지었고 사마천(司馬遷) 또한 「비사불우부(悲士不遇賦)」를 지었다고 언급하였다. 그것을 읽은 후 심정이 '개연히 서글퍼지게(慨然惆愴)' 되었다고 읊었다. 그는 세상의 기풍이 날로 못해져서 몇몇 '올바름을 가슴에 품고 도에 뜻을 둔 인사들(懷正志道之士)'과 '자기를 깨끗이 하고 절조를 맑게 하는 사람들(潔己淸操之人)'이 모두 할 일을 할 수 없게 되었음을 느꼈다. 그래서 백이(伯夷)·숙제(叔齊)와 상산사호(商山四皓)는 어디로 돌아가야 하느냐는 탄식을 하였다. 삼려대부(三閭大夫) 굴원(屈原)은 더욱이 '다 되었도다! 나라에 나를 알아주는 사람이 없구나.'라며 구슬프게 부르짖기도 하였다. 도잠은 이 때문에 마음이 평정되기 어려운 느낌이 있어 이 「선비가 때를 만나지 못함을 슬퍼하다(感士不遇賦)」를 써내었다는 것이다.

도잠 부의 주제사상은 바로 봉건 사회에서 몇몇 정직한 사인(士人)이나 각종 재주와 재능이 남다른 선비가 받게 된 공평하지 못한 어려운 처지를 고발하는 것이었다. '교묘하게 헤아리는 사람을 미혹하다 하고 곧게 가는 사람을 망령되었다고 한다. 뚜렷하게 지극히 공변되고 시샘이 없어도 끝내는 부끄러움을 당하고 훼방을 받는다. 비록 경옥을 품고 난초를 잡고 있어도 한갓 꽃답고 깨끗할 뿐이지 누가 믿겠는가?(妙算者謂迷, 直道者云妄. 坦至公而無猜, 卒蒙恥以受謗, 雖懷瓊而握蘭, 徒芳潔而誰亮)'이로 인하여 그는 '슬프다 선비의 불우함이여!(哀哉. 士之不遇)'라고 탄식하였다.

구체적인 예로 또한 안회(顔回)와 가의(賈誼), 이광(李廣), 왕상(王商) 같은
사람을 언급하였다. 현실 생활에서 훌륭한 사람이 훌륭한 보답을 받지
못하여 이 때문에 한 차례 회의와 탄식을 쏟아내었다.

　선왕의 맑은 가르침을 받들거니와 이르기를 하늘의 도는 가까이함이
없다고 한다. 깨끗이 가라앉은 한결같은 도리를 얻어 거울로 삼아 늘
선을 보필하여 인자함을 도울지라. 백이는 늙어서도 내내 굶주렸고 안
회는 일찍 꺾이고 또 가난하였다. 수레로 덧널 마련함 가슴 아프거니와
고사리 먹으며 몸 죽어가니 슬프구나. 비록 배우기 좋아하고 의를 행하
기는 하였으나 죽고 사는 게 어찌 그리 괴로웠나? 덕에 보응함이 이
같은가 의심하면서 이 말 헛되이 늘어놓았나 두려워한다.
　承前王之淸誨, 曰天道之無親. 澄得一以作鑒, 恒輔善而佑仁. 夷投老
以長飢, 回早夭而又貧. 傷請車以備槨, 悲茹薇而殞身. 雖好學與行義,
何死生之苦辛! 疑報德之若玆, 懼斯言之虛陳.

　여기서 도잠의 고대 성왕에 대한 가르침은 '하늘의 도는 가까이함
이 없이 늘 선인과 함께 한다'는 보응 설교로 회의와 부정을 나타낸다.
백이는 늙어서 굶어죽고 안회는 일생을 빈곤하게 지내다가 요절하였
다. 안회는 학문을 좋아하였고 백이는 의를 행하였지만 그들은 일생토
록 오히려 그렇게 슬프고 고생하였다. 이 때문에 '보덕(報德)'의 설은 회
의를 불러일으켰을 것이며 거짓말쟁이의 빈말이 되었을 것이라고 도
잠은 보았다. 도잠은 선악의 보응을 믿지 않았다. 불교만 전적으로 가
리킨 것은 아니다. '선비가 때를 만나지 못함을 슬퍼하는' 이 사회현실
에서 체험을 얻었다. 인생의 만남이 무슨 원인에서 나오느냐 하는 데

이르러서 그는 '푸른 하늘은 아득하고 인간의 일은 그침이 없다. 느끼게 하였다가 모르게도 하였다 하니 어찌 그 이치를 헤아리겠는가?(蒼旻遐緬, 人事無已, 有感有昧, 疇測其理)'라 하였다. 푸른 하늘은 아득히 멀기만 하고 사람의 일은 끝이 없으며 까마득하고 어두워 알 수가 없으니 누가 이 도리를 분명히 깨닫겠는가? 그렇다면 '군자는 본래부터 궁함'을 가지고 자기의 심의(心意)를 완성하여 다시는 조정의 관록(官祿)을 받아들이지 않는 수밖에 없다. 나중에 사회에서 유행한 이른바 군자는 가난을 편안히 여기고 통달한 사람은 명을 안다는 것이 아마도 또한 선비가 때를 만나지 못함을 슬퍼하는 데서 얻은 체험이 아니겠는가!

　도잠의 숙명 사상이 생성된 것은 매우 큰 부분 그의 인생에서의 만남에서 나왔다. 인과응보를 믿지 않은 것은 그가 역사상 몇몇 칭찬할 만한 명인에 대한 만남에서 왔다. 그 자신의 개인 경력에서 가족 가운데 친한 사람의 귀숙까지 모두 이 점을 집중적으로 증명하고 있다. 이런 정직하고 선량하며 품덕이 고상한 모든 사람들은 결코 좋은 보응을 얻지 못하였다. 더구나 그의 가족 중에서 친한 사람인 정 씨(程氏)에게 시집간 누이와 종제인 경원(敬遠)은 일찍 세상을 떠났는데, 제문을 지어 강렬한 반응을 나타냈다.

　아! 너 착한 누이동생이여, 덕을 갖추고 절조도 갖추었다. 조용하고 공손하였으며 말수가 적었고 선한 일을 들으면 즐거워했지. 바로 살 수 있었고 부드럽게 살 수 있었고 오직 우애롭고 오직 효성스러웠으며, 다님은 규문 안에서 그쳤으니 본뜰 만하고 본받을 만하였다. 내가 듣기로 선한 일을 하면 경사로움을 스스로 누린다는데, 저 푸른 하늘은 왜 그리 치우쳐서 이 사람에게 보응해주지 않았나!

咨爾令妹, 有德有操. 靖恭鮮言, 聞善則樂. 能正能和, 惟友惟孝. 行止
中閨, 可象可效. 我聞爲善, 慶自己蹈, 彼蒼何偏, 而不斯報.[109]

아! 훌륭한 나의 아우는 절조 있고 기개 있었지. 효성은 어린 나이에
시작했고 우애는 천성의 사랑에서 우러났다. 허튼 생각 적었고 욕심도
적었으며 고집도 없었고 치우침도 적었다. 자기를 뒤로 돌리고 남을 먼
저 내세웠으며 재물에 임해서는 베풀기를 생각했다. 마음은 얻고 잃음
을 버렸고 심정은 세상에 기대지 않았다.

於鑠我弟, 有操有槪. 孝發幼齡, 友自天愛, 少思寡欲, 靡執靡介. 後己
先人, 臨財思惠. 心遺得失, 情不依世.[110]

여기서 말한 정 씨에게 시집간 누이는 도잠과는 이복이다. 정 씨에
게 시집갔기 때문에 정 씨매(程氏妹)라고 일컬었다. 그녀는 생모가 세상
을 떠났을 때 겨우 9세였고 도잠은 12세였다. 아동기에는 서로 배려하
고 도왔다. 도잠은 이 누이의 덕과 범절에 대해 매우 칭찬하고 있다. 의
희 원년 그녀가 세상을 떠났을 때 도잠은 팽택령으로 있었다.「귀거래
혜사·서(歸去來兮辭·序)」에서는 '얼마 후 정 씨에게 시집간 누이가 무창
에서 죽어 정리 상 가봐야 했기에 자진해서 그만두고 직위를 떠났다.(尋
程氏妹喪于武昌, 情在駿奔, 自免去職)'라 하였다. 나중에는 더 이상 출사하지
않았다. 정 씨에게 시집간 누이의 상이 끝난 후 '2주기가 돌아와(服制再
周)', 곧 18개월이 지난 후에 도잠은 다시 이 제문을 지었다. 주제 사상

<hr>

109 「정 씨에게 시집간 누이에게 바치는 제문(祭程氏妹文)」.
110 「종제인 경원에게 바치는 제문(祭從弟敬遠文)」.

은 그의 누이 같은 사람에게 '저 푸른 하늘은 왜 그리 치우쳐서 이 사람에게 보응해주지 않았나!'라는 것이다. 푸른 하늘에 의지가 있는 인격신이 있었다면 어째서 이렇게 마음이 치우쳐 좋은 사람에게 보응을 해주지 않느냐는 것이었다.

도잠은 종제인 경원에게 지어준 제문에서도 이런 사상을 관철하고 있다. 그와 경원은 '아버지는 친형제이고 어머니는 친자매(父則同生, 母則從母)'[111]이니 곧 두 사람의 부친은 형제이고 두 사람의 모친은 자매이기 때문에 어려서부터 친밀하여 거리낌이 없었다. 경원은 도잠보다 16세가 어렸으며 의희 7년 31세의 나이로 세상을 떠났다. 도잠은 송장(送葬)하기 전날 이 제문을 지었다. 그는 경원의 품덕과 절조, 재정(才情) 등의 방면에 대하여 개술한 후에 전인이 말한 '인자는 장수한다.'는 말을 그 자신은 본래 믿었지만 지금 와서 이 말을 생각해보니 도리어 속았다는 생각이 든다고 하였다. 그의 아우 경원은 겨우 30세인 이립(而立)이라는 한창의 나이로 일찍 세상을 떠났으니 어디에 '인자는 장수한다.'는 보응이 있겠는가?

이 두 편의 제문을 종합해보면 도잠의 동생과 누이의 죽음이 그에게 입힌 타격은 그로 하여금 인과응보 같은 문제를 더욱 믿지 못하게 하였다. 그의 사상은 이로 인해 더욱 급격히 자연 명정론 쪽으로 향해갔다. 대략 의희 11년쯤 도잠은 이미 50세가 넘었다. 그는 몇몇 아들에게 글을 지어주었는데 유언과 비슷한 「아들 엄 등에게 주는 글(與子儼等疏)」이며 그 시작은 이렇다.

||||||||||||

111 도주 주 『도정절집』에서 인용한 「예장서(豫章書)」에서 '맹가는 두 딸을 도간의 아들 무(茂)의 두 아들에게 시집보냈는데 하나는 연명을 낳았고 하나는 경원을 낳았다.'라 하였기 때문에 두 사람의 어머니는 자매이다.

엄과 사, 빈, 일, 동에게 일러둔다. 하늘과 땅이 목숨을 부여하는 것은 태어나면 반드시 죽게 되어 있다. 예로부터 성인과 현인 등 누구라도 유독 죽음을 면할 수 있었느냐? 자하는 '죽고 사는 것은 명이 있고, 부귀는 하늘에 달려 있다.'라 하였다. 공문사우(孔門四友)가 직접 가르침을 받고서도 이러한 말을 한 것은 빈궁과 영달은 함부로 구할 수 없고, 천수를 누리고 요절하는 것은 자기 밖에서 청하지 못해서 그런 것이 아니겠는가?

告儼俟份佚佟:[112] 天地賦命, 生必有死. 自古聖賢, 誰獨能免? 子夏有言曰, "死生有命, 富貴在天." 四友之人, 親受音旨, 發斯談者, 將非窮達不可妄求, 壽夭永無外請故耶?

도잠의 이 글은 전적으로 그의 다섯 아들에게 써준 글이다. 첫머리부터 자연 명정론의 인생철학을 가지고 후대에게 알린다. 명은 하늘과 땅이 부여하는 것이며 자연히 생성된 것이다. 결합하여 그는 '아! 천지간에 생기를 받은 것들 중에는, 어찌하리오! 사람만이 홀로 영특하니, 신령한 지혜를 받아 밝히는 힘 간직하고, 삼황오제의 덕을 잡고 이름을 드리운다.(咨大塊之受氣, 何斯人之獨靈. 稟神智以藏照, 秉三五而垂名)'라고 읊었다. 사람은 기를 부여받아 태어났지만 또한 신령한 지혜와 영감의 생명을 가지고 있다는 것을 표명하였다. 태어남이 있으면 반드시 죽음이 있게 마련이니 이것이 바로 장생불사하는 신선도교 및 형체가 죽어도 정신은 사라지지 않는다고 주장하는 인과응보의 불교와는 명확하게 경계를 그은 것이다. 그러나 그는 결코 사상적으로 새로운 무기는 가지고

||||||||||||||||
112 엄(儼)과 사(俟)·빈(份)·일(佚)·동(佟)은 도잠의 다섯 아들 이름이다.

있지 않아서 여전히 '죽고 사는 것은 명이 있고, 부귀는 하늘에 달려 있다'는 뜻을 표방하였다. 이 유가의 설교(說敎)는 또한 자하가 직접 공자로부터 가르침을 받은 언론이라고 한다. 이렇게 말하면 부귀는 함부로 절로 추구할 수 없고 수명 또한 따로 기구(祈求)할 수 없으며 일체의 것이 모두 자연명정에서 기인하는 것이다.

도잠의 인생에 대한 귀숙은 운명이 배정한 것을 따르는 것이다. 스스로는 처지에 따라 편안히 여기는 것으로 이런 숙명사상으로 그는 임종하기 두 달 전, 곧 송나라 원가(元嘉) 4년(427) 9월에 「자제문(自祭文)」을 지었다. '도자는 여관을 하직하고 영원히 본택으로 돌아가려고 한다.(陶子將辭逆旅之館, 永歸於本宅)'라는 내용이다. 그는 자신이 오래 살 수 없으리라는 것을 미리 알았기 때문에 먼저 스스로 제사를 한번 지냈을 것이다. 그의 일생을 보면 확실히 이 숙명철학에 의지하여 일을 행하여 왔고 인생의 귀결점까지 쭉 이어졌다. 그는 말하였다.

나는 사람이 되면서부터 가난한 운명에 맞닥뜨렸다. 끼니도 자주 걸렀고 칡옷을 겨울에 걸쳤다. 골짝의 물을 긷는데 기쁨을 머금었고 땔나무를 지고 가며 노래를 불렀다. 어둑어둑한 싸리문은 아침저녁으로 나를 섬겼다. 봄과 가을이 교체하는 동안에는 전원에 할 일이 생긴다. 김매고 흙을 북돋아주면 자라나고 무성해진다. 책으로 기꺼워했고 7현금으로 가락을 맞추었다. 겨울에는 볕을 쪼였고 여름에는 샘물로 몸을 닦았다. 부지런히 일하여 힘을 아끼지 않았으나 마음은 언제나 한가하였다. 천명을 즐기며 분수에 맡기고 한평생을 살았다.

그런데 이 한평생을 남들은 아끼고서 성공하지 못할까 두려워하며 하루를 탐내고 한 시각을 아껴 살아 있으면 세상이 진중해주고 죽어도 역시 생각해주도록 한다. 아아, 나는 혼자서 내 길 가면서 이와는 다르게 살아왔다. 총애는 나의 영광이 아니고 검은 물인들 어찌 나의 검은 것이겠는가? 가난한 초막집에서 우쭐하며 지냈고 얼근하게 술을 마시며 시를 지었다. 운을 알고 명을 이해하면 어찌 뒤돌아보지 않을 수 있겠는가? 나는 지금 곧 죽어가지만 여한이 있을 수 없다. 목숨은 백 살에 다가가고 몸은 은둔생활 사모하였고 늙어서 죽어가게 되었으니 더 이상 그리워할 것이 무엇이 있겠는가?

自余爲人, 逢運之貧, 簞瓢屢罄, 絺綌多陳. 含歡谷汲, 行歌負薪, 翳翳柴門, 事我宵晨. 春秋代謝, 有務中園, 載耘載耔, 迺育迺繁. 欣以素牘, 和以七弦. 冬曝其日, 夏濯其泉. 勤靡餘勞, 心有常閑. 樂天委分, 以至百年.

惟此百年, 夫人愛之. 懼彼無成, 愒日惜時. 存爲世珍, 歿亦見思; 嗟我獨邁, 曾是異玆. 寵非己榮, 涅豈吾緇? 捽兀窮廬, 酣飮賦詩. 識運知命, 疇能罔眷? 余今斯化, 可以無恨. 壽涉百齡, 身慕肥遁, 從老得終, 奚所復戀.[113]

도잠의 자술은 사람이 된 것부터 시작하는데 곧 빈궁한 명운을 만나게 되었다. 비록 생활이 어렵기는 하였지만 심정은 오히려 유유자득하여 천명을 즐거이 따르고 본분에 따라 일생을 살았다. 도잠은 세상 사람들은 생전에는 공업을 세우고 죽은 후에는 명성을 남기기 위해 십분 따지지만 그는 운명을 알았다. 생전이나 사후에나 전혀 무슨 유감과 연연해함이 없으니 이는 바로 그의 숙명론 인생의 귀결이다.

||||||||||||||
113 「자제문(自祭文)」.

4. 천명을 즐기고 명을 아는 인생 가치관
—무신론과 유신론의 통향(通向)을 겸하여 논하다

　도잠은 원기자연론에서 무신론 사상을 끄집어내었다. 다시 자연 명정론에서 근본으로 돌아가는 숙명론에 빠져들었다. 최종적으로 천명을 즐기고 명을 아는 인생 가치관으로 귀결되어 그의 인생철학의 전 과정을 완성시켰다.

　도잠은 팽택령을 그만두고 떠나면서 마지막으로 전원으로 돌아가 은거하기로 결정했을 때 유명한 「귀거래혜사(歸去來兮辭)」를 지었다. 마지막 두 구절은 '애오라지 되는대로 즐기다 돌아갈 것이니, 즐겁도다, 하늘이 준 목숨 어찌 다시 의심하리?(聊乘化而歸盡, 樂夫天命復奚疑)'이다. 앞에서 열거한 「자제문(自祭文)」에서 말한 '천명을 즐기며 분수에 맡겼다.(樂天委分)'라는 말과 앞뒤로 서로 호응한다고 할 수 있다. 우리는 현재 이따금 아무개를 낙천주의자(樂天派)라 하는 말을 하는데, 이는 아마 인생에 대하여 결코 집착하지 않으며 모든 것을 자연에 맡겨둔다는 의미일 것이다. 그러나 도잠은 여기서 '명(命)'과 '분(分)'을 관련시켰는데, 이는 파악하기가 어려울 뿐만 아니라 필연적인 것이라는 의미를 띤다. 안연지(顔延之)는 「도징사뢰(陶徵士誄)」에서 '생활은 근면함과 검소함을 갖추었고 자신은 가난함과 질병을 달고 살았었다. 사람들은 그대에 대한 우려를 금치 못하였으나 그대는 천명을 그대로 받아들였다.'라 하였다. '나이가 중년에 들었는데 학질에 걸리었다. 죽음 보기를 집에 돌아가는 것 같이 했고 재난에 임하여서도 길(吉)한 것 같이 했다. 치료하는 약재를 맛보지 않았으며 신령께 기도하고 제사를 지내는 것도 행하지 않았다. 저승을 향해 종말을 고하고 평화로움을 품고 영영 생을 마쳤도다.'라고도 하였다. 여기서는 곧 그가 운명임을 인정하는 것부터 순명하는 과정을 말하였다. 운명을 인정하는 것은 어찌할 수 없는 심정을 띠고 있다. 한 개인이 일을 하다가 실패하였는데 다른 원인을 찾아내지 못하였다면 운명으로 돌리는 수밖에 없다. 혹은 인생에서 맞닥뜨린 어려움과 좌절을 명확하게 해석하기 어려울 때도 운명으로 돌릴 수 있다. 사람은 어쩔 수 없는 상황에서 '명'에 대하여 인정할 수밖에 없지만 여전히 수동적인 의미를 약간 띠고 있다. 나중에는 사상이 점점 통할 수도 있고 또한 천천히 운명에 순응하는 방법에 적용하는 데서 어느 정도 주동적으로 영합하는 뜻이 있게 된다. 하늘을 따르고 명에서 말미암는 데서 천명을 즐기고 명을 알기까지는 주체적 정신경계가 한 단계 더 오르지만 여전히 자연에 맡겨두게 된다. 다만 사상적인 면에서는 더 이상 고뇌와 부담이 없어져 최종적으로 낙천주의자가 된다.

한 개인이 낙천지명파가 되는 것은 쉽지 않은 일이며 가장 어찌지 못하는 것이다. 봉건 사회에서 벼슬을 하는 집안의 자제는 일반적으로 모두 유가사상의 교양을 받고 공업을 세워 어버이의 이름을 드러내게 된다. 입덕(立德)과 입공(立功), 입언(立言)을 삼불후(三不朽)라 하는데, 이는 모두 유가적인 인생가치의 취향에 속한다. 도잠은 젊고 건장할 때는 확실히 창생을 크게 구제하려는 웅장한 심지를 가졌었다. '나의 젊은 시절을 생각해보니, 즐거운 일이 없어도 저절로 기뻤다. 웅대한 뜻은 온 세상으로 치달려, 날개를 펼치고 멀리 날 것을 생각했고(憶我少壯時, 無樂自欣豫. 猛志逸四海, 騫翮思遠翥)', '사나이가 온 세상에 뜻을 두어 내 늙음을 알지 못하기를 바란다.(丈夫志四海, 我願不知老)'[114]라 하였다. 그가 여기에

||||||||||||||
114 「잡시, 12수(雜詩十二首)」, 제5, 제4수.

서 '온 세상으로 치달리고(逸四海)', '온 세상에 뜻을 두어(志四海)' '멀리 날 것을 생각했다(思遠騫)'는 생각을 가졌었다고 말한 것은 이중적인 함의를 가지고 있다. 한편으로는 광대한 포부를 가진 동시에 동진이 반쪽짜리 정권으로 만족한 후에 몇몇 사람들이 모두 옛 영토를 회복하려는 바람을 가졌다. 도잠 또한 변새시와 회고시와 유사한 시 두 수를 이어 그의 먼 생각을 표현해냈다.

少時壯且厲	젊었을 때는 굳세고 거칠어
撫劍獨行遊	칼 차고 홀로 나돌아 다녔다.
誰言行遊近	누가 돌아다닌 곳 가깝다 하리오?
張掖至幽州	장액에서 유주까지 이르렀다네.
飢食首陽薇	배가 고파 수양산의 고사리를 먹다가
渴飲易水流	목이 말라 역수의 물을 마셨다네.
不見相知人	알아주는 사람 만나지 못하고
惟見古時丘	옛날의 무덤만 보았다네.
路邊兩高墳	길가에 높이 솟은 두 개의 봉분은
伯牙與莊周	백아와 장주의 것이었다네.
此士難再得	이런 선비 다시 만날 수 없으니
吾行欲何求[115]	내 걸음 무엇 구하고자 함이었던가?

辭家夙嚴駕	집 떠나려 이른 새벽에 멍에 지우고
當往志無終	무종산으로 가려 했다네.

||||||||||||||
115 「옛 시체를 본떠서 짓다, 아홉 수(擬古九首)」 제8수.

問君今何行	묻노니 그대 어디로 가려는가?
非商復非戎	상도 아니고 융도 아니라네.
聞有田子泰	듣자하니 전자태라는 이
節義爲士雄	절의 선비 중에 으뜸이었다 하네.
斯人久已死	이 사람 오래 전에 이미 죽었으나
鄕里習其風	마을 그의 유풍에 익숙하다네.
生有高世名	살아서는 뛰어난 명성 있었고
旣沒傳無窮	죽고 나서는 전하여짐 무궁하다네.
不學狂馳子	거칠게 내닫는 이들 본받지 말지니
直在百年中[116]	다만 인생 백년 안에 달려 있다네.

동진은 반쪽 자리 조정을 편안히 여긴 후에 몇 차례에 걸친 북벌 군
사 행동을 벌였으나 모두 성공하지 못하였다고 앞에서 말한 적이 있다.
의희 12년(416) 8월 유유가 후진(後秦)을 북정하여 10월에는 낙양을 수
복하였다. 이듬해 가을에는 장안으로 쳐들어가 후진의 임금 요홍(姚泓)
을 포로로 잡았다. 당시 좌군(左軍) 양장사(羊長史)는 명을 받들어 진천(秦
川)으로 달려갔고, 도잠은 「양장사에게 드림(贈羊長史)」이란 시를 지었
다. 앞의 몇 구절에서 그가 국토를 수복하는 데 대한 기쁜 마음을 표현
하였다.

愚生三季後	어리석은 나 삼대의 끝 뒤에 태어나
慨然念黃虞	개탄하며 황제와 순임금 생각하네.

||||||||||||||
116 「옛 시체를 본떠서 짓다, 아홉 수」 제2수.

286

得知千載外	천 년 전의 일 알고자 하면
正賴古人書	바로 옛 사람들의 책에 의지해야 하네.
賢聖留餘跡	성현들 많은 자취 남기셨으니
事事在中都	일마다 모두 중원에 있다네.
豈忘游心目	어찌 마음과 눈으로 유람하기 잊었겠는가?
關河不可踰	관문과 황하 넘을 수 없었다네.
九域甫已一	구주 비로소 이제 하나 되었으니
逝將理舟輿	아! 배와 수레 수리해야겠네.
聞君當先邁	그대 먼저 가게 되었단 말 들었는데
負痾不獲俱[117]	병 지니고 있어 함께할 수 없구려.

여기서 도잠은 옛 산하의 중원에 대한 지극히 앙모하는 심후한 감정을 표현해내었지만 넘을 수 없는 관하(關河)를 마주하고 출유(出遊)할 길이 없다. 이 때문에 낙양과 장안의 수복에 대하여 구주(九州)가 곧 통일되려는 기쁨을 드러내었다. 자기는 비록 이를 수 없지만 마음은 그리 향하였다고 했다. 당연히 유유(劉裕)의 북벌은 나중에 진나라를 찬탈하는 축적 자본이 되었다. 아울러 결코 옛 땅을 수복하려는 결심도 없이 장안으로 진입한 후에는 즉시 총망하게 남쪽으로 되돌아와 수복된 토지는 다시 잃게 되었다. 그러나 당시 도잠은 여전히 유유의 속셈을 간파하지 못하였다. 그는 잠시의 승리에 대하여 깊은 애국사상을 표현하였다.

세월의 흐름에 따라 도잠은 자신이 공업(功業)을 세울 수 없는 데 대

---

117 「양장사에게 드림(贈羊長史)」.

하여 유감을 느꼈다. 「명자(命子)」 시에서 선조의 공덕을 두루 서술한 다음에 자기에 이르렀을 때 '아! 나는 덕이 없고 고루하여, 우러러보아도 미칠 수가 없구나. 다만 허연 귀밑머리 부끄러워져, 그림자 뒤로 하고 홀로 서 있다.(嗟余寡陋, 瞻望弗及. 顧慚華鬢, 負影隻立)'라 읊었다. 아들에 대한 희망을 밝힌 부분에서는 오히려 '일찍 일어나고 늦게 잠자리에 들어, 네 인재 되기를 바란다.(夙興夜寐, 願爾斯才)'라 하였다. 사람의 재간은 결코 명운이 가져올 수 없는 것이어서 나중에 지은 「아들들을 나무람(責子)」에서 '비록 다섯 아들 있지만, 모두 종이와 붓을 좋아하지 않는다. 아서는 벌써 열여섯이건만, 게으르기 실로 필적하지 못한다. 아선은 열다섯이 다되어 가는데, 글공부를 좋아하지 않는다.(雖有五男兒, 總不好紙筆. 阿舒已二八, 懶惰故無匹. 阿宣行志學, 而不愛文術)'라 하였다. 보아하니 그의 아들들은 결코 재능을 이룰 수 없고 분발하여 학문을 좋아하지도 않는 것이 주요 원인이다. 그러나 도잠은 '네가 인재 되지 못하여도, 그만일 뿐이지만.(爾之不才, 亦已焉哉)'이라 하여 어찌할 수가 없어서 그만 둘뿐이라고 하였다. 결국 방법이 없어서 '타고난 운명 실로 이와 같으니, 우선 술이나 들어야겠다.(天運苟如此, 且進杯中物)'라며 남의 탓으로 돌렸다. 명운이 이러하다면야 술이나 마실 수밖에.

　도잠은 40세가 되도록 세상에 크게 쓰일 수가 없었다. 이에 한편으로는 '가책을 느꼈으며' 다른 한편으로는 또한 다시는 출사할 수 없음을 나타내었다. 당시까지만 해도 명정론은 아직 나타나지 않았다. 아래에 「무궁화(榮木)」 시의 뒤 두 단락을 인용해보겠다.

嗟余小子	아! 나라는 사람은
稟玆固陋	이렇게 고루한 자질을 타고났네.

徂年旣流	지난 세월은 이미 흘러갔는데
業不增舊	학업은 옛날보다 늘지 않았네.
志彼不舍	저 그치지 말아야 할 것에 뜻을 두어
安此日富	이 나날이 느는 것에 안주한다네.
我之懷矣	나의 심사여
怛焉內疚	슬프게 안으로 괴롭구나.

先師遺訓	공자께서 남기신 가르침을
余豈云墜	내가 어찌 저버리겠는가?
四十無聞	40이 되도록 알려지지 않는다면
斯不足畏	이는 두려울 것 없다고 하셨지.
脂我名車	나의 좋은 수레에 기름 치고
策我名驥	나의 좋은 말 채찍질하여
千里雖遙	천리 비록 멀다지만
孰敢不至	어찌 감히 가지 않으리.

공자는 '40~50세가 되어도 알려지지 않는다면 그 또한 족히 두려울 것이 없는 것이다.'[118]라 하였다. 도잠이 이때까지도 잊지 않고 여전히 수레를 몰고 말에 채찍질하여 벼슬길로 달려가길 바랐는데, 아직 분명히 명운의 사상을 편안히 여기지 않을 것일 것이다.

나는 위에서 도잠은 명정론자라고 밝혔다. 그가 41세에 지은 「귀거래혜사(歸去來兮辭)」는 '즐겁도다, 하늘이 준 목숨 어찌 다시 의심하리?(樂夫

<hr>

118 『논어·자한(子罕)』.

天命復奚疑)'라는 말로 결론을 맺었다. 그러나 그는 완전히 수긍하지는 않았다. 그래서 때때로 몇몇 옛 사람들을 문장으로 지을 때 전설 중에 신화성을 띤 인물에 대해 칭송을 가하였다. 앞에서 인용한 「산해경을 읽으며(讀山海經)」 시에서는 그 중의 몇몇 신화 고사를 오히려 긍정하고 있다. 과보축일(夸父逐日)과 정위전해(精衛塡海)에서 형요(形夭)가 천제와 신의 지위를 다투며 죽더라도 굴하지 않는 투쟁정신까지 이런 믿을 수 없고 심지어 명운에 항거하는 행위가 그것이다. 특히 그가 50세 때 지은 「형가를 읊음(詠荊軻)」은 형가가 진나라 왕을 저격하는 것을 실패한 데 대하여 '안타깝도다, 검술 서툴러, 기이한 공 끝내 이루지 못함(惜哉劍術疏, 奇功遂不成)'이라고 결론을 지었다. 결코 명운으로 돌리지 않았는데 도잠의 후기(後期)에도 모든 일을 운명이 정하여졌다고는 이야기하지 않았다.

위의 이야기에 의하면 도잠의 인생 가치관은 비교적 복잡하다. 어떤 때라도 모두 운명이라고 체념하거나 운명에 순응하여 천명을 즐기며 명을 안 것은 아니다. 사실 명정론의 생성은 주로 사람들의 주관에서 객관적인 사물에 대한 인식을 부인하는 것을 비롯하여 인식의 정도 문제에서 기인한다. 개별 사물, 이를테면 형가가 진나라 왕의 암살에 실패한 원인은 주로 현장에서 검술이 충분히 주도면밀하지 못했기 때문이다. 『사기·자객열전』에 의하면 "노구천이 형가가 진왕을 저격하였다는 말을 듣자 혼잣말을 하였다. '아아! 안타깝도다, 그 칼로 찌르는 기술을 익히지 않음이.'"라 하였다. 이는 실패의 원인을 아주 분명하게 설명하였고 사람들에게 그대로 인식되었으며, 도잠 또한 명운으로 돌리지 않았기 때문이다. 『산해경』 중의 신화고사에 대해서는 당연히 사실을 고증할 수 없다. 그 또한 다만 사상적으로 공감할 뿐이었다. 이런 것들이 결코 운명을 믿지 않는 고사임을 인정하였다.

사람들이 천명을 믿느냐 믿지 않느냐 하는 원인을 분석해보면 도잠은 아직까지 이런 인식 수준이 없었다. 후래에 당나라의 유우석(劉禹錫)이 지은 「천론(天論)」에 이르러서야 비로소 이론적으로 이 문제를 해결하였다. 그는 배를 젓는 것을 예로 삼아 하늘을 믿는가(命定論) 아니면 사람을 믿는가 하는 인식론의 근원을 분석하였다. 배를 작은 하천에서 운행할 때는 빠르고 느리고, 서고 가는 것이 모두 사람이 파악하는 데 있다고 하였다. 광풍이 파도를 일으키지 않고 역류가 큰 물결을 일으키지 않으면 배를 신속하고 평온하게 운행하는 것은 사람의 작용에서 나온다. 배가 전복되거나 얕은 물에 좌초하는 것 또한 사람이 원인이다. 이 때문에 '배에 탄 사람이 하늘을 말한 적이 없는 것은 어째서인가? 이치가 분명하기 때문이다.'라고 하였다. 이는 사람들이 작은 하천에 대하여 그 물결이 흐르는 양상을 파악할 수 있고 이 때문에 배의 운행이 순조롭든 실패를 하든 모두 그 원인이 사람에게 있다고 생각하여 아무도 이를 천명으로 돌리지 않기 때문이다. 이와는 반대로 배가 큰 강과 큰 바다에서 운행을 한다면 빠르고 느리고, 서고 가는 것이 완전히 사람에 의해서 결정될 수가 없다. 작은 바람이 광풍으로 돌변할 수도 있고, 한 조각구름이 예측이 불가능한 변환(變幻)을 발생시킬 수도 있다. 이 때문에 '배에 탄 사람들은 거기에 대하여 말을 했던 적이 없는데 어째서인가? 이치가 어둡기 때문이다.'고 하였다. 곧 사람들은 큰 강과 큰 바다의 물이 흐르는 양상에 대하여 모두 까마득하여 아는 것이 없다. 때문에 모든 사람들이 사람의 작용을 이야기하지 않고 배의 운행이 성공하거나 실패하거나간에 천명에 맡길 수밖에 없다고 한 것이다. 이 두 가지 관점에서 분석을 해보면 인생의 조우와 일을 함은 성패와 득실을 막론하고 인위적인 원인을 찾아야 한다. 경험 교훈을 총결해야 하늘의 뜻이나 명운을 믿지 않을 수 있다는 말이다. 그러나 스스로 주관적으로 최대한 노력을 했다고 생각하였는데도 여전히 성공을 하지 못할 수도 있다. 오히려 객관적인 조건을 분석하지 않거나 혹은 파악할 길이 없으면 그것은 곧 '일을 계획하는 것은 사람에 있고 일을 이루는 것은 하늘에 있다.'는 사상을 낳게 될 것이다. 그러면 명정론으로 향해 달려가는 것이다.

도잠의 명정론 사상의 방향은 다양한 요인이 쌓인 데서 말미암았다고 할 수 있다. 그는 어려서부터 유가사상의 영향을 받았다. 나중에 「아들 엄 등에게 주는 글(與子儼等疏)」을 지어 먼저 말하기를 '하늘과 땅이 목숨을 부여하는 것으로 태어나면 반드시 죽게 되어 있다.(天地賦命, 生必有死)'라 한 것은 그 영향이다. 아울러 자하가 말한 '죽고 사는 것은 명이 있고, 부귀는 하늘에 달려 있다.(死生有命, 富貴在天)'라는 말도 인용하였다. 이는 그의 심목(心目) 중에 이미 종자(種子)를 남겨 놓았기 때문일 것이다. 그래서 가정의 곤궁에 대하여 「자제문(自祭文)」에서 말하기를 '가난한 운명을 만났다.(逢運之貧)'라고 하였다. 그가 사회에 진출한 후에는 앞에서 말했듯이 그는 젊었을 때는 씩씩한 심지를 가졌고 중원의 실지를 수복하려는 생각을 가졌었지만 당시의 현실적인 사회가 그를 실망시켰다. 조정 내부의 투쟁과 전란이 빈번해지고 사회의 기풍이 허물어져서 그의 이상적인 유가가 향해가는 순박한 세계와는 차이가 너무나 컸다. 따라서 그는 '삼황오제의 도는 아득한데, 순박한 풍속은 날로 다하여갔다.(三五道邈, 淳風日盡)'[119]라 하였다. '어리석은 나 삼대의 끝

||||||||||||||
119 「부채 그림의 찬(扇上畫贊)」.

후에 태어나, 개탄하며 황제와 순임금 생각하니.(愚生三季後, 慨然念黃虞)'
라고도 하였다. 또한 '복희씨와 신농씨가 우리를 떠난 지 오래되어, 온
세상에 순진한 데로 돌아가는 이 적네.(羲農去我久, 擧世少復眞)'라 하였다.
이는 바로 도잠이 맞닥뜨린 현실사회 상황이었다. 바로 '참된 기풍이
사라지고부터 큰 거짓이 일어났다(眞風告逝, 大僞斯興)'는 것이다.

　이런 '순박한 풍속이 날로 다해가는(淳風日盡)' 사회를 구하기 위하여
도잠은 공자가 한번 노력을 했었기 때문에 '바쁘디 바빴던 노나라의
늙은이[공자]는, 깁고 채워서 그를 순박하게 하였네. 봉황새 이르지는
않았어도, 예악 잠시나마 새로워질 수 있었네.(汲汲魯中叟, 彌縫使其淳. 鳳鳥
雖不至, 禮樂暫得新)'라 하였다. 그러나 역사의 발전은 오히려 진(秦)나라에
의하여 통일이 되었다. 이는 유가에 반(反)하는 조대이다. 도잠은 어느
정도 어쩔 수 없이 '곡부땅을 흐르는 수수와 사수에 가느다란 소리 끊
기니, 떠돌아 흐르며 미친 진나라까지 이르렀네.『시』와『서』에 무슨 죄
있다고, 하루아침에 재와 먼지로 화했던가?(洙泗輟微響, 漂流逮狂秦. 詩書復何
罪, 一朝成灰塵)'라 하였다. 한대(漢代)에 이르러 비록 몇몇 노인이『시』와
『서』를 전하여 내려오기는 하였지만 세상의 기풍이 날로 침체되어 유
가의 이상에 대하여 오히려 나루터를 묻는 사람이 없어졌다. 그는 이어
서 탄식을 하지 않을 수가 없었다. '작고도 작은 몇몇 늙은 유생들, 일
하는 데 실로 정성들였네. 어찌하여 세상(한나라) 끊긴 후에는, 육경 가
까이 하는 이 하나도 없는가? 종일 수레를 달려가도, 나루터 묻는 이 보
이지 않네.(區區諸老翁, 爲事誠殷勤. 如何絶世下, 六籍無一親. 終日馳車走, 不見所問津)'
이런 상황을 맞은 도잠의 태도는 '다시금 흔쾌히 마시지 않는다면, 술
거르는 두건 헛되이 쓴 것이리. 다만 한스럽긴 잘못과 그릇됨 많은 것
이니, 그대 마땅히 취한 사람들 용서해야 하리.(若復不快飮, 空負頭上巾. 但恨

多謬誤, 君當恕醉人)'[120]라는 것이었다.

현실의 불만에 직면하면 사람들은 세 가지의 상이한 반응을 보이게 마련이다. 곧 항거와 순응 그리고 도피하는 경향이다. 도잠은 현실에서 항거할 힘이 없었다. 그는 가장 많이 '맹렬한 뜻은 실로 항상 남아 있었던(猛志固常在)' 형요(刑天)와 '맹렬한 기가 긴 갓끈을 찌른(猛氣衝長纓)' 형가의 몸에 의탁할 수 있을 뿐이었다. 순응으로 말할 것 같으면 도잠은 그의 품성과는 맞지 않다고 생각하였다. '성질이 생긴 대로 굴어야 하고 억지로 닦달해서 고쳐지는 것이 아니다.(質性自然, 非矯勵所得)'[121] 스스로 이렇게 일컫기도 하였다. 곧 그는 자연스럽고 순진한 본성을 갖고 있어서 마음이 고쳐지고 꾸며질 수 없다고 생각하였다. 그는 또한 스스로를 '성질이 강퍅하고 재주는 졸렬하여 남에게 거슬리는 일이 많아 자기 마음대로 굴면 반드시 세속적인 환란을 자아내리라 생각했다.(性剛才拙, 與物多忤. 自量爲己, 必貽俗患)'[122]고 하였다. 그는 솔직한 성격을 스스로 깨달아 현실 사회 중의 인사에 대하여 합치되기가 어려웠다. 출사하여 세상에 쓰임 같은 것은 오히려 화환(禍患)을 남기기가 쉬웠다. 그는 이렇게 스스로 명확하게 아는 상황 아래서 대개는 세상을 도피하는 방법을 남겼다. 달리 그의 본성 방면에서 그는 또한 '어릴 때부터 속세와는 기질이 맞지 않았고, 천성이 본래 언덕과 산을 좋아하였다.(少無適俗韻, 性本愛丘山)'[123]고 한 것으로 보아 자신은 어려서부터 세속에 적응하는 기질이 결핍되었음을 인정하였다. 대자연의 회포에 융합되어 들어가

||||||||||||||

120 「술을 마시며(飮酒)」 제20수.
121 「귀거래혜사서(歸去來兮辭序)」.
122 「아들 엄 등에게 주는 글(與子儼等疏)」.
123 「원전거로 돌아오다(歸園田居)」.

도연명기념관 내 도연명 묘소로 가는 길의 패방

는 것을 좋아하였는데 이런 몇 가지 요소는 단번에 들어맞았다. '이 때문에 통달한 사람들은 때때로 숨어 살았다.'[124]는 말처럼 도잠 또한 다만 이 길로 달려가 돌아가 숨을 수밖에 없었다.

　사람들은 이 세 갈래의 노선에 따라 분석을 할 것이다. 항거하려는 결심을 하거나 현실에 순응하는 사람은 그다지 명이 정하여졌다는 사상을 형성하지는 못할 것이다. 자연에 대하여 과감하게 항거를 하기 때문에 필연적으로 자기의 역량을 믿는 것이다. 묵자는 강력하게 항거하는 것을 주장하여 비명(非命) 사상을 낳게 되었을 것이다. 현실에 순응

||||||||||||||||
124 「부채 그림의 찬(扇上畫贊)」.

하는 것을 주장하거나 할 수 있는 사람은 권세 있는 사람에게 나아가 빌붙거나 교묘한 수단으로 사리사욕을 채우기 십상이다. 심지어 알랑방귀를 끼거나를 막론하고 모두 자신의 재능과 수완에 의지한다. 결코 무슨 명운으로 말미암아 결정되지 않는다. 오직 세상을 피하는 사람만이 거의가 다른 갈 길이 없을 때에야 가게 되며 또한 막다른 골목에 다다랐다고 말할 수 있다. 바로 어쩔 수 없는 심경 아래서만 겨우 이를 귀숙처로 삼는데, 또한 다만 명이라고 체념하는 것 같다. 나중에 왕발(王勃)은 「등왕각서(滕王閣序)」에서 또한 말하기를 '군자는 가난함을 편안히 여기고 달인은 천명을 안다.'라 하였다. 명정론은 곧 여기에서 나타난 것이다.

도잠이 「귀거래혜사(歸去來兮辭)」를 지은 것은 그가 출사를 몇 번이나 반복하다가 마지막으로 관직을 버리고 돌아가 은거한다는 선언으로 보인다. 보아하니 그의 심정은 상당히 복잡하였다. "이미 가버린 것 탓할 수 없음 깨달았고 오는 것은 쫓을 수 없음 알았네. 실로 길 헷갈려 더 멀어지기 전에 지금이 옳고 지난날이 그른 것 깨달았네.(悟已往之不諫, 知來者之可追. 實迷塗其未遠, 覺今是而昨非)"라 한 데서 알 수 있다. 과거의 벼슬길에 든 것을 길이 헷갈린 것(迷塗)이라 하였다. 지금에야 '속세의 그물(塵網)'[125]에서 벗어나게 되었다. 오늘이 '옳고(是)' 지난날이 '글렀다(非)'는 것을 깨닫게 되었으니 응당 기뻤을 것이다. 그러나 그는 뒤에서 또 '돌아 가자구나, 사귀는 것 그만두고 벗과도 절교하자. 세상 나와는 서로 버렸으니 다시 수레를 타고 나간들 무엇을 구하리.(歸去來兮, 請息交而絶

<hr />

125 「원전거로 돌아오다」 제1수 '잘못 속세의 그물로 떨어져, 한번 떠난 지 30년이나 되었네.(誤落塵網中, 一去三十年)'

遊, 世與我而相遺, 復駕言兮焉求)'라 하였다. 이미 이 세상의 도와는 합치되지 않으니 다시는 남들과 사귀지 않고 다시 멀리 외출하는 것 또한 무슨 의미가 있겠느냐는 것이다. 그러나 집안에서는 여전히 친한 사람이 있었다. 금(琴)과 책을 짝 삼았으며, 밭 언저리와 가까운 곳으로 가서 산수를 가까이하며 놀 수 있었다. 그러나 만물이 때의 형세에 적응하며 기꺼이 꽃을 피움을 찬미할 때는 오히려 대비되는 아래에서 자기의 일생이 완결되어 감을 탄식했다. 이렇게 심경 상 큰 변화가 일어, 인생이 실로 짧아 사람의 형체가 세상에서 얼마나 살 수 있을까, 하고 느꼈다. 여기까지 생각이 미치자 사람이 세상을 떠나거나 남아 있거나 또는 이를 것이 없다고 느껴졌다. 여기에는 하늘을 따르고 명을 따르는 뜻이 어느 정도는 있다. 이 때문에 인생이 하필이면 안절부절못하며 도처로 달리거나 아니면 자연의 조화를 따라 자기의 귀숙처로 삼아 낙천적인 지명파가 되는 것도 더 이상 무슨 회의가 없게 되었다.

도잠은 이미 사람의 일생이 자연의 조화에 의해 결정된다는 것을 알았다. 때문에 현실에 대해 불만이 있다고 하더라도 자연을 따라야 할 뿐 최대한도로 할 수 있는 것이 한 번 감개하는 것이었다. 이른바 '곤궁과 영달 염려할 바 아니니, 초췌하게 변화 따라 옮겨가리. 내 자신 돌이켜보니 깊은 감회 있는데, 세모 만나게 되어 감개함 더해지고,(窮通靡攸慮, 顦顇由化遷. 撫己有深懷, 履運增慨然)'126, '새벽 햇빛 쉽게 저녁 됨 슬퍼하고, 내내 애써야 하는 인생 괴로워진다. 다들 똑같이 백년에 다해버리는데, 어찌하여 그렇게 기쁨은 적고 시름은 대단한가?(悲晨曦之易夕, 感人生之長勤. 同一盡於百年, 何歡寡而愁殷)'127라는 것이다. 이렇게 비감(悲感)의 끝

<hr>

126 「세모에 장상시께 화답하다(歲暮和張常侍)」.

에 마침내 자아를 가지고 일을 위로하였다.

　도잠은 일생토록 곤궁하였으나 당시의 그런 악하고 탁한 사회에 대하여 함께 휩쓸려 더럽게 되는 것을 바라지 않았다. 그렇다고 감히 일어나 반항하지도 않았기 때문에 인생에 대하여 공허한 정서를 드러내었다. '이 내 꿈속 같은 인생, 무슨 일로 세속의 굴레에 얽매이리!(吾生夢幻間, 何事紲塵羈)'**128** '인생은 환상과 같은 것, 끝내는 빈 무로 돌아가리니.(人生似幻化, 終當歸空無)'**129** 이런 사상 정서는 유물주의 자연관과 무신론 사상을 가지고 있는 사람과는 전혀 어울리지 않는 것이다. 그러나 이런 모순이 출현하는 것은 전혀 이상하지 않다. 하나의 인격신을 갖추고 있는 천제가 상선벌악을 행하고 백성들에게 복을 지어준다는 것을 믿지 않는다. 또한 형체가 다해도 정신은 사라지지 않고 삼세보응을 기다린다는 말을 믿지 않는다. 다만 현실사회 중에서 출로를 찾지 못하고 단지 어쩔 수 없이 자연명운의 신에게 가서 지배를 받게 한다. 그는 반복적으로 목소리를 낮추어 얇게 부르기를 '우주간에 육체 기탁하였으니 살아 있는 것 그 얼마나 되리, 어찌하여 마음이 가고 머무르는 대로 맡겨두지 않는가?(寓形宇內復幾時, 曷不委心任去留)', '애오라지 되는대로 즐기다 돌아갈 것이니, 즐겁도다, 하늘이 준 목숨 어찌 다시 의심하리.(聊乘化而歸盡, 樂夫天命復奚疑)'**130**라 하였다. 이렇게 그는 하늘을 즐기고 명을 아는 속에서 일생을 지냈다.

　중국 봉건 사회의 실의한 지식분자 중에서 도잠 같은 사상 유형은 일

---

127 「한정부(閑情賦)」.
128 「술을 마시며(飮酒)」 제8수.
129 「원전거로 돌아오다」 제4수.
130 「원전거로 돌아오다」.

정한 대표성을 가지고 있다. 그들 필생의 실제 경력과 생활 실천이 낳은 사상으로 볼 때 실로 공을 세운 자에게 상을 주고 악을 저지른 사람에게는 벌을 내린다는 천제와 귀신이 있다는 것을 믿지 않았다. 그러나 또한 인생의 각종 조우가 무슨 역량에 의해 지배되는지는 해석할 길이 없었다. 사회와 인생의 각종 현상을 모두 자연이 이러하다는 것으로 해석하면 이는 신학 목적론자가 인격신인 상제를 써서 일체의 것을 주재한다는 것과는 다르다. 전자는 무신론이라고 할 수 있다. 그러나 한층 깊이 분석을 하면 자연이 이와 같다는 것은 오히려 헤아릴 수 없는 인간의 역량이다. 이 초인적 역량을 믿으며 실제적으로는 어두운 사이에도 주재가 있다는 것을 인정하는 것으로 변하게 된다. 이것이 바로 자연의 명이 정하여졌다는 신(神)이며 인류 사회가 발전하는 필연적인 규율은 결코 아니다. 이렇게 하여 무신론 또한 유신론으로 향하게 된다.

여기서 볼 수 있는 것은 한 개인이 만약 자연관에서만 유물론이나 무신론의 사상을 가지고 있다면 결코 이것으로 사회 인사가 변화하는 과학적 원인을 설명할 수 없다. 억지로 해석을 한다면 매우 쉽게 자연 명정론으로 빠져들 것이다. 역사적으로 볼 때 저명한 무신론 사상가인 왕충은 결코 여기에서 벗어날 수 없었다. 도잠은 더욱 숙명론에서 인생의 몽환적인 소극적 정서를 낳았다. 이는 인류의 이론 사유 발전사와 무신론 역사의 연구 방면에서 모두 총결하는 경험 교훈을 가지고 있다.

역사상 위에서 말한 현상이 출현한 것은 하나의 문제다. 곧 마르크스주의가 창립한 역사유물주의 앞에서 유물주의와 무신론 사상 일반이 자연관 방면에서 표현된다. 만약 이 한계를 초과하여 사회 인사 문제를 섭렵한다면 유심주의의 숙명론에 빠지게 될 것이다. 실질에서 말하는 것 또한 유신론을 향한다. 비유컨대 사람의 생과 사에 대하여 자연 체질과 생리 기능으로 볼 때 태어남이 있으면 반드시 죽음이 있게 마련이다. 일월의 운행과 사시의 대사에서 초목이 시들었다 꽃을 피우는 것과 마찬가지로 자연의 이치이며 따라서 불사의 신선과 형체는 죽어도 정신은 사라지지 않는다는 설을 부정한다. 이런 사상은 분명히 무신론의 범주에 속한다. 그러나 이런 한계를 초월하여 사람의 천수와 요절, 화와 복, 빈부와 귀천 등과 같은 따위의 문제에 접촉하였을 때 무신론은 또한 숙명론으로 변한다. 숙명론은 실질적으로 깜깜한 가운데 자연의 운명을 결정하는 신이 있다는 것을 인정한다. 이는 곧 무신론과 유신론 사이에는 결코 넘을 수 없는 큰 도랑이 있으며, 이는 또한 구유물주의 무신론자가 극복하기 어려운 한계라는 것을 설명한다. 우리는 반드시 변증법적인 관점으로 옛 사람의 사상을 분석하고 평가해야 한다. 아울러 이런 사상의 역사적인 근원과 사회적 원인을 연구 토론해야 하며, 이는 오늘날에도 여전히 현실적인 의의를 가지고 있다.

제5장

도잠 시문의 사상 함축

앞 장에서는 주로 도잠의 자연관 및 그 인생철학을 토론하였다. 철리 방면에서 분석을 한 것이다. 도잠은 시인이기 때문에 그의 사상 감정은 주로 시를 통하여 표현되었다. 예로부터 무릇 도잠을 연구하고 그의 사상적 영향을 받은 사람은 주로 문학이라는 측면에서 품평을 가하였다. 아울러 중국 문학사상 숭고한 지위를 가지고 있다는 것을 인정한다.

이 책은 사상가 평전이다. 문학사에서 다루는 도잠과는 당연히 다른 점이 있을 것이다. 다만 근거하고 있는 소재와 시문사부는 모두 문학 작품에 속한다. 나는 그 가운데서 도잠의 사상 품격과 심리상태 그리고 감정을 탐색해내고 그의 시풍과 후세에 끼친 영향을 탐색한다. 이는 그의 사상에 대한 다른 방면의 평술(評述)이다.

1. 실로 궁하게 뜻을 지키는 강직한 품격

품격은 사람의 품질과 인격을 가리키며 사람들의 사상을 평가하는
중요한 내용이다. 실로 궁하게 뜻을 지키는 강직한 품격은 도잠의 사상
가운데 하나의 특색이라고 생각한다. 그가 지은 「오류선생의 전기(五柳
先生傳)」는 '실로 궁하게 뜻을 지키는' 자아의 형상을 그려내었다. 이 소
전(小傳)에서는 비록 주인공의 명자(名字)를 밝히진 않았지만 도잠의 자
전이라는 것은 사람들에게 널리 알려진 그대로이다. 이 전의 주인공은
'영리를 흠모하지 않았고', '책 읽기를 좋아하였으며', '천성이 술을 좋
아하였으니' 당연히 도잠의 자아 고백이다. 특별히 아래에 두 단락의
표현을 옮겨본다.

　　좁은 집안은 텅 비어 허전하였다. 비바람이나 햇빛을 가려주지도 못
하였으며, 짧은 베옷은 해져 기웠다. 대밥그릇과 바가지는 비어 있기가
다반사였지만 평안히 여겼다. 늘 문장을 지어 스스로 즐겼으며 자신의
뜻을 자못 드러내었다. 이해득실은 마음에 두지 않았으며 평생을 이렇
게 일관하였다.
　　찬에서 말한다. 검루가 말하기를 '가난하고 천함을 슬퍼하지 않고 부
와 귀에 급급하지 않는다.'고 하였다. 그 말을 끝까지 미루면 이 사람이
그런 사람의 무리일 것이다. 술을 즐기고 시를 지어 그 뜻을 즐겼다. 무
회씨의 백성인가? 갈천씨의 백성인가?
　　環堵蕭然, 不蔽風日, 短褐穿結, 簞瓢屢空, 晏如也. 常著文章自娛, 頗
示己志, 忘懷得失, 以此自終.
　　贊曰, 黔婁有言, 不戚戚於貧賤, 不汲汲於富貴. 極其言, 玆若人之儔

乎? 酣觴賦詩, 以樂其志. 無懷氏之民歟? 葛天氏之民歟?

여기서 집은 사방의 벽이 바람이 불거나 햇볕이 쬐는 것을 가려주지도 못하는 상태다. 해져서 기운 짧은 옷을 입고 밥그릇은 늘 비어 있다. 의식주의 상황은 이 전기의 주인공이 이미 어떤 곤궁한 경지에 이르렀는지 표현해내고 있다. 그러나 도잠은 전혀 신경 쓰지 않음을 드러낸다. 오히려 문장을 짓고 술을 마시고 시를 읊어 자기의 뜻을 밝혔다. 빈천 때문에 근심하지 않고 또한 부귀 때문에 분망하지도 않았다. 실로 궁하게 뜻을 지키는 자아의 명확한 표현이랄 수 있으며 그 속에서 또한 그의 강직한 품격을 볼 수 있다.

여기서 어떤 사람은 도잠이 이미 스스로 '대밥그릇과 바가지가 자주 비어 있는데' 어떻게 '술을 즐기고 시를 지을 수 있는가?'라고 제기할 수 있겠다. '술'은 다른 사람에게 청한 것일 것으로 「전」의 '천성이 술을 좋아하였으니(性嗜酒)'의 뒤에 이어서 말하였다. '집이 가난하여 늘 마실 수 있는 것은 아니었다. 친지 친척들이 이 같은 사정을 알고는 이따금 술자리를 마련하여 그를 불렀는데 순식간에 다 비우곤 하였으며 반드시 취하는 데 그 뜻이 있었다. 취하고 나서야 물러서는데 쩨쩨하게 떠나거나 머무는 데 마음을 둔 적이 없었다.(家貧不能恒得. 親舊知其如此, 或置酒招之, 造次輒盡, 期在必醉. 旣醉而退, 曾不吝情去留)' 여기서 아주 분명하게 자기는 집이 가난하여 술이 없어 친구가 불렀다고 말하고 있다. 이본(李本) 도연명의 문집에는 '감상(酣觴)'이 '수상(酬觴)'으로 되어 있으니 아마 친구와 응수하면서 술을 마신다는 뜻일 것이다.

도잠은 술을 좋아한 것으로 유명하다. 이는 또한 과연 그의 생활이 빈곤하였던가 하는 여부의 문제와 관계가 있다. 때문에 녹흠립은 여기에 대하여 전문적인 연구를 하였다. 그의 「도연명에 관하여(關於陶淵明)」 여섯째 파트는 제목이 '도연명의 기주(嗜酒)와 수궁(守窮)'이다. 그는 『도집』의 현존하는 시문 142편에 대하여 통계를 낸 적이 있는데 음주를 언급한 것이 모두 56편이다. 다시 그 중에서 연대를 고찰할 수 있는 40여 편을 연대별로 배열하였으나, 도잠의 음주를 세 단계로 나눌 수 있어서 상황이 결코 같지 않다. 첫 번째 단계는 39세에서 50세까지로, 마음 내키는 대로 실컷 마신 주요 시기이다. 두 번째 단계는 51세에서 57세까지로, 집이 가난하여 술이 없어 친구들의 초청을 받아 술을 마신 시기이다. 세 번째 단계는 60세 이후이다. 송나라 원가(元嘉) 원년(424) 도잠의 술친구 안연지가 시안(始安) 태수로 나가면서 가는 길에 심양에 들러 2만 전을 그에게 주었다. 그는 이 돈을 전부 술집에 갖다 주고 술집에서 술을 조금씩 가져다 마셨다. 몇 년이나 술이 없다가 안연지의 구제로 또 술을 즐길 기회를 잡은 것이다.

녹흠립의 이런 분석은 나름대로 의의가 있다고 생각한다. 어떤 사람은 도연명의 시를 보고 그가 만년에 곤궁하였다는 것을 부인한다. '시마다 술을 읊고' 또한 '순식간에 다 비우곤 하는데도(造次輒盡)' 술을 마시는 상황이나 술값의 내원에 관한 언급은 전혀 보이지 않기 때문이다. 진나라와 송나라가 교체된 이후에도 도연명의 생활 상태는 그리 큰 변화가 없었다. 여전히 술을 마시고 책을 읽고 나가 놀고 시를 읊으면서 여전히 풍류를 즐겼다. 도잠의 시 「걸식(乞食)」은 제목을 지나치게 과장하여 '굶주림이 와서 나를 몰아댄다.(飢來驅我去)'라 하였다. 다만 주인은 오히려 '보태주니 어찌 헛되이 온 것이리오? 이야기가 어우러져 저물녘을 지내며, 술잔 이르자 바로 잔 기울인다네. 심정 새로 알게 된 이의 권고에 즐거워져, 담소하고 읊조리다 마침내 시를 짓게 되었다.(遺贈豈虛

來. 談諧終日夕, 觴至輒傾杯. 情欣新知歡, 言詠遂賦詩.'라 하였다. 이에 의거하여 말하면 원래 말한 것은 '걸식(乞食)'이지만 친구의 집에 가서 이런저런 명목으로 돈을 갈취한 것으로 주인은 내빈과 고담준론을 나누며 술을 마시고 시를 읊었으니 여기에 어디 무슨 걸식이 있겠는가?[1] 이 글의 작자는 또한 노신의 말을 인용하였다. '곤궁함이 극도에 달하여 곧 죽을 것을 근심하는 사람이 어디에 또한 그렇게 한가한 정이 있어서 책을 짓는가?'라 하였다. '굶주림이 와서 나를 몰아대는(飢來驅我去)' 도징사가 '그때 혹 오로지 이미 얼마간 술을 마실 뜻이 있었다.'[2]라고도 하였다. 나는 도잠이 진짜로 걸식을 했든 친구 집에 가서 갈취를 했든가를 막론하고 후자는 그가 곤궁하지 않았다는 것을 증명할 수 없다고 생각한다. 그가 집에서 이미 술에 취해 배불리 먹었다면 또한 무슨 갈취를 한단 말인가?

노신이 말한 대로 '곤궁함이 극도에 달하였다'면 허다한 '한가한 정과 편안한 뜻'을 가지고 글을 짓지는 못했을 것이다. 이 말은 옳지 않다. 무엇보다 곤궁함이 극도에 달한 사람은 글을 지을 수 없는가? 사실은 공교롭게도 이와는 반대로 '온 집안 식구가 죽을 먹고 술은 늘 외상을 달았던' 조설근(曹雪芹)은 문학사상 불후의 명저 『홍루몽(紅樓夢)』을 써내었다. '논밭과 가옥을 모두 팔고난' 뒤의 오경재(吳敬梓)도 마찬가지로 대대로 전하여지는 『유림외사(儒林外事)』를 지었다. 옛날에 남긴 한 마디 '문장은 곤궁해지고 난 다음에 정밀해진다.'라는 말은 보아하니 도리가 없지 않다. 조설근과 오경재가 집안이 중도에 쇠락하여 심지

---

1 구눙(顧農), 「도연명연구찰기삼제(陶淵明研究札記三題)」, 『제로학간(齊魯學刊)』 1995년 제6기.
2 『화개집·벽에 부딪친 후(華蓋集·碰壁之後)』, 『노신전집』 제3권, 인민문학출판사, 1981년 판, 68쪽.

어 곤궁이 극도에 달하지 않고 여전히 부귀한 가문의 공자로 남아 있었더라면 한가한 정과 편안한 뜻을 가지고 숱한 저작을 남기기가 어려웠을 것이다. 노신 본인에게 질의해보건대 그의 그렇게 많은 저작은 모두가 한가한 정과 편안한 뜻에서 써낸 것인가? 아마 그 본인에게도 그렇게 말하기 어려울 것이다. 도잠이 말한 '굶주림이 와서 나를 몰아댄다.(飢來驅我去)'는 것은 이미 술을 마실 뜻이 있든 없든 가능할 것이나 또한 본성을 어지럽히지는 않았을 것이다. 그가 친구의 집에서 갈취를 했더라도 '굶주림이 와서 나를 몰아댄다.(飢來驅我去)'라고는 말할 수 없을 것이다.

도잠이 궁함을 지킨 것에 대하여 어떤 사람들은 동의하지 않았다. 최후에 '도연명은 일생 중에 대략 다만 마지막 1, 2년은 조금 곤궁했다.'라 할 수밖에 없었다. 소통의 「도연명전」에는 원가 3년(426) 초여름에 단도제(檀道濟)가 강주자사로 부임할 때 도연명을 찾아가보았다는 기록이 있다. 그때 노시인은 수척하고 굶주린 지가 이미 여러 날이 되었으며', '단도제가 기장과 고기를 가져다주었다.'라고 적었다. 이 사실에 대하여 문장의 작자는 '이 기록은 비록 도연명의 곤궁함에 대하여 과장이 없지는 않겠지만 그의 생활은 앞의 몇 년에 비해 차이가 나는 것은 사실이다.' '그러나 그는 결코 단도제가 보내준 것을 받지 않았다.'[3]라 하였다. 이 글의 작자가 도잠의 빈곤을 그다지 인정하고 싶지 않았기 때문에 한편으로는 가볍고 담담하게 말하였다. 도연명의 일생 중 대략 마지막 1, 2년만 조금 빈곤하였을 뿐이라는 말이다. 말한 뜻은 도잠의 이전 생활은 모두 상당히 부유했다는 데 있다. 단도제가 도연명을

<hr />

3 구농(顧農), 「도연명연구찰기삼제(陶淵明研究札記三題)」, 『제로학간(齊魯學刊)』 1995년 제6기.

찾았을 때 노시인은 '수척하고 굶주린 지가 이미 여러 날이 되었다.'는 사실에 대해서도 도연명의 어려움을 과장하여 말하지 않음이 없었다. 다만 그의 생활이 몇 년 전과는 비교적 차이가 있다는 것을 인정하였을 뿐이다. 도연명과 단도제의 대화와 구체적인 태도의 표명에 대해서는 다만 보내준 것을 받지 않았다고 말할 뿐이었다.

사실 도잠은 세상을 떠나기 1년 전에 단도제와 만났다. 마침 실로 궁하고 뜻을 지키는 그의 강개한 품격을 표명하기에 족했다. 단도제가 강주자사에 임명된 것은 송나라 원가 3년이었다. 당시 도잠은 실로 궁하여 굶주림에 시달린 지 이미 제법 시일이 지났다. 단도제가 그를 위문하러 가서 말했다. "대체로 현명한 사람이 세상에 처함에 도가 없으면 숨고 도가 있으면 나옵니다. 지금 그대는 문화가 빛나는 시대에 태어나 어찌 이렇게 괴로워합니까?" 도연명이 대답했다. "제가 어찌 감히 현명하기를 바라겠습니까? 뜻이 미치지를 못합니다." 단도제가 그에게 '기장과 고기'를 주자 그는 거절하고 받지 않았다. 도리어 '(손을) 휘저어서 보내었다.'[4]

도잠이 단도제를 보았을 때는 이미 '대략 빈곤한' 정도가 아니었다. 이미 '곤궁함이 극도에 달하였다'고 해야 할 것이다. 그가 한가한 정과 편안한 뜻이 있었는지 없었는지는 모르겠지만 「가난한 선비를 읊음(詠貧士)」 등과 같은 시가를 써내었다. 실로 궁하게 지내며 뜻을 지킨 강개한 품격을 표현한 것만은 확실하다. 아래에 먼저 「가난한 선비를 읊음」 7수에 대하여 분석을 진행해보겠다. 첫째 시에서는 말하였다.

‖‖‖‖‖‖‖‖‖‖‖
4 소통의 「도연명전」, 또한 『남사·도잠전』도 같다.

萬族各有託	만물 각기 의탁할 곳 있는데
孤雲獨無依	외로운 구름 홀로 의지할 곳 없구나.
曖曖空中滅	희미하게 공중에서 사라지리니
何時見餘暉	어느 때 남겨진 빛을 보겠는가?
朝霞開宿霧	아침놀 밤안개 걷어내니
衆鳥相與飛	뭇 새들 서로 어울려 나네.
遲遲出林翮	느지막이 숲 나섰던 새는
未夕復來歸	해도 저물지 않아 다시 돌아오네.
量力守故轍	힘 헤아려 옛길 지켜가니
豈不寒與飢	어찌 춥고 배고프지 않으리오.
知音苟不存	알아줄 이 실로 존재하지 않으니
已矣何所悲	그만이로다, 무엇 슬퍼하리오.

이 시는 마치 전체 시의 서문 같다. 말하고 있는 것은 자신이 처한 상황과 지향이다. 그는 자신을 남겨진 빛이라고는 보이지 않는 외로운 구름에 비유하였으며 공중에서 사라지려고 한다. 또한 한 마리 무리를 짓지 못한 외로운 새에 비유하였다. 홀로 왔다 홀로 갔다 하니 어찌 추위와 굶주림에 시달리지 않겠는가? 다만 그는 알아주는 이가 없더라도 여전히 본디 궁하고 뜻을 지키며 개인의 절조를 견지하리니 어찌 반드시 슬퍼하겠는가. 도잠은 스스로 '세상이 나와 서로 어긋난' 처지에서 자신의 곤궁한 상황을 묘사해냈다. 둘째 시에서는 말하였다.

| 淒厲歲云暮 | 싸늘하고 매섭게 해 저물었는데 |
| 擁褐曝前軒 | 베옷 걸치고 난간 앞에서 햇볕 쬔다네. |

南圃無遺秀	남쪽 밭에는 남겨진 이삭 없고
枯條盈北園	마른 나뭇가지만 북쪽 정원에 가득하다.
傾壺絶餘瀝	술병 기울이니 남은 술 없고
闚竈不見煙	부엌 들여다보니 연기 안 보이네.
詩書塞座外	『시』와 『서』 자리 옆 채웠으니
日昃不遑研	해 기울어도 바삐 연구하지 않네.
閑居非陳厄	한가로운 삶 진나라에서의 곤궁 아닌데
竊有慍見言	나름대로 노기 품고 하는 말이 있다.
何以慰吾懷	무엇으로 내 마음 달랠까?
賴古多此賢	옛날에 이런 현자 많았음 힘입네.

이 시는 도잠이 만년의 생활을 자술한 것이다. 한 해가 끝나갈 무렵 바람소리가 싸늘하고 매서우며 북쪽 동산과 남쪽 채마밭은 또한 쓸쓸하기만 하다. 그는 거친 베옷을 입고 회랑에서 햇볕을 쬐고 있지만 술병에는 한 방울의 술도 남아 있지 않고 부엌에는 불 때는 연기가 보이지 않는다. 이런 곤궁한 상황에서 그는 위로해주러 올 사람을 찾지 못하는데 다행스럽게 고인 가운데 이런 성현이 많이 있다. 이에 그는 몇몇 고인을 가지고 끌어다 동조자로 삼는다. 셋째 시에서는 말하였다.

榮叟老帶索	영계기 노인 늙어서도 새끼 맸으나
欣然方彈琴	즐거이 한바탕 거문고 탔었고
原生納決履	원헌 떨어진 신발 신었으나
清歌暢商音	맑은 노래 고음 퍼졌다네.
重華去我久	순임금 시대 나와 오래 떨어져

貧士世相尋　가난한 선비 대대로 이어졌다네.

弊襟不掩肘　떨어진 옷 팔꿈치 가리지 못하였고

藜羹常乏斟　명아주 국 언제나 건더기 없었다네.

豈忘襲輕裘　어찌 가벼운 갖옷 입을 줄 모르리오?

苟得非所欽　구차히 얻음 바라는 것 아니었다네.

賜也徒能辯　자공 그저 말만 잘했으니

乃不見吾心　결국 내 마음 알아주지 못하리.

　도잠은 여기서 춘추시대의 은사 영계기(榮啓期)와 공자의 궁한 제자 원헌(原憲)을 거론하였다. 이런 사람들은 비록 떨어진 신발을 신고 해진 옷을 입고 나물국을 먹고 있지만 여전히 금을 타고 노래를 부르며 그 즐거움을 만끽하고 있다. 이런 가난한 선비는 대대로 전하여지고 있다고 말할 수 있다. 그들은 설마 비단옷과 부귀를 알지 못할까? 그러나 '구차히 얻는(苟得)' 재물은 결코 신경을 쓰지 않는다. 도잠이 이 시를 지은 것은 실질적으로 고대의 뜻과 행실이 고결한 선비를 가지고 스스로 면려한 것이다. 넷째 시에서는 말하였다.

安貧守賤者　가난 편안히 여기고 비천함 지킨 이로는

自古有黔婁　예로부터 검루 있었다네.

好爵吾不縈　좋은 벼슬 내 영광으로 여기지 않고

厚饋吾不酬　후한 선물 내 받지 않는다 했다네.

一旦壽命盡　하루 아침에 수명 다하여

蔽覆仍不周　떨어진 옷으로 몸 다 덮지도 못했네.

豈不知其極　어찌 그 곤궁 알지 못하였으리오?

非道故無憂	도 아니니 근심할 것 없었다네.
從來將千載	그 이후로 천년 되어 가는데
未復見斯儔	다시는 이런 무리 보지 못하였네.
朝與仁義生	아침에 인의와 더불어 살았으니
夕死復何求	저녁에 죽은들 다시 무엇을 구하리오?

   이곳의 검루 또한 가난을 편안하게 여기고 천한 생활을 지킨 인물이다.『고사전(高士傳)』에 의하면 '검루 선생은 제나라 사람으로 몸을 수양하고 깨끗한 절조를 지키며 제후들에게 벼슬을 구하러 나아가지 않았다. 노나라 공공(恭公)은 그가 현명하다는 소문을 들었다. 사신을 보내어 예를 드리며 3천 종을 하사하고 재상으로 삼으려 하였으나 검루 선생은 사양하고 받지 않았다. 제나라 왕이 또 그에게 예물을 갖추고 황금 백 근으로 초빙하여 경으로 삼으려 했다. 검루 선생은 또 나아가지 않았다.'고 한다. 이런 사람은 고관과 두터운 봉록에는 터럭만큼도 마음이 움직이지 않는다고 말할 수 있다. 그러나 검루는 지지리도 궁한 사람이었다. 그가 죽은 후에 침상의 해진 이불은 그의 시신조차 완전히 덮을 수가 없었다. '머리와 발을 다 덮지 못하여 머리를 덮으면 다리가 보였고 다리를 덮으면 머리가 보였다.'고 하니 곤궁함이 극도에 달하였다고 할 수 있겠다. 이런 사람은 근 천년 동안 드물게 보이지만 도잠은 오히려 그를 십분 칭찬하여 '아침에 인의와 더불어 살았으니, 저녁에 죽은들 다시 무엇을 구하리오?(朝與仁義生, 夕死復何求)'라 하였다. 다섯, 여섯, 일곱째 시는 다음과 같다.

袁安困積雪	원안 쌓인 눈에 갇혔어도

邈然不可干　　초연하여 구할 수 없다고 하였다네.

阮公見錢入　　완공 돈 들어오는 것 보고

卽日棄其官　　그날로 그 관직 버렸다네.

芻藁有常溫　　꼴과 짚에 항상 온기 있었고

採芋足朝飱　　토란 캐니 아침거리 충분했다네.

豈不實辛苦　　어찌 실로 고생스럽지 않았겠는가만

所懼非飢寒　　두려운 것 주림과 추위 아니었다네.

貧富常交戰　　빈천과 부귀 늘 서로 싸우나

道勝無戚顔　　도 이기니 근심하는 안색 없었다네.

至德冠邦閭　　지극한 덕 나라와 고을에 으뜸이었고

淸節映西關　　맑은 절개 서관에 비쳤다네.

仲蔚愛窮居　　장중울 곤궁하게 거처함 즐겼으니

遶宅生蒿蓬　　집 빙 둘러 쑥풀 나 있었다네.

翳然絶交游　　자취 감춘 채 교제 끊었지만

賦詩頗能工　　시 지음 자못 뛰어났다네.

擧世無知者　　온 세상에 알아주는 이 없어서

止有一劉龔　　유공 한 사람에 그쳤다네.

此士胡獨然　　이 선비 어찌 혼자 그랬겠는가?

實由罕所同　　실로 맞는 이 드물었기 때문이라네.

介焉安其業　　군건히 자기 일에 편하였으니

所樂非窮通　　즐김 곤궁과 영달 아니었다네.

人事固以拙　　사람의 일 실로 서투니

聊得長相從　　그저 길이 상종할 수 있었으면.

昔在黄子廉	옛날에 황자렴 있었는데
彈冠佐名州	벼슬길에 나서 이름난 고을 다스렸다네.
一朝辭吏歸	하루아침에 관직 버리고 돌아오니
清貧略難儔	청빈함 거의 짝하기 어려웠다네.
年飢感仁妻	흉년 들자 어진 아내에게 느낌 있어
泣涕向我流	나 보고 눈물 흘린다네.
丈夫雖有志	사나이 뜻 가졌다 해도
固爲兒女憂	실로 처자식 위해 근심해야 하리.
惠孫一晤歎	혜손 한번 만나보고 탄식하였으나
腆贈竟莫酬	후한 선물 끝내 받지 않았다네.
誰云固窮難	누가 실로 곤궁함 견디기 어렵다고 하는가?
邈哉此前修	고상하구나 이 선현들이여!

이상 세 수에서 도잠은 원안과 완공, 장중울, 황자렴의 네 사람을 열
거하였다. 모두 청빈하고 청렴결백한 선비이지만 그 특징은 오히려 다
서로 같지 않다. 그러나 다른 각도에서 도잠은 동조를 이끌어낼 수 있
었으며 혹은 그 안에서 계시를 얻기도 하였다.

원안의 덕행은 온 나라의 귀감이고, 완공의 절조는 오히려 서관(西關)
을 비추고 있다. 그들은 빈과 부가 늘 마음속에서 다투고 있는데 도의
가 늘 승리 쪽에 있으며, 이런 것은 곧 눈썹을 찡그리게 하고 얼굴을 고
통스럽게 할 수 없으니 이는 정녕 두려워해야 할 것이 결코 주림과 추
위가 아니기 때문이다. 그들의 이런 사상 행위는 도잠에게 어떤 계시
를 하였을 것이다.

장중울은 또한 달리 하나의 격조를 갖추었다. 그는 동한 사람이다.

『고사전』에서는 그에 대해 '은거하며 벼슬을 하지 않았다. 천문에 밝고 박식했으며 문장을 잘 짓고 시와 부를 좋아했다. 늘 사는 것이 곤궁하고 허름한 오두막에서 지냈으며 찾아오는 사람도 없었다. 대문을 닫아걸고 천성을 함양하면서 영달과 명성을 추구하지 않아 당시에는 아는 사람이 없었고 오직 유공(劉龔)만이 그를 알아보았다.'라 하였다. 그는 문을 닫고 천성을 함양하였으며 명리를 흠모하지 않았다. 살고 있는 다 부서진 집 주위는 쑥대와 잡초가 무성하게 자라 도로가 막혔다. 교유가 단절되어 유공을 제외하면 그를 알아보는 사람이 없었다. 이런 강개하고 무리를 짓지 않는 사람은 곤궁과 통달로 뜻을 바꾸지 못한다. 도잠이 끌어다 동조자로 삼아 오래도록 상종하기를 바랐으니 곧 그의 사람됨을 좋아서 배웠다.

마지막으로 언급한 황자렴은 유명한 주군에서 직무를 보좌한 적이 있지만 하루아침에 사직하고 전원으로 돌아갔으니 청빈하기가 짝이 없었다. 실제로 처자와 자녀들을 어려움에 빠뜨렸으나 그는 여전히 혜손이 주는 두터운 재물을 받지 않았다. 이 점에 대해 도잠은 깊은 감동을 받았다. 이로 인해 자기 또한 유사한 상황이 생겼다. 그러나 그는 고무되었으니 누가 본디부터 궁하고 뜻을 지키기가 어렵다고 하는가? 과거의 현인들이 이미 모범을 보였으니 자신도 따름이 있었을 것이다. 이는 도잠이 가난한 선비를 읊은 시에서 얻어낸 귀결이다.

도잠은 자신의 본디 궁하고 뜻을 지키는 것을 표명하기 위하여 한 무리의 벼슬을 하지 않고 은거한 옛 사람들을 칭찬하여 「부채 그림의 찬(扇上畫贊)」을 써내었다.

하조장인(荷蓧丈人) 장저·걸닉(長沮桀溺) 오릉중자(於陵仲子) 장장공(張長公) 병만용(丙曼容) 정차도(鄭次都) 설맹상(薛孟嘗) 주양규(周陽珪)

삼황오제의 도는 아득한데 순박한 풍속은 날로 다하여갔다. 구류는 들쭉날쭉, 서로 밀치고 떨어뜨렸다. 몸은 사물 쫓아 변해가고, 마음은 일정한 표준이 없다. 그러므로 통달한 사람들은, 때로 숨어 살았다. 사지를 부지런히 움직이지 않고, 오곡도 분별하지 못하였는데, 높이 뛰어난 하조장인은 날이 저물 때까지 밭을 갈았다. 멀고먼 옛날 장저와 걸닉은 나란히 밭을 갈며 스스로 기꺼워했다. 날아드는 새는 놀라지 않았고, 여러 짐승들은 그곳에 무리지어 살았다. 지극하도다 오릉중자여, 기기름이 호연하였다. 저 사두마차를 깔보면서, 이 농원에 물주는 것 달가워했네. 장장공은 한번 벼슬하다가 일이 있어 돌아왔네. 자신이 할 수 없음 헤아려 사람들 사이 시원하게 하직하였네. 높디높은 병만용공, 벼랑 바라보자 곧 돌아갔다네. 교만하지도 않고 인색한 것도 아니라 앞길 평탄치 않았다네. 정차도 노인 세상의 일과 맞지 않아, 냇가에 낚시 드리우고 수풀 밑에서 술잔 나누며, 깨끗한 이야기 깊이 궁구하였네. 설맹상은 학문에 노닐었는데 하늘 그물 이따금 성글었다네. 명철한 벗 돌아보고 헌옷 털고 함께 나갔다. 훌륭하도다! 주양규여, 병 핑계 대고 한가로이 살았다네. 마음 부침 맑고 고상하여, 유유히 스스로 즐기었다네. 어둑어둑한 오두막집에 한없이 샘물 흘렀다네. 금이며 책, 돌아보면 뜻 맞는 무리 있었다네. 황하 마셔 배만 부르면, 그 외에는 모두 쓸데없었지. 아득히 천년 옛날 생각하니, 마음속 부치고 외로이 논다네.

三五道邈, 淳風日盡. 九流參差, 互相推隕, 形逐物遷, 心無常準, 是以達人, 有時而隱. 四體不勤, 五穀不分; 超超丈人, 日夕在耘. 遼遼沮溺,

耦耕自欣, 入鳥不駭, 雜獸斯羣. 至矣於陵, 養氣浩然, 蔑彼結駟, 甘此
灌園. 張生一仕, 曾以事還, 顧我不能, 高謝人間. 岌岌丙公, 望崖輒歸,
匪驕匪吝, 前路威夷. 鄭叟不合, 垂釣川湄, 交酌林下, 清言究微. 孟嘗
遊學, 天網時疏, 眷言哲友, 振褐偕徂, 美哉周子, 稱疾閑居, 寄心清尙,
悠然自娛, 翳翳衡門, 洋洋泌流. 日琴日書, 顧盼有儔. 飲河旣足, 自外皆
休. 緬懷千載, 託契孤遊.

　도잠은 여기서 모두 아홉 고인(古人)을 찬송하였다. 먼저 하조장인과
장저·걸닉을 들었다. 이 세 사람은 은거하며 농사짓던 자들이다. 모두
스스로 농업 노동에 참가하여 자로가 나루를 물었을 때 공자라는 사람
은 '사지를 부지런히 놀리지도 않고 오곡을 분간하지도 못한다.'고 비
평하였다. 그들은 동시에 '세상을 피한 선비들'이었다.[5] 도잠은 나중에
은거하며 농사를 짓던 자로 먼저 이 세 사람에 동조하여 친하게 지낸
사람들로 들었다.
　그 나머지 여섯 사람은 모두 본래부터 곤궁하고 뜻을 지킨 청렴하고
고결한 선비였다.
　도잠은 오릉중자에겐 '지극하도다(至矣)'란 찬사를 부여하였다. 그의
강개한 품격은 이미 최고의 경지에 이르렀다고 생각한 것이다. 오릉은
지명으로 옛 성은 지금의 산동성 장산현(長山縣) 서남쪽에 있다. 제나라
사람인 진중자는 오릉에 은거하면서 스스로 오릉중자라 하였다. 그 사
람됨은 『고사전』에서 '중자의 형 대(戴)는 제나라의 경으로 봉록이 만
종(鍾)이었는데 중자는 이를 의롭지 못하다 생각하여 초나라로 가서 오

릉에서 살았다. 빈궁했지만 구차하게 구하지 않았으며 흉년이 들어 식량이 떨어지자 기어서 우물가의 자두를 먹었다. 나중에 초나라 왕이 진중자가 현명하다는 소리를 듣고 사신을 보내어 황금 백 일(鎰)을 지니고 그를 재상으로 초빙하게 하였다. 중자의 아내가 "어지러운 세상에는 해로움이 많다"라 생각하여 이에 사자에게 나아가 사양하고 마침내 함께 도망가서 다른 사람의 동산에 물을 대주었다.'라 하였다. 진중자는 높은 관직에 있으며 두터운 봉록을 받느니 차라리 세상을 피하여 농업 노동에 참가하기를 바랐다. 도잠은 그를 칭찬하여 '기를 기름이 호연하였다.(養氣浩然)'고 칭찬하였다.

장생은 서한의 명신 장석지(張釋之)의 아들 장장공으로 벼슬이 대부에까지 이르렀다. '당세에 용납될 수가 없다고 생각하여 죽을 때까지 출사하지 않았다.'[6] '성품이 공정하고 곧아 굽히어 당세에 용납될 수가 없었으므로 면직되어 벼슬을 하지 않게 된 것이다.'[7] 이런 강개한 품격은 바로 도잠이 앙모한 것이어서 '자신이 할 수 없음을 헤아려 사람들 사이를 시원하게 하직하였다.(顧我不能, 高謝人間)'라 하였다.

병만용은 곧 병만용(邴曼容)으로 서한 말 낭야(琅邪, 지금의 山童 諸城) 사람이다. 사서에서는 '뜻을 길러 스스로 수양하여 관직이 6백 석을 넘으려 하지 않아 문득 스스로 벼슬을 그만두고 떠났다.'[8]라 하였다. 도잠은 '높디높다(峷峷)'는 말로 그의 숭고한 도덕품격을 형용하였다. 스스로 관직을 그만 둔 것은 도잠이 바로 그를 모범으로 삼은 것이다.

정차도(鄭次都)와 설맹상(薛孟嘗) 등의 사람도 있다. '은거하여 학문이

||||||||||||

6 『사기(史記)』권102「장석지열전」.
7 『사기』권102「장석지열전」색은(索隱).
8 『한서(漢書)』권72「양공전(兩龔傳)」.

정밀하였고', 혹은 '학문을 좋아하고 행실이 독실하여' 모두 뜻과 행실이 고결한 선비로 도잠이 존경하여 복종하게 하였다. 그는 마지막으로 천백 년래의 뜻이 같고 도가 합치하는 자들과 홀로 스스로 교유하려고 생각하였다.

　도잠은 고인을 읊조리는 데 힘입어 자신의 지향을 펴서 밝혔다. 이 외에 이따금 소나무와 국화의 굳고 곧으며 빼어난 자태를 노래하여 읊어 비유함으로써 자신의 맑고 높고 강개한 품격을 찬송하여 포괄하였다.

和澤周三春	온화함과 윤택함이 석 달 봄에 두루 미치더니
淸涼素秋節	맑고 서늘한 가을철 되었구나.
露凝無游氛	이슬 엉기니 떠도는 먼지 없어져
天高肅景澈	하늘 높고 경치 맑다네.
陵岑聳逸峯	높은 등성이에 빼어난 봉우리 솟아
遙瞻皆奇絶	멀리서 바라보니 모두 뛰어나고 절묘하다네.
芳菊開林耀	향기로운 국화 숲에서 피어 빛나고
靑松冠巖列	푸른 솔은 바위 위로 솟아 늘어섰네.
懷此貞秀姿	이 곧고 빼어난 자태 간직한 채
卓爲霜下傑	우뚝 서리 아래 준걸 되었구나.
銜觴念幽人	잔 들고 은자들 생각해보니
千載撫爾訣	천년토록 너희 비결 지녔었지.
檢素不獲展	평소의 뜻 거둔 채 펴지 못하고
厭厭竟良月[9]	무료하게 좋은 달 마친다네.

‖‖‖‖‖‖‖‖‖‖‖
9　「곽주부에게 화답하다(和郭主簿)」 제2수.

靑松在東園	푸른 솔 동쪽 동산에 있는데
衆草沒其姿	뭇 잡초들 그 자태 덮어버렸네.
凝霜殄異類	된 서리 다른 무리 모두 없애버리니
卓然見高枝	우뚝하니 높은 가지 드러나네.
連林人不覺	수풀 가까이 있을 때는 아무도 깨닫지 못하다가
獨樹衆乃奇	나무 홀로 있게 되면 모두들 곧 뛰어나다 하네.
提壺挂寒柯	술병 끌어 겨울의 찬 나뭇가지에 걸어두고
遠望時復爲	이따금 다시 멀리서 바라보네.
吾生夢幻間	이 내 꿈속 같은 인생
何事繼塵羈[10]	무슨 일로 세속의 굴레에 얽매이리!

도잠은 이 두 시에서 산림의 향기로운 국화와 암벽의 푸른 소나무를 찬송하고 있다. 굳고 곧고 빼어난 자태가 흡사 된서리 밑에 똑바로 서 있는 호걸 같다. 또한 동쪽 동산의 푸른 소나무는 더욱 홀로 우뚝 서 있어서 외롭고 오만하기가 세상에 빼어나다. 이런 것들은 모두 도잠에 의해 자신의 맑고 높고 강개한 품질의 비유로 인용되고 있다.

도잠은 스스로 본래부터 궁하며 뜻을 지키는 강개한 품질을 자랑하였다. 가정에서 화재를 당하여 '숲의 집이 갑자기 불에 타, 온 집에 남아 있는 건물이라고는 없는(林室頓燒燔, 一宅無遺宇)' 상황에서도 여전히 이렇게 표현하여 위로를 하고 있다. '머리를 묶은 뒤 고고한 절개를 지닌 채, 어느덧 40년이 넘었는데(總髮抱孤介, 奄出四十年)', '곧고 굳음이 본래 바탕이 있었으니, 옥이나 돌은 오히려 굳은 것이 아니지.(貞剛自有質,

<hr>

10 「술을 마시며(飮酒)」 제8수.

玉石乃非堅)'**11** 여기서 '총발(總髮)'은 곧 '총각(總角)'으로 소년 때 이미 곧게 빛나는 품격을 양성하기 시작하여 매우 빨리 40년이 지났다는 것을 말한다. 이런 곧고 굳센 자질은 옥이나 돌보다 더 굳고 단단하다. 그래서 그는 '높은 지조는 잡고 기어오를 것이 아니나, 나름대로 본래 곤궁한 절개는 얻었다.(高操非所攀, 謬得固窮節)'**12**고 하였다. 곧 본디 곤궁한 절개와 지키는 뜻에 대하여 시종 굳게 지녀 변치 않았다. '가고 또 가서 불혹의 나이가 되도록, 정체하여 마침내 (공명을) 이룬 것은 없지만(行行向不惑, 淹留遂無成)' 오히려 여전히 '끝내 군자의 실로 궁한 절개를 안고, 주림과 추위를 실컷 겪었다.(竟抱固窮節, 飢寒飽所更)'**13** 그는 여전히 백이와 숙제 그리고 영계기가 '군자는 본래 궁하다는 절개를 취하지 않는다면, 오랜 세월 뒤에 장차 그 누가 전하려 하리?(不賴固窮節, 百世當誰傳)'**14**라 생각하였다. 이는 당연히 그가 자부심의 모범으로 인용한 것이다.

도잠이 본래부터 곤궁하고 뜻을 지키는 것을 견지하는 마지막 자백은 문집의 「깨달음이 있어서 짓다(有會而作)」와 비교된다. 그 서문과 시에서는 말하였다.

묵은 곡식은 이미 없어졌고 새 곡식은 아직 거두어들이지 않았다. 자못 노련한 농부가 되었는데도 흉년을 만나니 세월은 아직 까마득하여 근심이 끊이지 않는다. 풍년의 성과는 아직 바랄 수 없고 조석거리로 밥하는 불이나 겨우 들어간다. 10여 일 이래로 굶주리고 부족한 것을

|||||||||||||

11 「무신년 6월에 화재를 당하다(戊申歲六月中遇火)」.
12 「계묘년 12월에 지어 종제인 경원에게 주다(癸卯歲十二月中作與從弟敬遠)」.
13 「술을 마시며」 제16수.
14 「술을 마시며」 제2수.

염려하기 시작하였다. 해가 저물어가니 개탄하며 내내 생각에 잠긴다, 지금 내가 말하여 놓지 않으면 뒷사람들이 무엇을 듣겠는가?

舊穀旣沒, 新穀未登, 頗爲老農, 而値年災, 日月尙悠, 爲患未已. 登歲之功, 旣不可希, 朝夕所資, 煙火裁通. 旬日已來, 始念飢乏, 歲云夕矣, 慨然永懷, 今我不述, 後生何聞哉.

弱年逢家乏	젊어서 집안의 곤궁함 만났는데
老至更長飢	노년에 이르러 더욱 내내 굶주린다.
菽麥實所羨	콩과 보리 진실로 바라는 바나
孰敢慕甘肥	어찌 감히 맛있고 살진 것 기대하리오?
惄如亞九飯	배고픔은 한 달에 아홉 끼에 버금가고
當暑厭寒衣	더운 철에도 겨울옷 물리도록 입는다.
歲月將欲暮	세월 저물어가려는데
如何辛苦悲	어찌하여 고생에 슬퍼하는가?
常善粥者心	죽 주던 자의 마음 늘 좋게 여기며
深念蒙袂非	소매로 얼굴 가린 자의 잘못 매우 한스럽다네.
嗟來何足吝	"자! 와서 먹어라." 한 것 어찌 유감스러워할 만하여
徒沒空自遺	괜히 죽어 부질없이 스스로 목숨 버렸는가?
斯濫豈攸志	이 지나침이 어찌 그의 뜻이었으리?
固窮夙所歸	본래부터 곤궁함 옛날부터 바라던 바였다네.
餒也已矣夫	배고파도 그만이니
在昔余多師	옛날에 나의 스승 많았다네.

도잠의 이 시를 학자들은 주로 그의 만년의 작품, 곧 원가 3년(426) 그

의 나이 62세 때의 작품으로 생각하고 있다. 「가난한 선비를 읊음(詠貧士)」과 대략 같은 시기에 지어졌다.

도잠은 이 시를 지으면서 옛일로 지금을 비유하였을 뿐만 아니라 또한 자연계의 사물을 가지고 비교를 하지 않았다. 늘그막에 화재를 당하였을 때 그는 다시 일생 동안 겪은 체험을 되돌아보면서 스스로 소년 시절에 가세가 중도에 몰락하였으며 늙어서는 더욱 굶주린 흉년을 만났다고 하였다. 자신은 예로부터 생활에 대하여 감히 높은 요구를 하지는 않았지만 입고 먹는 쪽으로는 여전히 매우 어렵다. 이 해가 저물어 갈 때 고생하느라 슬픈 느낌을 벗어나지 못하였다는 것이다. 바로 곤궁을 견디지 못하는 상황에서 도잠은 옛날의 '소매로 얼굴을 가린 사람이'"와서 먹어라"한 음식을 먹지 않았던' 것을 견지하였던 고사를 떠올렸다. 처음에는 죽을 나누어주던 검오(黔敖) 또한 좋은 마음이라고 느꼈지만 소매로 얼굴을 가린 사람은 거절하여 먹지 않고 다만 자신에게 유감만 가져왔다. 그러나 공자가 진(陳)나라에서 양식이 떨어져 '군자는 실로 곤궁한 법이니 소인은 곤궁하면 넘치게 된다.'[15]라 말했던 것을 떠올렸다. '이에 넘치는' 것은 바로 예의와 합치되지 않는 행위이기 때문에 '소매로 얼굴을 가린 사람'은 받으려 하지 않았으며 실로 곤궁하고 뜻을 지키는 군자가 되려 하였다. 이는 도잠이 단도제가 보내준 음식을 거절한 성질과 같아 그로 하여금 적지 않은 고인들이 스승으로 삼을 수 있게 하였다. 이런 시들은 도잠 사상의 중요한 일면을 반영한다.

---

15 『논어·위령공(衛靈公)』.

2. 국운에 관심을 가진 비분의 토로

도잠 시에서 도잠의 사상을 반영하는 다른 면은 바로 국운에 관심을 갖는 것이다. 국가의 오랜 세월 쌓인 약세와 조정의 부패, 백성들의 질고에다가 더하여 사람을 기용하는 것의 부당함, 사회 혼란, 권신의 찬탈로 진송이 교체된 것 등이다. 그의 시에는 이에 대해 왕왕 비분이 담긴 토로를 하였다. 당시의 험악한 정치 환경에서 '세상은 흘러서 가버리고 사물은 무리로 갈라져서 형태를 갖게 되었다. 촘촘한 그물 마련하면 물고기가 놀라고 넓은 그물 만들게 되면 새들이 놀란다.(世流浪而遂徂, 物羣分以相形. 密網裁而魚駭, 宏羅制而鳥驚)'¹⁶는 것이다. 사회가 동요하여 좋은 시절은 흘러갔고 사람의 무리는 나뉘어 집단을 이루어 서로 대립하였다. 각종 그물을 촘촘히 쳐서 헤엄치는 물고기를 놀라게 하고 나는 새를 놀라게 한다. 실제적으로 사람들이 모두 놀라고 무서워해 흠칫흠칫 놀라는 것을 비유한다. 노신은 '도잠이 진·송에 살았던 것은 공융이 한 말에 살고 혜강이 위나라 말기에 살았던 것과 대략 같다.'¹⁷고 말한 적이 있다. 공융과 혜강은 모두 성명(性命)을 온전히 건사할 길이 없었다. 도잠은 늘 깨달을 수 있었던 것 같고 '저 통달한 사람은 잘 깨달은지라, 녹봉에서 달아나 밭 갈러 돌아갔고(彼達人之善覺, 乃逃祿而歸耕)', '헌원씨와 도당씨 바라보며 길게 탄식하면서, 빈천을 달게 여기고 영화를 사퇴한다.(望軒唐而永嘆, 甘貧賤以辭榮)'¹⁸고 의식했다. 이는 곧 그는 가난을 편안하게 여기고 뜻을 지켰기 때문에 전원으로 돌아가 은거하여 겨우 이런 겁

||||||||||||||
16 「선비가 때를 만나지 못함을 슬퍼하다(感士不遇賦)」.
17 노신(魯迅), 「위진의 풍도 및 문장과 약 및 술의 관계(魏晉風度及文章與藥之酒關係)」.
18 「선비가 때를 만나지 못함을 슬퍼하다」.

난을 피할 수 있었다는 것이다. 그러나 그의 심정은 여전히 평정을 찾을 수가 없었으니 나라를 생각하면 비분한 감정의 토로는 여전히 금하지 못하는 바였다. 그러나 시문으로는 여전히 너무 노골적으로 표현해낼 수가 없었다. 말 못할 깊은 아픔은 그만두거나 혹은 자연의 사물로 비유를 하거나 옛 일을 생각하는 그윽한 정으로 에둘러 표현하여야 했다. 특히 진나라와 송나라가 교체되는 비분한 감정은 후인의 해석으로 남겨둘 수밖에 없었으며 도연명의 시나 또한 다른 방면의 특색이 되었던 것 같다.

녹흠립과 왕야오(王瑤), 귀웨이썬 등과 같은 학자들의 연구에 의하면 『도연명집』의 첫 세 편인 「먹구름(停雲)」과 「계절의 운행(時運)」, 「무궁화(榮木)」는 모두 원흥(元興) 3년(404) 곧 도잠이 40세 때의 작품이다. 여기서는 먼저 원시를 기록하고 다시 분석을 해보겠다.

먹구름(停雲) 서문을 아우름(幷序)

「먹구름」은 친한 벗을 생각하는 것이다. 술동이에는 새로 빚은 탁주가 괴어 있고 정원에는 갓 핀 꽃들이 줄지어 있지만 바라는 바를 따르지 못해 탄식이 가슴에 가득하다

停雲, 思親友也. 罇湛新醪, 園列初榮, 願言不從, 歎息彌襟.

靄靄停雲	뭉게뭉게 먹구름 피더니
濛濛時雨	좍좍 제철의 비 내린다네.
八表同昏	팔방의 끝 모두 어두워지고
平路伊阻	평탄하던 길 이에 막혔다네.
靜寄東軒	고요히 동쪽 난간에 기대어

春醪獨撫	봄 막걸리 홀로 든다네.
良朋悠邈	좋은 벗 아득히 멀리 있어
搔首延佇	머리 긁적이며 우두커니 서 있네.

停雲靄靄	먹구름 뭉게뭉게 피더니
時雨濛濛	제철의 비 좍좍 내린다네.
八表同昏	팔방의 끝 모두 어두워지고
平陸成江	평탄하던 뭍 강 되었다네.
有酒有酒	술 있어 술이 있어
閒飲東窓	한가로이 동쪽 창가에서 마신다.
願言懷人	원하는 것 그리운 사람인데
舟車靡從	배와 수레로 따를 수 없구나.

東園之樹	동쪽 언덕의 나무들
枝條再榮	가지에 다시 꽃 피웠다.
競用新好	갓 핀 아름다움으로 다투며
以怡余情	내 마음 끈다네.
人亦有言	사람들이 또한 말하기를
日月于征	세월 간다고 하네.
安得促席	어떡하면 자리 가까이 하여
說彼平生	저 평소의 생각 말할 수 있을까?

翩翩飛鳥	훨훨 날던 새들
息我庭柯	내 뜰의 나뭇가지에서 쉬네.

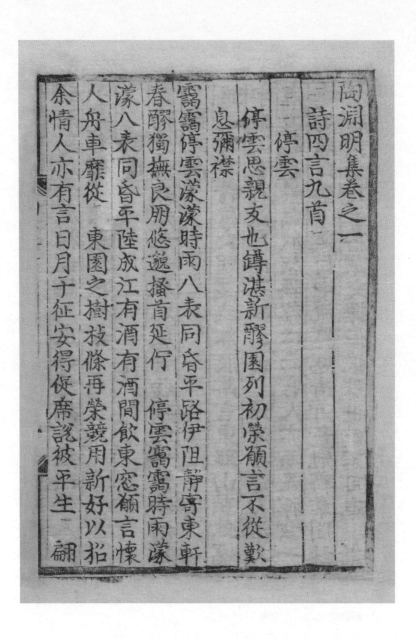

陶淵明集卷之一

詩四言九首

一 停雲

停雲思親友也罇湛新醪園列初榮願言不從歎
息彌襟

靄靄停雲濛濛時雨八表同昏平路伊阻靜寄東軒
春醪獨撫良朋悠邈搔首延佇　停雲靄靄時雨濛
濛八表同昏平陸成江有酒有酒間飲東窓願言懷
人舟車靡從　東園之樹枝條再榮競用新好以招
余情人亦有言日月于征安得促席說彼平生　翩

나육(羅陸) 등 편(編), 중종 17년(1622) 충주목(忠州牧) 발간본 『도연명집』

斂翮閒止	날개 깃 거두고 한가로이 머물며
好聲相和	고운 소리로 서로 화답한다네.
豈無他人	어찌 다른 사람 없으리오만
念子實多	그대 생각함 실로 간절하다.
願言不獲	바라는 것 이루지 못하니
抱恨如何	품은 한 어떻겠는가?

시 「먹구름(停雲)」의 주제는 매우 명확하다. 도잠이 말한 '친한 벗을 생각하는 것이다.(思親友也)' 그러나 이런 친한 벗은 결코 만나지를 못했다. 시의 매단 마지막 두 구절로 보면 '좋은 벗 아득히 멀리 있어, 머리 긁적이며 우두커니 서 있네.(良朋悠邈, 搔首延佇)', '원하는 것 그리운 사람인데, 배와 수레로 따를 수 없구나.(願言懷人, 舟車靡從)', '어떡하면 자리 가까이 하여, 저 평소의 생각 말할 수 있을까?(安得促席, 說彼平生)', '바라는 것 이루지 못하니, 품은 한 어떻겠는가?(願言不獲, 抱恨如何)'라 하였다. 여기서는 다만 '사(思)' 한 자에만 집중되어 있다. 그러나 어찌하여 친한 벗을 생각하나 만날 길이 없는가? 이는 빗물이 재앙이 되어 도로가 끊어져서이다. 표면적으로 말한 것은 자연현상이지만 실질적으로는 당시의 국운과 시국을 슬퍼한 것이다. 녹흠립은 말하기를 「먹구름(停雲)」은 은거 생활 중에 세상이 어지러운데 대한 관심을 써냈다고 하였다. 황문환(黃文煥)은 옥의중(沃儀仲)의 말을 인용하여 '(길이) 막힌 것(伊阻)과 강이 된 것(成江)은 세운(世運)을 나누어 말하였고, 팔방의 끝이 모두 어두워졌다(八表同昏)는 것은 전적으로 신하를 탓한 것이다. 마침 온 세상이 어둡고 탁하여 사직을 부지할 만한 밝은 눈을 가진 사람이 하나도 없었으므로 이 지경에 이른 것이다.'라 하였다. 이 시는 "팔방의 끝

이 모두 어두워졌다(八表同昏)'는 말을 중복하여 쓰고 있다. 현재 말한 것이 바로 천지가 어두운 것이라면 이는 자연계의 날씨를 불완전하게 이야기한 것이다. 더욱 중요한 것은 당시의 정치적 동란을 이야기한 것이다. 도잠이 시를 지은 전후인 원흥 2년 12월 환현은 건강(建康)에서 제위를 찬탈한 후 진안제를 심양(尋陽)으로 옮겼다. 3년 2월에 유유는 환현을 토벌하고 경구(京口: 지금의 鎭江)와 광릉(廣陵: 지금의 揚州)을 수복하였다. 다시 건강(지금의 南京)으로 진공하였는데 환현은 패주하면서 또 심양을 거쳐 진안제를 끼고 강릉(江陵: 지금의 湖北)으로 달아났다. 도잠이 있던 곳인 심양은 몇 차례의 전란을 겪어 국운이 암울함을 슬퍼하였다. 친한 벗을 그리워하나 만나볼 수 없는 것을 차용하여 이로써 어렵고 막힌 정국을 만든 권신을 책망하였다. 비(比)와 흥(興)을 동원하여 시를 지었으니 이는 실로 매우 각별하게 마음을 쓴 것이다. 다음에는 「계절의 운행(時運)」에 대하여 분석을 해보겠다.

계절의 운행(時運) 서문을 아우름(并序)

「계절의 운행」은 늦봄에 나들이를 한 것이다. 봄옷이 이미 다 되었고 경치도 화창한데 그림자를 짝하여 혼자 노닐자니 즐거움과 슬픔이 마음속에서 교차한다.

時運, 游暮春也. 春服旣成, 景物斯和, 偶景獨游, 欣慨交心.

邁邁時運	흐르는 계절의 운행으로
穆穆良朝	온화한 좋은 아침이 되었다.
襲我春服	내 봄옷을 걸치고
薄言東郊	곧바로 동쪽 교외로 나간다.

山滌餘靄	산에는 남은 노을 걷혔으나
宇曖微霄	하늘에는 옅은 구름 희미하다.
有風自南	바람 남쪽에서 불어와
翼彼新苗	저 새싹들 어루만져주네.

洋洋平澤	드넓게 평평한 못에서
乃漱乃濯	양치도 하고 씻기도 한다.
邈邈遐景	아득한 먼 경치
載欣載矚	즐기면서 바라본다.
稱心而言	마음에 맞아서 말하노니.
人亦易足	사람은 또한 만족하기 쉬운 법.
揮玆一觴	이 한 잔의 술 비우며
陶然自樂	거나하게 홀로 즐긴다.

延目中流	강 가운데로 눈길 보내니
悠想淸沂	그리운 것 맑은 기수라네.
童冠齊業	아이 어른 함께 공부하던 이들과
閒詠以歸	한가로이 노래하며 돌아오겠다 했지.
我愛其靜	내 그 고요함 좋아하여
寤寐交揮	자나 깨나 늘 분발한다.
但恨殊世	다만 한스러움 시대 달라져
邈不可追	까마득하여 쫓을 수 없음이라네.

| 斯晨斯夕 | 새벽이나 저녁이나 |

言息其廬	이 오두막서 쉰다네.
花藥分列	꽃 약초 줄지어 자라고
林竹翳如	숲의 대 무성하다네.
淸琴橫床	청아한 거문고 침상에 걸쳐졌고
濁酒半壺	탁주는 병에 반쯤.
黃唐莫逮	황제와 요임금 미치지 못하니
慨獨在余	슬픔만 내게 남아 있다네.

시운(時運)은 본래 네 계절의 운행을 가리킨 것이다. 고대에 '수계(修禊)'의 풍속이 있었던 데서 기인한다. 음력 3월에 날씨가 따뜻해지면 외출하여 봄놀이를 할 수 있다. 물가에서 빨래도 하고 상서롭지 못한 일에 액막이를 하기도 한다. 『논어·선진(先進)』편에 이미 '늦봄에 봄옷이 이미 이루어지면 관을 쓴 어른 5~6명과 동자 6~7명과 함께 기수에서 목욕하고 무우에서 바람 쐬고 노래하면서 돌아오겠다.'라는 기록이 보이는데 봄놀이의 즐거움을 표현한 것이다. 동진 영화 9년(353)에 왕희지는 사안(謝安), 손작(孫綽) 등 41인과 함께 3월 3일 회계(會稽)의 난정(蘭亭)에서 수계를 하고 술을 마시며 시를 읊어 한때의 성대한 일을 이루었다. 도잠은 이런 습속을 따라 봄옷이 이미 이루어지자 늦봄의 놀이를 가진 것이다. 다만 다른 것은 그 자신은 '그림자를 짝하여 혼자 노니느라(偶景獨游)' '즐거움과 슬픔이 마음속에서 교차하였다(欣慨交心)'는 것이다. 이는 곧 환락과 감개가 일으키는 모순된 심경이다. 그는 옛날 기수에서 목욕하던 공자의 제자들이 생각났다. 이런 편안하고 고요한 생활은 이미 아득한 먼 세대의 일이 되어버려 '다만 한스럽게 시대가 달라져, 까마득하여 쫓을 수 없게(但恨殊世, 邈不可追)' 되었다. 도잠은 황제

(黃帝)와 당요(唐堯)의 성세를 쫓아 가장 흠모하였지만 당면한 시국이 혼란하고 국운이 쇠미해졌다는 데 생각이 미쳤다. 해서 자신의 고독에 비추어 이런 좋은 때와 경치가 아름다울 때 또한 감개가 없을 수 없게 된 것이다.

도잠은 계급과 시대적 제약 때문에 사회 발전의 앞 그림을 보지 못하였다. 언제나 더욱 요원한 고대인 복희와 신농, 황제부터 당요, 우순까지를 모두 이상적인 황금시대로 생각하였다. 따라서 현실에 대한 불만이 있을 때면 왕왕 국가에 대한 감회가 일었으며 옛날을 그리워하는 그윽한 정을 폈다. 이런 옛날을 그리워하는 정서는 도연명 시에서 늘 무의식적으로 드러난다. 「곽주부에게 화답하다(和郭主簿)」 첫째 시에서는 말하였다.

藹藹堂前林	무성한 집 앞의 숲
中夏貯淸陰	한여름에 시원한 그늘 간직하고 있네.
凱風因時來	남풍 때맞춰 불어오고
回飇開我襟	회오리바람은 나의 옷깃 연다네.
息交遊閑業	교제 멈추고 한가로운 일에 노니니
臥起弄書琴	누웠다 일어났다 책과 금 즐긴다네.
園蔬有餘滋	밭의 채소 넉넉하게 자라났고
舊穀猶儲今	묵은 곡식 아직도 남아 있네.
營己良有極	스스로를 꾸려감에 실로 표준이 있으니
過足非所欽	지나친 넉넉함 바라지 않는다네.
春秫作美酒	수수 찧어 좋은 술 담그고
酒熟吾自斟	술 익으면 내가 직접 따라 마시네.

弱子戲我側　　어린 아들 내 곁에서 놀며

學語未成音　　말 배우나 아직 발음 잘 안 되네.

此事眞復樂　　이 일 실로 또한 즐거우니

聊用忘華簪　　그저 화려한 벼슬 잊는다네.

遙遙望白雲　　아득히 흰 구름 바라보니

懷古一何深　　옛 사람 생각함 한번 얼마나 깊은가?

「세모에 장상시께 화답하다(歲暮和張常侍)」 시에서는 말하였다.

市朝悽舊人　　도성의 일 옛 사람 슬퍼하게 하는데

驟驥感悲泉　　세월 빠름 비천에 감개 갖게 하네.

明旦非今日　　내일 아침 오늘 아니리니

歲暮余何言　　세밑에 내 무슨 말 하겠는가?

素顔斂光潤　　희게 반짝이던 얼굴에 윤기 사라지고

白髮一已繁　　흰 머리 온통 이미 많아졌다네.

闊哉秦穆談　　답답하구나, 진목공의 말

旅力豈未愆　　힘 어찌 어그러지지 않겠는가?

向夕長風起　　저녁 무렵 멀리서 오는 바람 일고

寒雲沒西山　　차가운 구름은 서산 덮고 있다네.

洌洌氣遂嚴　　매서운 기운 마침내 호되어지니

紛紛飛鳥還　　어지러이 날던 새들 돌아온다네.

民生鮮常在　　사람의 삶 늘 존재함 드문데

矧伊愁苦纏　　하물며 이렇게 근심과 고통에 얽매인다네.

屢闕淸酤至　　자주 맑은 술 이르는 일 없으니

無以樂當年	지금 즐길 길 없구나.
窮通靡攸慮	곤궁과 영달 염려할 것 없으니
顦顇由化遷	초췌하게 변화 따라 옮겨가리라.
撫己有深懷	스스로 돌아보니 깊은 감회 있는데
履運增慨然	세모 만나 감개 더하여지네.

왕야오와 궈웨이썬 등의 추산에 의하면 이 두 시는 지어진 때가 같지 않다. 앞의 시를 지었을 때 도잠의 나이는 약 38세로 모친상을 당하여 강릉에서 시상으로 돌아가 거상하면서 상경리의 고향에서 거처하고 있었다. 시의 내용으로 볼 때 당시 도잠의 집안 형편은 살아갈 만했다. 집에는 저장된 양식이 있어서 좋은 술을 빚어 스스로 마실 수도 있었다. 아들과는 천륜(天倫)의 즐거움을 누렸으며 심정도 비교적 밝다. 그러나 그는 현실에 대하여 불만이 있어서 시의 결구에서 '옛 사람 생각함 한번 얼마나 깊은가?(懷古一何深)'라 하였다.

뒤의 시는 대략 의희 13년(417) 추석, 도잠 53세 때 지어진 것으로 추정된다. 당시는 유유가 전정(專政)하는 형세가 이미 이루어졌고 조정의 옛 인물들은 이미 죽어서 별처럼 흩어졌다. 세월이 쉽게 흘러 슬픔이 배로 느껴졌으며 이 세밑의 남은 해에 이르러 날씨가 매우 추웠다. 전편에는 옛날을 그리워하는 정서가 충만하여 자신을 돌아보니 마음이 상하여 부질없이 감개만 더하여간다. 이 또한 마음이 국운과 연관된 일종의 사상적 표현이다.

도잠의 나라에 대한 감회, 권신 환현과 유유 등 전후로 진나라 왕실을 찬탈한 사람에 대하여 그는 여기서 조정의 사람을 등용하는 문제에 생각이 미쳤다. 당연히 그는 감히 직접적으로 당시의 조정을 평가하여 말하지 못하고 다만 역사적으로 사람을 등용한 득실을 통하여 옛것으로 지금을 비유하였다. 이는 도잠의 시에서 관용적인 수법으로 후세인들에게 계시를 줄 수 있다. 이를테면 다음과 같다.

嚴嚴顯朝市　　지위 높은 이가 조정에 드러나는 법이니

帝者愼用才　　임금 된 이는 인재 등용 삼가야 하리.

何以廢共鮌　　어찌하여 공공과 곤 유폐하였던가?

重華爲之來　　순임금이 그렇게 하셨다네.

仲父獻誠言　　관중 정성된 말 올렸으나

姜公乃見猜　　환공에게 곧 의심 받았다네.

臨沒告飢渴　　죽을 즈음에 주리고 목마름을 말하였으나

當復何及哉[19]　　다시 어떻게 미치게 되겠는가?

鵃鵝見城邑　　주아새 성읍에 나타나면

其國有放士　　그 나라에 쫓겨나는 선비 생긴다네.

念彼懷王世　　저 초나라 회왕 때 생각해보니

當時數來止　　당시 자주 와서 머물렀다네.

靑丘有奇鳥　　청구산에 기이한 새 있는데

自言獨見爾　　스스로 말하길 혼자 나타난다 했다네.

本爲迷者生　　본래 미혹된 자 위해 태어난 것이지

不以喩君子[20]　　군자 깨우치려는 것 아니라네.

||||||||||||
19 「산해경을 읽으며(讀山海經)」 제13수.
20 「산해경을 읽으며」 제12수.

進德修業	덕 쌓으며 학업 닦음은
將以及時	때에 맞추기 위함이라네.
如彼稷契	저 후직과 설 같은 이
孰不願之	누가 원치 않겠는가?
嗟乎二賢	아아! 두 현자
逢世多疑	의심 많은 세상 만났다네.
候詹寫志	태복 정첨윤 기다려 뜻 써내었고
感鵩獻辭[21]	복조새 보고 느낌 있어 글 지어 바쳤네.

知人未易	남 알기 쉽지 않고
相知實難	서로 알기는 실로 어렵다네.
淡美初交	담담하고 아름다운 첫 교분
利乖歲寒	이익 어긋나면 세월 차가워지네.
管生稱心	관생 마음 맞으면
鮑叔必安	포숙 반드시 편안해진다네.
奇情雙亮	기묘한 우정 쌍으로 빛나고
令名俱完[22]	아름다운 이름 함께 완벽해졌다네.

遺生良難	남아서 사는 것 실로 어려우니
士爲知己	사나이들 지기였다네.
望義如歸	의 바람 집으로 돌아감과 같이 여김

---

21 「사기를 읽고 말하다·굴원과 가의(讀史述·屈賈)」.
22 「사기를 읽고 말하다·관중과 포숙(讀史述·管鮑)」.

允伊二子	진실로 그 두 사람이라네.
程生揮劍	정생이 검 휘둘러 자살한 것
懼茲餘恥	이 많은 치욕 부끄러워서였다네.
令德永聞	아름다운 덕은 영원토록 전하여지고
百代見紀[23]	백대가 되도록 기억되리.

도잠의 이 시 몇 수는 모두 나라에서 인재를 등용하는 문제를 언급하였다. 그 또한 역사적인 사람과 일을 가지고 예를 들었다. 『산해경』은 원래 신화 전설을 이야기하였지만 도잠은 『상서』의 재료를 결합시켜 요와 순이 사흉(四凶)을 죽인 일을 이야기하고 있다. 공공(共工)과 곤(鯀)을 처리하고 간사(奸邪)함을 물리쳤으니 현자라야 등용을 할 수 있는 것이다. 반면에 제환공은 관중이 임종할 때의 권간을 받아들이지 않았다. 역아(易牙)와 개방(開方), 수조(竪刁) 등을 물리치려고도 하지 않았다. 나중에 환공의 병이 위독해지자 역아와 수조가 침전을 폐쇄하여 굶주리고 목이 말라서 죽었다. 인재를 등용함에는 마땅함을 얻어야 국가가 크게 흥성하는 법이다. 환공이 관중을 중용했을 때는 패업을 이루었다가 나중에 '관중이 죽자 환공은 관중의 말을 쓰지 않고 마침내 세 사람을 가까이하여 쓰니 세 사람이 전권을 휘둘렀다.'[24] 그런데 환공은 오히려 갇히어 굶어죽게 되는 비참한 상황을 당하게 된다. 사람을 등용함이 타당한가의 여부는 국가의 명운과 관계된다. 이런 심각한 역사적 교훈을 도잠은 명심하여야 한다고 생각하였다.

||||||||||||

23 「사기를 읽고 말하다·정영과 공손저구(讀史述·程杵)」.

24 『사기』 권32 「제태공세가(齊太公世家)」.

『산해경·남산경(南山經)』에는 또한 새에 관한 전설이 있다. '그 형상은 올빼미 같은데 사람과 같은 손을 가지고 있고 그 소리는 마치 암 메추리의 울음과도 같다. 이름을 주(鴸)라고 하는데 제 이름을 스스로 불러대며 이것이 나타나면 그 고을에 귀양 가는 선비가 많아진다.' 이 치주(鴟鴸: 도연명의 시에는 鵃鵃) 새는 기괴하다. 그 새가 나타나는 곳에서는 그 나라의 현사가 귀양 가고 쫓겨나는데, 이는 당연히 또한 일종의 신화이다. 도잠은 오히려 특별한 저의를 가지고 초회왕(楚懷王)과 연계시켜 이 새는 여러 차례 초나라에 왔을 것이라고 말하였다. 사실 그는 이 일을 빌려 회왕이 참언을 믿고 여러 차례나 굴원을 추방한 잘못을 저질렀고 따라서 초나라가 쇠망하게 된 역사적 교훈이 되었음을 질책하였다. 도잠은 「사기를 읽고 말하다(讀史述)」에서 굴원과 가의 두 사람을 '아아! 두 현자, 의심 많은 세상 만났다네.(嗟乎二賢, 逢世多疑)'라 묘사하였다. 「선비가 때를 만나지 못함을 슬퍼하다(感士不遇賦)」에서는 결합하여 많은 때를 만나지 못한 재덕(才德)이 있는 선비들을 다시 들어, 그 가운데서 사람으로 하여금 국운에 관심을 띠고 있다는 탄식을 느끼게 함을 면치 못한다.

그러나 도잠은 인재의 등용에 성공한 예도 든다. 앞에서 제환공이 관중을 등용하여 제나라가 크게 다스려졌음을 언급하였다. 그러나 포숙아의 추천이 없었더라면 제환공에게 등용되는 것은 불가능했다. 관중 또한 인정하여 말하기를 '나를 낳아준 이는 부모지만 나를 알아준 이는 포자(鮑子)이다.'라 하였다. 더욱 중요한 것은 관중이 재능을 충분히 발휘하게 하기 위하여 '포숙은 관중을 추천하고 자신은 그 밑으로 들어갔다.' 몸을 관중의 아래에 두는 것을 자원한 것이다. 그가 이렇게 하여 만든 사회적인 효과는 '천하에는 관중이 현명하다고 여기는 자는 많지 않았으나 포숙이 사람을 잘 알아본다고 여기는 사람은 많았다.'[25] 는 것이다. 곧 관중보다 세인의 칭찬을 더 많이 받았다. 도잠은 「사기를 읽고 말하다(讀史述)」에서 '남을 알기는 쉽지 않고, 서로 알기는 실로 어렵다.(知人未易, 相知實難)' 하여 관중과 포숙 두 사람을 칭찬하기를 '기묘한 우정 쌍으로 빛나고, 아름다운 이름 함께 완벽해졌다네.(奇情雙亮, 令名俱完)'라 하였다. 역사적 명성이 서로 빛을 발하여 모두 완미(完美)한 귀결을 얻게 되었다.

정영(程嬰)과 공손저구(公孫杵臼)는 또한 다른 유형이다. 이 두 사람은 춘추시대 진나라의 귀족 조삭(趙朔)의 친구와 문객이었다. 도안가(屠岸賈)가 조삭을 모함하고 아울러 그 가족을 멸족시켜 고아 조무(趙武)만이 도망을 쳐서 정영과 공손저구에 의해 보호되고 양육되었다. 두 사람은 추적을 당하여 잡히는 것을 피하고자 공손저구가 가짜 고아를 기르고 정영이 일부러 밀고하여 도안가가 공손저구와 가짜 고아를 죽인 후에야 더 이상 추궁을 받지 않게 된다. 정영은 조무를 성인으로 길러 나중에 도안가를 공격하여 멸하고 원수를 갚는다. 정영은 공손저구가 먼저 죽고 이제 대사가 이미 끝나자 자기도 더 이상 살 뜻이 없어 곧 자살하였다. 도잠은 이 두 사람의 사상과 행위를 매우 칭찬하고 그들을 일컬어 '아름다운 덕 영원토록 전하여지고, 백대가 되도록 기억되리.(令德永聞, 百代見紀)'라 하였다. 그러나 '의를 바람을 돌아감과 같이 여기는(望義如歸)' 이런 사람은 쉽게 찾아보지 못할 것이다.

동진은 건국된 이후 강남에서만 안거(安居)하게 되었다. 동진의 황제는 거의가 나약하고 무능하였으며 혼용하고 부패하기도 했다. 권력을

||||||||||||||
25 『사기』 권62 「관안열전(管晏列傳)」.

장악한 문벌 세족인 건국 초기의 왕도(王導)는 각 방면에 걸친 이익과 모순을 적절히 이용하여 권력기반을 확고히 다졌다. 비수(淝水)의 전역 때의 사안(謝安) 및 그 가족은 각계의 사람들을 연합시켜 외부의 모욕을 막아내었다. 또한 몇몇 치적을 이룬 외에 그 나머지 상황은 모두 정권과 이익을 다투었고 자기와 뜻을 달리하는 사람들은 배척했다. 군권을 장악할 수 있었던 무리는 사족(士族)이나 서족(庶族) 출신을 막론하고 실력이 팽창한 후에는 대부분 개인적인 목적이 있었다. 이를테면 전후로 왕돈과 소준의 난이 출현하였고, 나중에는 환현과 유유의 찬탈이 이어졌으며 저쪽이 일어나면 이쪽은 몰락하여 전란이 끊이지 않았다. 도잠의 증조부 도간처럼 '공이 이루어지자 하직하고 물러나며, 총애를 받고도 어그러짐 없었던(功遂辭歸, 臨寵不忒)' 인물은 거의 보이지 않았다. 또한 조정에서 집정에 참여했었던 외척과 종실도 있었다. 현자를 시샘하고 능력자를 꺼렸으며 뜻을 같이하면 당파를 이루고 달리하는 자는 내쳤다. 특히 태원 10년(385)부터는 종실인 회계왕 사마도자가 정권을 주물렀는데 역사에서는 동진의 패망은 이로부터 시작되었다고 하였다. 사마도자 및 그의 아들 사마원현이 서로 이어서 조정을 장악했던 기간에는 뇌물이 공공연히 행해지고 상벌이 넘치고 어지러워졌으며 수탈과 사치가 끝을 몰랐다. 일단의 백성들은 이를 견디지 못하여 손은은 대중을 모아 기의하여 조정에 반기를 들었다. 다른 통치계층과 집단 내부에서도 치열하게 다투어 전란이 끊이지 않았다.

사마도자가 집정할 때 왕국보(王國寶)를 중용하자 왕공(王恭)이 군사를 내어 토벌하였으며 형주자사 은중감이 호응하였다. 사마도자는 왕국보에게 죽음을 내리고 왕공으로 하여금 군사를 철회하도록 하는 한편 아들인 사마원현에게는 병력을 준비하여 반격하게 하였다. 나중에 왕공은 왕국보의 형 왕유(王愉)가 재차 거병하는 것을 토벌하고자 하였고 은중감과 양전(楊佺), 환현이 군사를 일으켜 호응하였다. 사마원현은 이 익으로 유뢰지를 꾀어 왕공을 배반하여 죽이게 하였다. 환현 등은 여전 히 조정의 명을 받지 않고 하구에 군사를 주둔시키고 조정과 대치하였 다. 나중에 환현은 은중감과 양전이 분열되어 싸우게 하였으며 형주를 점거하여 세력이 커졌다. 원흥 2년(402) 사마원현은 환현을 토벌하라는 명을 내렸고 유뢰지가 전도독(前都督)이 되었다. 유적(劉的)이 몰래 항복 하여 환현이 건강으로 공격해 들어가 사마원현을 죽이고 사마도자를 독살하여 조정의 정치를 전횡하였다. 원흥 2년 12월에 진나라를 찬탈 하여 황제라 자칭하고 국호를 초나라라 하였다. 진안제를 평고왕(平固 王)에 봉하고 심양으로 옮겼다.

환현은 그래도 처음에는 진나라에 반기를 들 생각을 노골적으로 드 러내지는 않았다. 『진서·환현전』에서는 당시 '화난(禍難)이 잦아지고 전쟁이 그치지 않게 되면서부터 백성들은 이를 싫어하여 천하가 하나 로 통일되기를 생각하였다. 환현이 처음 이르렀을 때 범용한 사람과 아 첨하는 사람을 쫓아내고 준걸과 현사를 발탁하자 군자의 도가 대략 갖 추어졌으며 경사에서는 기뻐하였다. 나중에 조정을 모욕하고 몰래 재 상을 배척하고 호화 사치하여 하고 싶은 대로 하고 많은 일이 번다하 게 일어나자 조야에서는 실망하였고 사람들은 생업이 불안해졌다.'라 하였다. 환현이 사마원현에게 항명한다는 기치를 내걸고 건강으로 들 어가 사마도자 부자를 죽였을 때까지만 해도 아주 비난할 일이 못 되 었다. 그러나 그는 아마 찬탈에 급급하여 이에 공격 양상을 확대시켰을 것이다. 『진서』의 본전에서는 그를 일컬어 '태부부(太傅府)에 들어가 살 면서 태부중랑(太傅中郎) 모태(毛泰)와 모태의 아우 유격장군(游擊將軍) 모수(毛邃), 태부참군 순손(荀遜), 전 예주자사(豫州刺史) 유해(庾楷) 부자, 이부랑 원준(袁遵), 초왕(譙王) 상지(尙之) 등을 해쳤으며 상지의 아우 단양윤(丹楊尹) 회지(恢之)와 광진백(廣晉伯) 윤지(允之), 표기장사(驃騎長史) 왕탄(王誕), 태부주부(太傅主簿) 모둔(毛遁) 등을 교(交)와 광(廣) 등 여러 군으로 유배시켰고 얼마 되지 않아 길에서 회지와 윤지를 쫓아서 해쳤다.'라 하였고, 이어서 '환현은 또 오흥(吳興) 태수 고태(高素)와 보국장군(輔國將軍) 축겸지(竺謙之), 축겸지의 종형 고평상(高平相) 축랑지(竺朗之), 보국장군 유공(劉襲), 유공의 아우 팽성(彭城) 내사(內史) 계무(季武), 관군장군(冠軍將軍) 손무종(孫無終) 등을 해쳤는데 모두 유뢰지의 당파로 북부(北府)의 옛 장수였다.'라 하였다. 환현이 건강으로 들어갈 수 있었던 것은 실은 유뢰지가 몰래 항복한 데서 힘을 얻어서였다. 환현은 오히려 북부의 옛 장수들에게 해를 가하였으니 이는 그가 제위를 찬탈하는 데 걸림돌이 되었기 때문일 것이다.

환현이 아무런 거리낌 없이 대대적으로 사람을 죽인 것은 그가 '(제위를) 찬탈하여 훔친 후에 교만하고 사치로웠으며 사냥을 하느라 무도하여', '이에 백성이 지치고 괴로워하였으며 조야가 고달파하여 원망하고 분노하여 난을 일으킬 생각을 한 자가 열 가운데 팔구 명은 되었기'[26] 때문이었다. 이런 상황에서 북부의 옛 장수 유유 등이 기회를 틈타 경구와 광릉에서 군사를 일으켰다. 환현이 칭제한 지 반 년이 되지 않은 원흥 3년(404) 3월에 유유가 건강으로 공격해 들어가자 환현은 안제를 끼고 강릉으로 들어갔지만 군사가 패하여 피살되고 안제는 제위에 복귀하였다. 이로부터 진나라의 정권은 유유에 의해 좌지우지되었다.

〰〰〰〰〰
26 『진서·환현전』.

사마도자가 집정하기 시작하였을 때 도잠은 21세였다. 38세 때 환현이 사마도자를 죽였고 40세 때 환현이 패망하였다. 이 20년은 도잠의 장년시기로, 그는 바로 동진의 정권이 부패하고 전란이 맞물리는 상황에서 이 시절을 보냈다. 환현이 진나라에 반기를 들기 전 2년 동안 형주와 강주의 자사로 있을 때 도잠은 주부(主府)에서 관직을 맡았다. 비록 그 시간은 길지 않았지만 생모 맹 씨가 병으로 세상을 떠나자 관직을 버리고 집으로 돌아왔다. 그러나 그는 나중에 환현이 저지른 일에 대하여 오히려 매우 통한해했고 시에도 이를 반영하였다.

환현이 실패한 후에 유유는 실제적으로 이미 차츰 동진의 정권을 장악해갔다. 그 또한 야심이 있었지만 찬탈에는 그리 급급해하지 않았다. 한편 남연(南燕)이 두 차례 진나라의 변경을 침략하자 유유는 마침내 출병하여 남연을 공격하여 멸하였고, 나중에는 익주를 수복하여 서남쪽의 판도는 동진으로 돌아왔다. 유유는 이를 빌미로 자신의 위신을 제고시켰다. 다른 한편으로는 대내적으로 자기와 뜻을 달리하는 사람을 차츰 제거해나갔다. 의희 8년(412) 먼저 연주자사 유번(劉藩)과 상서좌복야 사혼(謝混)을 죽였다. 다시 군사를 이끌고 공동 '근왕(勤王)'이었던 유의(劉毅)를 토벌하고 자살하도록 핍박하였다. 의희 9년에는 또 군사를 매복시켜 공동 '근왕'이었던 다른 장수 제갈장민(諸葛長民)을 살해했다. 의희 11년에 유유는 다시 군사를 이끌고 진나라의 종실인 형주자사 사마휴지(司馬休之)를 공격하여 토벌함으로써 그가 후진(後秦)으로 달아나 항복하게끔 압박하였다. 의희 13년에는 장안을 공격하여 함락시켰으며 후진은 망하였다. 유유는 귀국하여 제위를 찬탈하기에 급급하여 삼진(三秦) 부로의 만류도 뿌리치고 12살 된 아들 유의진(劉義眞)과 여러 장수들에게 장안을 지키게 하고 자기는 개선하여 조정으로 돌아왔다.

아이러니컬한 것은 유유가 남쪽으로 돌아온 후인 의희 14년(418)에 하(夏)나라의 혁련(赫連)이 11월에 맹렬하게 장안을 공격하여 함락시키자 유유는 더 이상 북벌을 감행할 마음이 없었다는 것이다. 12월에는 사람을 시켜 진안제를 목매달아 죽게 하고 그의 아우인 사마덕문(司馬德文)을 즉위시켰다. 바로 공제(恭帝)로 '창명(昌明)한 후에 아직 두 임금이 있다'는 참언(讖言)에 부응하기 위해서였다. 1년여가 지난 공제 원희 2년 6월에 유유는 공제에게 제위를 양위하도록 압박하여 동진은 망하였다. 유유는 황제로 즉위하고 나라 이름을 송이라 하였으며 연호를 영초(永初)로 고쳤다. 유유는 진나라를 찬탈한 후에 제위를 물려준 영릉왕 사마덕문에 대해서도 내버려두지 않았다. 영초 2년(421) 9월 유유는 독주로 사람을 시켜 영릉왕을 독살하려 하였다. 왕이 순순히 마시려고 하지 않자 병사가 들어가 이불로 덮어 질식시켜 죽였다. 여기서 봉건 통치자의 잔인한 면목이 드러난다.

위의 서술은 도잠이 국운을 표현하고 시를 짓는 데 배경과 재료를 제공해주고 있다. 사마도자 부자의 전제정치는 환현과 유유의 찬탈과 장기적인 정치적 동란으로 이어져 도잠으로 하여금 시절을 느끼고 나라를 근심하는 마음에 더욱 비분함이 농후한 색채를 띠게 하였다. 이를테면 다음과 같다.

臣猰肆威暴　　신하인 위(危)는 위엄과 포악 부렸고
欽駓違帝旨　　흠비는 상제의 뜻 어겼다네.
窫窳强能變　　알유는 억지로 변화 부릴 수 있었고
祖江遂獨死　　조강 마침내 홀로 죽었다네.
明明上天鑒　　밝디밝은 하늘이 굽어보니

爲惡不可履	악한 짓 하면 안 된다네.
長枯固已劇	오랜 질곡 실로 심하였지만
夋鶚豈足恃	준조와 독수리 어찌 믿을 만하겠는가!

　이 시는 도잠의 「산해경을 읽으며(讀山海經)」 제11수다. 내용은 신화 고사를 표면적으로 이야기하고 있다. 『산해경·해내서경(海內西經)』에 의하면 '이부(貳負)의 신하에 위(危)라는 사람이 있었는데, 그는 이부와 함께 알유를 죽였다. 그래서 천제가 그를 소속산(疏屬山)에 묶어두었는데, 오른발에 족쇄를 채우고 양손을 뒤로 묶어 산 위의 나무에 묶어놓았다.'라 하였다. 또 『산해경·서산(西山經)』에는 '종산(鍾山)의 산신 아들은 고(鼓)라고 하는데, 형상은 사람의 얼굴에 용의 몸을 하고 있다. 이것이 흠비와 함께 곤륜의 남쪽에서 보강(葆江)을 죽이니 천제가 이에 종산의 동쪽 요애(峰崖)라는 곳에서 그를 죽였다. 흠비는 독수리로 변하였다. …… 고 또한 준조(鵕鳥)로 변하였다.'라는 이야기가 있다. 이곳의 위와 이부, 고와 흠비는 모두 신괴(神怪)로 살육의 폭행을 범하였기 때문에 상제의 엄한 징벌을 받게 되었다. 이 시는 현실에 대하여 에둘러 말하고 있는 것 같다. 도주의 주에서는 '이 시는 송무제가 시역(弑逆)해서 지은 것이다.'라 하여 유유를 겨냥한 것으로 생각하였다.

　녹흠립은 도잠이 이 두 고사를 통하여 옛 일을 가지고 지금을 비유한 것으로 '악행을 도우는 간신'(명나라 黃文煥의 말)을 친 것이라고 생각하였다. 그러나 그는 송무제의 시역을 가리킨 것이라는 데 대해서는 동의하지 않았다. 바로 환현의 찬탈 행위를 저주하고 고발한 것이라 하였다. 녹흠립이 그렇게 생각한 이유는 도잠의 시 「산해경을 읽으며(讀山海經)」를 의희 4년에 지은 것으로 배열해서다. 당시 환현은 이미 패망했고 유유가 시역하려는 기미는 아직 드러나지 않았다. 나는 이 시를 지은 시간이라는 전제 조건이 충분히 성립될 수 있으며 이 시가 환현을 질책한 것이라는 것이 비교적 합리적이라고 생각한다. 환현의 찬탈은 매우 빠른 시간 내에 실패로 돌아갔다. 아울러 엄혹한 징벌을 받았고 유유의 시역은 십여 년 후에나 일어난 데다 천벌도 받지 않았기 때문이다.

그러나 도잠 또한 결코 유유를 질책하지 않은 것은 아니었다. 진공제가 피살된 후에 도잠은 「술을 말함(述酒)」 시를 지었다. 많은 학자들의 연구를 거친 결과 진송의 교체를 추도하여 지은 시작이라고 생각되었으며 또한 국운에 관심을 가진 영사시(詠史詩)로 격분을 표현한 비가(悲歌)라고도 말할 수 있다.

술을 말함(述酒)

의적이 만들고 두강이 맛을 더 좋게 하였다.
儀狄造, 杜康潤色之.

重離照南陸	사마 씨 남쪽 땅 빛내어,
鳴鳥聲相聞	새 지저귀는 소리 서로 들렸다네.
秋草雖未黃	가을인데도 풀은 아직 노랗게 시들지 않았지만
融風久已分	봄바람은 오래 전에 이미 흩어졌다네.
素礫晶修渚	흰 자갈길 물가에 드러나고
南嶽無餘雲	남쪽 산에는 남은 구름 없다네.
豫章抗高門	유유가 높은 문 세우니
重華固靈墳	순임금 그저 신령한 무덤에 있네.
流淚抱中歎	눈물 흘리며 가슴속으로 탄식하고

傾耳聽司晨　　귀 기울이며 새벽 닭소리 듣는다네.

神州獻嘉粟　　나라에 좋은 곡식 바쳐지고

西靈爲我馴　　사령(四靈)은 나에게 길들여졌네.

諸梁董師旅　　심제량이 군대를 감독하게 되자

羋勝喪其身　　미승은 그의 목숨 잃었다네.

山陽歸下國　　산양공 작은 나라로 돌아갔어도

成名猶不勤　　이름 날리기 오히려 서두르지 않았다네.

卜生善斯牧　　복자하는 이 다스림에 뛰어났으나

安樂不爲君　　안락공은 임금노릇 하지 못했다네.

平王去舊京　　평왕이 옛 서울 떠났었고

峽中納遺薰　　산골에서는 쑥 연기 피워 넣었다네.

雙陽甫云育　　중원 지역 비로소 살게 되었고

三趾顯奇文　　세 발 달린 새 기이한 글 드러내었네.

王子愛淸吹　　왕자진은 생황 불기 좋아하여

日中翔河汾　　한낮에도 황하와 분하에서 노닐었네.

朱公練九齒　　도주공 장수(長壽)의 도나 수련하면서

閑居離世紛　　한가히 살며 세상 어지러움 떠났다네.

峨峨西嶺內　　높디높은 서산 안에

偃息常所親　　누워 쉬는 이들 항상 친애하던 바라네.

天容自永固　　타고난 모습 절로 영원하고 굳으니

彭殤非等倫　　팽조와 상자 같은 등급 아니라네.

이 시의 제목은 「술을 말함(述酒)」이지만 제목의 아래에 '의적이 만들고 두강이 맛을 더 좋게 하였다.(儀狄造, 杜康潤色之)'는 두 구절의 제목

주석을 빼면 시에서는 술과 관련 있는 내용을 찾을 수 없다. 그래서 황정견(黃庭堅)은 '이 시는 말은 있는데 뜻을 잃어 다른 책을 읽고 지은 것 같아 이해할 수 없는 것이 많다.'라 하였다. 한구(韓駒)는 말하였다. "내가 반복하여 살펴보았더니 '산양공이 작은 나라로 돌아갔다.(山陽歸下國)'라 한 구절은 아마 산양공의 일을 쓴 것 같은데 의희 이후에 느낌이 있어서 지은 것 같다. 그래서 '눈물을 흘리며 가슴속으로 탄식하고, 평왕은 옛 서울을 떠났다.(流淚抱中歎, 平王去舊京)'라는 말이 있게 되었다." (송나라 胡仔의 『苕溪漁隱叢話』 전집 권3에서 인용)라 하였다. 조천산(趙泉山)은 말하였다. "이는 진나라 공제 원희 2년이다. 6월 11일에 송왕 유유가 제위를 선양하도록 압박을 하고 얼마 후 황제를 영릉왕으로 폐하였다. 이듬해 9월에 몰래 시역을 행하였으므로 정절의 시에서 한헌제의 일을 인용하였다. 지금 자창(子蒼: 한구의 자)의 뜻을 미루어 그가 물러나서 지은 시를 고찰해보니 나라를 슬퍼하여 마음 아파했을 때 풍자한 말이 많은 것 같지만 드러내놓고 배척을 하려고는 하지 않았기에 시편의 이름을 「잡시(雜詩)」라 하고, 혹은 「술을 말하다(述酒)」, 「술을 마시다(飮酒)」, 「옛 시체를 본떠서 짓다(擬古)」라는 제목으로 의탁하였다. 「술을 말하다(述酒)」만은 간혹 다른 말을 의탁하여 넓고 깊어 지적을 못하게 하였다. 지금 각 편에서 일단 한두 구의 중요한 것을 보면 나머지 장들은 역으로 헤아릴 수 있다. '유유가 높은 문을 세우니, 순임금은 그저 신령한 무덤에 있네.(豫章抗高門, 重華固靈墳)' 같은 것이 어찌 술을 말한 말이겠는가! '(하·은·주) 삼대의 말엽에 이런 일이 많아, 강개하게 이 땅에서 다투었다(三季多此事, 慷慨爭此場)', '갑자기 산하가 바뀜을 만났다네(忽值山河改)' 같은 구절은 그 은미한 뜻이 확실히 있다." 「뇌」에 '도를 행할 때는 반드시 나라를 생각하였다.(道必懷邦)'라는 말이 있는데 유량(劉良)

의 주에서 '회방(懷邦)은 나라를 잊지 않는 것이라 하였다.' 그래서 무위자(無爲子: 蔡絛의 호)는 말하였다. "시가(詩家)가 가 도연명을 보는 관점은 공문(孔門)에서 백이(伯夷)를 보는 것과 같다."

이상은 도주 주『도연명집』에서 인용하여 말한 재료다. 그는 또한 안어(按語)에서 전시(全詩)의 유관한 전고 등을 가지고 상세히 해석하였다. 그는 시의 말이 모두 은어(隱語)로 되어 있기 때문에 보는 사람이 제대로 살피지 못하였다고 생각하였다. 반복하여 상세히 고찰을 한 다음에야 확실히 영릉왕을 슬퍼하는 시임을 알게 된다. 녹흠립은「술을 말하다(述酒)」시에 상세한 해석을 덧붙이면서 이 시에는 세 가지 특징이 있다고 지적하였다. 첫째, 수수께끼 시로 이해하기가 그다지 쉽지 않다. 둘째, 작자가 감히 공공연하고 대담하게 유유의 정권을 풍자하지는 않았지만 또한 그가 찬탈하려는 데 대한 저주를 담아 표현하였다. 시에서 환현과 유유의 두 차례 찬탈을 반복적인 병렬의 대비를 채택하여 환현과 유유가 찬탈 음모을 꾸미는 것에서부터 두 찬탈자 사이의 분열과 최후의 두 진나라 황제의 퇴위까지 서사적인 성질을 띠고 있다. 셋째, 작자의 사상 감정을 반영하는 방면에서도 그의 다른 시에 비해 조금 완정(完整)하다. 요컨대「술을 말하다」시는 극대적인 의분(義憤)으로 포악하고 사악한 찬탈 사건을 질책하고 있다. 또 환현과 유유에 대해서는 죽어도 굴복하지 않는 항쟁 정신을 나타내고 있다.

3. 전원으로 돌아가 은거한 모순된 심경

중국 역사상 도잠은 지명도가 높은 은사이다. 종영(鍾嶸)은『시품(詩

品)』에서 그를 '은일시인(隱逸詩人)'이라 했고, 노신은 그를 '혁혁하게 이름을 남긴 대은(大隱)'이라고 하였다. 『연사고현전(蓮社高賢傳)』에서는 그를 일컬어 '심양의 시상에서 살며 주속지, 유일민과 함께 부르는 명에 응하지 않아 세상에서는 심양삼은(潯陽三隱)이라고 한다.'라 하였다. 그의 이름은 『진서』와 『송서』, 『남사』의 「은일전」에 들어 있다. 이런 상황은 흔히 보이지 않는다. 그의 친한 벗 안연지가 지은 「도징사뢰」에서는 그를 '남악(南岳, 廬山)에 은거하는 자이다', '도는 외물과 짝이 되지 않는지라 벼슬을 버리고 자기가 좋아하는 바를 따랐다. 마침내 세속의 번잡함에서 몸을 빼내어 세상 밖에다 자기의 뜻을 매어 행적을 정하고 거처를 깊숙한 곳에 두니 이에 세속과 멀어지게 되었다.'라 하였다. 이는 그가 돌아가 은거한 원인과 은거한 지취를 개괄한 것이다.

도잠이 돌아가 은거한 것은 '오두미 때문에 허리를 굽힐 수 없다'는 전고가 사람들에게 가장 깊이 각인되어 있다. '오두미'에 대해서도 학자들마다 다른 해석이 있긴 하다. 녹흠립은 「도연명에 관하여(關於陶淵明)」에서 도잠이 첫 번째 출사한 것은 강주좨주로 상사는 강주자사 왕응지라고 하였다. 그가 왜 '부끄러움이 많았고', '얼마 있지 않아 스스로 벗어버리고 돌아가야' 했던가 하는 진실된 원인은 그가 문벌세족인 왕응지라는 오두미교도에게 몸을 낮추고 예절을 굽히는 것을 달갑게 여기지 않았기 때문이었다. 이와 관계하여 나중에 도잠은 띠를 매고 독우를 만나보기를 거절하면서 '나는 오두미 때문에 허리를 굽히며 굽신굽신 향리의 소인배를 섬길 수 없다.'라 하였다. 아울러 이로 인해 결론적으로 말하기를 도잠이 '오두미 때문에 허리를 굽히지 않는다.'고 한 것이 왕응지와 관련된 것이기는 하지만 동진의 원훈귀족자제와 문벌세족간의 모순을 반영하였다. 이에 지주 계급 내부의 충돌문제가 아닌 것이 없다고 하였다.

나는 녹흠립이 제기한 새로운 해석에 그다지 동의하지 않는다. 도잠이 강주좨주로 출사한 후에 '스스로 벗어버리고 돌아간' 원인은 왕응지와 갈등이 있었기 때문이라고 생각하였다. 이것이 오두미교도와 무슨 관계가 있는가? 확실히 왕응지의 가족은 대대로 오두미도를 신봉하였으며 『진서』의 본전에도 명백히 기록되어 있다. 그러나 진인각의 고증에 의하면 도잠의 가족도 대대로 천사도(天師道) 즉 오두미도를 신봉하여 쌍방이 모두 이 종교의 신도이니 가문 관념의 모순이 또한 무슨 관계가 있겠는가? 녹흠립의 글에서는 오히려 이에 대한 해석이 없다. 도잠이 오두미 때문에 독우에게 허리를 굽히지 않았다는 일은 일반적으로 '오두미'를 봉록으로 생각한 것이다. 또 '허리를 굽히지 않았다'는 것은 독우에게 머리를 숙이지 않았다는 것으로 권귀를 오만하게 보는 표현이다. 나중에 이백(李白)은 시에서 말하기를 '어찌 눈썹을 낮추고 허리를 굽혀 권귀를 섬기며, 내가 마음과 얼굴을 펴지 못하게 하겠는가?(安能摧眉折腰事權貴, 使我不得開心顔)'라 하였다. 권귀에게 허리를 굽히지 않는다는 이 전고는 이미 사람들에게 널리 알려진 것이다. 그러나 녹흠립의 글에서는 이를 오히려 과거를 돌아보며 오두미도를 향해 허리를 굽힐 수 없었는데 오늘날 어찌 향리의 소인을 모시겠는가라고 해석하였다. 이런 연상은 도잠 당시의 사상활동을 우기는 것으로 나는 무슨 근거가 없다고 생각한다.

이 때문에 나는 도잠이 관직을 버리고 돌아가 은거한 원인을 그가 동진의 원훈귀족의 후대로 한문(寒門) 서족(庶族)과 문벌세족에게 모두 존재하는 모순 때문이라고 생각한다. 그가 한문서족인 독우를 오만하게 보고 또한 문벌세족인 오두미도의 신도를 오만하게 보고 관직을 버리고 돌아가 은거하였다는 것에 대하여 나는 이런 이유만으로는 충분치 않다고 생각한다. 사실 도잠은 완전히 출사를 거절한 것도 아니며 그 또한 서너 차례 관계에 진입하였다고 할 수 있지만 오래 지속될 수는 없었다. 여기에는 주관적인 동시에 객관적인 원인도 있다. 객관적인 사회의 큰 환경에서 보면 위에서 말했듯이 도잠이 21세 때 사마도자는 전권을 휘두르기 시작하였다. 아들 사마원현과 함께 나라의 권력을 쥔 10여 년 동안 조정의 정치가 부패하고 백성들은 삶을 도모하지 못하여 농민들이 기의하고 사회는 동란에 빠졌다. 이어서 환현이 찬탈하고 유유가 이어서 시역을 자행하였다. 이런 험악한 정치적 환경에서 주관적으로 정직한 품격을 갖춘 사람이 관계로 진입하는 것은 실로 적응하기 어려운 일일 것이다. 이것이 아마 도잠이 관직을 버리고 돌아가 은거한 이유 중 가장 중요한 원인일 것으로 추측된다. 이 문제에 대해서는「선비가 때를 만나지 못함을 슬퍼하다(感士不遇賦)」에서 표현하였다.

참된 기풍이 사라지고부터 큰 거짓이 일어나 여염 간에는 청렴하고 사양하는 절개가 해이해지고 도회지에서는 쉽게 나가려는 마음을 몰아세운다. 올바름을 가슴에 품고 도에 뜻을 둔 인사들이 생전에 옥 같은 소질을 감추기도 하고 자기를 깨끗이 하고 절조를 맑게 하는 사람들이 일생 동안 헛되이 애만 쓰기도 했다. 그래서 백이와 상산사호는 어디로 돌아가나 하는 탄식을 했고 삼려대부 굴원은 다 되었다는 슬픔을 말했던 것이다. 슬프도다, 인생 백 년의 몸을 타고 났으나 그것은 순식간에 다해 버린다. 선한 행실을 해나가는 것은 어렵고 한 도성으로도 그것을 보상할 수는 없다. 이 점이 바로 옛 사람들이 붓을 적셔 강개하여 자주 마음속을 펴내며 그만두지 못하는 까닭인 것이다.

세상은 흘러서 가버리고, 사물은 무리로 갈라져서 형태를 갖게 되었다. 촘촘한 그물을 마련하면 물고기가 놀라게 되고, 넓은 그물을 만들면 새들이 놀라게 된다. 저 통달한 사람들 잘 깨달은지라, 녹에서 도망하여 밭 갈러 돌아간다. 산은 높디높아 그림자를 감추었으며, 내는 세차게 흘러 소리를 간직한다. 헌원씨와 도당씨를 바라보며 길게 탄식하면서, 빈천을 달갑게 여기고 영화를 사퇴한다.

自眞風告逝, 大僞斯興, 閭閻懈廉退之節, 市朝驅易進之心. 懷正志道之士, 或潛玉於當年; 潔己淸操之人, 或沒世以徒勤. 故夷皓有安歸之嘆, 三閭發已矣之哀. 悲夫. 寓形百年, 而瞬息已盡; 立行之難, 而一城莫賞. 此古人所以染翰慷慨, 屢伸而不能已者也.

世流浪而遂徂, 物羣分以相形. 密網裁而魚駭, 宏羅制而鳥驚. 彼達人之善覺, 乃逃祿而歸耕. 山嶷嶷而懷影, 川汪汪而藏聲. 望軒唐而永嘆, 甘貧賤以辭榮.

도잠의 이 부는 당시의 사회가 이미 '참된 기풍이 사라지고부터 큰 거짓이 일어난' 것을 탄식하는 내용이다. 이런 세풍이 날로 떨어지는 상황 하에서는 올바름을 가슴에 품고 도에 뜻을 둔 인사들과 자기를 깨끗이 하고 절조를 맑게 하는 사람들이 당연히 발을 붙이기가 어렵다. 더욱이 각종 정치적 위험과 그물이 촘촘히 쳐져 이 때문에 봉록에서 도망하여 돌아가 밭을 갈 수밖에 없어 빈천을 달게 여기고 영화를 사퇴하였다. 도잠은 여기서 비록 일반적인 의론이기는 하지만 함께 인용한 것이 옛 사람들의 예이니 사실 그 자신이 갈 곳 또한 이 길이다.

도잠은 왜 출사를 하였을까? 또한 왜 관직을 버리고 돌아가 숨었을까? 그가 돌아가 은거한 후의 생활은 어떠하였을까? 어떤 마음 상태를 표현하였을까? 그 자신의 표현에 의하면 그는 가난 때문에 출사하였으나 때와 합치되지 않아 벼슬을 그만두고 돌아가 은거하였다. 돌아가 은거한 후에는 자연에 순응하여 실로 곤궁하게 뜻을 지키면서 일생을 마쳤다.

疇昔苦長飢	지난날 오랜 굶주림을 괴로워하여
投耒去學仕	쟁기 내던지고 가서 벼슬길 배웠네.
將養不得節	가족 먹여 살리는 일 제대로 되지 않아
凍餒固纏己	추위와 굶주림 실로 내 몸 휘감았다네.
是時向立年	때는 벌써 서른을 바라보는데
志意多所恥	마음속에 품은 뜻 부끄러움 많았네.
遂盡介然分	마침내 굳센 분수 다하여
拂衣歸田里	옷 털고 고향마을로 돌아왔네.
冉冉星氣流	시나브로 별자리와 절기는 흘러가
亭亭復一紀	까마득히 또 열 두 해가 되었네.
世路廓悠悠	세상의 길 휑하고 또 머니
楊朱所以止	양주가 멈춘 까닭이라네.
雖無揮金事	비록 (소광처럼) 돈을 뿌리며 논 일은 없다 하나
濁酒聊可恃	탁주만 애오라지 믿을 만하네.

이 시는 「술을 마시며(飮酒)」 제19수이다. 시를 지은 때에 대해 녹흠립의 주석본에서는 도잠이 39세 때라고 하였다. 귀웨이썬과 바오징청의 역주본에서는 52세라고 하였으며, 왕야오의 주본에서는 53세라고 하였다. 서로 같은 점은 '向立年'의 해석을 '30세에 자립하였다(三十而立)'한 나이에 근접한 것으로 본 것이다. 도잠은 29세에 처음으로 출사

타이베이 고궁박물원에 있는 송나라 이공린(李公麟)이 그린 〈귀거래사도〉(부분)

하여 좨주가 되었으며 출사의 원인에 대해서는 원시에서 아주 분명하
게 말하였다. 굶주리고 추워서 식구들을 먹여 살리기가 어려워 정치에
종사하였으나 강개한 성격으로 인하여 시의에 부합하지 못하여 전원
으로 돌아가 늙으며 일생을 마쳤다. 주의해야 할 것은 도잠이 전원으로
돌아가기로 결의한 것이다. 그가 부끄럽게 여긴 것은 추악한 관계에 함
께 휩쓸려 더럽혀지는 것을 바라지 않았기 때문이다. 그러나 그 또한
사회의 전도(前途)를 보지 못하여 세로가 망망함을 느꼈으며 이로 인하
여 양주가 갈림길에서 슬퍼한 전고를 썼다. 갈림길에서 앞을 보나 따를

곳이 없음을 깨달아 몇 차례나 출사와 돌아가 은거함을 반복하는 과정 중에 이런 모순적인 심리 상태가 여전히 존재하였던 것이다.

도잠은 가난 때문에 출사하였다. 팽택령으로 출사하는 문제에 있어서는 「귀거래혜사(歸去來兮辭)」의 서에서 명확하게 표현하였다. 임직 기간의 모순적인 심리 상태와 '스스로 벗어나 관직을 떠났을' 때의 사상 감정 또한 무의식중에 드러났다. 이런 순진한 사실의 묘사는 믿을 만하다. 서문에서는 말하였다.

> 나는 집안이 가난하고 농사로는 자급자족하기에 부족하였다. 어린 것들은 방에 가득하고 독에는 저장해놓은 곡식이 없었다. …… 숙부가 내가 가난하고 고생을 한다고 생각하여 마침내 작은 고을에 임용되었다. 그때 세상풍파가 가라앉지 않아 먼 곳으로 취임하는 것을 마음속으로 꺼렸기 때문이다. 팽택은 집에서 백 리 떨어져 있고 공전의 수익이 술을 만들기에 충분하였으므로 곧 그곳을 구하였다. 얼마 되지 않아 불현듯 돌아가야지, 하는 생각이 들었다. 어째서였는가? 성질이 생긴 대로 굴어야 하고 억지로 닦달해서 고쳐지지 않아서 굶주림과 추위가 절박해도 자기를 어기면 자꾸 병이 났다. 사람의 일을 따른 적이 있었으나 모두 입과 배 때문에 스스로를 부린 것이다. 이에 서글피 강개하여 평소의 뜻을 깊이 부끄러워하였다. 그래도 한 해는 채우고 옷깃을 여미고 밤에 떠나려 했다. 얼마 후 정씨에게 시집간 누이동생이 무창에서 죽어 정리상 가봐야 했기에 자진해서 그만두고 직위를 버렸다. 중추에서 겨울까지 관직에 있은 것이 80여 일이다. 일에 따르고 마음에 따라 글의 제목을 「귀거래혜」라고 하였다. 을사년 11월이다.
>
> 余家貧, 耕植不足以自給. 幼稚盈室, 餠無儲粟……家叔以余貧苦, 遂

見用爲小邑. 于時風波未靜, 心憚遠役, 彭澤去家百里, 公田之利, 足以
爲酒, 故便求之. 及少日, 眷然有歸歟之情. 何則. 質性自然, 非矯勵所
得. 飢凍雖切, 違己交病. 嘗從人事, 皆口腹自役. 於是悵然慷慨, 深愧
平生之志. 猶望一稔, 當斂裳宵逝. 尋程氏妹喪于武昌, 情在駿奔, 自
免去職. 仲秋至冬, 在官八十餘日. 因事順心, 命篇曰歸去來兮. 乙巳歲
十一月也.

도잠은 이 소서(小序)에서 그가 팽택령으로 출사하게 된 원인과 요구
조건 및 관직을 그만두기 전후의 사상 활동 등에 대하여 모두 비교적
분명하게 말하였다. 그는 집에 남은 양식이 없고 생활이 곤란한데다가
사회가 어지러워 멀리 가는 것을 두려워하였기에 그의 숙부가 팽택령
으로 출사하도록 주선하였다. 당시 현령을 맡으면 그곳의 수익을 봉록
의 일부분으로 대주었다. 술을 목숨처럼 좋아한 도잠은 오히려 '공전
의 수익이 술을 만들기에 충분하였다.'고 말하였다. 그의 처음 요구에
의하면 '현의 공전에는 모두 차조를 심게 하고 말하기를 "내가 늘 술에
취하기만 하면 족할 것이다."라 하였다. 아내가 메벼를 심자고 굳이 청
하여 1경(頃)의 50무에는 차조를 심고 50무에는 메벼를 심도록 했다.'[27]
라 하였다. 출(秫)은 차조로 술을 빚을 용도로 쓰일 수 있고, 갱(秔)은 갱
(粳)과 같으며 양식으로 쓰인다. 이로 도잠이 술을 매우 좋아하였음을
알 수 있다. 그는 원래 1년만 수확을 하려고 했지만 정 씨에게 시집간
누이가 세상을 떠나 상에 달려가는 데 뜻이 있었으므로 중추에서 겨울
까지 관직에 있은 시간이 80여 일로 '스스로 벗어나 관직을 떠났다.'

‖‖‖‖‖‖‖‖‖‖‖
27 『진서·은일전』.

나중에는 더 이상 출사하지 않았다.

　도잠이 이번에 마지막으로 자진해서 그만두고 직위를 떠난 것은 결코 누이의 상이나 일시적인 감정의 충동 때문이 아니었다. 그는 임지에 이르러 오래지 않아 곧 '돌아가자는 마음'이 생기게 된 원인이 자기의 진솔한 본성이 허위의 조작에 가려지게 할 수가 없었기 때문이었다. 그는 벼슬에 나선 이유를 굶주리고 배고픈 문제를 해결하는 데 실로 중요하기 때문이라고 생각하였다. 다만 자신의 뜻과 바람에 어긋났을 때는 정신이 더욱 고통스러웠다. 이것이 당시 그의 모순된 심리상태였다. 그는 과거에 입과 배를 채우는 문제를 해결하기 위해 스스로를 부렸음을 느꼈고 이에 대하여 깊이 부끄러워하였다. 사상적으로 갈등을 겪는 과정에서 그는 결국 녹봉을 피하여 돌아가 농사를 짓고 실로 곤궁하게 뜻을 지키는 길로 가닥을 잡게 되었다.

　도잠의 출사 또는 귀은이라는 모순적인 심리상태는 길었다. 그가 환현의 휘하에서 주부에 참가하여 임직하고 나중에 또 유유와 유경선(劉敬宣)에게서 참군을 맡았을 때까지도 해소되지 않았다. 밖에 나가 행역하면서 곤란해졌을 때 전원을 생각하는 사상은 더욱 유연히 생겨났다.

自古歎行役	예로부터 객지에 일 나가는 것 탄식하더니
我今始知之	내 이제야 비로소 그것 알았네.
山川一何曠	산과 내 한번 어찌나 넓으며
巽坎難與期	바람과 물은 예측하기 어려웠다네.
崩浪聒天響	쏟아지는 물결 하늘에 시끄럽게 울리고
長風無息時	멀리서 불어온 바람 쉴 새 없구나.
久游戀所生	오래 나돌다보니 태어난 곳 그리운데

如何淹在玆	어쩌다가 이곳에 오래 머무는가?
靜念園林好	동산 숲 아름다움 조용히 생각하니
人間良可辭	속세 실로 사양할 만하다네.
當年詎有幾	젊은 시절 얼마나 되겠는가?
縱心復何疑	마음 내키는 대로 하리니 다시 무엇 의심하리!

이 시의 제목은 「경자년 5월에 도성에서 돌아오는데 규림에서 바람에 막히다(庚子歲五月中從都還阻風於規林)」이다. 당시 융안 4년(400)으로 도잠 36세였다. 그는 당시 명을 받들어 도성으로 사행하였다. 돌아오는 길에 바람에 막혀 고향을 그리워하는 마음이 일어났다. 자연계의 미친 듯한 바람과 험악한 물결은 그를 정치상의 위험과 말하기 어려운 관계와의 이별을 떠올리게 하였다.

원흥 3년(404) 환현이 제위를 찬탈하자 유유 등이 일어나 토벌하였다. 도잠은 진군 군부의 참군으로 부름을 받아 경구로 부임하던 도중에 「처음으로 진군참군이 되어 곡아를 지나다(始作鎭軍參軍經曲阿)」를 지었다. 그는 환현의 찬탈에 반대하였으므로 부름을 받았을 때 출사하기로 동의하였으며 여전히 돌아가고 싶은 모순적인 심리 상태를 가지고 있었다. 시에서는 말하였다.

弱齡寄事外	젊은 나이에 세상사 밖에 뜻을 두고
委懷在琴書	마음 금과 책에 내맡겼다네.
被褐欣自得	베옷 걸치고도 기꺼이 자득하였고
屢空常晏如	끼니 자주 걸러도 편안했다네.
時來苟冥會	때 와서 우연히 기회 맞아

踠轡憩通衢	고삐 돌려 큰 길에서 쉬었다네.
投策命晨裝	지팡이 내던지고 새벽 행장 꾸리게 하니
暫與園田疏	잠시 전원과 멀어졌다네.
眇眇孤舟逝	아득히 외로운 배 지나가는데
綿綿歸思紆	살며시 돌아가고픈 생각 얽힌다네.
我行豈不遙	내 길 어찌 멀지 않으리오?
登降千里餘	천리 남짓 오르내렸네.
目倦川塗異	달라진 수로와 육로에 눈은 지치고
心念山澤居	마음은 산택의 거처 생각하네.
望雲慚高鳥	구름 바라니 높이 나는 새 부끄럽고
臨水愧游魚	물 내려다보니 헤엄치는 물고기 부끄럽네.
眞想初在襟	참된 생각 처음부터 마음속에 있었으니
誰謂形跡拘	누가 몸과 자취에 얽매일 것이라 하리.
聊且憑化遷	그런대로 일단 변화 따라가지만
終返班生廬	끝내 반고가 말했던 오두막으로 돌아가리.

도잠은 환현에 반대하여 처음으로 진군참군으로 부름을 받아 나름대로 적극성을 띠었다. '지팡이를 내던지고 새벽 행장을 꾸리게 하니, 잠시 전원과 멀어져서(投策命晨裝, 暫與園田疏)' 심정은 여전히 비교적 상쾌하다. 그러나 먼 문을 나선 후에 타향의 내와 길을 보고 부지중에 또한 못가의 옛 집이 떠오른다. 도잠은 먼 길을 조금 두려워하여 하루아침에 일로 차출되어 밖으로 나가게 되어 전원으로 돌아갈 생각을 하였다. 이런 모순된 심리 상태는 또한 그가 관직생활을 하는 것을 바라지 않는 원인 때문이기도 하다. 의희 원년(405) 그는 유경선의 참군으로 바뀌는

데 「을사년 3월 건위참군이 되어 도성으로 사신 가는 길에 전계를 지나다(乙巳歲三月爲建威參軍使都經錢溪)」 시를 지었으며 여전히 이런 심리 상태가 남아 있다.

我不踐斯境	내 이곳 밟지 않은지
歲月好已積	세월 이미 제법 흘렀네.
晨夕看山川	아침저녁으로 산과 내를 보니
事事悉如昔	모든 일 다 옛날 같구나.
微雨洗高林	큰 나무는 가랑비에 씻기고
淸飈矯雲翮	구름 속 새는 맑은 바람에 날아오르네.
眷彼品物存	저 모든 것 그대로 있는 걸 보니,
義風都未隔	좋은 바람 모두 막힘없었구나.
伊余何爲者	그런데 나 무엇 하는 사람이기에
勉勵從玆役	힘껏 이 일에 종사하는가?
一形似有制	이 한 몸 제약 있는 듯하나
素襟不可易	본래의 마음 바꿀 수 없네.
園田日夢想	날마다 꿈에서 전원을 생각하니
安得久離析	어찌 오래도록 떠날 수 있겠는가?
終懷在壑舟	마지막 생각 골짜기의 배에 있으니
諒哉宜霜柏	실로 서리 맞은 측백나무여야 하리.

도잠은 여기에서 그가 맡은 관청의 일이 그래도 자기가 좋은 일을 하게끔 애쓰고 노력한다고 표현하였다. 다만 늘 조금 구속이 있음을 느끼고 자신의 생애 내내 지켜온 평소의 뜻을 또한 바꿀 수가 없다. 이런 모

순적인 심리 상태는 그로 하여금 또한 전원생활로 돌아가게 하는 꿈을 꾸게 한다. 마치 된서리가 내린 측백나무 같이 뜻과 절개를 충분히 견지할 수 있게 한다.

도잠은 가난 때문에 출사하였지만 오래지 않아 또 돌아오려 하였다. 이렇게 서너 번을 반복하였으니 그의 심정이 복잡하리란 것은 분명하다. 그 스스로가 찾아낸 주관적인 원인은 '성질이 강퍅하고 재주는 졸렬하여 남에게 거슬리는 일이 많아 자기 마음대로 굴면 반드시 세속적인 환란을 자아내리라 생각했다.(性剛才拙, 與物多忤. 自量爲己, 必貽俗患)'곧 그의 기질 품격이 세속과 모순이 많기 때문에 관계에 발을 들이면 필연적으로 화환을 남기리라 생각하였다. 관직을 버리고 돌아가 은거하면서 '애써 세상과의 접촉을 끊어 너희들을 어려서부터 굶주리고 춥게 만들었다.(僶俛辭世, 使汝等幼而飢寒)'²⁸ 당시 도잠은 이미 '나이가 50세가 넘었는데(吾年過五十)' 스스로 이르기를 '젊어서부터 가난에 쪼들렸고 늘 가계가 막연했기 때문에 동서로 이리저리 뛰어다녔다.(少而窮苦, 每以家弊, 東西游走)'라 하였다. 곧 어려서부터 가난하고 곤궁하여 가정생활 또한 불안정하였다는 말이었다. 지금은 벼슬을 그만 둔 지가 이미 10년이 되어 가정은 빈곤해져서 아이들로 하여금 어려서부터 굶주리고 추운 생활을 하게 하였다. 이때 도잠의 심경은 매우 복잡하여 유중(孺仲)의 현명한 처의 고사를 생각하게 하였다. 유중은 동한의 왕패(王霸)의 자인데, 젊어서부터 맑은 절개가 있었다. 왕망이 제위를 찬탈한 후에는 관직을 버리고 집으로 돌아갔다. 한번은 그의 친구 영고자백(令孤子伯)의 아들이 수레를 타고 서신을 가져왔다. '왕패의 아들은 봉두

<hr>

28 「아들 엄 등에게 주는 글(與子儼等疏)」.

난발에 얼굴에는 때가 끼었으며 예를 알지 못하여' 왕패는 부끄러움을 느꼈다. 그 아내가 듣고 말하기를 '그대는 어려서부터 맑은 절개를 닦았고 영욕을 돌아보지 않았습니다. 지금 자백의 고귀함이 그대에 비해 누가 더 높습니까? 어찌하여 평소의 뜻은 잊어버리고 자녀를 부끄러워하십니까?'라 하였다. 이 말의 뜻은 자백의 부귀가 어찌 왕패의 청고함에 비길 수 있겠으며, 어디에 자녀들을 부끄러워할 만한 가치가 있겠느냐는 것이다. 왕패는 이 말을 듣고 난 후에 몸을 일으키고 웃으며 함께 죽을 때까지 은거하였다.[29]

도잠이 유중의 현명한 처의 고사를 인용한 것은 한편으로는 자기의 심정에 대한 일종의 안위였다. 자기의 청고함이 부귀보다 나아서 비록 '해진 솜을 스스로 끌어안고 자식에게 무엇을 부끄러워하겠는가?(敗絮自擁, 何慙兒子)'라고 생각하였다. 자기가 비록 매우 빈곤하기는 하지만 자식들에 대해서는 남들이 또한 부끄러움을 느낄 수 없게 하는 것이 낫다는 것이다. 다른 한편으로는 이웃에 구중(裘仲)과 양중(羊仲) 같은 고사가 없고 집안에도 노래자(老萊子)의 아내 같은 현명한 아내가 없으니 자기의 고심 또한 유감을 띨 수밖에 없었다. 그러나 도잠이 비록 청고함으로 자위를 하기는 하지만 집이 가난하여 아이들을 어려서부터 고생을 시켜 '너희들은 어린데 집이 가난해서 늘 나무하고 물 긷는 일을 시키지만 어느 때에나 그 일을 면할 수 있겠느냐? 마음속으로 그 일을 생각하지만 어떻게 말을 할 수 있겠느냐?(汝輩稚小家貧, 每役柴水之勞, 何時可免. 念之在心, 若何可言)'[30]라 하였다. 이런 자녀에 대하여 안타까움이 충만

||||||||||||
29 『후한서』의 「일민전(逸民傳)」과 「열녀전(列女傳)」을 참고하여 보라.
30 「아들 엄 등에게 주는 글」.

한 심정은 그 당시 그의 심경이 아마 또한 평정되지 않아서였음을 나타낼 것이다.

도잠은 마지막으로 관직을 그만두고 돌아가 은거하면서 은사 문학의 대표작인 「귀거래혜사(歸去來兮辭)」를 지은 적이 있다. 그는 '돌아가자꾸나! 들과 동산이 황폐해지려는데 어찌 돌아가지 않으리?(歸去來兮, 田園將蕪胡不歸)'라는 탄식을 내뱉었다. '이미 가버린 것은 탓할 수 없음을 깨달았고 오는 것은 쫓을 수 없음을 알았다. 실로 길 헷갈려 더 멀어지기 전에 지금이 옳고 지난날이 그른 것을 깨달았다.(悟已往之不諫, 知來者之可追. 實迷塗其未遠, 覺今是而昨非)'라고도 하였다. 그러나 그는 돌아가 은퇴한 후에도 모순적인 심리상태가 여전히 드문드문 보인다.

4. 평민 생활의 진솔한 감정

도잠이 은사라는 것은 누구나 다 아는 사실이다. 그러나 돌아가 은거한 후의 상황은 어떠하였는가? 사상 감정 방면에서는 무슨 변화가 있었는가? 학계에서는 또한 다른 견해가 있다. 다음에 몇 사람의 의견을 인용하여 말하고 난 다음에 다시 판별하여 분석하겠다.

'문화혁명' 전에 출판된 두 권의 대표적인 『중국문학사』가 있다. 그 가운데 중국과학원 문학연구소 중국문학사편사조에서 낸 책에서는 도연명에 대하여 이런 평가를 내리고 있다.

도연명의 생활 연대는 바로 문벌제도의 전성 시기다. 그와 같이 출신이 빈한한 사람은 사회에서 중시되기가 어려웠다. 그가 돌아가 은거한 것은 본래 현실에 대하여 극단적으로 실망했기 때문이다. 그는 시종 자기의 기절(氣節)을 견지하였으며 통치자와는 타협하지 않았다. 전원으로 물러나 거처하며 몸소 농사를 지어 자급하였고 시인의 심목(心目)에서는 이미 차츰차츰 즐거움이 풍부한 생활을 이루게 되었다. 직접 노동과 농민에 근접한 생활에 참가하는 도중에 그의 사상 또한 차츰 변화를 일으키게 되었다. 그가 달관귀인의 부패와 관계의 험악함에 통한해할수록 농민의 순박하여 가까이 할 만함과 전원생활의 즐거움을 더욱 느끼게 되었다. 그리하여 만년으로 갈수록 그와 농민과의 거리감은 더욱 축소되어 짧아졌다. 작품에서는 농민 혹은 농민과 서로 통하는 사상과 요구에의 반영이 증가되었다.[31]

유귀언(游國恩)과 왕치(王起), 샤오디페이(蕭滌費) 등이 주편한 『중국문학사』에도 유사한 평가가 있다. 도연명의 후기에서 가장 중시할 만한 가치가 있는 것은 직접 노동에 참가하고 결연히 몸소 자급하는 길을 간 것이다. 이렇게 그의 사상은 곧 한 계열의 변화를 일으켰다. 그는 착취계급이 노동을 경시하는 태도를 바꾸어놓았다. 어느 정도 노동의 가치를 인식하게도 하였다. 또한 농민과 공동으로 노동하고 평등하게 교왕하는 생활 중에서 농민에게 친절한 감정을 낳았고 평등을 지향하는 사상을 배양하였다. 그의 생활은 오히려 일반 농민과 마찬가지로 부단히 내리막길을 걸었다. 늘 굶주림과 추위의 위협을 받았고 그가 다른 방면에서 빈곤의 원인을 찾지 않을 수 없도록 재촉하였다. 위에서 말한 이런 사상의 발전은 시인을 추동시켜 착취와 압박이 없는 도화원의 이상 사회를 제기하였다. 불합리한 봉건 사회에 항의하는 뜻을 나타낸 것이다.[32]

|||||||||||||||
31 중국과학원 문학연구소 편, 『중국문학사』(1), 인민문학출판사, 1962년 판, 228~229쪽.
32 유귀언(游國恩) 등, 『중국문학사』(1), 인민문학출판사, 1963년 7월 제1판, 242~243쪽.

위에서 말한 관점에도 다른 의견이 있다. 구눙 같은 사람은 도연명이 돌아가 은거한 후의 생활에 관하여 언급하였다. 돌아가 은거한 후의 도연명이 '진은사(眞隱士)'라고 생각한 사람이 적지 않았었다. 직접 노동에 뛰어들고 생활이 매우 빈곤했으며 심지어 어떤 사람들은 그는 이때 자기의 힘으로 생활하였으며 사상 감정에 이미 근본적인 변화가 발생하였다고 말하기도 한다. 이런 견해는 모두 정확하지는 않을 것이다. 그는 노신이 은사에 대하여 내린 총 평가를 인용하였다. '무릇 유명한 은사라면 언제나 "유유자적하고 여유 있게 생을 마친다"는 행복이 있게 마련이다. 그렇게 할 수가 없어서 아침에는 나무를 하고 낮에는 밭을 갈며 저녁에는 채소에 물을 주고 밤에는 신을 삼아야 하는데, 또한 무슨 담배를 피우고 차를 품평하며 시를 읊고 글을 지을 한가로움이 있단 말인가?''"은(恩)"은 언제나 복을 누리는 것과 조금 상관이 있다.' 구체적으로 도연명을 언급하며 노신은 지적하였다. '그는 노비를 가지고 있었는데 한나라와 진나라 때의 노비는 주인의 시중을 들어야 할 뿐만 아니라 또한 주인을 위하여 땅을 경작하고 장사를 해야 하는, 바로 재산을 늘리는 도구였다. 그래서 도연명 선생이라 할지라도 대략 몇몇 재산을 늘리는 도구가 있었을 것이다. 그렇지 않았다면 그가 마실 술도 없었고 또한 먹을 밥도 없어서 일찌감치 동쪽 울타리 아래서 굶어죽었을 것이다.'[33] 여기에 의거해서 구눙은 이런 평가와 분석은 지금까지 없었다고 생각하였다. 도연명은 돌아가 은거한 후 기본적으로 직접 생산 활동에 종사하지 않았다. 생활 또한 결코 가난을 근심하여 자포자기하지 않았다. 이런 사실은 그의 모든 전기 자료와 허다

‖‖‖‖‖‖‖‖‖
33 『차개정잡문·은사(且介亭雜文·隱士)』.

한 시문으로 증명된다.[34]

양계초의 도잠에 대한 평가는 오히려 그의 노동과 곤궁함을 지키는 생활에 대하여 극찬하였다. 아울러 그는 고생 속에서 즐거움을 찾을 수 있었다고 생각하였다. 도잠은 여산 아래의 극빈 농민에 지나지 않았다. 농업은 그의 유일한 사업이었다. 그가 실제로 곤궁하고 가련하였기 때문에 생각을 바꾸어 관직생활로 밥벌이를 생각했던 적이 있다고 양계초는 말하였다. 그러나 이런 수작은 그의 '불결함을 달갑게 여기지 않는(不屑不潔)' 기질상 도저히 용납될 수 없었다. 그는 정신적으로 한 차례 갈등을 거쳐서 그 결과 관직 생활로 밥벌이를 하는 고통이 굶주림을 참는 고통보다 더 심하다고 느껴 결연히 그것을 버리고 이를 취하였다. 그의 물질적인 형편이 실로 매우 견디기 어렵기는 하였지만 그는 오히려 시종 저항을 하면서 조금도 물러서거나 굴복함이 없었다. 그는 이에 괴로워하지 않았을 뿐만 아니라 세계에서 가장 즐거운 사람이라고 할 수 있었다. 그는 자연의 아름다움을 깨달을 수 있었고 인생의 묘미를 가장 잘 느낄 수 있었다. 또한 도연명의 일생의 즐거움은 모두 열심히 일한 후의 휴식에서 오는 것이라고 말하였다.[35]

궈웨이썬과 바오징청은 이렇게 생각하였다. 도연명은 돌아가 은거한 후에 은사로서 즐길 수 있는 상당히 여유 있는 생활을 지닐 수가 없었다. 그는 어려운 생활의 시련을 거친 데다 갖가지 비판적인 압력을 받았다. 도연명의 은거생활은 얼마간 발전 과정을 거쳤다. 처음에 그는 일종의 해탈의 기쁨을 가지고 전원생활에 대하여 약간 아름답게 묘사

||||||||||||||

34 「도연명 연구 찰기 삼제(陶淵明研究札記三題)」, 『제로학간(齊魯學刊)』 1996년 제6기.

35 양계초, 「도연명의 문예 및 그 품격(陶淵明的文藝及其品格)」, 『음빙실합집(飮冰室合集)』 전집 (專集) 제22책, 중화서국, 10~16쪽.

하였다. 나중에 화재와 흉년, 전란을 만나 갈수록 근심의 탄식이 많아졌으며 생활의 어려움을 받아들였다. 그러나 그는 결코 후회하지 않았다. 시인이 각종 빈곤을 기술한 것은 아무런 목적이 없었기 때문이 아니다. 후생에게 생활의 어려움을 알게 하고 실로 곤궁하게 절개를 지킨다는 것이 얼마나 쉽지 않으며 생활이 사람들에게 교훈을 주며 사람들의 사고를 촉발시킨다는 것을 알게 하고자 함이었다.[36]

녹흠립은 도잠에 대하여 당연히 은사라 하였으며 다각도에서 단계별로 나누어 평가를 진행하였다. 그는 봉건 사대부는 관직생활을 하든 은퇴를 하든 이와는 상관없이 지주계급의 이익을 대표한다고 생각하였다. 도연명은 은사 및 일반 지주계급 은사와의 차이가 별반 없었다. 그는 은사이면서도 일정한 산업을 가지고 있었다. 가정이 확실히 퇴락하기는 하였지만 여전히 몇 군데의 전장과 별업을 가지고 편안하게 지주의 생활을 누릴 수 있었다. 도연명이 진정으로 농업 노동에 종사한 것은 42세로 팽택에서 관직을 버리고 돌아오면서부터였다. 그는 확실히 몸소 자급하고 농업 노동에 참가하였다. 밭을 갈고 동산에 물을 주는 외에도 자리를 짜고 짚신을 삼는가 하면 채소를 갖다 팔기도 하면서 하층민의 사회생활과 접촉하였다. 이로 인해 그의 생각에는 변화가 일어났다. 46세에서 52세까지 도연명의 노동에 대한 인식은 점점 깊어져 갔다. 나이가 많아짐에 따라 노동시간은 더 길어졌다. 체험은 깊어져서 차츰차츰 '백성들과 함께 경작하는' 사상 전통을 받아들이게 되었다. 도연명은 비록 퇴락한 귀족 가정 출신이었지만 자급자족하고 들에서 일하며 공동 경작을 하는 이상을 반영하는 방면에서 독특한 성취를 가

——————

36 궈웨이썬 등, 『도연명집전역(全譯)』, 『도연명집』, 중화서국, 1979년 판, 250~260쪽.

진 대시인이었다.[37]

　도잠이 돌아가 은퇴한 후의 상황은 어떠하였으며 그는 어떤 사상 감정을 드러내었을까? 위에서 말한 제가의 논의로 볼 때 분기점이 존재하는 것 같다. 그 가운데 구능은 노신의 돌아가 은퇴한 후의 생활 상황에 대한 평가를 함께 끌어다 썼는데 나는 그다지 동의하지 않는다. 노신의 은사에 대한 이른바 총 평가는 대개 그런대로 지적을 잘하였지만 '담배를 피우고 차를 품평하는' 명사는 도잠 시대의 사람이라고 말하기는 어렵다. 사람들은 문장을 지을 때 으레 옛것을 가지고 지금을 비유하기 마련이다. 노신이 옛 사람을 비유한 것은 바로 지금의 것을 가지고 옛날을 비유했다는 점을 면하기 어렵다. 유명한 은사는 늘 유유자적한 행복이 있어야 한다고 하였는데 '은거'는 언제나 행복과 상관이 있다. 이런 유명한 은사가 있다고 말해야지 '무릇, 언제나'로 정의를 내린다면 치우친 견해로 전체를 개괄하려 하는 것을 면치 못할 것이다. 다른 것은 말하지 않고 곧 도잠을 가지고 몇 차례나 백이와 숙제를 언급하면서 역사상 언제나 유명한 은사로 간주한다면 '백이와 숙제가 서산에 있었다'는 것 또한 유유자적하고 여유 있게 생을 마친 행복이겠는가? 도잠이 「가난한 선비를 읊음(詠貧士)」에서 묘사한 대다수의 은사는 '영계기 노인은 늙어서도 새끼를 맸고(榮叟老帶索)', '원헌은 떨어진 신발을 신었으며(原生納決履)', '원안은 쌓인 눈에 갇혔고(袁安困積雪)', '장중울이 곤궁하게 거처함을 즐긴 것(仲蔚愛窮居)'에서부터 '가난 편안히 여기고 비천함 지킨 자로는, 예로부터 검루 있었다네,(安貧守賤者, 自古有黔婁)'라 한 것 같은 것이다. 모든 이런 '은(隱)'으로 불리는 사람들은 늘 행복과 상관이

||||||||||||||
37 녹흠립, 「도연명에 관하여(關於陶淵明)」, 『도연명집』, 중화서국, 1979년 판, 250~260쪽.

있다고 하기는 어렵지 않겠는가? 그러나 행복에 대해서는 또한 다른 견해가 있을 수도 있다. 그러니 안빈낙도를 맑은 복을 누린다고는 할 수 있어도 속세에서 말하는 이른바 행복과는 뜻이 같지 않을 것이다.

노신은 도잠은 노비를 가지고 있었고 한나라와 진나라 때의 노비는 주인을 위하여 땅을 경작하고 장사를 해야 하는 곧 재산을 늘리는 도구라고 하였다. 대략 몇몇 재산을 늘리는 도구를 가지고 있었으며 그렇지 않았더라면 일찌감치 동쪽 울타리 아래서 굶어죽었을 것이라고도 하였다. 이 문제는 조금 복잡하여 아래에 먼저 소통의 「도연명전」의 일단을 인용해본다.

나중에 진군 건위참군이 되어 절친한 친구에게 '애오라지 현령이 되어 은퇴 후의 생계로 삼고자 하는데 될 법한가?'라 하였다. 책임관이 그것을 듣고는 팽택의 현령으로 삼았는데 스스로 가솔들을 따르지 않게 하였다. 일꾼 하나를 아들에게 보내주고는 '네가 조석으로 쓰는 비용을 혼자 대기 어려울 것 같아 지금 이 일꾼을 보내니 네가 생활해나가는 수고를 덜도록 해라. 이도 사람이니 잘 대해주어야 할 것이다.'라고 편지를 썼다. 공전에는 관리들에게 모두 차조를 심으라 했는데 아내가 메벼를 심자고 굳이 청하여 밭두렁을 둘로 나누어 50무에는 차조를 심고 50무에는 메벼를 심도록 했다.

『남사·은일전』은 '종갱(種秔)'이 '종갱(種粳)'으로 되어 있는 것을 제외하면 나머지 기록은 소통과 같다. 도잠이 현령으로 있을 때 공전은 당연히 현리(縣吏)가 사람을 보내어 농사를 짓는다. 문제는 그가 가솔을 데리고 임지에 이르지 않았으며 집에 남은 아이들은 나이가 어려 일상적인 생활비를 자급하기가 어려웠다는 것이다. 어떤 학자의 추정에 의하면 도잠이 팽택 현령으로 부임했을 때는 41세였다. 장자인 도엄은 13세였고 다른 아이들은 나이가 더욱 어렸다. 그래서 그의 「귀거래혜사」의 서문에서 '어린 것들은 방에 가득하다.(幼稚盈室)'고 언급하였다. 이는 당연히 노동력이 모자라고 적다는 것이다. 도잠은 일꾼 하나를 아들들에게 보내어 생활해나가는 수고를 돕게 하였다. 이는 곧 집안의 노동을 돕게 하여 생활 문제를 해결하는 것으로 이는 비교적 분명하게 말하였다. 그러나 이 '일꾼 하나(一力)'는 어떤 신분의 사람일까? 도잠이 현령이었으니 직권으로 현리(賢吏)를 파견하여 집안의 노동을 도운 것이 당연할 것이다. 그가 관직을 떠난 후에 이 일꾼이 떠났으리란 것도 분명하다. 다른 한 가지 가능성은 이것이 그의 개인적인 노비일 것이라는 것이다. 그가 분명히 집안에 노동력이 모자란다는 것을 알고 있으면서 어째서 이 노비를 데리고 임지로 갔다가 또 그를 집으로 돌려보냈을까? 아울러 아들에게 그를 '잘 대해주라고' 했을까? 이 노비가 원래 집에서 나왔다면 또한 이렇게 당부를 할 필요도 없을 것이다. 또 한 가지 가능성은 도잠이 임지로 부임해간 후에 부렸던 노비라는 것이지만 내력이 분명하지가 않고 또한 기타 방증 자료가 없다.

　도잠 집의 노비 문제에 관해서는 관련 기록에도 모순이 존재한다. 안연지의 「도징사뢰」에서는 명확하게 그는 '젊었을 때는 빈궁하였으며 집에는 남자종과 계집종이 없었다. 물을 긷고 곡식을 찧는 일도 감당치 못했으며 명아주와 콩 등의 음식도 대지 못했다. 모친은 늙고 자식들은 어려 봉양하는 양식이 없어서 힘들었다.'라 하였다. 그의 노동생활을 언급하면서 '밭에 물을 대고 채소를 팔았던 것은 물고기와 제사용품을 바치기 위함이었으며 짚신을 삼고 자리를 짰던 것은 식량 비용을 충당하길 바라서였다.'라 하였다. 그의 가정과 자신은 오히려 '생활은 근면함과 검소함을 갖추었고 자신은 가난함과 질병을 달고 살았다.'고 하였다. 여기에는 모두 노비가 생산 활동에 참여한 사례를 언급하지 않았다. 소통 및 몇몇 사서의 도잠 전기에는 모두 '몸소 농사를 지어 자급하다가 마침내 병을 얻었다(躬耕自資, 遂抱羸疾)'는 두 구절이 있다. 노비를 써서 재화를 생산하였다는 데 대해서는 아무 기술도 없고 그가 지은 시문에도 이 방면의 자료는 없다.

　도잠의 시문 가운데 노비에 대한 기록은 「귀거래혜사」에서 언급한 것뿐이다. 관직을 그만두고 집으로 돌아올 때 '아이들과 하인들이 즐거이 맞았다(僮僕歡迎)'는 것이다. 이 아이들과 하인은 어떤 사람인가? 나중에 무슨 활동을 하였는가? 이에 대해서는 더 이상 설명이 없다. 녹흠립은 이 구절의 주석에서 도잠이 팽택령으로 있을 때 일꾼 하나를 그의 아들에게 보낸 그 일꾼으로 동복은 이 역사(力士)를 가리킨다고 하였다. 궈웨이썬의 주석에서도 이 자료를 인용하여 동복(僮僕)의 동(僮)자는 바로 나이가 어린 종이라고 볼 수도 있다고 하였다. 노신은 도잠은 노비가 있다고 하였다. 이 사람을 가리키는지는 알지 못한다고 하였으며 이 외에는 다른 재료가 없는 것 같다. 만약에 이 동복에게만 의지하여 땅을 경작하고 장사까지 해서 도잠 집안의 재산을 늘리는 도구가 되지는 않았을 것이다. 만일 도잠이 밥을 먹고 술을 마시게 하여 동쪽 울타리 아래에서 굶어죽는 것은 면하게 하였다면 그 말이 과장됨을 면치 못할 것이다. 구눙은 오히려 「원전거로 돌아오다(歸園田居)」[38] 시에 의거

iiiiiiiiiiiii

38 원문에는 「귀전원거(歸田園居)」로 되어 있다. 저자는 「귀원전거(歸園田居)」와 혼용해서 쓰고 있는데 『도연명집』의 고증을 따라 「귀원전거(歸園田居)」로 통일하였다.―옮긴이

하여 도잠은 이미 시상의 옛집 외에도 전장 한 곳을 경영하였다고 하였다. 심양의 상경산(上京山) 부근이다. 또 말하기를 도연명 시에서는 노비를 '황폐한 남쪽 들 한쪽을 개간하였고(開荒南野際)', 또한 기뻐하며 말하기를 '나의 땅이 날로 이미 넓어졌다.(我土日已廣)'라고 기록하였으니 그 재물을 늘린 방법을 알 수 있다. 그는 대체로 노신의 견해를 논증으로 삼고자 하였다.

「귀거래혜사」에 대하여 나는 언제나 '서(序)'와 '사(辭)'가 표현한 내용에 모순이 있다고 생각한다. 서문에서는 서두부터 집이 가난하여 농사를 지어도 자급하기에 부족하며 어린 것들이 집안에 가득하고 저장해 놓은 곡식이 없다고 말하였다. 그의 숙부가 그가 가난하게 지내는 것을 보고서야 팽택령이 되도록 추천하였다. 목적은 공전의 수익이 술을 만들기에 족하기 때문이라고 하였다. 그러나 그는 관직을 맡은 지 80여 일만에 공전을 미처 거두기도 전에 스스로 관직을 벗어버리고 떠났다. 채 집에 도착하기도 전에 이미 동복들의 환영을 받았고, 어린 애의 손을 잡고 방에 들어가니 또 술독에는 술이 그득하다. 이는 서문에서 말한 상황과는 판이하게 다르다. 나는 이것이 문학적인 표현인가의 여부를 떠나 낭만적인 상상력을 띠고 있다고 생각한다. 확실히 사람들이 이 글을 읽으면 도잠이 돌아가 은거한 후에는 유유자적하고 여유 있게 삶을 마치는 생활을 했다고 생각하게 할 것이다. 그러나 그의 시편들과 결합하면 도잠이 돌아가 은거한 후의 생활은 즐거웠다는 느낌은 없는 것 같다.

또한 「원전거로 돌아오다」 연작시에 따르면 거기서는 도잠이 경영한 전장(田莊)을 찾아내기 어려울 것 같다. 또한 얼마나 많은 노비들이 개발하고 경영하고 있었는지도 보이지 않는다. 그냥 '황폐한 남쪽 들 한쪽을 개간하였다.(開荒南野際)'는 말에만 근거한다면 어떻게 반드시 노비가 한 것이라고 증명하겠는가? '아침에 일어나서 거친 들판의 잡초를 뽑고, 달빛 받으며 호미 매고 돌아오네. 길은 좁고 수풀은 길게 자랐는데, 저녁 이슬 내 옷 적시네.(晨興理荒穢, 帶月荷鋤歸, 道狹草木長, 夕露沾我衣)'라는 구절의 '나'는 당연히 도잠 자신이다. 새벽부터 일어나 거친 잡초를 매고 달빛을 받으며 호미를 매고 오는 이런 하루 종일 이어지는 노동에 그의 김매기가 흥겨운 뜻을 담고 있고 시세에 영합하여 점철해나가기를 바라겠는가? 어떤 사람은 이것과 '노동화'는 더욱 거리가 멀다고 하였다. 이 말은 당연히 잘못된 것이 없으며, 누가 도잠이 관직을 그만 두고 돌아가 은거한 후에 노동화되었다고 말하겠는가? 『남사·은일전』에서는 도잠은 '그의 처 적 씨(翟氏)의 의취 또한 같아 고생과 절개를 편히 여겼으며 남편이 앞에서 밭을 갈면 아내는 뒤에서 호미질을 했다고 한다.'라 하였다. 집에서 부부가 공동으로 노동을 하는 것은 비교적 실제에 부합하지만 양계초가 말한 것과 같이 도잠은 바로 '매우 가난한 농민'일 수는 없다. 도잠의 노동과 그가 농민이라고 말하는 것을 부인하는 것은 모두 단편적인 강법(講法)이다.

나는 도잠의 원전거(園田居)를 그가 경영하는 전장(田莊)으로 과장할 수 없다고 말한 적이 있다. 그에 대해서는 그가 남긴 시에서 묘사한 상황으로 볼 때 확실히 이미 전장의 조건을 갖추었다고 말할 수 없다. 8~9칸의 초가집에 집 앞뒤로 약간의 채소와 과수가 있으며 얼마간의 황무지를 개간하여 콩을 조금 심은 것을 전장이라고 할 수 있겠는가? 거주지의 주위환경으로 볼 때 '들 밖에는 사람의 일이 드물고, 골목의 끝에는 수레가 적다. 한낮에도 사립문은 닫혀 있고, 빈방에는 속된 생각이 끊겼다.(野外罕人事, 窮巷寡輪鞅, 白日掩荊扉, 虛室絶塵想)' 그는 자질(子姪)들을 데리고 근처를 유람하면서 '덤불을 헤치며 황폐한 마을을 걸었고(披

榛步荒墟)’, ‘언덕을 배회할(徘徊丘壟間)’ 때 ‘옛 사람이 살던 곳이 아련해
졌고(依依昔人居)’, ‘우물과 부뚜막이 남은 곳이 있으며, 뽕나무와 대나무
는 그루터기만 남아 있는 것(井竈有遺處, 桑竹殘朽株)’을 보았다. 여기서는
도잠이 돌아가 은거한 곳의 환경을 설명하고 있다. 살아 있는 사람의
집이든 옛 사람의 자취든 완전히 쓸쓸하고 황량한 느낌이 들게 하는 퇴
락된 광경이다. 그러므로 당시의 진정한 지주 나리가 가지고 있는 전장
의 별업과는 비슷한 점이 있다고 하기 어렵다. 그러나 도잠 본인은 ‘속
세(塵網)’를 해탈하여 기뻐한 나머지 오히려 또한 공허하고 퇴폐적인 사
상이 생겨났다. 이는 그가 돌아가 은거하였을 때 이상과 현실 사이에
여전히 모순이 존재하였다는 것을 설명한다.

　이 때문에 나는 도잠이 관직을 버리고 돌아가 은거한 후에 본인 및
그 아내가 아무래도 노동에 뛰어들었을 것으로 생각한다. 그는 「아들
엄 등에게 주는 글(與子儼等疏)」에서 또한 ‘너희들은 어린데 집이 가난
해서 늘 나무하고 물 긷는 일을 시키지만 어느 때에나 그 일을 면할 수
있겠느냐? 마음속으로 그 일을 생각하지만 어떻게 말을 할 수 있겠느
냐?(汝輩稚小家貧, 每役柴水之勞, 何時可免. 念之在心, 若何可言)’라 하였다. 이는 아
이들을 어여삐 여기는 마음을 가지고 있지만 또한 가정이 빈곤한 상황
을 설명하기도 한다. 도잠의 이 편은 식구들에게 보여주면 아마 과장과
숨김을 쓰지 않았을 것으로 비교적 진실된 감정을 드러내고 있다. 여기
서는 그가 노동에 참가할 힘이 있다는 것을 배제하지는 않았다. 다만
얼마나 많은 재산을 늘렸는가 하는 방법과 도잠의 집 전체 생활에는 또
한 큰 영향을 끼쳤다고 볼 수 없다.

　도잠은 돌아가 은거한 후에 생산 노동에 참가하였다. 사상적으로는
무슨 체득을 가져왔는지 두 편의 대표적인 시가 있다. 먼저 아래에 예

를 들고 난 다음에 비평하도록 하겠다.

경술년 9월에 서쪽 밭에서 올벼를 거두고(庚戌歲九月中於西田穫早稻)

人生歸有道	사람의 삶이란 결국 길이 있으니
衣食固其端	입고 먹는 것이 실로 그 단초라네.
孰是都不營	누가 이것 전혀 신경 쓰지 않고
而以求自安	스스로 편안하기 바라겠는가?
開春理常業	봄 되면 농사 신경 써야
歲功聊可觀	가을 수확 그런대로 기대할 만하겠지.
晨出肆微勤	새벽에 나가 약간이나마 신경 쓰고
日入負禾還	해 지면 호미 매고 돌아온다네.
山中饒霜露	산에는 서리와 이슬 많고
風氣亦先寒	날씨도 먼저 추워진다네.
田家豈不苦	농사짓는 일 어찌 힘들지 않겠는가?
弗獲辭此難	이 어려움 그만 둘 수 없다네.
四體誠乃疲	온 몸 실로 피곤하지만
庶無異患干	다른 근심이나 침범하지 않았으면.
盥濯息簷下	세수하고 발 씻고 처마 아래 쉬면서
斗酒散襟顏	말술로 회포 풀고 얼굴 편다네.
遙遙沮溺心	아득한 장저와 걸닉의 마음
千載乃相關	천년토록 서로 통한다네.
但願長如此	다만 내내 이러하길 바랄 뿐
躬耕非所歎	몸소 농사지음 탄식할 것 못되네.

병진년 8월에 하손의 농막에서 수확하다(丙辰歲八月中於下潠田舍穫)

貧居依稼穡　　가난한 생활 농사에 의지하니

勠力東林隈　　동쪽 숲 모퉁이서 힘 다한다네.

不言春作苦　　봄 농사 고되다 말하지 않고

常恐負所懷　　늘 마음먹은 것 저버릴까 걱정하네.

司田眷有秋　　권농관은 가을 풍년듦을 좋아하여

寄聲與我諧　　말 전하여 나에게 농담한다.

飢者歡初飽　　주린 자 처음 배부를 것 기뻐하여

束帶候鳴雞　　띠 매고 닭 울음 기다리네.

揚檝越平湖　　노 저어 넓은 호수 건너고

汎隨淸壑迴　　배 타고 맑은 강줄기 따라 도네.

鬱鬱荒山裏　　울창한 외진 산속에

猿聲閑且哀　　원숭이 소리 한가롭게 슬프네.

悲風愛靜夜　　슬픈 바람 고요한 밤 좋아하고

林鳥喜晨開　　숲의 새는 새벽 열림 기뻐하네.

曰余作此來　　내 이 일 해온 이래

三四星火頹　　열두 번이나 해 기울었다네.

姿年逝已老　　좋은 나이 가고 이미 늙었지만

其事未云乖　　그 일 아직 어그러지지 않았네.

遙謝荷蓧翁　　멀리 하조장인에게 알리노니

聊得從君栖　　그런대로 그대 따르는 삶 얻었다네.

도잠의 이 두 시는 구체적인 시점을 가지고 있다. 경술년은 의희 6

년으로 도잠이 46세 때이며 원전거에 살고 있었다. 이 해 3월에 노순(盧循)이 군사를 일으켜 강주(江州)로 공격해 들어가 유유의 부장 하무기(何無忌), 유의(劉毅) 등과 교전을 벌여 강주 일대는 쌍방의 전장이 되었다. 전화의 영향으로 도잠은 9월이 되어서야 겨우 구석진 곳에 있는 서쪽 밭으로 가서 올벼를 거둘 수 있었다. 이 시에 대하여 녹흠립은 도잠의 사상이 진일보하였다고 보았다. 농전(農田) 노동의 사회적 의의를 높이 평가하였고 정면으로 기생자(寄生者)의 추악함을 드러내보였으며 다소간 농민과 서로 호흡이 통하는 사상 감정이 있다고 생각하였다.[39] 양계초는 이 시를 인용한 후에 도연명의 사상을 더욱 높이 평가하였다. 가까운 사람들이 노동은 신성한 것이라고 제기하였지만 도연명 정도는 되어야 노동이 신성한 것이라는 참된 의의를 이해하였다고 말할 수 있다 하였다.[40]

뒤의 시의 병진년은 의회 12년으로 도잠은 이미 52세가 되었다. 하손은 분수(溢水) 아래의 물이 범람하는 지구인데 여산의 동림 부근에 있다. 이 해 8월에 도잠은 내려가 추수에 참가하였으며 이 기사시를 지었다. 녹흠립은 앞의 시와 마찬가지로 모두 도연명의 시에서 농민 노동생활의 중요성을 반영하는 편장이라고 하였다. 12년째 노동을 하며 열심히 경작을 하여 늙도록 게을리 하지 않았지만 장년의 생활은 여전히 주림과 추위가 번갈아 닥쳐 최저 생계 조건조차 만족시키지 못했다. '주린 자가 처음으로 배부를 것을 기뻐하였고(飢者歡初飽)', '슬픈 바람은 고요한 밤을 좋아하였으니(悲風愛靜夜)' 그가 의복이 부족하고 먹을 것이

||||||||||||||||
39 녹흠립, 「도연명에 관하여(關於陶淵明)」, 『도연명집』, 254쪽.
40 양계초, 「도연명의 문예 및 그 품격(陶淵明之文藝及其品格)」, 『음빙실합집(飮冰室合集)』 전집(專集) 제22책 제16쪽.

적은 생활의 감수성을 묘사하는데 얼마나 친절하고 심각한가! 이에 의거하여 그는 이 두 수는 농전 노동의 생활을 반영한 시라고 생각하였다. 인민에 대한 태도가 비교적 두드러지게 잘 드러난 시로 진보적 의의가 있는 작품이다. 중국 역대 시가에서 이렇게 일종의 사상적 견해를 드러낸 작품은 드물다. 이 시들의 출현은 도연명이라는 시인이 독특한 창작 성취를 가지고 있다는 것을 명시하고 있다.[41]

이 대표적인 두 시에서 도연명은 돌아가 은거한 후에 구눙이 말한 것처럼 기본적으로는 직접 생산 노동에 종사하지 않은 것은 아닌 듯하다. 당연히 기본적으로 생산노동에 참가했다고 말해야 할 것임을 알 수 있다. 당연히 여기서는 결코 그의 집에 노동을 하는 일꾼이 있다는 것을 배제하지 않지만 마찬가지로 추수하는 일에 도잠이 참가하였다는 것을 부인할 수 없다. '농사를 짓는 일이 어찌 힘들지 않겠는가?(田家豈不苦)', '온 몸이 실로 피곤하다.(四體誠乃疲)'라 한 것은 밭에서 노동의 고생과 피로를 경험한 후의 자백이다. 밭 언저리에 앉아서 일을 감독하는 지주 나리가 체험할 수 있는 것은 결코 아니다. 우리는 유가의 공자는 농업의 육체 노동에 종사하는 것을 경시하였음을 알고 있다. 도잠 또한 유가 사상의 영향을 받은 적이 있지만 노동을 경시하였다는 데 대해서는 결코 동의하지 않는다. 그는 장저(長沮)와 걸닉(桀溺)의 심회를 말하였는데 그와 상관이 있다. 그는 또한 하조장인(荷篠丈人)을 향해 뜻을 바쳐 그의 길을 따르려 하였다. 이 몇몇 옛날 사람은 모두 육체노동에 종사하였고 공자를 비평하였다. 이런 예로부터 도잠의 사상이 차츰차츰 노동 인민을 향해가고 있다는 것을 알 수 있다.

||||||||||||

41 녹흠립, 「도연명에 관하여」, 『도연명집』, 254쪽.

도잠은 동진의 공신 도간의 후예로 가업이 중도에서 쇠락하였다. 자신 또한 먼 방계로 특히 관직을 그만두고 돌아가 은거한 후에 또한 빈곤한 생활을 지냈다. 실제로 신분이 이미 일개 평민으로 떨어지긴 하였지만 그에게 얼마간 문벌관념이 있다고 말한다면 겉치레를 꾸미기에 어려울 것이다. 구눙은 도연명은 근근이 생활수단이라는 면에서는 농업 생산 노동을 긍정하였으며, 이는 그 본인이 이미 노동인민의 사상 감정을 가지고 있는 두 가지 일이라고 하였다. 또한 말하기를 일찍이 어떤 사람이 도연명이 농민과 깊은 우정을 가지고 있었다고 하였다. 이 또한 무슨 근거는 없다. 그가 교유를 맺은 사람은 주로 관원으로 남촌으로 옮겨간 후에 더욱 이와 같았을 것이라고 하였다.[42] 이런 견해에는 비록 얼마간 근거가 있긴 하지만 우리는 결코 도잠이 완전히 노동인민의 사상 감정을 갖추기를 요구하지 않는다. 또한 그가 농민과 이미 매우 깊은 우정을 가졌다고 말할 수도 없다. 그의 출신과 교양이 여전히 사(士) 계층의 사상 흔적을 남겨두고 있었기 때문이다. 그러나 또한 그가 돌아가 은거한 후에 인근 농민들과의 관계가 확실히 평민의 심리상태로 순진한 감정을 가지고 이웃과 관계를 화목하게 처리하였으리라는 것을 부인할 수 없다. 아래에 관련이 있는 시 몇 편을 인용한다.

野外罕人事	교외에서 사람과의 교제 드물어
窮巷寡輪鞅	궁벽한 골목에는 수레와 말 이름 적다네.
白日掩荊扉	한낮에도 사립문은 닫혀 있고
虛室絶塵想	빈 방에는 속된 생각 끊겼다네.

<hr />

42 구눙(顧農), 「도연명연구찰기삼제(陶淵明研究札記三題)」, 『제로학간(齊魯學刊)』 1995년 제3기.

時復墟里人　때때로 마을 안에서
披草共來往　풀 헤치고 함께 오가네.
相見無雜言　서로 만나 잡된 말 나누지 않고
但道桑麻長　그저 뽕과 삼 자람만 말하네.
桑麻日已長　뽕과 삼 나날이 자라고
我土日已廣　내 땅은 나날이 넓어지네.
常恐霜霰至　항상 두려운 것 서리와 싸락눈 내려
零落同草莽⁴³　시들어버려 잡초처럼 될까 하는 것이라네.

悵恨獨策還　쓸쓸히 홀로 지팡이 짚고 돌아오면서
崎嶇歷榛曲　울퉁불퉁 덤불진 골짜기 지났네.
山澗清且淺　산의 시내 맑고 얕아서
遇以濯吾足　내 발 씻을 만하네.
漉我新熟酒　내 새로 익은 술 거르고
隻雞招近局　닭 한 마리 잡아 이웃 불렀네.
日入室中闇　해 지고 집안 어두워지니
荊薪代明燭　싸리나무로 밝은 촛불 대신한다네.
歡來苦夕短　즐거워지자 저녁 짧은 것 괴로운데
已復至天旭⁴⁴　이미 다시 하늘 밝았다네.

昔欲居南村　옛날 남촌에 살고자 한 것

||||||||||||||
43 「원전거로 돌아오다(歸園田居)」 제2수.
44 「원전거로 돌아오다」 제5수.

非爲卜其宅	집터 잡으려 한 것 아니라네.
聞多素心人	소박한 마음 가진 이들 많다고 하여
樂與數晨夕	즐거이 아침저녁으로 자주 만났으면 했네.
懷此頗有年	이 마음먹은 지 자못 여러 해 되었는데
今日從茲役	오늘에야 이 일 해내게 되었네.
弊廬何必廣	보잘것없는 집 어찌 반드시 넓어야 하리?
取足蔽牀席	침상과 자리 가릴 정도면 충분하다네.
鄰曲時時來	이웃들 때때로 찾아와
抗言談在昔	소리 높여 옛일 이야기하네.
奇文共欣賞	뛰어난 문장 함께 감상하고
疑義相與析⁴⁵	의심나는 뜻 서로 따져본다네.

春秋多佳日	봄가을에 좋은 날 많아
登高賦新詩	높은 곳에 올라 새 시 짓는다네.
過門更相呼	문 지나며 서로 번갈아 불러
有酒斟酌之	술 있으면 따라 마신다네.
農務各自歸	농사일 각자 돌아가지만
閑暇輒相思	한가해질 때면 문득 그리워하네.
相思則披衣	그리워지면 옷 걸치니
言笑無厭時	말하고 웃음 싫증날 때 없다네.
此理將不勝	이 이치 이루 누리지 못하리니
無爲忽去茲	까닭 없이 갑자기 이곳 떠나겠는가?

――――――――

45 「이사(移居)」제1수.

衣食當須紀　　입고 먹음 모름지기 경영해야 하리니

力耕不吾欺[46]　힘써 농사짓는 일 나를 속이지 않으리라.

　이 네 수 중 앞의 두 시는 도잠이 팽택을 떠난 후에 원전거에서 살 때
지은 것이다. 시 중의 묘사로 볼 때 도잠의 집은 비교적 거칠고 구석졌
던 것 같다. 때문에 이웃과는 잡초를 뽑아내어야 서로 왕래를 할 수 있
을 정도였다. 이 도잠과 이웃에 함께 사는 사람은 착실한 농민이었던
것 같다. 이 때문에 이야기하는 것은 뽕나무와 삼 등 농작물이 성장하
는 형편이다. 쌍방이 만나는 감정은 또한 화목하다. 다른 시에서 도잠
은 집에서 닭을 잡고 술을 마련하여 손님을 대접한다. 이웃과 몇몇 친
한 친구인 것 같으며 모두들 즐거워한다. 서로 모여 저녁부터 날이 밝
을 때까지 이런 따뜻한 분위기를 만들어내며 주인으로서의 도잠 또한
당연히 진심을 드러낸다. 여기 모인 사람들은 아마 도잠이 사귀는 그런
지위가 있는 관원은 아닌 것 같다. 평민의 집회라고 보는 것이 아마 틀
림없을 것이다.
　나중의 두 시는 도잠이 46세 때 남촌으로 이사를 하고 지은 것이다.
그곳에는 그가 원래부터 익숙하게 알고 있던 친구가 있을 것이며, 거의
심지가 순결한 사람일 것이다. 그래서 말하기를 '소박한 마음을 가진
이들이 많다고 하여, 즐거이 아침저녁으로 자주 만났으면 했다. 이렇게
마음을 먹은 지가 자못 여러 해나 되었는데, 오늘에야 이 일을 해내게
되었다.(聞多素心人, 樂與數晨夕. 懷此頗有年, 今日從玆役)'라고 하였다. 이런 사
람들은 어느 정도 교양을 가지고 있을 것으로 '서로 만나서 잡된 말을

<hr>

46 「이사」 제2수.

382

나누지 않고, 그저 뽕과 삼이 자라는 것만 말하는(相見無雜言, 但道桑麻長)'
농민과는 다를 것이다. 따라서 '이웃들이 때때로 찾아와서, 소리 높여
옛일을 이야기하기도(鄰曲時時來, 抗言談在昔)'하고 '뛰어난 문장을 함께
감상하고, 의심나는 뜻이 있으면 서로 따져볼 수도 있었다.(奇文共欣賞, 疑
義相與析)' 그러나 이런 사람들 또한 관료 지주는 아니다. 그들은 평일에
는 '농사일로 각자 돌아가는(農務各自歸)' 농업 노동에 참가하는 농민이
다. 다만 한가할 때 서로 그리워지면 옷을 걸치고 모두 모여 '말하고 웃
음이 싫증날 때가 없었다.(言笑無厭時)' 이렇게 아무런 구속이 없는 싫증
이 나지 않는 담소에 대한 도잠의 묘사는 확실히 그 사람을 보는 듯하
고 그 소리를 듣는 듯한 느낌이 있어서 당연히 또한 모두 진정한 무의
식의 발로인 것 같다. 이들은 농사일을 해야 할 뿐만 아니라 글을 읽고
시도 지을 수 있는 농촌의 주경야독하는 사람들이다. 이런 사람들은 일
정한 문화 교양을 가지고 있다. 출사를 하지 않고 가계는 비교적 빈궁
하지만 얼마간의 생업을 가지고 있어서 향리에서 반은 농사를 짓고 반
은 글을 읽는다. 도잠이 그들과 사귀는 정은 '문을 지나면서 서로 번갈
아 불러, 술이 있으면 따라서 마신다.(過門更相呼, 有酒斟酌之)'이런 형적(形
迹)에 얽매이지 않는 평민화한 생활은 서로 간에 심후한 감정이 없으면
할 수 없는 것이다.

　도잠은 돌아가 은거한 후에 이미 일개 평민이 되었다. 당연히 그는
원래 몇몇 관계에 있는 친구를 알았을 것이다. 그 가운데 어떤 이는 이
미 돌아가 은거하였다. 어떤 이는 일단의 기간 동안 그의 이웃이 되었
다가 나중에 또한 출사하여 관직을 갖기도 하였다. 사상관점에서 인생
의 지취라는 방면에 이르기까지 다른 점이 있기는 하지만 우정 방면에
서는 여전히 진정성이 있는 태도를 표현해내었다. 이는 사람 사이의 진

정한 무의식의 발로다. 동시에 그가 식구들을 대하는 가까운 정과 순진한 품덕을 표현해내었다.

도잠의 시 중에 「은진안과 이별하며(與殷晉安別)」가 있다. 은진안은 은경인(殷景仁)을 가리킨다. 그는 진나라의 안군장사연(安郡長史掾)을 지낸적이 있다. 일찍이 도잠의 이웃이어서 상호간에 잘 지냈지만 은경인은 벼슬길에 열중하였다. 의희 7년(411)에 유유에 의하여 행참군(行參軍)에 임명되어 일가족이 심양에서 건강으로 가 임직하였으며 도잠은 이 송별시를 지어서 말하였다.

遊好非少長	어울리고 좋아함 오랜 것도 아닌데
一遇盡殷勤	한번 만남에 정 매우 은근했다네.
信宿酬淸話	이틀 함께 자며 고상한 대화 나누다보니
益復知爲親	더더욱 가까워졌음 알겠네.
去歲家南里	지난해 남쪽 마을에 살게 되어
薄作少時鄰	얼핏 잠시 이웃이 되었다네.
負杖肆游從	지팡이 짚고 가서 마음대로 어울리고
淹留忘宵晨	오래 머물며 밤낮을 잊었다네.
語黙自殊勢	말하고 잠자코 있음에 형편이 절로 달라
亦知當乖分	또한 어긋나 헤어지리란 것 알았다네.
未謂事已及	일이 이미 닥쳤으니
興言在茲春	이 봄에 떠날 거라 말하지 않았지.
飄飄西來風	표연히 서쪽에서 바람 불어오는데
悠悠東去雲	아득히 동쪽으로 구름 떠난다네.
山川千里外	산천 천리 멀리 떨어져

言笑難爲因　담소 이어가기 어렵겠네.

良才不隱世　훌륭한 인재 세상에서 숨지 않고

江湖多賤貧　강호에는 빈천함 많은 법.

脫有經過便　혹시 지날 일 있거든

念來存故人　생각해서 친구 찾아주오.

　이 시에서 보건대 도잠과 은경인의 교유 기간은 그리 길지 않았다. 다만 만난 후에는 서로 마음이 통하였다. 아울러 한 차례 이웃이 되었으므로 아침저녁을 가리지 않고 서로 따라 유람하였다. 그러나 피차간에 포부가 달라 곧 헤어지리라는 것도 예측 가능하였다. 두 사람이 깊은 교유를 맺지는 않았으나 도잠은 여전히 우정이 끊이지 않았음을 나타내었다. 헤어진 후에 서로 천리 멀리 떨어져 다시 담소를 가질 기회를 갖기가 어려우리라는 것을 느꼈다. 도잠과 은경인은 비록 출처관이 같지 않았지만 여전히 인재가 세상에 쓰이길 바랐다. 자신은 빈천한 지위에 있는 것을 달갑게 여겼다. 또한 지금 이후 집 앞을 지나게 되면 옛 친구를 위문하는 것을 잊지 말라는 당부를 하고 있다. 그는 여전히 평민의 심리 상태로 한 친구가 관직을 맡아 떠나는 것을 전송하고 있다. 이별 후에 우정이 영원히 굳건하리라는 것을 바라는데, 이는 바로 사람에 대한 순진한 감정의 무의식적 발로이다.

　도잠은 「유시상에게 화답하다(和劉柴桑)」와 「유시상에게 답하다(酬劉柴桑)」 두 수를 지었다. 유시상은 곧 유정지(劉程之)로 시상현령을 지낸 적이 있다. 환현이 진나라를 찬탈했을 때 여산으로 들어가 은거하였다. 스스로 시대의 버림을 받았다고 느껴 유민(遺民)으로 이름을 바꾼 후 도잠, 주속지와 함께 심양삼은으로 일컬어졌다. 유민은 불교를 신봉하였다. 도잠과는 사상의 관점이 달랐지만 쌍방 간에 그래도 비교적 좋은 우정을 나누었다. 도잠의 원전거가 실화로 불에 타자 유민은 시를 보내어 그를 불러 여산에서 함께 살자고 부른 적이 있다. 이 시 두 수는 도잠이 답한 것이다. 「유시상에게 화답하다(和劉柴桑)」에서는 말하였다.

山澤久見招	산림에서 부름 받은 지 오랜데
胡事乃躊躇	무슨 일로 곧 서성이는가?
直爲親舊故	바로 친구들 때문이니
未忍言索居	차마 쓸쓸히 살겠다고 말하지 못하네.
良辰入奇懷	좋은 철에 기이한 생각 들어
挈杖還西廬	지팡이 잡고 서쪽 집으로 돌아왔다.
荒塗無歸人	거친 길 돌아가는 사람 없고
時時見廢墟	이따금 폐허만이 눈에 띄네.
茅茨已就治	초가지붕 이미 다 이었으니
新疇復應畬	새 밭 다시 개간해야지.
谷風轉凄薄	동풍 오히려 차갑게 와 닿지만
春醪解飢劬	봄 막걸리로 주림과 피로 푼다네.
弱女雖非男	막걸리가 비록 좋은 술은 아니나
慰情良勝無	마음 위로함에 실로 없음보다 낫다네.
栖栖世中事	경황없는 세속의 일
歲月共相疏	세월 갈수록 멀어진다네.
耕織稱其用	경작과 길쌈 용도에 맞출 뿐이니
過此奚所須	그보다 나은들 어디에 쓰겠는가?
去去百年外	세월 흘러 세상 떠난 후에는

身名同翳如　　　몸과 이름 함께 사라질 건데.

「유시상에게 답하다(酬劉柴桑)」에서는 말하였다.

窮居寡人用　　　궁벽하게 사니 인간관계 드물고
時忘四運周　　　이따금 사철 운행함도 잊네.
櫚庭多落葉　　　집 뜰에 낙엽 많아지니
慨然知已秋　　　쓸쓸히 이미 가을 왔음 안다네.
新葵鬱北牖　　　새로 핀 해바라기는 북쪽 창가에 무성하고
嘉穟養南疇　　　아름다운 곡식은 남쪽 논에서 자라네.
今我不爲樂　　　지금 내 즐거움 누리지 않으면
知有來歲不　　　내년 있을지 어찌 알리오.
命室携童弱　　　집사람에게 일러 어린 것들 데리고
良日登遠遊　　　좋은 날 먼 곳에 올라 놀리라.

　여기서는 도잠의 화시(和詩)를 먼저 말하겠다. 그는 먼저 부름에 응하여 홀로 여산으로 갈 수 없는 원인을 완곡하게 늘어놓았다. 친척과 친구들을 떠날 수가 없어서였다. 곧 그는 무리를 떠나 쓸쓸하게 살 수 없다고 말하였다. 유유민의 사람됨에 대해서는 석 법림(釋法琳)의『변정론(辨正論)』7에서 인용한「선험기(宣驗記)」에 의하면 유유민은 "여산의 서림 가운데 집을 지어" "처자를 마음에 두지 않았다"고 말하였다. 대체로 집안에서 처자에 대해서는 전혀 관심을 두지 않은 것 같다. 그러나 도잠은 오히려 정반대여서 그의 친척에 대한 정은 매우 각별했다.「명자(命子)」에서는 역대 선조에 대하여 추도하는 마음과 그리워하는 생각

을 기탁하였다. 「경자년 5월에 도성에서 돌아오는데 규림에서 바람에 막히다(庚子歲五月中從都還阻風於規林)」 시에서는 행역(行役) 중에 바람을 만나 길이 막힐 때 자모에 대한 생전의 그리움을 금하지 못하였다. 그보다 먼저 세상을 일찍 떠난 아우와 누이에 대해서는 더욱 애도의 정을 표현해냈다. 이를테면 「정 씨에게 시집간 누이의 제문(祭程氏妹文)」에 의하면 부친과 서모가 일찍 세상을 떠났다. 오누이와는 어려서부터 서로 우애가 있어서 이른바 '철모를 때부터 드리운 머리를 만지며 같이 자라났었지.(爰從靡識, 撫髫相成)'라고 언급하였다. 그러나 '이 덕을 갖추고 절조도 갖추고(有德有操)', '오직 우애롭고 오직 효성스러웠던(惟友惟孝)' 누이는 도잠이 팽택 현령으로 있을 때 세상을 떠났다. 겨우 38세였다. 18개월이 지나 '2주기가 돌아왔을(服制再周)' 때 앞으로 가서 제사를 지내며 본 것은 '대들보의 먼지가 쌓이고 뜨락의 풀은 무성해졌으며 쓸쓸한 빈 방은 애처롭게 우는 남은 아이여서(梁塵委積, 庭草荒蕪. 寥寥空室, 哀哀遺孤)' 그로 하여금 '비감에 몸을 가누지 못하고 소리치며 자리에 서서 피눈물을 흘렸다.(感惟崩號, 興言泣血)'라 하였다. 가슴에서 우러난 진정(眞情)을 나타낸 것이었다. 종제인 경원도 겨우 31세에 세상을 떠났다. 당시 도잠은 47세로 친히 송장(送葬)에 갔다. 그는 '평소에 놀던 곳을 사무치게 생각하며 한번 가버리고 돌아오지 않는 것을 슬퍼한다. 슬픈 정이 파고들어 마음 꺾이고 눈물이 가슴을 여미며 눈에 차온다.(感平生之游處, 悲一往之不返. 情惻惻以摧心, 淚愍愍而盈眼)'라 하였다. 특히 경원의 '울어대는 남기고 간 어린 것은 아직 말도 똑바로 못한다. 슬픔에 잠긴 홀어미는 예의에 무척이나 익숙하다.(呱呱遺稚, 未能正言. 哀哀嫠人, 禮儀孔閑)'라는 것을 보고는 더욱 이 청상과부와 아직 말하는 것도 배우지 못한 고아에 대해 비통함을 갑절로 느꼈다. 그는 '붓을 잡으니 눈물이 가득찼으며

(執筆涕盈)' 하늘이 지각이 있으면 내 진정을 비쳐줄 지어다.(神其有知, 昭余中誠)'라 하였다. 도잠은 본래 정신이 있어 없어지지 않는다는 것을 반대하였다. 여기서는 오히려 경원의 영혼을 부르며 그의 정성된 마음을 비추어 알라고 하였다. 다만 그가 극단적으로 친척을 추도하는 마음이 무의식적으로 드러났다.

이런 예로부터 다시 그가 유유민에게 화답한 시를 돌아보면 그는 유유민이 여산으로 부르는 것을 거절하였다. 확실히 아내와 자식들을 떠날 수 없는 친척을 가까이 하는 마음을 반영하였다. 그의 심정이 비교적 유쾌할 때 '집사람에게 일러 어린 것들 데리고, 좋은 날 먼 곳에 올라 놀리라.(命室携童弱, 良日登遠遊)'고 하였다. 노동 중일 때에도 '남편이 앞에서 밭을 갈면 아내는 뒤에서 호미질을 했다.' 이런 평민 생활의 진실하고 순박한 감정은 바로 도잠의 사상에 내재된 아름다움의 체현이다.

도잠에게는 다섯 아들이 있는데 대개는 이렇다 할 성취가 없었다. 44세 때 「아들들을 나무람(責子)」이라는 시를 지었다.

白髮被兩鬢	흰머리 양 귀밑 덮고
肌膚不復實	살결도 더 이상 실하지 못하다.
雖有五男兒	비록 다섯 아들 있지만
總不好紙筆	모두 종이와 붓을 좋아하지 않는다.
阿舒已二八	아서는 벌써 열여섯이건만
懶惰故無匹	게으르기 실로 짝할 이 없다.
阿宣行志學	아선은 열다섯이 다 되어 가는데,
而不愛文術	글공부를 좋아하지 않는다.

雍端年十三	옹과 단은 나이 열셋인데
不識六與七	6과 7도 구분하지 못한다.
通子垂九齡	통이란 놈은 아홉 살이 되어 가는데도
但覓梨與粟	그저 배와 귤만 찾는다.
天運苟如此	타고난 운명 실로 이와 같으니
且進杯中物	우선 술이나 들어야겠다.

　도잠은 이 시에서 아이들이 게으르고 독서를 좋아하지 않으며 놀기를 좋아하는 것을 나무라면서 다소간 실망스런 심정을 표현하고 있다. 그는 「명자(命子)」 시에서도 마지막 몇 구절에서 말하기를 '일찍 일어나고 늦게 잠자리에 들어, 네가 인재가 되기를 바란다. 네가 인재가 되지 못하여도, 또한 그뿐일 테지만.(夙興夜寐, 願爾斯才. 爾之不才, 亦已焉哉)'이라 하였다. 그는 아들에 대하여 확실히 인재가 되기를 바라기는 하였지만 강요는 하지 않았다. 그저 자연적 심리상태로 아이들이 인재가 되는 일을 다루었다. 두보의 「견흥(遣興)」에서는 도잠을 비평한 듯 말하였다. '자식이 현명하건 어리석건, 어찌 그리도 마음속에 둔단 말인가?(有子賢與愚, 何其挂懷抱)' 그가 자식에 대한 문제에서 '반드시 도를 통달하지는 못했으리라.(未必能達道)'고 한 것을 일컫는 것 같다. 그러나 두보 또한 도잠의 시를 본받아 또한 자기의 아들을 사랑하는 것을 나타내었으니 도잠을 비평한 것은 그게 그것이다.

　두보가 말한 '달도(達道)'에서 이 '도(道)'를 어떻게 이해할 것인가. 부모가 된 도라면 아들에게는 당연히 그가 현명한지 어리석은지 관심을 가져야 할 것이다. 이것이야 말로 비로소 '달도'가 되어야 한다. 그러나 현명함과 어리석음의 표준 또한 전면적으로 따져보아야 한다. 독서를 하여 관직 생활을 하는 것만이 인재가 되는 것은 아니다. 도잠은 「명자(命子)」 시에서 큰 아이의 이름을 짓는 것을 언급할 때 '너를 "엄"이라 이름 지었으니, 너에게 "구사"라 자를 지어준다. 아침저녁으로 온화하고 공손할 것이니, 이것 생각하여 여기에 마음 둘지어다.(名汝曰儼, 字汝求思. 溫恭朝夕, 念玆在玆)'라 하였다. 『예기·곡례(曲禮)』에 '공경하지 않음이 없으며, 단정하고 엄숙하다.(毋不敬, 儼若思)'라는 말이 있다. 여기에서 이름을 취한 것은 바로 공경하라는 뜻이다. 그는 아들이 따뜻하고 어질며 공손하고 검소한 사람이 되기를 바라고 있다. 도잠은 만년에 「아들 엄 등에게 주는 글(與子儼等疏)」을 지었다. '너희들을 어려서부터 굶주리고 춥게 만들었다(使汝等幼而飢寒)'고 말하여 마음속에 부끄러움이 있었지만 빈궁은 결코 부끄러움이 아니라고 생각하였다. 그는 은근한 부자의 정으로 다섯 형제간에 우애 있고 서로 돕기를 권하며 훈계하고 있다. 도잠의 자식이 사람이 되도록 가르침 또한 그 스스로의 사람됨이 일종의 순진한 사상 감정을 가졌다는 표현이다.

5. 도원 풍격의 사회 이상

도잠의 시문 저작 가운데 그의 이상 사회와 관련된 견해는 학술계의 논쟁을 유발시켰다. 사람들에게 익히 알려진 「도화원기(桃花源記)」가 그것이다. 문장에서는 말한다.

진나라 태원 연간에 무릉에 고기잡이를 생업으로 하는 사람이 있었는데, 시내를 따라 가다가 길을 얼마나 왔는지를 잊었다. 갑자기 양쪽 언덕을 끼고 있는 복숭아나무 숲을 만나게 되었다. 수백 보를 가도록 다른 나무는 없었다. 향기로운 꽃이 아름다웠으며 떨어지는 꽃잎이 펄펄 날렸다.

어부는 매우 이상하게 여겼다. 다시 앞으로 나아가 숲의 끝까지 가보려고 했다. 숲은 물의 발원지에서 다하였으며 곧 산이 하나 나타났다. 산에는 작은 구멍이 있었다. 마치 빛이 나는 듯했다. 곧 배를 버리고 구멍으로 들어갔다. 처음에는 매우 좁아서 사람이 겨우 지났다. 다시 수십 보를 가니 환하게 트여 밝았다. 토지는 평평하고 너르며 집은 가지런하였다. 좋은 밭과 아름다운 연못, 뽕나무와 대나무 따위가 있었다. 밭두렁길도 이리저리 통하였다. 닭과 개 짖는 소리가 서로 들렸다. 거기서 왕래하며 농사를 짓는 사람은 남녀가 입고 있는 옷이 모두 외지인 같았다. 노인과 아이들은 모두 편안히 절로 즐거워하였다. 어부를 보고는 크게 놀라 어디서 왔는지 물어 모두 답해주었다. 곧 집으로 청하여 돌아가 술상을 차려내고 닭을 잡고 먹을 것을 해주었다. 마을에 이런 사람이 있다는 말을 듣고는 모두 와서 물어보았다. 스스로 선대에서 진나라 때의 난을 피하여 처자와 마을 사람을 이끌고 이곳 세상과 단절된 곳으로 와서 다시는 나가지 않아 마침내 외부인과 단절되었다고 하였다. 그러면서 지금이 어느 세상이냐고 묻는데 곧 한나라가 있는 것을 모르니 위나라며 진나라는 논할 것도 없었다. 이 사람이 일일이 다 들은 대로 말해주니 모두 탄식을 하였다. 나머지 사람들도 각기 다시 자기 집으로 맞아들여 모두 술과 밥을 내놓았다. 여러 날을 머물다가 떠나갔다. 이곳의 사람이 말하기를 "외부인들에게는 말할 것이 못 됩니다."라 하였다. 나와서는 그 배를 찾아 지난번의 길을 따라 곳곳에 표시를 해두었다. 고을에 이르러 태수를 찾아가 이러한 것을 말하였다.

태수는 사람을 보내어 그가 갔던 곳을 따르게 하였다. 전에 표시해둔 곳을 찾았으나 마침내 헤매다가 더는 길을 찾지 못하게 되었다.

남양의 유자기는 고상한 선비이다. 그 말을 듣고는 흔연히 가볼 계획을 세웠는데 미처 실행에 옮기지 못하고 얼마 후 병이 들어 죽었다. 그 후로는 마침내 나루를 묻는 사람이 없었다.

晉太元中, 武陵人捕魚爲業; 緣溪行, 忘路之遠近. 忽逢桃花林夾岸, 數百步中無雜樹, 芳華鮮美, 落英繽紛.

漁人甚異之. 復前行, 欲窮其林. 林盡水源, 便得一山. 山有小口, 髣髴若有光. 便捨船從口入. 初極狹, 纔通人. 復行數十步, 豁然開朗. 土地平曠, 屋舍儼然. 有良田美池桑竹之屬. 阡陌交通, 雞犬相聞. 其中往來種作, 男女衣著悉如外人. 黃髮垂髫, 並怡然自樂. 見漁人, 乃大驚. 問所從來, 具答之. 便要還家, 爲設酒殺雞作食. 村中聞有此人, 咸來問訊. 自云先世避秦時亂, 率妻子邑人, 來此絶境, 不復出焉, 遂與外人間隔. 問今是何世. 乃不知有漢, 無論魏晉. 此人一一爲具言所聞, 皆歎惋. 餘人各復延至其家, 皆出酒食. 停數日, 辭去. 此中人語云: 不足爲外人道也. 旣出, 得其船, 便扶向路, 處處誌之. 及郡下, 詣太守說如此. 太守卽遣人隨其往, 尋向所誌, 遂迷不復得路.

南陽劉子驥, 高尙士也. 聞之, 欣然規往, 未果, 尋病終. 後遂無問津者.

嬴氏亂天紀	영 씨 하늘의 기강 어지럽히니
賢者避其世	현자들 그 세상 피하였다네.
黃綺之商山	하황공과 기리계는 상산으로 갔고
伊人亦云逝	이 사람들 또한 떠나갔다네.
往迹浸復湮	간 자취 차츰 사라져갔고

來逕遂蕪廢	온 길 마침내 거칠어져 없어졌네.
相命肆農耕	서로 알려서 농사 힘쓰고
日入從所憩	해 지면 쉴 곳으로 돌아간다네.
桑竹垂餘蔭	뽕과 대나무 넉넉한 그늘 드리우고
菽稷隨時藝	콩과 기장 때맞춰 심는다네.
春蠶收長絲	봄에는 누에 쳐서 긴 실 거두고
秋熟靡王稅	가을에 벼 익어도 왕에게 세금 바치지 않는다네.
荒路曖交通	거친 길은 오고 감을 막고
雞犬互鳴吠	닭과 개는 서로 울고 짖어대네.
俎豆猶古法	제사는 아직 옛 법도 따르고
衣裳無新製	입은 옷도 새로 지은 것 없다네.
童孺縱行歌	아이들 마음대로 나다니며 노래하고
斑白歡遊詣	반백의 노인들 이르는 이 기뻐한다.
草榮識節和	풀꽃 피면 절기 온화함 알고
木衰知風屬	나무 시들면 바람 매서워짐 안다네.
雖無紀曆誌	비록 달력 기록은 없지만
四時自成歲	사철 절로 해 이루어가네.
怡然有餘樂	편안하고 넉넉한 즐거움 있으니
于何勞智慧	지혜는 어디다 쓰겠는가?
奇蹤隱五百	기이한 자취 500년 숨겨져 있다가
一朝敞神界	하루아침에 신령한 세계 드러났다네.
淳薄旣異源	순후하고 각박함 근원을 달리하니
旋復還幽蔽	곧바로 다시 감추어졌다네.
借問游方士	묻건대 세상에 노니는 이들이여

焉測塵囂外   시끄러운 속세의 바깥 어찌 헤아리리오.

願言躡輕風   바라건대 가벼운 바람 타고서

高擧尋吾契   높이 나와 뜻 맞는 이 찾으리.

이상은 바로 도잠이 묘사한 이른바 세상 바깥의 도원이다. 어부가 잘
못 들어간 곳은 나중에 나루를 물을 사람이 없게 되어 당대에 이르러
어떤 사람이 그곳을 선경이라고 하였다. 왕유(王維)가 지은 「도원행(桃源
行)」에서는 '처음엔 피난처로 인간세상을 떠났다가, 신선 되어 마침내
돌아가지 않았다네.(初因避地去人間, 更聞成仙遂不還)'라 하였다. '그때 산 깊
이 들어간 것만 기억나니, 푸른 시내 몇 굽이를 돌아 구름 자욱한 숲에
이르렀던가? 봄이 되어 모두가 복사꽃 떠 있는 물인데, 선원 어디서 찾
아야 할지 모르겠네.(當時只記入山深, 靑溪幾曲到雲林. 春來遍是桃花水, 不辨仙源何
處尋)'라고도 하였다. 유우석(劉禹錫)의 「도원행(桃源行)」에서도 '복숭아꽃
가득한 시내 물 거울 같은데, 속세의 마음 때와 같아 씻어도 없어지지
않네. 신선의 집 한번 나서 찾았으나 자취 없고, 지금까지 물 흘러 산
겹겹이 도네.(桃花滿溪水似鏡 , 塵心如垢洗不去. 仙家一出尋無蹤, 至今水流山重重)'라
하였다.

　명확하게 신선설을 반대한 사람으로는 송나라의 소식(蘇軾)이 있다.
그는 말하였다. '세상에 전하는 도원의 일은 사실을 과장한 것이 많다.
도연명이 기록한 것을 고찰해보건대 다만 선대에서 진나라의 난을 피
하여 이곳에 왔다면 어부가 본 것은 그 자손일 것이며 진나라 사람이
죽지 않은 것이 아니다. 또한 닭을 잡아 음식을 만들어주었다면 어찌
신선이 (동물을) 죽일 수 있겠는가?' 그는 촉(蜀)의 청성산(靑城山) 노인촌
(老人村)을 언급하면서 '길이 매우 험하고 멀다.'라 하여 도원이 이와 비

일본 덴리대학(天理大學) 중앙도서관에 있는 안견의 〈몽유도원도〉

숫한 곳으로 세상 사람들이 찾기가 쉽지 않은 곳으로 생각했다. '무릉
태수로 하여금 그곳에 이르게 해보았더니 이미 쟁탈의 장으로 변한 지
가 오래되었다.'[47] 소식은 많은 화도시(和陶詩)를 지었다. 아울러 「왕정
국이 소장하고 있는 연강첩장도에 쓰다(書王定國所藏煙江疊嶂圖)」 같은 장
시에서도 도화원에 대하여 언급하고 있다. '복숭아 꽃 흐르는 물 인간
세상에 있으니, 무릉이 어찌 반드시 모두 신선세계여야 하리. 강과 산

<hr>

47 『소문충공시집(蘇文忠公詩集)』 권43 「화도원시서(和桃源詩序)」.

우리 속세에 맑고 비었는데, 비록 가는 길 있어도 따라갈 길 찾지 못한
다네.(桃花流水在人世, 武陵豈必皆神仙. 江山淸空我塵土, 雖有去路尋無緣)' 그는 인간
세상에 도화원이 있을 텐데 하필이면 무릉 사람을 신선으로 보겠는가
고 생각하였다. 그러나 도원으로 가는 길은 찾을 길이 없을 따름이다.
대체로 도잠이 일종의 그의 사상을 기탁한 것으로 생각된다. '동파의
이 의론은 아마 당나라 사람, 왕마힐(왕유), 유몽득(유우석), 한퇴지(한유)
가 「도원행(桃源行)」을 짓고 도원을 신선세계로 생각한 것을 변증한 것
같다. 왕개보(王介甫: 王安石)가 지은 「도원행(桃源行)」만이 동파의 의론과

은연중에 합치된다.'[48]

호자(胡仔)는 여기에서 왕안석의 「도원행(桃源行)」을 언급하였는데, 그는 진나라를 피한 사람들의 후예라고 생각하였다. 시에서는 말하였다. '세상 피한 사람 상산의 늙은이만 아니고, 도원에서 복숭아나무 심었던 사람도 있었다네. 한번 와서 복숭아나무 심고 봄도 기억하지 못하고, 꽃 따고 열매 먹으며 가지는 땔 나무로 삼았다네. 자손들은 자라서 세상과 멀어져, 아비와 자식이 있는 것 알아도 임금과 신하 있는 것은 몰랐다네.(避世不獨商山翁, 亦有桃源種桃者. 一來種桃不記春, 采花食實枝爲薪. 兒孫生長與世隔, 知有父子無君臣)' 왕안석 시의 마지막 구절은 주의할 만한데 도연명이 임금이 없는 사상을 갖고 있는 것과 같다. 도화원의 원형이 무엇인가에 대하여 근래의 학자들 간에는 매우 많은 논쟁이 있다.

도잠과 왕안석, 소식이 이야기한 도원인이 진나라를 피한 사람이라는 설을 어떤 사람은 오히려 도잠이 두 성씨를 섬기는 것을 부끄러워한 것이라고 부회하고 있다. '내가 도원의 일을 가만히 생각건대 진나라를 피한 것을 말하였다. "위나라며 진나라는 논할 것도 없었다(無論魏晉)"라 한 것은 곧 유유를 기탁한 것으로 진나라의 일에 기탁하여 빌려다 비유로 삼았을 뿐이다. 근세의 호굉 인중(胡宏仁仲)[49]의 시에서 기이한 맛으로 변주하였는데 대략은 다음과 같다. "정절 선생은 속세와 인연을 끊은 사람, 어찌하여 거짓을 기록하고 진실은 고찰하지 않았나? 선생의 높은 걸음 말세에 군색하였는데, 우아한 뜻 진나라 백성 되려

||||||||||||||||
48 『초계어은총화(苕溪漁隱叢話)』 전집 권3.
49 호굉 인중(胡宏仁仲): 호굉(1102~1161)은 이름이고 인중은 자이다. 호는 오봉(五峯)이며, 숭안(崇安: 지금의 福建) 사람으로 호안국(胡安国)의 셋째 아들이다. 원문에는 '호굉중인(胡宏仲仁)'으로 되어 있는데 바로잡았다. ─옮긴이

고 하지 않았다네. 그래서 이 글 지어 그윽한 뜻 써내어, 온 세상 속세 떠나게 하려고 했다네.(靖節先生絶世人, 秦何記僞不考眞. 先生高步窘末代, 雅志不肯 爲秦民. 故作斯文寫幽意, 要似實海離風塵)”그 설이 제대로 봤다 하겠다.'50 이것 은 홍매(洪邁)의 말이다.

진나라를 피하였다는 설을 유유를 투영한 것으로 부회한 사람으로 청 나라 때의 손인룡(孫人龍)이 있다. 그는 말했다. '이것은 곧 유유를 기탁 한 것으로 진나라의 일에 기탁하여 비유로 삼았다.'51 또한 옹동화(翁同 龢)는 말하였다. '의희 14년에 유유는 안제를 죽이고 공제를 세웠으며, 이듬해에 진나라 왕실이 마침내 망하였다. 사서에서 말하기를 의희 말 에 도잠은 저작랑으로 부름을 받았으나 나아가지 않았다고 하였다. 도 원이 진(秦)나라를 피하였다는 뜻은 이때가 아니겠는가?'52 이런 관점을 견지하고 '도연명의 「도화원기(桃花源記)」는 해석이 분분한데 거의가 부 회한 것이다. 송나라에 벼슬하지 않았다는 설은 정절의 본심을 잘 파악 하였다. 도연명 시 전집을 보면 갑자만 적었는데 이 기문의 첫머리에는 진나라의 연호를 기록하였고 시에서는 또 말하기를 “비록 달력 기록은 없지만(雖無紀曆誌)”이라고 하였으니 송나라를 섬김을 달갑게 여기지 않 았음이 분명하다. 하물며 문장의 끝에서 유자기의 상황을 인용하여 고 상하다고 칭찬하였으니 그 뜻이 더욱 잘 드러난다.'53라 하기도 하였다.

그러나 이런 도잠이 송나라에서 벼슬하지 않았다는 설 또한 반대에 부딪쳤다. 청나라 사람 마복(馬墣)은 '도연명의 일생의 심사는 모두 황

----

50 『용재수필(容齋隨筆)』 삼필(三筆) 권10.
51 손인룡이 찬집(纂輯)한 『도공시평주초학독본(陶公詩評注初學讀本)』 권2.
52 요배겸(姚培謙)이 엮은 『도사집주(陶謝集注)』 권4 미비(眉批).
53 「도화원시비에 적다. 서문을 아우르다(題桃花源詩碑. 幷序)」, 여량동(余良棟) 등이 지은 『도 원현지(桃源縣志)』 권1에 보인다.

당하여 미치지 못하는 데 있었다. 그가 세상에 나가려 하지 않은 뜻은 아마 진(秦)나라에서 결정된 것 같다. 이 시의 첫머리에서 "영 씨가 하늘의 기강을 어지럽히니, 현자들은 그 세상을 피하였다.(嬴氏亂天紀, 賢者避其世)"라 하였고 진나라를 피함을 기탁하여 말하기를 "곧 한나라가 있는 것을 모르니 위나라며 진나라는 논할 것도 없었다.(乃不知有漢, 無論魏晉)"라 하였으니 그 마음을 스스로 드러낸 것이 확실하니 그 흉중에 어찌 일찍이 진(晉)나라가 있었을 것이며 논자들은 진(晉)나라의 절개를 지켜 송나라에 벼슬을 하지 않았다고 생각하였으니 비루하다. 연작(燕雀)이 어찌 홍곡(鴻鵠)의 뜻을 알겠는가? 그 땅과 그 사람, 그 일의 유무는 실로 물을 수가 없다.'[54]고 하였다.

이런 관점을 지닌 청나라 사람 구가수(邱嘉穗) 같은 사람은 도잠의 도화원을 이야기하였다. '매우 기이한 것을 가상하여 곧장 더러운 세계에 달리 하나의 천지를 열어 사람들로 하여금 황제와 신농의 시대에 놀게 하였다. 공은 아마 속세를 싫어하고 순박한 풍속을 그리워했기 때문에 스스로를 무회와 갈천의 백성이라고 명명하였다. 여기서는 그 기탁한 뜻을 기록하였는데 반드시 그 사람과 땅이 있는 곳을 찾아서 실증하려고 하는 것은 천착하는 것이다'[55]라 하였다. 심덕잠(沈德潛)도 '이는 곧 희황(羲皇)의 생각으로 반드시 그 유무를 변별하려고 한다면 특히 일이 많아지게 된다.'[56]라고 하였다.

이상 도잠의 「도화원기(桃花源記)」의 본의에 대한 각종 추측은 도원의 선경으로 이해한 것이나 진(秦)나라를 피하는 것을 유유에게 기탁한 것

||||||||||||||||
54 『도시본의(陶詩本義)』 권4.
55 『동산초당도시전(東山草堂陶詩箋)』 권5.
56 『고시원(古詩源)』 권8.

으로 보는 것 등의 견해는 모두 별 근거가 없다. 나는 도잠이 사회 현상에 대한 불만으로 인하여 복고적인 이상을 낳은 것이라는 것에 비교적 동의를 한다. 그러나 이런 이상에 대한 평가가 어떠하든 이런 이상이 생성된 것에 대해 현실과 역사상 모종의 사회적 원형을 참조하였던 간에 여전히 비교적 큰 갈래가 존재하고 있으며 한 걸음 더 나아가 분석할 만한 가치가 있다.

도잠의 도원 이상에 대하여 근년 들어 학술계에서는 비교적 높은 평가를 부여하고 있다. 유귀언 등이 주편한 『중국문학사』에서는 말하였다. 도연명은 암울한 현실에 불만을 품고 일찌감치 이상적 사회를 추구하였다. 시인이 비교적 만년에 지은 「도화원시 및 기(桃花源詩幷記)」는 시인이 사상적으로 고도의 발전을 하였다는 표지가 되며 '도화원'이라는 이상적 사회를 제시하였다. 여기서는 모든 사람이 노동에 참가하고 봉건적인 착취도 없으며 실제적으로 진(秦)·한·위·진(晉) 등 봉건주의 사회와 대립하는 이상세계를 표명하였다. 소사유(小私有) 생산자가 전란과 빈곤을 조성하는 봉건 사회에 제기한 항의로 광대한 농민의 희망이 자기의 노동으로 평화와 행복한 생활을 창조하는 강렬한 바람을 반영하였다. 그것은 비록 여전히 하나의 실현이 불가능한 환상이긴 하지만 사람들이 봉건 사회의 암흑을 인식함을 계발하였고 인민들이 불합리한 현실에 반항하는 투쟁을 고무하고 있다.[57]

중국과학원 문학연구소 중국문학사편사조에서 펴낸 『중국문학사』에서는 「도화원기(桃花源記)」라는 순박하고 안락한 유토피아는 바로 당시 농민의 의지와 바람을 반영하고 있다고 생각하였다. 그 아름다운 도

ııııııııııııı
57 『중국문학사』 제1책, 인민문학출판사, 1964년 판, 247~248쪽.

경(圖景)은 당시 인민들이 통치계급의 인정사정없는 착취 하에서 패가
망신하는 피비린내 나는 현실과 선명한 대비를 이룬다. 이는 바로 시인
이 당시의 현실에 대해 내린 엄혹한 비판이다. 「도화원기(桃花源記)」의
걸출한 사상적 의의는 대담하게 군권을 부인하고 있다고 하였다. 그곳
에는 제왕도 없고 왕조의 교체도 없으며 당시의 조건 하에서 인민들이
마찬가지로 군주가 필요 없다는 것을 분명히 드러내고 있다. 이는 더욱
대담하고 더욱 인민성이 풍부하다.[58]

왕야오는 『도연명집』의 「전언」에서 도잠은 도화원을 사회의 이상으
로 삼아 묘사하였다고 생각하였다. 그는 위와 같이 상고 원시시대의 모
두가 '편안히 넉넉한 즐거움이 있는(怡然有餘樂)' 사회가 있을 수 있기를
희망하였다. 이런 이상과 그의 사회적 지위, 생활 상황은 모두 박자가
잘 맞을 뿐만 아니라 또한 농민의 요구와 이상을 잘 반영하였다.[59]

웨이정선(魏正申)은 『도연명평전』에서 도원 사상에 대하여 아주 높은
평가를 내렸다. 그는 도원 사상은 군권 사회에 대한 완전한 부정이라
고 말하였다. 사회제도와 성질에서 이는 계급사회와는 '근원을 달리하
는' 무계급사회이며, 정치상으로는 '달력 기록이 없어서' 황제의 연호
를 입에 담지 않고 황제를 필요로 하지 않으며, 군권의 정치적 압박을
부정하였다. 경제적으로는 '왕에게 세금을 바치지 않아(靡王稅)' 봉건의
압박을 부정하고 있으며, 사상 형태에서는 교활하고 교묘한 '지혜'와
서로 속고 속이는 것을 부정하였다. 사회 생산과 생활에서는 상호 격려
하여 '농사에 힘써서(肆農耕)' 모든 사람이 노동하는 '편안히 넉넉한 즐

||||||||||||||||
58 『중국문학사』 제1책, 인민문학출판사, 1962년 판, 235쪽.
59 왕야오 편주, 『도연명집·전언』, 인민문학출판사, 1957년 판, 7쪽.

거움이 있다.(怡然有餘樂)'[60]

위에서 말한 제가의 관점에 동의하지 않는 사람으로는 구눙이 있다. 그는 유행되는 견해는 '도화원' 식의 사회가 당시의 암울한 현실과 함께 선명한 대비를 이룬다고 말하였다. 그것은 통치자의 특권 심지어 군권을 부정하며 착취와 빈부는 현격히 다르다는 것을 부정하며 농민의 바람을 반영하였고 인민의 요구에 부합한다, 운운 하였다.

구눙은 이런 일찍이 상당히 유행했던 견해에 동의를 표하지 않았다. 그는 세상과 단절되어 '한나라가 있는 줄도 모르고 위나라와 진나라는 논할 것도 없는' 도화원은 완전히 도연명의 환상에서 나온 유토피아라고 생각하였다. '마르크스주의자는 일체의 유토피아를 반대한다.'(레닌의 『두 가지 유토피아』) 곧 미묘하기가 유토피아 같다고 하더라도 찬미할 만한 곳이 없다. 그는 또한 구체적으로 이 작품을 분석하여 왕야오 등의 의견을 종합하여 진나라와 송나라가 교체된 후에 지어진 이른바 '진나라 때의 난'은 목전의 왕조가 바뀌는 어지러움을 투영하지 않은 것이 없다고 생각하였다. 구눙은 송나라가 진나라를 대신 교체하여 역사적인 진보를 체현하였다고 하였다. 도연명은 이 역사가 전환하는 고비에서 보수적 태도를 보였고 단순화한 긍정을 보여서는 안 되었다고 생각하였다. 또한 시에 '가을에 곡식이 익어도 왕에게 세금을 바치지 않는다.(秋熟靡王稅)'라는 구절이 있는데 대대로 높은 평가를 받아왔으며 반착취적이라고 생각하였는데 본 것이 피상적인 것을 면치 못하였다. 구눙은 도화원의 현실이 의거하는 것은 옛날의 오보(塢堡: 진인각의 「桃花源記旁證」을 상세히 참고하길 바란다)로 당시에는 원시적인 공사(公社)식의 단위가

ıııııııııııııı
60 웨이정선(魏正申), 『도연명평전』, 문진(文津)출판사, 1996년 판, 265~266쪽.

불가능하다고 하였다. 여기에는 반드시 오주(塢主)가 있는데 실제적으로는 산적 두목들이다. 백성들과 오주에 의탁하여 농노로 전락하는 것은 '왕에게 세금을 납부하는' 자유농민보다 못하다. 그래서 왕에게 바칠 세금이 없는 것이 꼭 좋은 일이라고는 할 수 없으며 또한 농민의 바람을 대표하지도 않는다. '가을에 곡식이 익어도 왕에게 세금을 바치지 않는다.(秋熟靡王稅)'는 이 구절은 도화원식의 유토피아는 역사는 발전한다는 흐름의 성질에 위배되기 때문에 무원칙적으로 찬미되어서는 안 된다는 것이다.[61]

구눙의「도화원기(桃花源記)」에 대한 평론은 매우 원칙적이지만 이따금 지나치게 일반성 원칙을 강조하여 꼭 실제와 부합하지는 않는다. 마르크스주의자들은 모든 유토피아에 반대하지만 도잠 시대에는 마르크스주의자라고는 없었기 때문에 그가 설계한 도화원이라는 유토피아적 이상사회는 농민의 바람을 반영하여 인민의 요구에 부합된다. 이런 견해는 틀림이 없다. 레닌도 말한 적이 있다. '한 국가의 자유가 적어질수록 공개적 계급투쟁은 약하여지고, 군중의 문화 정도가 낮을수록 정치상의 유토피아는 통상적으로 또한 더욱 쉽게 생산이 되며 아울러 유지하는 시간은 더욱 길어진다.'[62] 이렇게 보면 도화원식 유토피아의 생성은 이해할 수 있으며 또한 당시 농민의 수요와도 들어맞는다. 도잠의 이 작품이 진나라와 송나라의 교체를 투영한 것이라는 데 대해서는 이렇게 해도 저렇게 해도 송나라가 진나라를 취하여 대신한 것이 역사적 관점으로 진보라고는 말할 수 없다. 위·진에서 남조까지는 모두 권력

IIIIIIIIIIIIIIII
61「도연명 연구 찰기 삼제(陶淵明研究札記三題)」,『제로학간(齊魯學刊)』1995년 제6기.
62『두 가지 유토피아』,『레닌전집』제18권, 349쪽.

의 찬탈로부터 이어져왔고 또한 무슨 새로운 정치랄 것도 없다. 송나라가 진나라를 대신한 것을 진보라고 한다면 제(齊)·양(梁)·진(陳)은 바로 한 조대씩 진보한 것일 것이니 이런 논법은 없다. 또한 어떤 사람은 도화원을 중고시대의 오보라고도 말한다. 이 또한 어떤 상황에서 나온 오보인지를 보아야 한다. 구능의 글에서 인용한 자료에서는 '영가의 난으로 백성은 유망하고 둔을 쳐서 모여 있는 곳에서 소준은 수천 가(家)를 규합하여 본현에 누(壘)를 엮었다.'[63]라 하였다. 또한 '중원에서 난이 발생하자 향인들은 마침내 치감(郗鑒)을 주인으로 추대하여 천여 가(家)와 함께 노국(魯國)의 역산(嶧山)으로 피하였는데 산에는 겹겹의 험한 곳이 있었다.'라 하였다.[64] 고을의 선비들이 모두 함께 말하기를 '지금 천자는 망명하고 중원에는 패자가 없어 인덕에 귀의해야 망하는 것을 뒤로 미룰 수 있다. 마침내 함께 치감을 왕으로 추대하였다.'라 하였다. 위의 자료에서 볼 때 당시는 영가의 난이 발생하였을 때이다. 천자는 망명하고 백성은 유리하여 소준과 치감 등이 수백 가를 규합하여 군중을 모아 루(壘)를 지어 스스로 보호하였다. 당연히 그들은 산을 차지하고 왕이 된 할거 세력이었지만 유리하는 군중의 생명과 재산을 보호해주는 작용을 일으키기도 하였다. 구체적인 분석을 하지 않았다면 이는 역사 발전의 흐름에 위배된다고 할 것이다. 이런 이탈은 실제로 일반적 원칙을 강조하여 가르침이 되기에는 부족하다.

그러나 정치적인 층차나 방면에서 보면 꼭 그렇지만은 않다. 도화원식 유토피아의 역사 정위(定位)를 제외한 창작사상으로 볼 때 그는 정치

||||||||||||

63 『진서·소준준(蘇峻傳)』.
64 『예문유취(藝文類聚)』 권29에서 인용한 『진중흥서(晉中興書)』.

적으로 존재하지 않는 압박과 경제적으로 착취가 없어야 한다고 생각했다. 즉 모든 사람이 노동에 종사하고 평등한 것을 설계하였다고 여긴 것이다. 인간 생활의 숨결이 넘치는 낙토를 구상한 이런 면은 바로 도잠의 이상 중의 사람과 사람의 관계를 체현하였다. 그는 평민의 심리상태와 순진한 감정을 가지고 인생을 처리하였으며, 아울러 사상 승화 방면에서의 표현이기도 하다.

제6장

도잠 시문의 예술 풍격

　도잠은 중국 역사상 저명한 시인이자 문학가이다. 그의 사상 감정은 주로 시문 창작 방면을 통하여 기탁되었다. 종영(鍾嶸)은 『시품(詩品)』에서 도잠을 평론하면서 그의 작품은 '문체가 간결하여 거의 긴 말이 없다. 뜻이 독실하고 옛것을 참으로 여겼으며 말이 완전하고 상쾌함을 일으켰다. 그 문장을 볼 때마다 그 사람의 덕을 생각하게 되며 세상에서는 그 바탕이 곧은 것을 찬탄하였다.'라 하였다. 이는 그의 시문을 읽는 것을 통하여 그 사람됨의 품덕을 인식하였다는 말이다. 문학은 형상적 사유이기 때문에 추상적 사유의 철학 이론과는 같지 않다. 종영은 도잠이 '예와 지금의 은일시인의 종정(宗正)'이라고 하였다. 그 자신도 '고요히 동산 숲 아름다움 생각하니, 속세 실로 사양할 만하다네.(靜念園林好, 人間良可辭)'라 하였다. 나중에는 세속에서도 또한 그를 거의 전원시인이라고 말하였기 때문에 그의 시풍이 평담하고 자연스럽다고 하였다.

평담과 고결(孤潔)이야말로 도잠 인격의 맑고 높은 일면을 반영한다. 그는 유유자적한 생활 가운데서 일상의 편안하고 조용한 심경을 표현해내었다고 말할 수 있다. 그러나 그는 결코 인간의 음식을 먹지 않는 것도 아니고 또한 메마르고 쓸쓸하게 사는 고행승이 아닌데도 마음이 명경지수 같은 경지에 도달하였다. 그는 농업 활동에 참가하였다. 순박한 농민들과 뽕과 삼에 대한 얘기를 나누었으며, 뜻이 같고 도가 맞는 사람과 투합하여 시를 찾고 술을 실었다. 허위와 사술이 충만한 더럽고 탁한 현실에 대해 깊이 불만을 나타내기도 했다. '속세의 그물(塵網)'을 벗어나고 '졸박함을 지켜 원전으로 돌아갔지만(守拙歸園田)' 세상의 일에는 조금도 관심을 갖지 않았다. 이따금 또한 세상의 불합리함에 분개하고 증오하는 심정을 표현해내거나 혹은 역사적인 인물과 신화 고사를 빌려다가 발설을 가하기도 하였다. 주광잠(朱光潛)은 '도연명은 혼신이 조용하고 화목하기 때문에 그는 위대하다.'라 말한 적이 있다. 노신은 '조용하고 화목한' 일면을 제외하고 '금강역사가 눈을 부릅뜨고 있는' 면이 있어서 '도잠은 바로 결코 "혼신이 조용하고 화목하지" 않기 때문에 그는 위대하다.'라 하였다.

도잠은 감정이 풍부한 사람이다. 묘사한 예술 형상은 정(情)과 사(詞)가 다 무성하다. 정(情)과 경(景)이 번갈아 융화하여 평담(平淡)하면서도 자연스러운 면 외에도 '호(豪)'와 '건(健)', '유(腴)', '기(綺)'의 다양한 풍채를 표현한다. 심미적 정취와 창작 기교 방면에서도 칭송할 만한 곳이 있으며 아울러 후래에 심원한 영향을 끼쳤다.

1. 평담하면서도 자연스러운 순박한 시풍

도잠의 현존 시 가운데 사람들에게 가장 많이 감상되고 전송되는 것은 농촌의 경색과 은거 생활을 묘사한 작품들이다. 그 특징은 바로 양자를 결합한 것, 곧 정(情)과 경(景)을 융합시킨 것들이다. 우선 이 방면의 대표작 두 편을 들어보겠다. 「원전거로 돌아오다(歸園田居)」 첫째 시에서는 말하였다.

少無適俗韻	어릴 때부터 속세와는 기질이 맞지 않았고
性本愛丘山	천성이 본래 언덕과 산을 좋아하였네.
誤落塵網中	속세의 그물로 잘못 떨어져
一去三十年	한번 떠난 지 30년이나 되었네.
羈鳥戀舊林	조롱 속에 든 새는 옛날 살던 숲을 그리워하고
池魚思故淵	연못의 고기는 옛날 살던 큰 연못을 그리워한다.
開荒南野際	황폐한 남쪽 들 한 쪽을 개간하여
守拙歸園田	순박함 지키려고 전원으로 돌아왔네.
方宅十餘畝	반듯한 텃밭은 십여 이랑이 되고
草屋八九間	풀로 이은 초가집은 여덟아홉 칸이라네.
楡柳蔭後簷	느릅나무 버드나무 뒤뜰 처마를 가리고
桃李羅堂前	복숭아 오얏나무 대청 앞에 줄지어 있네.
曖曖遠人村	어슴푸레 시골 마을 저 멀리 보이고
依依墟里煙	모락모락 마을에서 연기 피어오르네.
狗吠深巷中	개 짖는 소리 깊숙한 골목에서 울리고
鷄鳴桑樹顚	닭 울음소리 뽕나무 위에서 들려오네.

戶庭無塵雜	집안에는 세속의 잡다한 일 없고
虛室有餘閑	조용하고 텅 빈 방은 한가로움 있다네.
久在樊籠裏	오랫동안 좁다란 새장 속에 갇혔다가
復得返自然	이제야 또다시 자연으로 돌아왔다네.

「산해경을 읽으며(讀山海經)」의 첫째 시에서는 말하였다.

孟夏草木長	초여름 초목 길게 자라나니
繞屋樹扶疎	집을 두르고 나뭇가지 무성하네.
衆鳥欣有託	새들은 깃들 곳 있어 기뻐하고
吾亦愛吾廬	나 또한 내 움막 사랑한다네.
旣耕亦已種	밭 갈고 또 이미 씨 뿌렸으니
時還讀我書	때때로 보던 책을 다시 읽는다네.
窮巷隔深轍	궁벽한 곳이라 번잡한 한길과 떨어져
頗回故人車	자못 옛 친구의 수레마저 돌려보내네.
欣然酌春酒	기쁜 마음으로 봄술 마시며
摘我園中蔬	내 동산서 나물 뜯어 술안주 삼네.
微雨從東來	보슬비 동쪽에서 오기 시작하니
好風與之俱	상쾌한 바람 함께 불어오네.
汎覽周王傳	주나라『목천자전』두루 살펴보고
流觀山海圖	『산해경』의 그림 모두 구경하네.
俛仰終宇宙	잠깐 동안에 온 우주 다 보았으니
不樂復何如	즐겁지 않으면 또 어떠하리오.

앞의 시는 의희 2년(406)에 지어졌는데 도잠 42세 때이다. 그는 팽택령을 그만 둔 후에 상경(上京)에서 한가로이 거처하다가 벽진 곳에 있는 남야(南野)의 원전거(옛 田舍)로 옮겼다. 이 시는 그가 지은「원전거로 돌아오다(歸園田居)」5수 가운데 첫째 시이다. 처음 거주한 지는 오래지 않았을 것이며 거사(居舍)에 대한 묘사는 매우 구체적이다. '반듯한 텃밭은 십여 이랑이 되고, 풀로 이은 초가집은 여덟아홉 칸이라네. 느릅나무 버드나무 뒤뜰 처마를 가리고, 복숭아 오얏나무 대청 앞에 줄지어 있네.(方宅十餘畝, 草屋八九間. 榆柳蔭後簷, 桃李羅堂前)'집 앞에서 바깥을 바라보면 '어슴푸레 시골 마을이 저 멀리 보이고, 모락모락 마을에서 연기가 피어오르는(曖曖遠人村, 依依墟里煙)'것이 보이며, 이외에도 또한 개가 짖는 소리와 닭이 우는 소리도 들린다. 여기서 경치에 대한 묘사는 순수하게 스케치만 하였지만 사람들에게 형상과 친절한 감각을 가져다준다. 이 시골에서 거처하는 환경에서 도잠은 기쁘고 자득한 심정을 펴냈다. 그는 지난날 관계와 세속에 있었던 생활을 속세의 그물(塵網)과 새장(樊籠)에 비유하였다. 해탈을 찾는 것이 급히 요구되었기 때문에 마지막 구절에서 '이제야 또 다시 자연으로 돌아왔다네.(復得返自然)'라 하였다. 이 말은 쌍관어로 이미 자연의 전야(田野) 풍경일 뿐만 아니라 자연 인성의 회귀다. 사람과 물(物), 정(情), 경(景)이 교차하여 융합하는 시와 같고 그림과 같은 것이다.

뒤의 시는 도잠이 44세 때인 의희 4년(408)에 지어졌다. 그가 원전거에서 몸소 농사를 지어 자급한 지 이미 2년여가 된 시기이다. 이때의 생활은 대체로 이미 안정되어 가 농사를 짓는 짬짬이 책을 읽을 수가 있었다.「산해경을 읽으며(讀山海經)」13수 가운데 첫째 시가 그것이다. 이 시는 또한 원전거의 경색을 끼워서 묘사하고 있다. 우거진 초목이 집을 두르고 여러 나무의 가지와 잎이 무성하다. 궁벽한 골목에는 시끄럽게 하는 수레와 말이 없어 그야말로 책을 읽기가 좋은 환경이다. 그는 밭의 신선한 채소를 솎고 술을 보내니 좋은 바람이 불어온 가랑비가 사람의 마음을 펴게 한다. 이렇게 도잠의 독서는 확실히 별다른 정취가 있어 사람으로 하여금 또한 한적한 전원시라는 느낌을 갖게 한다.

도잠이 지은 전원시는 왕왕 화조(花鳥)와 초목을 떠나지 않지만 그는 평생토록 국화를 가장 사랑하여 대개 그의 외롭고 오만한 성격과 유사하다. 그가 「술을 마시며(飮酒)」라는 제목으로 지은 20수 가운데 다섯째와 일곱째 시 두 수는 모두 '국화'를 주제로 하였다. 전원을 묘사한 시 가운데 가작(佳作)이자 또한 그가 은거하며 한적한 자연생활을 지낼 때의 그림자이다. 다섯째 시에서는 말하였다.

結廬在人境	오두막 사람들 사는 곳에 이었으나
而無車馬喧	수레나 말 달리는 시끄러움 없네.
問君何能爾	그대에게 묻노니, 어떻게 그럴 수 있는가?
心遠地自偏	마음 멀리 두니 땅도 스스로 구석져서라네.
採菊東籬下	동쪽 울타리 아래서 국화 따노라니
悠然見南山	한가로이 남쪽 산 눈에 드네.
山氣日夕佳	산의 기운 해 저무니 아름답고
飛鳥相與還	나는 새는 서로 더불어 돌아가네.
此中有眞意	이 가운데 참뜻 있어
欲辨已忘言	설명하려 하니 이미 말 잊었네.

일곱째 시에서는 말하였다.

秋菊有佳色	가을국화 아름다운 색 띠고 있어
裛露掇其英	이슬 머금은 그 꽃을 따네.
汎此忘憂物	이를 근심 잊게 하는 술에 띄워
遠我遺世情	세속을 버린 마음 더욱 멀리하네.
一觴雖獨盡	한 잔 술 비록 홀로 다하나
杯盡壺自傾	잔 다하면 병 또 기울이네.
日入群動息	해 기우니 모든 움직이는 것들 쉬고,
歸鳥趨林鳴	돌아가는 새 숲을 향해가며 우네.
嘯傲東軒下	동쪽 처마 아래서 마음 내키는 대로 휘파람 부니
聊復得此生	잠시 다시 이 삶 스스로 터득하였네.

이 두 수는 모두 국화 따는 것을 주제로 하였다. 아울러 시정(詩情)과 화의(畵意)를 이끌어 냈다. 도잠은 여러 차례 은거하는 그윽하고 조용한 환경을 제기하였다. 수레와 말의 시끄러움을 받아들이기를 바라지 않았다. 바로 그가 한적한 심경을 갖고 있었기 때문에 동쪽 울타리에서 국화를 딸 때 무의식적으로 남산이 보이게 된 것이다. 그가 의식적으로 남산의 아름다운 경치를 찾지 않았기 때문에 조탁하고 형용하지 않았다. 하지만 저녁 무렵 산간의 운무의 기운과 무리지어 나는 돌아가는 새를 따라 한 폭의 천연적인 그림을 구성하였다. 그로 하여금 그 중에 무슨 참뜻을 담고 있는지 알게 하였다. 정경(情景)이 교차하는 상황에서 그것을 표현할 마땅한 언어를 찾기 어렵게 하였다.

도잠은 시를 지을 때 왕왕 술을 떠나지 못하는데 뒤의 시는 바로 가을의 아름다운 경색을 읊어낸 새로운 시이다. 국화는 화원의 여러 꽃들 가운데 고결하고 오만한 품격을 갖추었다. 이것이 바로 도잠이 돌아가 은거한 후 국화를 감상하는 것을 가장 즐긴 이유이다. '이[국화]를 근심 잊게 하는 술에 띄워, 세속을 버린 마음 더욱 멀리하는데(汎此忘憂物, 遠我遺世情)'게다가 한 사람이 독작하며 술이 다 떨어질 때까지 통렬하게 마신다. 때는 저녁 무렵에 가까워 돌아가는 새들이 숲으로 향한다. 이 창망한 저녁 경치를 보고 있자니 또한 일종의 정경(情景)이 교차한다. 그러나 그의 심경은 조금도 가라앉지 않았다. '한가로이 남쪽 산이 눈에 드는(悠然見南山)'한가하고 빼어난 풍취는 동쪽 처마 아래서 내키는 대로 한번 휘파람을 불어 세상을 잊고 홀로 서 있는 정을 펴내었다. 이것이 도잠 시의 또 하나의 특색이다.

도잠 시의 예술 풍격은 평담하고 소박한 자연스러움이다. 이는 이미 사람들이 모두 알고 있는 것이다. 그러나 이런 풍격은 농촌의 전원 풍경과 개인의 높고 뛰어난 탈속의 감정을 묘사하는 데만 있는 것은 아니다. 동시에 인간관계의 방면에서도 이런 격식을 표현해내었다. 물아의 정이 하나로 융합되어 밭 사이의 부로와 옛 친구들에게도 그는 모두 차별 없이 대하여 피차간에 모두 평담하고 순박한 군자의 가르침을 이루었다. 다른 정취를 표현해낸 것으로 아래에 「술을 마시며(飮酒)」의 아홉째와 열넷째 시 두 수를 들어본다.

清晨聞叩門	맑은 새벽에 문 두드리는 소리 듣고
倒裳往自開	아랫도리 거꾸로 입고 나가 친히 열어주네.
問子爲誰與	그대 누구인가 물어보니
田父有好懷	농부인데 좋은 생각 있다 하네.
壺漿遠見候	병에 술 가지고 멀리서 와 문후하며
疑我與時乖	나 때와 어그러진 것 아닌가 의심하네.

襤縷茅簷下	"헤진 옷에 띳집 처마 아래서 사는 것
未足爲高栖	고결하게 산다고 여기기에는 부족하다네.
一世皆尚同	세상 사람들 모두 숭상함이 같으니
願君汩其泥	원컨대 그대도 그 탁류와 함께 흐르길."
深感父老言	어르신 그 말씀에 깊이 감사드리나
稟氣寡所諧	타고난 기질이 남과 잘 어울리지를 못하네.
紆轡誠可學	고삐 늦추는 것 실로 배울 만하나
違己詎非迷	나를 어겨 어찌 방황하리오?
且共歡此飮	잠시 함께 즐거이 이 잔 마시세
吾駕不可回	나의 수레 돌릴 수 없으니.
故人賞我趣	옛 친구들 내 취향을 칭찬하여
挈壺相與至	술병 들고 서로 함께 이르네.
班荊坐松下	나란히 소나무 아래에 앉아
數斟已復醉	몇 잔 드니 이미 또 취하네.
父老雜亂言	어르신네들 횡설수설 말하여
觴酌失行次	술잔 따르는데 차례마저 잃어버렸네.
不覺知有我	나 있음도 깨닫지 못하거늘
安知物爲貴	물건 귀함을 어찌 알겠는가?
悠悠迷所留	명리 추구하여 머무는 데 미련 가지면
酒中有深味	술 가운데 무슨 깊은 맛이 있으리.

이곳의 첫째 시에서 도잠은 늙은 농부가 찾아온 것을 이야기하고 있다. 그는 미처 옷도 제대로 입지 못하고 나가서 문을 열어준다. 이 농부

는 술 한 병을 가지고 와서 관심을 표시한다. 그는 도잠이 남루한 옷을 입고 초가집에 사는 것을 보고 이런 고결한 선비가 무엇 때문에 이런 고생을 사서 하느냐고 묻는다. 도잠은 늙은 농부의 호의에 감사해하긴 하지만 자기의 돌아와 은거할 때의 초심을 어길 수는 없노라는 뜻을 나타낸다. 그러나 이 때문에 쌍방의 우정이 금가는 것은 아니며 '잠시 함께 즐거이 이 잔을 마시며(且共歡此飲)' 함께 즐거이 술을 마시고 다만 길을 돌리지 않을 것을 표명할 뿐이다.

이 시 또한 한 폭의 생동적인 화면을 구성하고 있다. 이 농사짓는 늙은 농부와 도잠의 대화는 쌍방의 우호 및 순진한 감정을 표현해낸다. 여기에서 단도제가 도잠을 위문했던 일을 떠올리게 한다. 단도제가 그에게 말했다. '대체로 현명한 사람이 세상에 처함에 도가 없으면 숨고 도가 있으면 나옵니다. 지금 그대는 문화가 빛나는 시대에 태어나 어찌 이렇게 괴로워합니까?' 도연명이 대답하기를 '제가 어찌 감히 현명하기를 바라겠습니까? 뜻이 미치지를 못합니다.'라 했다. 사실 단도제의 이 권고와 그 농부가 한 말은 별반 차이가 없다. 그에게 출사하여 빈곤 문제를 해결하라고 권하지 않음이 없다. '세상 사람들 모두 숭상함이 같으니, 원컨대 그대도 그 탁류와 함께 흐르길.(一世皆尙同, 願君汩其泥)'이라 하여 늙은 농부도 세속과 동화하여 스스로를 괴롭힐 필요가 없다고 권하고 있을 따름이다. 그러나 '단도제가 기장과 고기를 보내주자' 도잠은 오히려 '손을 내저어 그를 보냈다.' 어떻게 태도가 완전히 다른가 하는 것은 바로 감정 문제이다. 어떤 사람은 도잠이 농민과 깊은 우의를 가지는 것을 반대하여 말하는데 무슨 근거가 있는 것으로 생각되지 않는다. 이 농부는 농민이 아닌가? 보아하니 도잠과의 우의는 상당히 깊다. 사실 도잠의 교우는 또한 농민이거나 관원이거나 한데 있지 않으며 그와 농부는 '잠시 함께 즐거이 이 잔을 마시는(且共歡此飮)' 것이다. 왕홍이 강주자사가 되었을 때 또한 흰 옷을 입은 사람을 보내어 그에게 술을 보내주었다. 그와 친한 벗인 안연지도 그에게 2만 전을 주었는데 그는 '모두 술집에다 갖다 주고는 조금씩 술로 가져다 마셨다.'고 하였다.

도잠은 술을 좋아하여 왕왕 시로 읊어 나타내었다. 집에서 홀로 마시는 것 외에 더욱 즐긴 것은 친지 친구들과 모인 자리였다. 위에서 인용한 뒤의 시에서 '옛 친구들 내 취향을 칭찬하여, 술병 들고 서로 함께 이르네.(故人賞我趣, 挈壺相與至)'라 하였으니 여러 명의 오래된 벗들과 함께 분분히 술병을 가지고 서로 만났다. 그들은 소나무 아래 앉아 술을 마셨다. 조금 취하였을 때 그 부로들 또한 횡설수설하게 되면 술을 마시면서 무슨 선후배를 따지지 않았다. 이런 아무런 구속도 없는 것은 대략 야외의 농가에서만 볼 수 있는 멋이다. 그러나 도잠 본인은 이미 '내가 있음도 깨닫지 못하거늘, 물건 귀함을 어찌 알겠는가?(不覺知有我, 安知物爲貴)'의 경지, 곧 이미 물아일체의 무궁한 즐거움에 도달하였다. 그의 전원시는 달리 하나의 격식을 갖추고 있는데 인성의 진솔한 자연적 경계에 도달하였다.

도연명의 전원시는 그의 거처가 중심이 되며 아울러 사방 주위 환경을 섭렵하고 있다. 그러나 그에게는 두세 명의 이웃과 사천(斜川)에서 유람한 시가 더 있다. 함께 쓴 '서(序)'도 유람시문의 훌륭한 작품으로 여겨진다. 그러나 그의 사상 정조는 또한 석숭(石崇)과 왕희지 등과 같은 퇴폐적인 사상을 반영하고 있다고 여겨지는데 도연명의 시 중에서 봉건적 잔재가 가득 찬 낙후된 것이다.[1] 이에 대한 평가가 어떠한지 또

||||||||||||

1 녹흠립, 「도연명에 관하여」, 『도연명집』, 213쪽.

한 분석을 기다려본다.

사천에서 놀다(遊斜川) 서문을 아우름(幷序)

신축년 5월 5일, 날씨는 맑고 온화하며 풍경은 아늑하고 아름다워 두세 이웃과 함께 사천에서 놀았다. 길게 흐르는 강을 굽어보며 층성산을 바라보았다. 저녁 무렵이 되자 방어와 잉어가 뛰어오르면서 비늘을 번쩍이고 물새는 온화한 바람을 타고 몸을 뒤채면서 난다. 저 남산은 명성과 실상이 오래되었으니 감탄할 만 한 것이 없겠다. 그러나 저 층성산의 경우는 곁에 이어진 것도 없이 홀로 언덕 가운데에 솟아 있어 멀리 영산을 연상시키니 아름다운 이름이 사랑스럽다. 즐겁게 대하는 것으로 부족하여 서둘러 시를 지었다. 세월이 이미 가버린 것이 슬프고 내 나이가 머무르지 않는 것이 애달프다. 각기 나이와 향리를 적고 날짜를 기록한다.

辛酉正月五日, 天氣澄和, 風物閑美. 與二三鄰曲, 同遊斜川. 臨長流, 望曾城, 魴鯉躍鱗於將夕, 水鷗乘和以翻飛. 彼南阜者, 名實舊矣, 不復乃爲嗟歎. 若夫曾城, 傍無依接, 獨秀中皐, 遙想靈山, 有愛嘉名, 欣對不足, 率共賦詩. 悲日月之遂往, 悼吾年之不留. 各疏年紀鄕里, 以記其時日.

開歲倏五日[2]	새해 들어 어느덧 닷새 지났으니
吾生行歸休	내 생애도 돌아가 끝날 것이라네.
念之動中懷	이 생각하니 가슴 속 울렁거려

||||||||||||

2 지은이는 '일(日)은 녹흠립의 판본에는 십(十)으로 되어 있다.'라는 주석을 달았다. ─옮긴이

及辰爲玆遊	때 맞춰 이 놀이 한다네.
氣和天惟澄	날씨는 온화하고 하늘은 맑은데
班坐依遠流	나란히 앉아 긴 물결을 향했다네.
弱湍馳文魴	약한 여울엔 문채 나는 방어 내달리고
閑谷矯鳴鷗	한가로운 계곡에는 지저귀는 물새들 날아오르네.
迥澤散游目	먼 늪으로 눈을 돌려서
緬然睇曾丘	아득히 층구(층성산) 바라본다네.
雖微九重秀	비록 아홉 겹 빼어남은 없으나
顧瞻無匹儔	둘러보니 짝할 것 없다네.
提壺接賓侶	술병 들고 같이 온 이들 상대하면서
引滿更獻酬	술잔에 가득 따라 번갈아주고 받는다네.
未知從今去	모르겠구나, 지금부터
當復如此不	다시 이 같을 수 있을지.
中觴縱遙情	술 마시는 중에 초탈한 마음 멋대로 풀어놓고
忘彼千載憂	저 천년의 근심 잊는다네.
且極今朝樂	잠시 오늘 아침 즐거움 맘껏 누리는 것이니
明日非所求	내일이야 바라는 것 아니라네.

녹흠립은 왜 「사천에서 놀다(遊斜川)」를 부정적인 시각으로 보고 이 작품이 도잠의 가문 관념을 반영하였으며, 아울러 석숭의 『금곡집(金谷集)』과 왕희지의 『난정집(蘭亭集)』을 모방하여 이를 빌려 도 씨 가문의 문벌이 고귀하다고 생각하였을까? 그는 석숭이 「금곡시서(金谷詩序)」에서 '생명이 길지 않음을 느끼고 시듦이 기한이 없음을 두려워하였으므로 이때 모인 사람들의 관호(官號)와 성명, 나이를 갖추어 적었다.'

라 한 것을 지적하였다. 도잠은 이 서문의 끝에서 또한 말하기를 '세월이 이미 가버린 것이 슬프고 내 나이가 머무르지 않는 것이 애달프다. 각기 나이와 향리를 적고 날짜를 기록한다.(悲日月之遂往, 悼吾年之不留. 各疏年紀鄕里, 以記其時日)'라 하였는데 두 사람의 어투가 비슷하다. 왕희지는 「난정시(蘭亭詩)」에서 말하기를 '만남과 이별 실로 늘 있는 일이고, 천수와 단명은 정녕 비롯됨 없다네. 새로움 만들어 잠시도 쉬지 않으니, 한번 가면 다시 일어나지 않는다네.(合散固其常, 修短定無始. 造新不暫停, 一往不再起)'라 하였다. 「사천에서 놀다(遊斜川)」의 마지막 몇 구절에서 또한 '술 마시는 중에 초탈한 마음 멋대로 풀어놓고, 저 천년의 근심 잊는다네. 잠시 오늘 아침 즐거움 맘껏 누리는 것이니, 내일(의 일)이야 바라는 것 아니라네.(中觴縱遙情, 忘彼千載憂. 且極今朝樂, 明日非所求)'라 하였다. 이에 의하면 그는 석숭과 왕희지 및 도연명이 모두 인생의 무상함을 탄식하고 때맞춰 노는 것을 강조하였음을 알 수 있다. 그런 지주 계급의 사상 정조가 또한 서로 같으며 대비해본 다음에 세 사람의 이런 활동을 모두 부정적으로 보았다.

그러나 나는 도잠이 사천에서 논 것은 석숭과 왕희지 두 사람의 경우와는 나란히 놓고 논할 수 없다고 생각한다. 석숭은 유명한 부호로 금곡원의 번화함과 사치스러움은 비교할 만한 사람이 없다. 그는 이곳에서 큰 규모의 송별 연회를 거행하였다. 참여한 사람은 모두 당시의 명류들이다. 연회에서는 술을 마시고 시를 지었으며 나중에 『금곡집(金谷集)』을 엮었다. 왕희지는 그의 별업 난정에서 '수계의 일(修禊事)'을 행하였다. 시를 짓고 술을 마셨는데 모인 인물이 많고 규모가 커서 또한 한 때의 성대한 모임이었다. 그러나 도잠의 사천에서의 놀이를 보면 그저 두세 이웃과 짝하였으니 당시 두세 좋은 벗과 짝을 이루어 교외에서 노는 것이다. 도잠은 술을 좋아하여 병술을 지니고 야외에서 돌아가며 몇 잔 마시는 정도를 벗어나지 않았다. 이를 금곡과 난정의 집회와 비교해 보면 어떻게 자기 가문의 고귀함을 드러낼 수 있겠는가? 우리가 이렇게 추론하는 것은 어느 정도 당연할 것이다. 그러나 도잠 당시의 가세에 의거하면 이런 한 차례의 유람은 또한 쉽지 않았을 것이다. 그 때문에 시에서 '술병 들고 같이 온 이들 상대하면서, 술잔에 가득 따라 번갈아주고 받는다네. 모르겠구나, 지금부터, 다시 이 같을 수 있을지.(提壺接賓侶, 引滿更獻酬. 未知從今去, 當復如此不)'라고 말하였다. 바로 이렇기 때문에 또한 때맞춰 놀자는 사상이 생겨났으니 바로 시의 마지막 두 구절에서 읊은 '잠시 오늘 아침 즐거움 맘껏 누리는 것이니, 내일(의 일)이야 바라는 것 아니라네.(且極今朝樂, 明日非所求)'라는 표현이다. 여기서 그는 인생에 대하여 조금 비관적 정서를 가지고 있는데 바로 서문에서 '세월이 이미 가버린 것이 슬프고 내 나이가 머무르지 않는 것이 애달프다.(悲日月之遂往, 悼吾年之不留)'라고 말한 것과 같다. 자연계의 시간은 쉬 가버리고 몸에는 세월이 남아 있기 어려우니 나이가 조금 많은 사람들은 모두 이런 느낌을 가지기 쉽다. 도잠이 반드시 석숭과 왕희지를 본받아야 이런 사상을 가지는 것은 아니다. 아울러 이런 탄식은 자신 가문의 고귀함과 자부심을 드러내는 것이라고는 할 수 없는데 하필 석숭과 왕희지 두 사람의 사상과 결부시킨다는 말인가?

그러나 도잠의 「사천에서 놀다(遊斜川)」가 얼마간 퇴폐적인 사상의 봉건적 잔재를 가지고 있다 하더라도 예술 풍격을 가지고 저울질 해본다면 그가 지은 소서와 시는 여전히 여행의 풍경을 묘사한 가작이다. 먼저 그는 소서에서 출발할 때의 상황을 언급하여 '날씨는 맑고 온화하며 풍경은 아늑하고 아름다웠다.(天氣澄和, 風物閑美)'라 하였다. 출유한 곳에는 산이 있고 물이 있는데, 수중에서는 '저녁 무렵에 방어와 잉어가 뛰어오르면서 비늘을 번쩍이고 물새는 온화한 바람을 타고 몸을 뒤채면서 날았다.(魴鯉躍鱗於將夕, 水鷗乘和以翻飛)' 보이는 것은 물새가 날고 물고기가 뛰어오르는 자연적인 움직임의 광경이었다. 산의 경치는 층성산(일명 南嶺이라고도 하며 廬山의 북쪽에 위치한다)을 조망한다. 그 산은 비록 여산처럼 오랜 명성이 있는 것은 아니지만 사방으로 곁에 의지하는 것이 없이 홀로 들판의 위로 우뚝 서 있기 때문에 '비록 아홉 겹 빼어남은 없으나, 둘러보니 짝할 것이 없다.(雖微九重秀, 顧瞻無匹儔)'고 하였다. 우뚝하고 고고한 것은 도잠의 품격과 더욱 부합할 것이다. 이로 인해 더욱 그의 정취를 끌어 올린다. 사천의 풍물은 시인의 자연스럽고 순박한 흥회(胸懷)와 융회관통(여러 가지 도리와 사리에 통달)하여 이것 때문에 그가 때맞춰 논다는 사상을 이끌어낸다면 나는 그의 퇴폐적이고 비관적인 정서와 완전히 귀결될 수 없으며, 또한 그가 자연에 맡겨두는 일면이 있다고 생각한다.

도잠의 전원시에서 묘사한 자연 풍광은 대부분 사람들에게 아름다움을 누릴 수 있게 해주었다. 이 점은 예로부터 사람들의 긍정적인 반응을 이끌어냈다. 그러나 어떤 사람은 도잠이 은거 생활을 하던 그 연대, 특히 강주의 심양은 여러 차례의 전란을 거쳐 백성들이 유리하여 있을 곳이 없어서 성과 시골이 파괴되어 황량해졌다고 생각하였다. 그래서 도잠의 전원시는 현실을 조금 미화한 것이 아닌가 여겨졌다. 어떤 사람은 도잠이 지은 농촌시에는 그 자신만 있고 농민의 형상은 없다, 엄중한 계급적 한계와 자신만이 옳다는 사상은 주로 그의 개인적인 곤궁한 생활을 묘사하여 사회적으로 민생의 힘든 경상은 찾아볼 수 없다, 이것이 도잠 시의 부족한 점이라고 생각하였다.

나는 도잠의 사상 및 그의 작품이 현실 반영이라는 방면에서는 부족한 점이 있다는 것을 인정한다. 그러나 그의 전원시는 또한 미화된 일면만 있는 것은 아니다. 곧 「원전거로 돌아오다(歸園田居)」에서는 자질들과 근처로 유람 간 것을 언급하였다. 오히려 '덤불을 헤치며 황폐한 마을을 걸었다. 언덕을 배회하니, 옛 사람이 살던 곳이 아련해졌다. 우물과 부뚜막이 남은 곳이 있으며, 뽕나무와 대나무는 그루터기만 남아 있었다. 나무꾼에게 "이 사람들은 모두 어디로 갔소?" 하고 물으니, 나무꾼이 나에게 "죽어서 더 이상 남아 있는 이가 없다오"라 한다.(披榛步荒墟. 徘徊丘壟間, 依依昔人居. 井竈有遺處, 桑竹殘朽株. 借問採薪者, 此人皆焉如. 薪者向我言, 死沒無復餘)'라 하였다. 여전히 우물과 부엌의 흔적과 뽕나무와 대나무의 그루터기가 남아 있는 곳으로 원래 거주민이 있던 촌락인 것 같으나 지금은 이미 묘지와 가시덤불이 우거진 폐허이다. 나무꾼에게 물어 보니 이미 죽고 남아 있지 않으며 이 때문에 인생이 허환하다는 사상을 낳게 하였다. 그는 여기서 전란과 질병 혹은 다른 원인을 말하지는 않았다. 다만 촌락은 폐허로 변하였고 살아 있는 몇 가구의 인가는 오히려 거친 무덤이 되었다. 이런 형상화한 묘사는 또한 사람으로 하여금 시대와 사회의 비극을 느끼게 하지 않겠는가?

도잠은 당시 성과 농촌이 파괴된 경상에 대하여 중요한 곳에서 묘사하지는 않았지만 그가 상경리의 옛 거처 주위에서 본 두 차례의 묘사를 통하여 반영한 것이 있다. 한번은 45세 때 원전거에서 실화를 했을 때로 옛 거처로 돌아가 살펴본 적이 있다. 정황은 「유시상에게 화답하다(和劉柴桑)」에 잘 묘사되어 있다. 나중의 한 차례는 48세 때로 옛 거처를 떠나 원전거와 남촌으로 돌아가 농사에 힘쓴 후이다. 마지막으로 이사하여 돌아와 「옛 거처로 돌아오다(還舊居)」를 지었다. 그는 사실대로 당시 현장의 무너지고 몰락한 경상을 써내었다.

山澤久見招　　산택에서 부름 받은 지 오랜데
胡事乃躊躇　　무슨 일로 이렇게 서성이는가?
直爲親舊故　　바로 친구들 때문이니
未忍言索居　　차마 쓸쓸히 살겠다 말하지 못하네.
良辰入奇懷　　좋은 철에 기이한 생각 들어
挈杖還西廬　　지팡이 잡고 서쪽 집으로 돌아왔다.
荒塗無歸人　　거친 길 돌아가는 사람 없고
時時見廢墟　　이따금 폐허만이 눈에 띄네.
茅茨已就治　　초가지붕 이미 다 이었으니
新疇復應畬　　새 밭 다시 개간해야지.
谷風轉凄薄　　동풍 오히려 차갑게 와 닿지만
春醪解飢劬　　봄 막걸리로 주림과 피로 푼다네.
弱女雖非男　　막걸리가 비록 좋은 술은 아니나
慰情良勝無　　마음 위로함에 실로 없는 것보다 낫다네.
栖栖世中事　　경황없는 세속의 일
歲月共相疏　　세월 갈수록 멀어진다네.
耕織稱其用　　경작과 길쌈 용도에 맞출 뿐이니
過此奚所須　　그보다 나은들 어디에 쓰겠는가?
去去百年外　　세월 흘러 세상 떠난 후에는
身名同翳如　　몸과 이름 함께 사라질 건데.

疇昔家上京　　옛날에는 상경에서 살았었는데

六載去還歸	6년 만에 떠났다 다시 돌아왔다네.
今日始復來	오늘에야 비로소 다시 오니
惻愴多所悲	애통하게 슬퍼할 것 많다네.
阡陌不移舊	밭두둑 길 예전과 변함없건만
邑屋或時非	마을의 집들 혹 옛 모습 아니라네.
履歷周故居	이리저리 걸으며 이전에 살던 곳 돌아보니
鄰老罕復遺	이웃의 노인 더 이상 남아 있는 이 드무네.
步步尋往迹	걸음걸음 지난 자취 찾아보니
有處特依依	어떤 곳은 특히 그리움 자아내네.
流幻百年中	흘러가고 변하는 백 년 동안
寒暑日相推	추위와 더위 날로 서로 재촉하네.
常恐大化盡	늘 걱정됨 큰 변화 다하여
氣力不及衰	기력 쇠하지 않아 죽음이라네.
撥置且莫念	떨쳐버리고 생각지 말 일이나
一觴聊可揮	한 잔 술 그럭저럭 비울 만하네.

　앞의 시는 도잠이 원전거에서 실화한 후 유유민이 시를 보내어 그를 여산에서 같이 살자고 불렀을 때 쓴 답시이다. 시에서는 일찍이 상경리의 옛 집으로 돌아간 적이 있는데 길을 따라가면서 다만 열 자 '荒塗無歸人, 時時見廢墟(거친 길 돌아가는 사람 없고, 이따금 폐허만이 눈에 띄네)'만을 썼다. '出門無所見, 白骨蔽平原(문을 나서니 보이는 것이라곤 없고, 백골만 평원을 덮고 있다)'이라는 구절과 비교해보면 비록 그렇게 사람의 마음을 놀라게 하지는 않지만 곳곳에 사람의 자취가 보이지 않는다. 때때로 폐허가 보이는데 이런 경상은 또한 충분히 황량하다. 뒤의 시는 그가 마지막으로

옛 집에 돌아와 산 것을 언급하고 있는데 시상성 밖의 근교 지방이다. 그는 떠났다가 6년 만에 돌아왔다. 골목과 두렁길은 여전함을 보았는데 어떤 집들은 이미 모습이 모두 옛날의 모습이 아니다. 그는 옛 집의 주위를 빙 돌며 찾아보았는데 몇몇 늙은 이웃은 이미 매우 적은 사람만 남아 있다. 이런 퇴락한 광경은 그의 심정을 슬프게 하며, 그로 하여금 인생은 허환(虛幻)하여 다만 술로 근심을 삭일 수 있도록 하는 느낌을 면치 못하게 한다. 이는 그의 개인 문제가 아니라 그의 예술 시편이 또한 폭의 시대와 사회의 비극적인 면면을 제공한다. 도잠의 예술 특색을 갖춘 소박하고 사실적인 시풍이다.

2. 풍부하고 다채로운 예술 경계

도잠 시문 예술의 풍격은 그가 가지고 있는 평담 자연, 곧 이른바 '고요하고 화목한' 일면을 공인하는 것 외에 또한 노신이 말한 '금강역사가 눈을 부릅뜨고 있는' 일면을 갖고 '호(豪)' '건(健)'의 풍격을 표현해 내었다. 이를테면 「형가를 읊음(詠荊軻)」에서는 말하였다.

燕丹善養士	연나라 태자 단은 선비들을 잘 공양했으니,
志在報强嬴	뜻이 강한 진나라에 보복하려는 데 있었다네.
招集百夫良	백 명 중 하나에서 뽑은 훌륭한 사람들 불러 모아
歲暮得荊卿	세모에는 형가를 얻었다네.
君子死知己	군자는 자신을 알아주는 이를 위해 죽으니
提劍出燕京	칼 들고 연나라 서울 나섰다네.

426

素驥鳴廣陌	흰 천리마 널찍한 길에서 울고
慷慨送我行	격앙된 심정으로 내 가는 길 전송한다네.
雄髮指危冠	성난 머리칼은 높은 관을 찌르고
猛氣衝長纓	맹렬한 기운 긴 갓끈에 부딪치네.
飮餞易水上	역수의 가에서 송별의 술 마시니
四座列羣英	사방에 여러 영웅들 줄지어 섰다네.
漸離擊悲筑	고점리 축 비장하게 타고
宋意唱高聲	송의 노래 소리 드높았다네.
蕭蕭哀風逝	쏴쏴 슬픈 바람 지나가니
淡淡寒波生	출렁출렁 차가운 물결 인다네.
商音更流涕	상의 음조 타니 눈물 더욱 흐르고
羽奏壯士驚	우의 음조 연주하니 장사 격분한다네.
心知去不歸	내심 가면 돌아오지 못함을 알았으니
且有後世名	또한 후세에 이름 떨치리라.
登車何時顧	수레에 올라 언제나 돌아볼까?
飛蓋入秦庭	나는 수레 진나라 궁정으로 들어간다네.
凌厲越萬里	용감하게 곧장 만 리 뛰어넘고
逶迤過千城	구불구불 천 개의 성 지난다네.
圖窮事自至	지도 다 펼쳐지자 일 절로 벌어져
豪主正怔營	진왕 정말 놀라고 당황했다네.
惜哉劍術疏	애석하도다, 검술 서툴러
奇功遂不成	기이한 공로 마침내 이루지 못했다네.
其人雖已沒	그 사람 이미 죽었다 해도
千載有餘情	천년토록 사람 감동케 하네.

이 시는 주희(朱熹)가 '도연명의 시에 대하여 사람들은 모두 평담하다고 하는데, 내가 볼 때 그의 시는 호방하지만 호방함을 느낄 수 없을 뿐이다. 그의 본래 면모가 드러난 것은 「영형가」인데, 평담한 사람이라면 어떻게 이런 언어로 읊어낼 수 있을까!'[3]라 평론한 적이 있다. 왕우자(汪右子)는 주희의 이 말에 이어서 '이것을 알아야 도시(陶詩)의 신묘함을 알 수 있다'[4]라 하여 도연명 시의 이런 풍격에 대하여 더욱 높은 평가를 부여하였다. 심덕잠(沈德潛)은 이 시가 표현해낸 것에 '영기(英氣)가 발발하고 정(情)이 말에서 보인다.'[5]라 하였다. 장훈(張薰)은 이 시는 '형가가 연나라를 나서 진나라로 들어감을 묘사함에 비장감이 철철 넘쳐 심양에서 은거함에 기이한 공을 세울 뜻이 없었던 적이 없었으나 기회를 만나지 못하였으니 선생의 심사가 절박함이 이와 같이 드러났다.'[6]라 하였다. 어떤 사람은 도연명이 시를 지은 심사를 추측하기도 했다. 옹동화는 '진나라 왕실이 망하고 나자 죽어서 원수를 갚을 수 없음을 스스로 가슴아파하였는데 이것이 「삼량(三良)」과 「형가」 시가 지어진 까닭이다.'[7]라 하였다. 또한 말하기를 '형가가 진시황을 저격하여 명중시키지 못한 것은 천고에 한스러운 일이다. 선생은 조대를 물려줌을 목격하고 이때 온 마음이 부글부글 들끓었는데 이 시를 보면 그 뜻을 알 수 있을 것이다.'[8], '형가가 진나라에 복수하는 것을 가지고 송나라에 복수할 생각을 품었으므로 그 말이 매우 강개하다.'[9]라 하였다.

||||||||||||||

3 『주자어류(朱子語類)』권136.
4 명나라 서사증(徐師曾)의 『시체명변(詩體明辨)』권2에서 인용.
5 청나라 심덕잠이 선록한 『고시원(古詩源)』권9.
6 청나라 장훈이 평한 『도연명시집』권4.
7 청나라 요배겸(姚培謙), 『도사집주(陶謝集注)』권4 미비(眉批).
8 청나라 온여능(溫汝能)이 찬집한 『도시회평(陶詩彙評)』권4.

도연명이 형가가 진시황을 저격한 고사를 빌려 유유에 대한 불만을
발설하였다고 한 것은 단지 후세인의 추측일 뿐이다. 나는 도잠이 시를
지으면서 기탁을 했는지의 여부를 떠나 다만 한 가지만은 긍정할 수 있
다. 시를 짓는 예술풍격에서 더 이상 '한가로이 남쪽 산이 눈에 드는(悠
然見南山)' 그런 평담한 시풍이 아니라 격정적이고 분방하며 호기가 가
슴 가득한 것이라는 것이다. '바람 쓸쓸함이여 역수 차도다. 장사 한번
떠남이여 다시 돌아오지 못하리로다!(風蕭蕭兮易水寒, 壯士一去兮不復還)'[10] 역
수 가에서 형가를 전송하는 것은 본시 역사상 극히 비장한 그림 속 경
관이었다. 도잠은 이 제재를 선택하고 아울러 형가가 연나라를 나서 진
나라로 들어가 저격에 실패하는 전 과정을 묘사하였는데 예술적 가공
이 역사적 장면을 더욱 형상화시켰다. 어떤 사람이 '장사를 묘사하는
데 수염과 눈썹이 그림 같고, 역수를 형상화하는데 쓸쓸한 기운이 처
연하다.'[11]라 평가한 것과 똑같다. 도잠이 형가를 묘사한 부분은 '군자
는 자신을 알아주는 이를 위해 죽으니, 칼 들고 연나라 서울을 나섰다
네.(君子死知己, 提劍出燕京)', '수레에 올라 언제나 돌아볼까? 나는 수레는
진나라 궁정으로 들어간다네.(登車何時顧, 飛蓋入秦庭)'부터 '애석하도다,
검술 서툴러, 기이한 공로 마침내 이루지 못했다네. 그 사람 이미 죽었
다 해도, 천년토록 사람 감동케 하네(惜哉劍術疏, 奇功遂不成. 其人雖已沒, 千載
有餘情)'까지이다. 여기서는 형가의 호기를 찬양하고 또한 그 검술이 정
밀하지 못하여 공이 거의 성공하려는 순간 실패로 돌아감을 굉장히 가

<hr />

9 청나라 마복(馬墣), 『도시본의(陶詩本義)』권4.

10 『사기·자객열전(刺客列傳)』.

11 청나라 장조(張潮)와 탁이감(卓爾堪), 장사공(張師孔)이 함께 교열한 『조도사삼가시·도집
(曹陶謝三家詩·陶集)』권4.

도연명기념관 내에 있는 귀래정

습 아파하였다. 천년 후에도 사람의 마음을 격동시키고도 남는 정이 여전하다. 도잠 시의 이런 '금강역사가 눈을 부릅뜨고 있는' 식의 시작(詩作)은 그윽하고 조용하며 한가하고 편안한 전원시와 대비되는데 풍격이 확실히 매우 다르다.

도잠은 또한 우렁차고 명쾌한 격조로 몇몇 신화 고사, 이를테면 과보가 해를 쫓고, 정위가 바다를 메우며, 형요가 천제와 신령함을 다투는 등의 사례를 통하여 그런 투쟁을 견지하는 것을 빌려 죽을지언정 굽히지 않는 정신을 칭송하였다. 이는 곧 노신이 도잠의 시를 칭찬한 다른 면이다.

夸父誕宏志	과보 큰 뜻 과시하여
乃與日競走	마침내 해와 경주하였다네.
俱至虞淵下	함께 우연의 아래에 이르러
似若無勝負	승부가 나지 않은 듯하였네.
神力旣殊妙	신기한 힘 이미 빼어나고 절묘하였으니
傾河焉足有	하수 다 마신들 어찌 흡족해 했으리?
餘迹寄鄧林	남은 흔적 등림에 부쳤으니
功竟在身後[12]	공적 결국 죽은 뒤에 남아 있다네.

精衛銜微木	정위 잔 나뭇가지를 물어다가
將以塡滄海	큰 바다 메우려 하네.
形夭無干戚	형요는 오래 살지 못하였지만
猛志故常在	맹렬한 뜻은 실로 항상 남아 있었다네.
同物旣無慮	다른 것 같이 되었어도 이미 염려 없었고
化去不復悔	죽어갔어도 더 이상 뉘우침 없었다네.
徒設在昔心	그저 옛날에 가졌던 마음 지닐 뿐
良晨詎可待[13]	좋은 때 어찌 기대할 수 있었겠는가?

　　여기서 도잠은 과보의 해를 쫓는 씩씩한 뜻을 찬양하였으며 정위가
바다를 메우는 항상심, 특히 형요의 감히 천제와 신령함을 다투어 죽더
라도 굴하지 않으며 투쟁을 계속함을 찬양하였다. '맹렬한 뜻은 실로

‖‖‖‖‖‖‖‖‖‖‖

12 「산해경을 읽으며(讀山海經)」제9수.
13 「산해경을 읽으며」제10수.

항상 남아 있었다네.(猛志故常在)'와 '한가로이 남쪽 산이 눈에 든다(悠然 見南山)'는 노신이 시를 짓는 것은 그 사람과 같으며, 사상과 풍격은 완전히 같지 않다고 하였다. 이는 도잠의 시가 예술상에서 매우 풍부하고 다채롭다는 것을 설명한다.

　도잠 시의 예술풍격에 대하여 소식은 평론하여 말하기를 '그 시는 질박하면서도 실은 화려하며, 말랐으면서도 실은 살졌다.'[14]라 하였다. 곧 질박한 듯하면서도 청려(淸麗)한 문채(文采)가 있어서 비록 사람들에게 맑고 마른 느낌을 주는 듯하지만 풍부하고 살진 내용이 있다는 것이다. 이는 결코 도잠의 시가 안팎이 같지 않다는 것을 말한 것이 아니다. 다만 도잠의 시문에서 묘사한 경물의 다양한 풍격이 질박하고 평담함에 비해 더욱 풍부하고 다채롭다는 것을 말한다.

　도잠 시문 중의 몇몇 명구는 대대로 사람들의 칭찬을 받아왔다. '너른 밭에는 멀리서 바람 번갈아 불어오고, 좋은 싹들 또한 새로운 기운 머금었다네.(平疇交遠風, 良苗亦懷新)' 같은 구절은 소식이 말하기를 '평주 (平疇) 두 구절은 옛날의 나란히 밭 갈며 지팡이를 꽂아놓은 자가 아니면 이 말을 할 수 없다.'라 하였다. 밭에서 노동을 하면서 살아가는 사람이 아니라면 이 두 시구는 써낼 수 없다는 의미이다. 광활한 평야에 바람이 먼 곳에서 불어오는데 도잠은 '교(交)'자를 써서 둘을 이어준다. 아울러 불어오는 바람을 맞은 모는 '새로움을 머금었다(懷新)'는 말을 써서 그 감수성을 묘사하여 자연풍경을 생동감 있게 의인화한 정감을 더하여 넣었다. '바람 남쪽에서 불어와, 저 새싹들 어루만져주네.(有風

<hr>

14 소철(蘇轍)의 『도연명 시를 추후에 화답하다의 서문(追和陶淵明詩引)』에서 소식이 보내온 편지를 옮겨 말함. 『소동파속집(蘇東坡續集)』 권3에 보인다.

自南, 翼彼新苗)' 같은 구절도 있다. 어떤 논자는 보통의 '익(翼)'자가 우리로 하여금 따뜻한 남풍이 막 패기 시작하는 벼싹을 정성껏 어루만져주는 경상을 뚜렷하게 보게 하는데 생기가 넘친다. 「귀거래혜사(歸去來兮辭)」에 '배는 아스라니 가볍게 흔들리고, 바람은 살랑살랑 옷깃을 흔드네. 길가는 사람에게 앞길 물으며, 새벽길 흐릿함 한스러워하네.(舟遙遙以輕颺, 風飄飄而吹衣, 問征夫以前路, 恨晨光之希微)' 같은 구절도 있다. 물결은 가벼운 배를 흔들고 온화한 바람이 불어와 옷깃을 떨고 앞을 향하여 길을 물을 때 하늘이 아직 환하게 밝지 않음에 유감을 품고 있다. 이는 한 폭의 나그네가 배로 돌아가는 그림이다. 도잠이 고향으로 돌아가기에 급급하여 불어오는 새벽바람을 맞으며 사람들에게 일종의 청량감을 선사하는데 시적 정취와 그림의 뜻이 담긴 맛을 풍부히 가지고 있다. 같지 않은 환경에서 도잠은 '바람(風)'에 대한 묘사 또한 매우 다르다. 그가 서울에서 돌아오다가 규림에서 바람에 막혔을 때는 '쏟아지는 물결 하늘에 시끄럽게 울리고, 멀리서 불어온 바람 쉴 때 없구나.(崩浪聒天響, 長風無息時)'라는 시구를 써내었다. 이는 급한 물결이 솟구치고 광풍이 노호하는 광경이다. 위의 새벽바람으로 가벼운 배를 보내는 그림 같은 광경과는 매우 다르다. 역사적인 장면에서, 이를테면 역수의 바람이 형가를 전송할 때 도잠은 '쏴쏴 슬픈 바람 지나가니, 출렁출렁 차가운 물결 인다네.(蕭蕭哀風逝, 淡淡寒波生)'라는 두 구절로 묘사를 하였다. 두드러진 기분은 확실히 적막하고 고요한 기운이 처연함을 느끼게 한다. 도잠의 자연 경상에 대한 부조(浮彫)와 시구를 갈고 닦음은 같지 않은 상황하에서 더욱 다양하고 다채롭다.

도잠의 예술 풍격은 사물을 형상화하고 뜻을 써내어 그야말로 강기(姜夔)가 말한 '뜻 가운데 경치가 있고 경치 가운데 뜻이 있어서'[15] 경치의 묘사에서 같지 않은 심리상태를 드러내 보인다. '기쁘게 봄 술 마시는 데, 해는 저물고 하늘에는 구름이 없다.(歡言酌春酒, 日暮天無雲)'[16] 같은 것은 비록 날이 저물어 해가 곧 지려 하지만 하늘은 밝고 기운은 맑아 술을 마실 때의 기쁜 심정을 표현해내었다. 다른 구절에 쓴 '구름(雲)'의 묘사는 오히려 '만물은 각기 의탁할 곳 있는데, 외로운 구름 홀로 의지할 곳 없구나.(萬族各有託, 孤雲獨無依)'라 하여 여기서는 외로운 구름으로 스스로를 비유하였는데 심정이 실의의 감정을 면치 못하고 있다. '구름은 무심결에 산굴에서 피어오르고, 새는 지쳐서 날다가 돌아오네.(雲無心以出岫, 鳥倦飛而知還)' 같은 구절도 있다. 이곳의 구름은 마음대로 떠다니며 가는 대로 맡겨두어 일종의 한적한 심정을 비유한다. 아래에서는 이어서 새가 날다가 지쳐서 돌아올 줄 안다고 하였으니 곧 팽택에서 벼슬을 그만두고 전원으로 돌아올 때의 심정이다. 앞의 몇몇 예에서는 모두 '구름(雲)'을 언급하였지만 경치 가운데 뜻이 있어서 심리 상태가 같지 않다.

도잠의 작품 가운데 가장 아름다운 것은 「한정부(閑情賦)」일 것이지만 이에 대한 평가는 대대로 매우 많은 논쟁이 있어왔다. 가장 먼저 소통은 『도연명집』의 서문에서 말하였다. '흰 벽옥의 작은 흠집은 「한정부(閑情賦)」뿐이다.' 도잠이 이 작품을 쓴 것을 그 일생의 오점으로 보았다. 이와는 첨예한 대척 관점을 보이는 것은 소식이다. 그는 '도연명의 「한정부(閑情賦)」는 정말 이른바 "국풍(國風)"이 여색을 좋아하지만 음란하지 않다"는 것으로 「주남(周南)」에는 미치지 못한다 하더라도 굴원, 송옥(宋玉)이 말한 것과는 무엇이 다르겠는가? 그런데 소통이 기롱

||||||||||||||
15 송나라 강기, 『백석도인시설(白石道人詩說)』.
16 이 두 구절은 각기 다른 시의 구절로, 앞 구절은 「산해경을 읽으며」의 첫째 시에 보이고 뒤의 구절은 「옛 시체를 본떠서 짓다(擬古)」 일곱째 시에 보인다. ─옮긴이

을 하였으니 이는 곧 어린 아이가 억지로 일을 해석하는 것이다.'[17]라 하였다.

후인들의 소통에 대한 평가는 각종 다른 의론이 있어왔지만 비교적 소통의 설에 동의한 인물로는 방동수(方東樹) 같은 사람이 있다. 그는 '옛 사람들은 바른 사람은 염시(艶詩)를 지으면 안 된다고 하였는데 이 설은 매우 옳다. 하상(賀裳)은 논박하여 옳지 않다고 하였으며, 이를테면 도연명의 「한정부」는 짓지 않아야 했을 것이라고 하였다. 후세에서 이를 따라 곧 경박하고 부박하여 자제들을 가장 그르쳤다.'[18]라 하였다. 유광제(劉光第)도 '도잠은 자서에서 "처음에는 생각들을 풀어놓았다가 마지막에는 조용하고 올바른 데로 돌아갔다.(始則蕩以思慮, 而終歸閑正)"라 하였는데, 이 시는 방탕하여 스스로 지닐 수가 없었을 것이다.'[19]라 하였다.

도잠이 지은 부를 옹호해준 사람들은 주로 「국풍」과 「이소(離騷)」를 가지고 비겼다. 진항(陳沆) 같은 사람은 「한정부」는 도연명이 「이소」를 본뜬 것이다.'라 하였다. 아울러 높이 평가하여 '진나라에는 문장이 없었는데 오직 도연명의 「한정부」만 있을 뿐이다. 소명(昭明)이 흰 벽옥의 흠집이라고 생각한 것은 선록한 송옥의 여러 부와는 풍자가 잘못되었으며 또한 한정을 호색이라고 생각하였으니 「이소」의 미인의 향초와 상수(湘水)의 신령한 두 비, 짐새에게 중매를 삼게 함 또한 아름다운 말로 배척받아야 하겠는가? 「국풍·관저(關雎)」 또한 깎아내야 할 것이다.'[20]라 하였다. 이런 관점을 지니고 있는 사람 가운데 모선서(毛先

ııııııııııııı

17 『동파제발(東坡題跋)』 권2 「문선에 적다(題文選)」.
18 청나라 방동수, 『소미첨언(昭味詹言)』 권8.
19 청나라 유광제, 「시의의(詩擬議)」.
20 청나라 진항, 『시비흥전(詩比興箋)』 권2.

舒) 같은 사람은 「한정부」 같은 작품은 소명의 배척을 받았으며, "열다섯에 왕창에게 시집갔다(十五王昌)"는 말은 북해(北海: 北海太守를 지낸 李邕, 674~746)의 꾸지람을 받았는데 메아리를 따르는 무리가 빌려서 말의 자루로 삼으니 결국 「국풍」과 「이소」의 본말을 관철시키지 못했을 따름이다.'[21]라고 말하였다. 또한 더욱 멀리 추단한 사람으로 유광분(劉光賁) 같은 사람도 있다. 그는 '이 편은 곧 도연명이 도를 깨달은 말이다.'라 하였다. 아울러 인용하기를 '태사공이 이르기를 "「국풍」은 여색을 좋아하되 음란하지 않다."라 하였으니 이 때문에 말하기를 「이소」와 도연명의 이 글은 곧 그 뜻이라고 하였다. 몸이 난세에 처하고 빈천을 달갑게 여기니 종국(宗國)이 전복됨을 차마 못하고 또한 어찌할 수 없었으므로 한정(閑情)에 기탁한 것이다. 그가 읊은 말은 학인(學人)이 도를 구하는 것이라고 해도 괜찮고 충신이 임금을 그리워하는 것이라고 해도 괜찮다. 신세를 스스로 슬퍼해서 성제와 명왕을 생각하는 것이라 생각하면 옳지 않음이 없다.'[22]라 하였다. 이는 곧 도연명의 이 글을 완전히 정치에 기탁한 것이다.

그러나 이 글이 기탁한 것이 얼마나 심원한가는 차치하고 예술 풍격이라는 잣대로만 보면 아무래도 염려(艶麗)한 작품이다. 양신(楊愼)은 말하였다. '도연명의 「한정부」는 "아름다운 눈을 깜빡이며 눈이 또렷하고 말과 웃음을 머금고 분명치 않으며" 아름다운 정이 곡진하여 요염한 자태로 깊이 들어갔다. 배형(裴硎)의 『전기(傳奇)』와 원씨(元氏)의 『회진(會眞)』 또한 그 뒤에서 눈이 휘둥그레하다. 이른바 사인(詞人)의 부가

||||||||||||
21 청나라 모선서, 『시변지(詩辨坻)』 권1 「총론(總論)」.
22 청나라 유광분, 「도연명 한정부 주(陶淵明閑情賦注)」.

염려하면서 음란한 것이다.'[23]라 하였다. 그러나 어떤 사람은 도잠이 이런 염려한 글을 쓴 것을 대신 변명해주기도 하였다. 하문환(何文煥)은 『언주시화(彦周詩話)』를 인용하여 말하기를 퇴지(退之)의 시 '은촛대 아직 채 녹지 않았는데 창문은 새벽 보내오고, 금 비녀 취하려는데 향기 더하며 앉아 있네.(銀燭未銷窓送曙, 金釵欲醉座添香)' 같은 구절을 보면 특히 그 사람됨과는 유가 다르다. 그러므로 말하기를 '내가 이른바 쇠 같은 마음 돌 같은 마음이라도 「매화」와 「한정」 같은 부를 읊음에 뛰어난 것이 어찌 정절을 상하겠는가? 마침 습관적으로 종용(鍾庸)과 대학(大鶴)을 말하지만 움직여도 움직이지 않을 따름이다.'[24]라 하였다.

도잠이 「한정부」를 지은 것이 실제 남녀의 정을 쓴 것인지 아니면 기탁하는 바가 있었든지 간에 유궈언 등이 주편한 『중국문학사』에서는 '그의 「한정부」는 과장된 기법으로 남녀간의 깊은 감정을 표현하였으며 서문으로 보면 그것은 또 기탁한 것이 있다.'[25]라 하였다. 양자를 겸하여 고려한 것 같지만 기탁한 깊은 뜻이 어디에 있는지는 말하지 않았다. 중국과학원 문학연구소에서 편사한 『중국문학사』에서는 완전히 긍정하여 말하기를 '저명한 「한정부」는 시인의 생활에서 다른 방면을 표현하였다. 이 부는 열렬하면서도 순결하고 진지한 필치로 남녀의 사랑을 써내었다. 이런 애정을 써낸 작품은 상당히 대담하여 양나라의 소통은 이 부를 도연명의 "흰 벽옥의 작은 흠집"이라고 배척한 적이 있다. 사실 이런 정이 깊은 표현은 조금도 비난할 곳이 없다. 이와는 반대로 또한 볼 수 있는 것은 작자의 신상에는 결코 봉건 예교의 속박이 별

|||||||||||||
23 명나라 양신(楊愼), 『승암시화(升庵詩話)』 권3.
24 청나라 하문환, 『역대시화고색(歷代詩話考索)』.
25 유궈언(游國恩) 등 주편, 『중국문학사』(1), 인민문학출판사, 1964년 1월 출판, 251쪽.

로 없다는 것이다.'²⁶ 이는 명확하게 도잠의 이 부가 써낸 것이 남녀의 사랑이고 아울러 봉건 예교의 속박된 사상을 해제하였다는 말이다.

이상 「한정부」의 각종 평의(評議)는 모두 추측에서 나왔을 것이며 진의가 어떠한지는 아마 알아내기가 어려울 것이다. 문학 작품으로 고인이 시부 같은 데에 뜻을 기탁함이 있는 것은 또한 이상하지 않다. 다만 요점은 그 예술 가치를 헤아리는 데 있다고 나는 생각한다. 「한정부」는 기려한 구절을 배치하여 사람 사이의 순후한 감정(남녀 사이를 예로 삼아)을 표현해내었다. 바로 도잠의 창작에서의 예술풍격의 다양성을 표현한 것이다. 이 부가 '아름답고 음란하며', '방탕하고 스스로 지키지 못하거나' 어떤 사람은 '경박하고 음탕하여 자제들을 가장 잘 그르친다.'라고도 한다. 이는 다만 후세의 도학가의 심리상태일 뿐이다. 비슷한 유의 작품, 이를테면 송옥의 「고당부(高唐賦)」와 「신녀부(神女賦)」, 「등도자호색부(登徒子好色賦)」와 조식(曹植)의 「낙신부(洛神賦)」 같은 것과 비교해보면 도잠이 지은 것은 상대적으로 별로 음탕하게 묘사한 것이 없다. 설사 실제 남녀 간의 정을 써냈다고 하더라도 또한 소명(昭明)의 비난을 받아서는 안 된다.

도잠의 창작 가운데는 또한 「귀거래혜사(歸去來兮辭)」가 있는데 대대로 이에 대한 평가가 가장 높다. 구양수(歐陽脩) 같은 사람은 말하기를 '진나라에는 문장이 없으니 오직 도연명의 「귀거래혜사」 한 편뿐이다.'²⁷라 하였으니 추숭함이 지극히 갖추어졌다고 할 만하다. 황본기(黃本驥)는 말하기를 '「귀거래사」는 곧 증점(曾點)의 기수춘풍(沂水春風) 같은

‖‖‖‖‖‖‖‖‖‖‖
26 중국과학원 문학연구소 편, 『중국문학사』(1), 인민문학출판사, 1962년 2월 출판, 239쪽.
27 원나라 이공환(李公煥)의 『전주(箋注)도연명집』 권5에서 인용.

단락의 각주이니 진(秦)·한(漢)을 초월하여 위로 「국풍」과 「이소」를 잇는다고 할 것이다.'[28]라 하였다. 오제(吳梯) 또한 말하기를 '도연명의 「귀거래사」는 매 글자가 폐부 깊은 곳에서 나와 진나라 사람들보다 훨씬 높은 경지에서 걸었다.'[29]라 하였다. 이 글의 예술풍격에 대하여 손월봉(孫月峯: 孫鑛의 호)은 말하였다. '풍격은 또한 『초사·이소(離騷)』에 근본을 두었다. 다만 「이소」는 사치스러운데 이는 요약되었으며, 「이소」는 화려한데 이는 소박하다. 그 묘한 곳은 곧 한 마디 말도 참된 경지가 아닌 것이 없는 데 있으며 한 글자도 탁마하지 않음이 없는 데 있다.' 그리고 칭찬하여 '일품(逸品)'이라 하였다.[30] 방웅(方熊)은 '참으로 가작이니 거침없이 흐르면서도 휘감고 그 음조는 부드러우면서도 쉽다. 그러나 생동하는 표현은 홀로 영균(靈均: 굴원)과 장경(長卿: 사마상여)의 기풍을 얻었으며 수사(修辭)에 치중하는 사람은 미치지 못한다.'[31]라 하였다. 낭영(郎英)은 이 글에 대해 말하기를 '모두 다섯 단락으로 매 단락 운자를 바꾸며 자연스럽고 순수하고 예스러운데 사람들은 그것을 깨닫지 못하니 이른바 동정호를 하늘에 비기면서도 맑게 생각하지 않으며, 「예상우의(霓裳羽衣)」를 아름답게 여기지 않는 것이다.'[32]라 하였다. 모경번(毛慶藩)은 이 글을 칭찬하여 '소회(素懷)가 쇄락(灑落)하고 일기(逸氣)가 유행한다.'[33]라 하였다. 오울문(吳蔚文)은 더욱 칭찬하여 '도연명의 「귀거래사」만이 기체(氣體)가 쇄탈(灑脫)하여 천고에 사라지지 않을 것이다.'[34]라 하

||||||||||||

28 청나라 황본기, 『치학(癡學)』 권5.
29 청나라 오제, 『건상습우(巾箱拾羽)』 권13.
30 명나라 손월봉 평, 민제화(閔齊華) 주 『문선』 권13.
31 청나라 방웅 평, 『도정절집』 권5.
32 명나라 낭영, 『칠수유고(七修類稿)』 권30.
33 모경번 평선(評選), 『고문학여(古文學餘)』 권26.

였다. 이는 모두 예술풍격 방면에서 아주 높은 평가를 부여한 것이다.

　도잠의 「귀거래혜사」는 그의 문학 창작 가운데서 독특한 특색을 갖추고 있다. 출사에서 돌아가 은거하기까지 인생의 전환점에서 그는 깊은 체험을 하였다. 여기서 표현해낸 심정은 가슴 가득 속세의 인연을 벗어난 유쾌함이라 할 수 있으며, '만물이 제 때를 얻음을 부러워하며 내 삶의 다함 느끼게 되네. 관두자꾸나! 우주 간에 육체 기탁하였으니 살아있는 것 그 얼마나 되리. 어찌하여 마음이 가고 머무르는 대로 맡겨두지 않는가?(善萬物之得時, 感吾生之行休. 已矣乎, 寓形宇內復幾時, 曷不委心任去留)'라 하였다. 마지막으로 '즐겁도다, 하늘이 준 목숨을 어찌 다시 의심하리?(樂夫天命復奚疑)'로 맺었다. '군자는 가난을 편안히 여기고, 달인은 명을 안다.'는 이런 귀숙(歸宿)이야 말로 곧 도잠이 신봉한 인생철학이다.

　도잠은 젊은 시절에 '창생을 크게 구제하는 데(大濟蒼生)' 뜻을 둔 적이 있지만 이 시점에 이르러서는 오히려 '돌아가는 것을 읊으며 홀로 선(善)을 높이 밟았다.' 이 인생의 전환점에서 그의 심정은 아무래도 평정되지 않았을 것이지만 그는 또한 흥회가 광달하여 처지에 따라 편안히 여겼다. 그러므로 그가 지은 「귀거래혜사」는 예술 기법 상 구름이 가고 물이 흐르는 것 같이 마음먹은 대로 구사함이 있지만 또한 파란만장함이 앞뒤로 호응하여 절로 장법(章法)이 드러난다. 굽은 길이 그윽한 곳으로 통하여 마침내 '지금이 옳고 지난날이 그른(今是而昨非)' 인생으로 귀결된다. '구름은 무심결에 산굴에서 피어오르고 새는 지쳐서 날다가 돌아올 줄 아는(雲無心以出岫, 鳥倦飛而知還)' 도잠은 고도의 예술 의

⁣‖‖‖‖‖‖‖‖‖‖
34 청나라 오울문 편, 『고학기문록(古學記文錄)』 권30, 「문장(文章)」

경(意境)으로 그 평생의 출처의 큰 절개를 써내었으니 확실히 문학 창작 중의 하나의 큰 특색이다.

요컨대 도잠의 문학창작은 바로 그 예술 풍격의 다양성을 표현해내었다. '부드러우면서도 높을 수 있고 넓으면서도 번다하지 않다.'[35] 이는 그 사람됨을 칭찬할 것일 뿐만 아니라 또한 문장이 그와 같다는 것을 말하는 것으로 양자는 유기적으로 통일되었다.

3. 후인의 평가 및 영향

후인의 도잠 시문에 대한 품평에는 인식 과정이 있으며 이는 또한 각 시기의 문풍과 관련이 있다. 도잠의 시대에 그의 작품은 사상 내용과 시문 창작을 막론하고 시대적인 풍조와는 확실히 박자가 맞지 않았다. 따라서 그의 시문 창작은 그 생전에는 결코 중시되지 않았다. 그의 친구 안연지는 그의 작품의 가치를 전혀 이해하지 못하여 「도징사뢰(陶徵士誄)」에서 그의 문학 활동에 대해서는 거의 언급하지 않았다. 뇌에서 그는 '시를 지어 읊으며 (전원으로) 돌아가서(賦辭歸來) 은거하여 홀로 그 자신을 선하게 지켰도다. 이로부터 또한 초탈하고 광달하게 살았으니 본심에 맞는 바가 아닌 것엔 나아가지 않았도다. 고향 산중에서 샘물을 길었으며 숲속의 옛 거처를 수리하였다. 아침 안개와 저녁 놀, 봄날의 따뜻함과 가을의 서늘함, 그리고 그 속에서 책을 펼치기도 하고 덮기도 하며 또 술상을 차려놓고 마시기도 하고 금을 켜기도 하였도다.'라 하

‖‖‖‖‖‖‖‖‖‖‖
35 안연지(顔延之), 「도징사뢰(陶徵士誄)」.

였다. 이곳의 '시를 지어 읊으며 돌아가서(賦辭歸來)'는 당연히 「귀거래
혜사」를 가리킬 것이다. 다만 그가 주안점을 둔 것은 그의 문학적 가치
에 있는 것이 아니다. 도잠이 이를 통하여 고상하게 깃든 은사가 된 것
을 칭찬하는 것이다. 이외에 그는 '책을 펼치기도 하고 덮기도 하며 또
술상을 차려놓고 마시기도 하고 금을 켜기도 하였다.'고 언급하였다.
도잠은 「오류선생전」에서 스스로 '책 읽기를 좋아하였으나 깊은 풀이
는 추구하지 않았으며 뜻이 맞는 곳에 이를 때면 매번 기쁜 나머지 밥
먹는 것조차 잊었다.(好讀書, 不求深解, 每有會意, 欣然忘食)'라 했다. 또 '늘 문
장을 지어 스스로 즐겼으며 자신의 뜻을 자못 드러내었다.(常著文章自娛,
頗示己志)'라 술회한 적이 있다. 「도징사뢰」에서는 일종의 생활의 정취로
보고 묘사를 하였을 것이다.

도잠의 문학 창작은 그 생존 당시에는 중시되지 않았다. 이에 대해서
는 전종서(錢鍾書)가 개술한 것이 있는데 남조의 몇몇 기록을 들어서 증
거로 삼았다.

진대(晉代)의 인문(人文)은 대략『문심조룡·재략(才略)』편에 갖추어져
있다. 삼장(三張: 載, 協, 亢)·이륙(二陸: 機, 雲)·반(潘, 岳)·좌(左: 思)·유(劉,
琨)·곽(郭, 璞)의 무리는 그 명자를 표기하여 품제를 가하지 않음이 없었
지만 유독 도연명은 빠져 있다. 심휴문(沈休文, 約)의『송서·사령운전론
(謝靈雲傳論)』…… 또한 작자를 가장 잘 들었는데 삼체(三體)로 나누어
서 근원을 궁구하고 유파를 나누어 종기실(鍾記室, 嶸)의『시품(詩品)』과
서로 가깝지만 여전히 도연명은 빠져 있다. 기실의『시품』은 도연명을
중사(中駟)에 넣었으며 「자서」의 상편에서 삼장과 이륙·양반(兩潘: 岳,
尼)·일좌 및 유·곽·손(孫, 綽)·허(許, 詢)를 쭉 나열하고 사객을 극치로

442

추어올렸다. 휴문의 논과 같지 않음이 없지만 도연명에 있어서는 동등하게 놓지 않았다.[36]

전종서는 개술에서 안연지를 언급하였다. 그는 도연명과 친한 벗이었다. 그가 죽자 애뢰(哀誄)를 지어주었다. 겨우 징사(徵士)의 '외로이 살고 우뚝 선 절개'만 일컫고, 그 문장에 대해서는 다만 '문장과 뜻은 자신의 뜻을 전달하였다.'라 하였다. 거의 도연명을 언어에 뛰어난 자로 보지 않은 것 같다고 한 것이다. 또 양휴지(陽休之: 北齊, 509~582)가 능히 도연명을 칭찬할 줄 알아 '왕왕 기이하고 빼어나 남다른 말이 있었다.'라 한 말을 언급하였다. 그가 지은 『도집서록(陶集序錄)』에서는 '문채가 뛰어나지 않으며' 아름다운 가운데 부족한 뜻을 이루었다고 하였다.[37] 여기서는 도연명이 중시되지 않은 까닭을 말하였다. 당시 사람들은 그의 시문의 문채가 여전히 결격 요소가 많다고 생각한 것이다.

전종서는 당시 도연명을 알아준 자는 오직 소 씨(蕭氏) 형제뿐이라고 언급을 하였다. 소명(昭明)은 그의 유집을 드러내 밝혀주고 서문을 지어 '문장이 필적할 무리가 없고' '그보다 더 성할 수가 없다'고 감탄하였다. 간문제(簡文帝)[38]는 '도연명의 문장을 사랑하여 늘 책상[几案]에 두고 동정(動靜) 간에 문득 외곤 했다.' 이 두 사람의 시문을 돌아보면 모두 당시의 문체를 따라 추호도 도연명의 숨결이 느껴지지 않는다. 동시에 소명의 「여상동왕서(與上東王書)」를 인용하고 문장을 논하여 다만 '옛날의

<hr />

||||||||||||||

36 전종서, 「도연명시현회(陶淵明詩顯晦)」, 『담예록(談藝錄)』, 중화서국 1984년 판, 90~91쪽.

37 전종서, 「도연명시현회」, 『담예록』, 중화서국 1984년 판, 91쪽.

38 간문제(簡文帝): 양(梁)나라 간문제(簡文帝) 소강(蕭綱)을 말한다. 양무제(梁武帝) 소연(蕭衍)의 셋째 아들로 소명태자(昭明太子) 소통(蕭統)의 동북 아우이다. ―옮긴이

재인(才人)들로는 멀리는 양(揚, 雄)·마(馬, 司馬相如)·조(曹, 植)·왕(王, 融)이 있고, 가까이는 반(潘)·육(陸)·안(顔)·사(謝)가 있다.'[39]라 하였을 뿐이다. 이는 소 씨 형제가 도잠을 중시하기는 하였지만 자기가 쓴 시문에서는 추호도 영향을 받지 않았으며, 여전히 이른바 '시체(時體)', 즉 당시의 문체를 중시하는 시풍을 따랐다는 것을 설명하고 있다. 따라서 도잠의 시문이 중시되지 않은 것은 또한 시의(時宜)에 합치되지 않았다는 까닭이었다고 말할 수 있겠다. 마찬가지 이유로 소명 또한 그를 '재인(才人)'의 반열에 넣지 않았다.

도잠 시문의 예술 풍격은 제(齊)·량(梁) 때의 '부염(富艶)하여 따르기 어려운' 문풍과 닮지 않았기 때문에 높은 평가를 받지 못하였다. 그러나 소통은 처음으로 『도연명집』을 편록하였으며 「서(序)」를 짓고 도잠의 저작에 대하여 그래도 비교적 긍정적으로 보았다.

그 문장은 남과 달랐으며 문채가 정밀하고 빼어났으며 질탕하면서도 환하게 빛났다. 홀로 뭇 무리를 뛰어넘었으며 기복이 있으면서 밝아 그보다 더 성할 수는 없었다. 흰 물결을 가르며 물결을 옆으로 흐르게 하였고 푸른 구름을 뚫고 곧장 올라갔다. 시사를 말하면 가리켜 생각할 수 있었고 회포를 논하면 환하면서도 참되었다. 게다가 뜻을 곧게 하기를 쉬지 않았다. 도를 편안히 여기고 절조를 굳게 지켜 몸소 농사를 지으면서도 부끄럽게 여기지 않았으며 재산이 없음을 병폐로 여기지 않았다. 스스로 크게 현명하거나 뜻이 독실하지 않았다면 누가 이렇게 할 수 있겠는가? 내 그의 글을 사랑하고 좋아하여 손에서 뗄 수가 없었다.

||||||||||||
39 『담예록』, 91쪽.

그의 덕을 숭상하여 생각하였는데 때를 같이 하지 못하였음을 유감스럽게 생각한다. 그러므로 다시 더욱 찾아서 구하여 거칠게나마 목록을 갖추고 나누었다. 흰 벽옥의 작은 흠집은 오직 「한정부」 한 편이니 양웅(揚雄)이 이른바 권면하는 것이 백이라면 풍간하는 것은 하나라는 것이다. 그러니 끝내 풍간함이 없으면 하필 그 붓끝을 움직이겠는가? 안타깝도다, 없는 것이 나을 것이로다. 아울러 대략이나마 그의 전기를 적어서 기록하여 엮어둔다. 일찍이 말하기를 도연명의 문장을 읽을 수 있으면 명리를 좇는 자는 그 마음을 보내고 인색한 사람은 그 뜻을 없앤다고 한다. 또 탐욕스런 자는 청렴해지고 나약한 사람은 설 수 있다고 하였으니 어찌 인의를 밟을 수 있고 작록을 거절할 수 있는 데 그치겠는가! 더 이상 태화산(太華山)에 노닐거나 멀리 주하사(柱下史)를 구할 필요가 없으니 이 또한 풍교(風敎)에 도움이 될 따름이다.

여기서 소통은 비록 그의 문장을 사랑한다고 하였지만 그 사람을 더 칭찬한다는 것만 못하며 평가는 주로 도잠의 품덕에 집중되어 있다. 그는 봉건 도학의 관점으로 「한정부」를 보았는데 나중에 몇몇 쟁론을 이끌어내게 되었다. 종영(鍾嶸)은 『시품(詩品)』에서 도잠의 시를 중품(中品)에 넣었는데 아마 당시의 평가 기준이 반영되었을 것이다.

송나라 징사(徵士) 도잠(陶潛)의 시. 그 근원은 응거(應璩)에게서 나왔으며 좌사의 풍골을 도왔다. 문체가 간략하고 깨끗하여 거의 긴 말이 없다. 뜻이 독실하고 옛것에 진심을 담아 글이 완전하고 상쾌함을 불러일으킨다. 그의 문장을 볼 때마다 그 사람의 덕을 생각게 한다. 세상에서는 그의 질박하고 솔직함에 탄복하였다. '기쁘게 봄 술에 취한다(懽

言醉春酒)'와 '해 저무는데 하늘에는 구름이 없다(日暮天無雲)' 같은 구절
은 아려하면서도 청신하고 화미하니 어찌 다만 전가(田家)의 말이 아니
겠는가? 예와 지금의 은일시인의 조종이다.

『시품』의 평어에 대해서는 나중에 각종 의론이 생겨났다. 『사고전서
총목(四庫全書總目)』에서는 말하였다.

　종영의 학문은 『주역』에 통하였고 사조(詞藻)에 아울러 뛰어났다. 품평
한 고금의 오언시는 한·위 이래 103명이다. 그 우열을 논하여 상중하의
삼품으로 나누었다. 매 품의 첫머리에는 서문을 놓았는데 모두 문리가
묘하고 통달하여 『문심조룡』과 쌍벽을 이룰 수 있다. 근래에 왕사정(王
士禎)이 그의 품제에 과실이 많다고 극론하였다. 그러나 양(梁)나라부터
지금까지는 아득히 천년이 넘는다. 편목과 옛 제도가 열에 아홉은 남아
있지 않아 남아 있는 문장을 수습하여 당일의 전집(全集)의 우열을 정할
수 없다. 오직 아무개의 근원이 아무데서 나왔다 하여 일일이 직접 그
사승관계를 본 것 같이 한 것은 부회를 면할 수 없을 따름이다.

『시품』은 실로 아무개의 근원이 아무개에게서 나왔다고 한 것 때문
에 후인들의 많은 비평을 받아 『사고제요(四庫提要)』에서는 그를 일컬어
'부회를 면할 수 없다.'라 하였다. 모진(毛晉)은 부록에서 도잠을 언급하
여 '정절 선생의 시 같은데 이르면 스스로 그 흉중의 묘함을 써내어 함
부로 비길 만하지 못하니 그가 응거에게서 나왔다고 한 것은 무슨 근거
인지 모르겠다.'라 하여 실로 종영의 견해에 대하여 동의를 표하지 않
았다.

종영과 소통이 도잠을 평가한 것으로 보건대 (문장보다) 절조를 지킴을 더 중시한 것 같다. 종영은 '그의 문장을 볼 때마다 그 사람의 덕을 생각하게 한다.'라 하였다. 소통 또한 '때를 같이 하지 못하였음을 유감스럽게 생각한다.'라 하였다. 도연명의 문장을 보면 '탐욕스런 자는 청렴해지고 나약한 사람은 설 수 있다.'라 하였다. 도잠 시의 예술 풍격에 대해서는 그 소박하고 자연스런 시풍은 아직 사람들에게 깊이 인식되지 않았다. 종영은 사령운을 상품(上品)에 넣고 '이름난 문장과 절묘한 구절이 곳곳에서 간간이 나오고, 아름다운 전고와 새로운 소리가 끊이지 않고 모여든다. 비유컨대 푸른 소나무가 관목들 위로 우뚝 솟아 있고 흰 옥이 진흙과 모래에서 빛나는 것과 같아 그 고결함을 깎아내리기에는 부족하다.'라 하였다. 소통은 『문선』을 편집하면서 도잠의 작품을 선록하였지만 사령운 등인에 비해 적다. 이는 아름답고 잘 가다듬은 문장을 남조에서는 여전히 숭상하였으며 따라서 사령운을 높이고 도잠을 누르는 것이 당시로서는 하나도 이상할 것이 없다는 것을 보여준다.

도잠의 시가 중시되고 예술 풍격에 영향을 끼친 것은 당대(唐代)에 와서 비교적 보편화되기 시작하였다. 이는 개인적인 애호뿐만 아니라 더욱 중요한 것은 시대의 시풍(詩風)이 크게 변하였기 때문이다. 남북조시기에는 문학상 '강좌(江左)의 격조가 격양되어 청기(淸綺)함보다 귀하였고, 하삭(河朔)의 사의(詞義)가 곧고 강하여 기질보다 중시되었다.' 수·당의 통일 후 쌍방은 서로 흡수하고 융합되기 시작하였다. 당나라 초기의 문인들은 남북의 문학은 '각자 단점은 버리고 그 장점을 합쳐야 한다.'[40]는 주장을 제기하였다. 당시에는 제·량의 형식주의 시풍이 여전히 우세

||||||||||||||
40 『수서·문학전서(隋書·文學傳叙)』.

를 점하고 있었다. 우세남(虞世南)과 상관의(上官儀) 등은 부염(浮艶)한 궁
정시를 전문적으로 써내었다. '초당사걸(初唐四傑)'이 시단에서 두각을
나타내었지만 완전히 제·량의 시풍을 벗어나지는 못하였다. 그러나 이
미 '기쇄(綺碎)'한 것을 가벼이 여겼고 '골기(骨氣)'를 중시하여야 한다는
주장이 제기되었다. 진자앙(陳子昂)에 이르러 더욱 엄정하게 제·량의 시
풍을 규탄하였다. '풍아비흥(風雅比興)'과 '한위풍골(韓魏風骨)'의 전통도
제창하여 복고에서 혁신을 실현하였다. 그는 유명한 「수죽편(脩竹篇)」의
서문에서 실질적으로 문학을 혁신하는 선언을 발표하였다.

동방공(東方公) 족하게. 문장의 도가 쇠락해진 지도 500년이 되었습니
다. 한·위의 풍골이 진·송에는 전하여지지 않게 되었으나 문헌이 남아
있어 그것을 증명할 수 있습니다. 제가 한가할 때 제·량 연간의 시를
살펴본 적이 있는데 미사여구와 전고를 많이 씀을 다투어 비흥기탁(比
興寄托)이 완전히 끊어졌습니다. 그 때문에 언제나 길게 탄식하며 옛 사
람들을 마음속으로 사모했고 후대로 갈수록 퇴폐해져서 시가 창작의
우수한 전통이 출현하지 못할까 늘 불안하였습니다. 어제 해삼(解三)의
집에서 명공[東方虯]의 「영고동편(詠孤桐篇)」을 보았는데 골기가 드러나
고 소리와 감정이 드날리어 빛나고 깨끗하며 악기의 소리가 나는 듯하
였습니다. 마침내 그가 마음의 눈을 씻고 눈을 밝혀서 마음속 깊은 곳
의 울분을 토로한 것입니다. 뜻밖에도 위대한 정시(正始) 연간의 음률
을 여기서 다시 보게 되었으니 건안 연간의 작가들로 하여금 서로 바
라보며 웃게 할 수 있을 듯했습니다.

「영고동편(詠孤桐篇)」 원시는 평가가 결코 그리 높지 않다고 한다. 그

러나 진자앙은 여기에서 다만 이를 구실 삼아 자기의 생각을 발휘하였다. 그는 5백년 이래 문장의 도는 쇠퇴하였으며 '한·위의 풍골이 진·송에는 전하여지지 않게 되었다.'고 하였다. 그는 제·량 연간의 시를 비평하여 비록 '미사여구와 전고를 많이 씀을 다투어 비흥기탁(比興寄托)이 완전히 끊어졌으며' '후대로 갈수록 퇴폐해져서 시가 창작의 우수한 전통이 출현하지 못하는' 시풍에 대하여 깊이 우려하였다. '골기가 드러나고 소리와 감정이 드날리는' 건안과 정시의 남은 음률을 회복할 것을 요구하였는데, 이는 당대 시풍의 전환점이라는 표지가 된다.

당나라의 대시인 이백 또한 같은 관점을 가지고 있었다. 시풍의 문제에 대해서는 「고풍(古風)」 첫째 시에서 평가하였으며 시로 나라를 일으키는 것을 자기의 임무로 삼았다.

大雅久不作	대아 오래도록 흥기하지 않았으니
吾衰竟誰陳	내 노쇠해지면 결국 누가 말하겠는가?
王風委蔓草	왕의 교화 덩굴 풀처럼 시들고
戰國多荊榛	전국시대엔 가시덤불 많았다네.
龍虎相啖食	용과 호랑이 서로 먹이 탐하여
兵戈逮狂秦	전쟁이 미친 진나라까지 미쳤다네.
正聲何微芒	바른 소리 어찌 그리 아득한가?
哀怨起騷人	슬픔과 원망 시인 일깨웠다네.
揚馬激頹波	양웅과 사마상여 스러지는 물결 격하게 하여
開流蕩無垠	흐름 여니 방탕하여 끝이 없었다네.
廢興雖萬變	흥망 만 번이나 바뀌어가도
憲章亦已淪	바른 문장 또한 이미 가라앉았다네.

自從建安來	건안 시대 이래로
綺麗不足珍	곱고 아름다움 진귀할 것 없다네.
聖代復元古	성대에 먼 옛날 회복하여
垂衣貴淸眞	옷 드리워 맑고 참됨 귀하게 여기네.
羣才屬休明	재사들 아름답고 밝은 시대에
乘運共躍鱗	운 타고 함께 물고기처럼 솟구치네.
文質相炳煥	문채와 바탕 서로 환하게 빛나
衆星羅秋旻	별들 가을 하늘에 펼쳐놓은 듯.
我志在刪述	내 뜻 산삭하여 말함에 있으니
垂輝映千春	드리운 빛 천추에 비치리.
希聖如有立	성인 바라 우뚝 선 듯하면
絶筆於獲麟	획린에서 붓 꺾으리라.

「모서(毛序)」에서는 '아(雅)는 정(正)이라는 뜻이니, 왕정(王政)이 폐하여지고 흥하게 되는 것이다', 「관저(關雎)」와 「인지(麟趾)」의 교화는 왕자(王者)의 풍(風)이다.'라 하였다. 이백은 전국시대의 전란을 거쳐 광포한 진(秦)나라에 이르는 동안 왕풍(王風)이 실추되었다고 생각하였지만 건안의 풍골은 더욱 칭찬하고 있다. 그는 「사조전별연(謝朓餞別宴)」 시에서 말하기를 '봉래의 문장이요 건안의 풍골이다.(蓬萊文章建安骨)'라 하여 이에 대하여 긍정하였다. 그러나 이 이후로는 상황이 악화일로를 치달았기 때문에 '곱고 아름다움 진귀할 것 없다네.(綺麗不足珍)'라고 하였다. 시풍이 크게 변함에 따라 도잠 시의 예술 풍격은 점차 비교적 많은 사람들에게 받아들여졌다.

당나라 사람이 도잠의 시를 배우거나 그 영향을 받은 것을 전종서는

『담예록·도연명시현회(談藝錄·陶淵明詩顯晦)』에서 수많은 예를 들어 증명하였다. 이백의 시「증호제(贈皓弟)」와「증징군홍(贈徵君鴻)」,「증종손명(贈從孫銘)」,「증정율양(贈鄭溧陽)」,「증채추포(贈蔡秋浦)」,「증여구숙송(贈閭丘宿松)」,「별중도명부형(別中都明府兄)」,「답최선성(答崔宣城)」,「구일등산(九日登山)」,「유화성사청풍정(游化城寺淸風亭)」,「취제굴돌명부청(醉題屈突明府廳)」,「조왕역양(嘲王歷陽)」,「자극궁감추(紫極宮感秋)」,「제동계공유거(題東溪公幽居)」,「송부팔부강남서(送傅八赴江南序)」 등 여러 작품은 모두 도령(陶令)의 전고를 썼다. 두보의「야청허십송시(夜聽許十誦詩)」에서는 '도연명과 사령운도 (그대에게는) 맞서지 못하리니, 그대의 시는『시경』과『초사』만큼 추앙 받을 만합니다.(陶謝不枝梧, 風騷共推激)'라 하였다. 「강상치수여해세(江上値水如海勢)」에서는 '어찌하면 도연명과 사령운 같은 솜씨 얻어, 느닷없이 지어내어 함께 더불어 놀겠는가.(焉得思如陶謝手, 令渠述作與同游)'라고 하였다. 전종서는 또한 청나라 초기에는 정밀하고 숙련된 두보의 시가 이백의 선천적인 재능에 미치지 못한다고 말하였다.「조계자소정시서(曹季子蘇亭詩序)」에서 '소릉(少陵)의 전집은 흥을 기탁함은 개부(開府: 庾信)만 못하고 흥을 보내는 것은 전적으로 도공을 따라했다.'라 하였다. 이상의 재료에서는 이백과 두보는 성당(盛唐)이라는 시국(詩國)의 명가가 되었는데 상당한 정도에서 이미 도잠 작품의 영향을 받았다는 것을 설명하고 있다.

당나라의 기타 비교적 유명한 시가(詩家)에 대해서도 전종서는 또한 몇몇 시에서 도잠을 언급하고 있는 구절을 찾아내 모아놓았다. 전기(錢起)의 시에서는 누차 도연명을 일컬어「기장남전(寄張藍田)」에서 '숲의 끝에 갑자기 남산의 경치 보이고, 말위에서 다시 도령의 시 읊조리네.(林端忽見南山色, 馬上還吟陶令詩)'라 하였다. 맹교(孟郊)는「보장한림사인

견견(報張翰林舍人見遺)」에서는 '갑자기 도연명의 시 읊조리니, 이것이 곧 복희 시대 사람이라네.(忽吟陶淵明, 此卽羲皇人)'라 하였다. 유우석(劉禹錫)은 「수호주최낭중견기(酬湖州崔郞中見寄)」에서 '이제 새로 지은 시 부쳐오니, 곧 도연명과 비슷하다네.(今來寄新詩, 乃類陶淵明)'라 하였다. 허혼(許渾)은 「기이원(寄李遠)」에서 '부는 사마상여에 비기고 시는 도연명과 같다네.(賦擬相如詩似陶)'라 하였다. 백거이는 「제심양루(題潯陽樓)」에서 '늘 도 팽택 사랑하노니, 문사 어찌 그리 격조가 높고 오묘한가.(常愛陶彭澤, 文思何高玄)'라 하였다. 교연(皎然)은 「증위탁육우(贈韋卓陸羽)」에서 '다만 도연명과 사령운, 종일토록 정 잊을 만하네.(只將陶與謝, 終日可忘情)'라 하였다. 설대졸(薛大拙)은 「논시(論詩)」에서 말하기를 '이백 끝내 적수 없고, 도공 실로 깎아내지 못하네.(李白終無敵, 陶公固不刊)'라 하였고, 「속전집(續前集)」 제2수에서도 스스로 말하기를 '해 섬돌에 가득함 사랑하여 옛 문집 보는데, 다만 『도연명집』이 나의 스승이라네.(愛日滿階看古集, 只應陶集是吾師)'라 하였다. 이런 모든 것에서 도잠을 전고로 끌어 시구에 넣었다. 전종서는 또한 당대의 시인들 이를테면 왕창령(王昌齡), 고달부(高達夫, 適), 맹호연(孟浩然), 최서(崔曙), 장위(張謂), 이가우(李嘉佑), 황보증(皇甫曾), 엄유(嚴維), 대숙륜(戴叔倫), 융욱(戎昱), 두상(竇常), 노륜(盧綸), 이단(李端), 양거원(楊巨源), 사공서(司空曙), 고비웅(顧非熊), 소알(邵謁), 이빈(李頻), 이군옥(李羣玉), 노조(盧肇), 조하(趙嘏), 허혼(許渾), 정곡(鄭谷), 위장(韋莊), 장빈(張蠙), 최도(崔途), 최도융(崔道融), 왕준(汪遵) 등을 두루 살펴보고 중구(重九: 重陽節)와 귀래(歸來), 현령(縣令), 은거(隱居) 등 여러 제목을 읊을 때마다 도공(陶公)의 고사를 쓴다고 하였다.[41]

||||||||||||
41 『담예록』88~90쪽에 보인다.

이상의 재료를 종합하면 도잠의 시문은 당나라에 이르러 이미 상당히 보편적으로 중시되고 관심을 받았다. 그러나 당시 두보 등은 여전히 도사(陶謝: 도잠과 사령운)를 나란히 들어 두 사람의 지위가 여전히 나란히 비견된다. 정말로 전종서가 말한 '비록 도연명을 말하고 있으나 아직 같은 무리보다 월등하게 뛰어남을 알지 못하였다.'라 한 것과 같다.[42] 도잠의 시문이 뭇사람들의 위에 높이 있다고 여겨지게 된 것은 송나라에 들어서서야 비로소 인정되었다. 이를테면 구양수는 「귀거래혜사」를 진나라의 문장 가운데 으뜸으로 뽑았다. 소식은 도잠의 시에 대해 애정이 각별하였다. 그의 화도시(和陶詩)는 120수이다. 「화귀거래혜사(和歸去來兮辭)」의 마지막 몇 구절에서 '연명의 아치(雅致)를 스승 삼아, 백 편의 새 시로 화답하였다. 돌아가리라는 맑음 이끎 읊으니, 내 몸 그 뒤에 있음 의심치 않으리라.(師淵明之雅放, 和百篇之新詩. 賦歸來之淸引, 我其後身蓋無疑)'[43]라 하였다. 소식이 화도시를 짓기 전에 또한 소철(蘇轍)이 「추화도연명시인(追和陶淵明詩引)」을 지었다. 거기서는 소식이 담이(儋耳)에서 귀양살이를 하고 소철 또한 해강(海康)으로 옮겼는데, 이어서 소식이 편지를 보내왔다고 말하였다. 그 편지에서 화도시를 지은 원인과 도잠의 시에 대한 높은 평가를 언급하고 있다.

옛날의 시인 가운데 옛 시를 본떠서 지은 시가 있지만 옛 사람을 쫓아 화답한 사람은 없다. 옛 사람을 쫓아 화답한 것은 나에게서 비롯된다. 나는 시인에 대해 특히 좋아하는 사람이 없고 다만 도연명의 시만

||||||||||||||
42 『담예록』 90쪽에 보인다.
43 만유문고(萬有文庫) 본 『소동파집』 제10책, 111쪽.

좋아한다. 도연명은 시를 많이 짓지는 않았지만 그 시는 질박한 듯하나 실로 아름다우며 여윈 듯하나 실은 살졌다. 조(曺,植)과 유(劉,楨), 포(鮑,照), 사(謝,靈運), 이(李,白), 두(杜,甫) 등 여러 사람이 모두 미치지 못한다. 내 전후로 그의 시에 모두 109편에 화답하여 뜻을 얻기에 이르러 스스로 이르기를 도연명에 그리 부끄럽지 않다고 생각한다. 지금 모아서 함께 기록하여 후세의 군자에게 남긴다. 그대는 나를 위해 기록을 해주라.[44]

소식은 소철에게 보낸 편지에서 공공연하게 도잠의 시가 조식과 유정, 포조, 사령운, 이백과 두보의 위에 있다고 논정하였다. 사실 그 또한 무슨 예증을 들어 말하지는 않았고 단지 '다만 도연명의 시만 좋아하기' 때문이라고 하였다. 동파의 대량의 화도시로 보면 그는 '뜻을 얻기에 이르러 스스로 이르기를 도연명에 그리 부끄럽지 않다고 생각하였다.' 나는 소식의 화도시(和陶詩)의 예술 풍격은 모양만 비슷하다고 생각한다. 운율 등의 제한 때문에 남이 걸으면 나도 걷고 남이 뛰면 나도 뛰는 화시(和詩)는 동파의 재정(才情)으로도 또한 구름이 떠가고 물이 흐르는 것 같은 자유자재로 휘두르는 예술 풍격을 발휘하기 어려웠기 때문에 후인들은 동파의 화도시에 대해 그리 높이 평가하지 않았다. 동파는 도잠을 매우 추모하여 '그 만년의 절개를 가지고 만의 하나라도 모범으로 삼고자 하였다.'라 하였다. 그러나 두 사람은 인생에 대해 비록 조금 유감은 있지만 필경은 같지 않은 때를 만났다. 소철마저도 '도연명은 오두미 때문에 의관을 정제하고 향리의 소인배를 만나려 하지 않았

44 『소동파집속집』 권3, 만유문고 본 『소동파집』 제10책, 89쪽에 보인다.

東坡先生和陶淵明詩卷第一

飲酒詩二十首 并引

予閒居寡歡兼比夜已長偶有名酒無
夕不飲顧影獨盡忽焉復醉旣醉之後
輒題數句自娛紙墨遂多辭無詮次聊
命故人書之以爲歡笑耳

衰榮無定在彼此更共之邵生瓜田中寧
似東陵時寒暑有代謝人道每如茲達人
解其會逝將不復疑忽與一觴酒日夕相
歡持

소식, 「동파선생화도연명시」

지만 자첨은 30여 년이나 출사하면서 옥리들에게 곤경을 당하면서도 끝내 고칠 수가 없어서 큰 어려움에 봉착하게 되었다. 곧 상유(桑楡)의 말년을 도연명에게 의탁하고자 하였는데 누가 그것을 믿으려 하겠는가?'[45]라 하였다. 여기에 대해서도 질의를 제기하지 않을 수 없다.

동파의 화도(和陶)는 원작에서 이미 주제가 정하여졌기 때문에 동파가 당시 처한 환경과는 달라 화작(和作)할 때 억지로 꿰어 맞출 수밖에 없다 보니 모양만 비슷할 수밖에 없었다. 「화귀거래혜사」의 경우 도잠이 벼슬을 그만두고 고향의 전원으로 돌아가 은거하려는 숙원이 이미 실현되었기 때문에 묘사한 것이 돌아왔을 때의 유쾌한 심정이다. 하지만 또한 인생에 대한 조금의 유감은 면치 못하고 있다. 그러나 동파는 이때 오히려 창화(昌化)에서 귀양살이를 하고 있어서 아무것도 없는 곳을 집으로 삼았으므로 '돌아 가자꾸나, 내 바야흐로 남쪽으로 옮겨가니 어디로 돌아가리오!(歸去來兮, 吾方南遷安得歸)'라고 말하였다. 그는 다만 '서남쪽으로 돌아가는 길 품고 꿈이 실로 옳고 깨어 있음은 그르구나.(懷西南之歸路, 夢良是而覺非)'라 하였고, 이 때문에 그가 이른바 '내 돌아감 매우 쉬워 말을 치달리지 않고 달리지도 않는다.(我歸甚易, 匪馳匪奔)'라는 것이 다만 꿈속의 먼 생각일 뿐이었다. 「귀거래사」의 주제에 맞추기 위하여 '해남과 막북 같으니 이끌고 왕래하며 근심하지 않는다.(均海南與漠北, 挈往來而無憂)'[46]라고 하였다. 이는 '스스로 도연명에게 기탁하려는' 것으로 다만 문학 유희로 창작을 위한 창작에 지나지 않는다. 이런 도연명에 화답하고 도연명을 모방한 작품은 생명력이 결핍되었다고 본다.

||||||||||||
45 「추화도연명시인(追和陶淵明詩引)」.
46 「화귀거래혜사(和歸去來兮辭)」.

도잠의 예술 풍격에 대한 평설로 엄우(嚴羽)는 『창랑시화(滄浪詩話)』에서 도잠과 사령운의 품평에 대해 또한 도연명이 사령운보다 낫다고 하였지만 동파에 비해 보다 구체적으로 말하였다.

한(漢)·위(魏)의 고시는 기상이 한데 섞여 있어서 구절을 따내기가 어렵다. 진나라 이래로 바야흐로 아름다운 구절이 있게 되었으니 도연명의 '동쪽 울타리 아래서 국화 따노라니, 한가로이 남쪽 산 눈에 드네.(采菊東籬下, 悠然見南山)'와 사령운의 '못 둑에서 봄풀 돋아나네.(池塘生春草)' 같은 따위이다. 그런데 사령운이 도연명에 못 미치는 것은 강락(康樂: 사령운)의 시는 정밀하고 공교롭지만 도연명의 시는 질박하고 자연스럽기 때문일 따름이다.[47]

도잠과 사령운 시의 품평에 대하여 엄우의 견해가 비교적 합리적이다. 다만 예술 풍격의 모종의 방면을 통하여서야 누가 누구에게 미치지 못한다고 말할 수 있다. 만약 전면적으로 '미치지 못한다.'라고 하면 총체적으로 등급이 같지 않은 시인에 속하게 되는 것이다. 도잠은 『시품』에서 중품에 들어 사령운보다 등급이 낮기 때문에 후인들의 비난을 받았다. 종영의 이런 배열은 또한 제·량 시기의 표준이며 송대의 엄우에 이르러서는 시가 질박하고 자연스러운 것을 중시하였기 때문에 사령운이 도연명에게 미치지 못한다고 말한 것이다.

후인들이 도잠을 배우는 데 대한 평론은 각자 이해를 달리할 수 있다. 청나라의 심덕잠(沈德潛)은 『설시수어(說詩晬語)』에서 말하였다.

|||||||||||||
47 『창랑시화·시평(詩評)』.

도연명의 시는 흥회가 호연하며 그 가운데는 깊고 소박하고 우거진 곳이 있어서 이를 수 없는 곳이 있다. 당나라 사람으로 모방을 한 사람 가운데 왕우승(王右丞, 維)은 그의 맑고 살짐을 가지고 있다. 맹산인(孟山人, 浩然)은 그의 한적하고 멂을 가지고 있으며, 저태축(儲太祝, 光羲)은 그의 박실함을 가지고 있다. 위좌사(韋左司, 應物)는 그의 충화(沖和)함을 가지고 있으며 유의조(柳儀曹, 宗元)는 그의 높고 깨끗함을 가지고 있어서 모두 그를 배워 그 본성의 가까운 것을 터득하였다.

심덕잠은 도잠 시의 예술 풍격은 당나라의 시인 가운데 같지 않은 방면에서 전승이 이루어졌다고 생각하였지만 또한 같지 않은 의론도 있으니『채관부시화(蔡寬夫詩話)』같은 데서는 말하였다.

도연명의 시는 당나라 사람은 절대로 그 오묘함을 알지 못하였다. 위소주(韋蘇州, 應物)와 백낙천(白樂天, 居易) 만이 일찍이 그 시체를 모방해서 지은 적이 있다. 그러나 낙천 또한 그와는 거리가 매우 멀다. 태화(大和) 연간 후로는 풍격이 갑자기 쇠퇴하여 도연명을 알지 못할 뿐만이 아니었다.

진선(陳善)은『문슬신어(捫蝨新語)』에서 다른 의론을 펼쳤다.

산곡(山谷, 黃庭堅)은 말하였다. 백낙천과 유자후(柳子厚, 宗元)는 모두 도연명을 본떠서 시를 지었는데 자후의 시만이 근접하였다. 그러나 자세히 보면 자후는 말은 근접하나 기운은 근접하지 못하였다. 낙천은 근접한 것을 배웠으나 말이 근접하지 못하다. 자후의 기는 처창하고 낙천의 말은 느슨하여 각기 그 하나만 얻었으니, 요컨대 도연명의 시와는 완전히 같을 수가 없었다. 동파 또한 도연명의 시 백여 편에 화답하고 스스로 도연명에게 그리 부끄럽지 않다고 생각한 적이 있다. 다만 동파의 시는 기교만 모방하여 도연명의 어체가 자연에 합치되는 것과는 같지 않았다. 도연명을 알려면 강문통(江文通, 淹)이 잡체시에서 도연명을 본떠서 지은 것을 보아야 참모습에 가까워질 것이다.

유극장(劉克莊)도 후인들이 도잠을 배우는 것에 대하여 성공하기 어렵다고 생각하였다. 그는 유종원과 백거이 그리고 소동파 형제 등과 같은 사람을 가지고 도연명과 대비시키면서 부정적인 의견을 제기하였다.

유자후가 폄적(貶謫)될 때 그 슬프고 초췌한 탄식을 시로 펴낸 것은 특히 콧날을 시큰하게 하는데 끝내 분하게 죽음으로써 이치에 통달하지 못하게 되었다. 백낙천은 벼슬에서 벗어날 수 있는 자인 것 같았지만 영욕과 득실의 사이에서 꼼꼼히 비교하고 따져 스스로 통달하였음을 자랑스러워하였다. 매 시마다 이 뜻을 드러내지 않은 적이 없다. 이 어찌 진짜로 잊을 수 있는 자이겠으며 또한 힘껏 이겼을 따름이다. 도연명만은 그렇지 않았으니 그의 「빈사(貧士)」와 「책자(責子)」 및 기타 그가 지은 것을 살펴보면 근심해야 할 때는 근심하고 기뻐해야 할 때는 기뻐하여 홀연히 근심과 즐거움을 둘 다 잊었다. 깃든 것에 따라 모두 적합하여 그 사이에서 택한 적이 없으니 이른바 세상을 초월하여 사물을 남긴 자로 마땅히 이러한 다음이라야 세 사람의 시를 볼 수가 있다. 뜻으로 마음을 찾아가면 사람이 어찌 보기가 어려울 것이며 이를 가지고 현불초의 실질을 논한다면 어찌 속일 수 있겠는가?

선비가 세상에 태어나 영욕으로 잃게 되고 그 천진함을 그르치지 않는 자가 드물다. 도연명은 일생 동안 팽택에 있었던 80여 일만 세상일을 겪었으므로 나머지는 모두 북쪽 창 아래서 베개를 높이하고 누워 영광이 없었으니 어찌 욕될 것인가. 얻은 것이 없었으니 어찌 잃을 것이 있겠는가? 이것이 절창(絶唱)이면서도 화답이 적은 까닭이다. 두 소 공은 그렇지 않아서 바야흐로 그 뜻을 얻었을 때는 집정자의 시종이 되었고 실의하였을 때는 하옥되고 (귀양 가느라) 고개를 넘었다. 만년에는 더욱 근심하여 이에 비로소 화도시를 짓게 되었다. 두 공은 비록 도연명에게 정성스레 공을 들였지만 도연명이 과연 부합한다고 여겼는지는 알지 못하겠다.[48]

유극장은 여기에서 유종원과 백거이 및 두 소 씨의 시는 근본적으로 도잠의 시와 비교할 수 없는데, 이는 예술 풍격 문제뿐만 아니라 사람의 품성과도 관계된다고 생각하였다. 도잠의 사람됨은 담박하면서도 맑고 순진하여 당연히 또한 격정적인 시기가 있었지만 바로 유극장이 말한 것과 같다. '근심해야 할 때는 근심하고 기뻐해야 할 때는 기뻐하여 홀연히 근심과 즐거움을 둘 다 잊었으니 깃든 것에 따라 모두 적합하였다.' 이것이 바로 자연에 순응하는 것이다. 인생의 품격에서 이 점에 이르지 못하는 것 같은데 후세에 대량으로 화도시를 지은 것도 다만 형식만 맞출 수 있었을 뿐 정신은 떠났으니 원인이 바로 여기에 있는 것이다. 사실 도잠의 사람됨에 대하여 동파 또한 완전히 이해를 하지

||||||||||||||
48 『제가평도회집(諸家評陶匯集)』. 도주(陶澍) 주 『도정절집』에서 옮겨서 인용. 상무인서관(商務印書館) 1934년 출판.

못하여 그는 다만 '연명은 벼슬을 하고 싶으면 벼슬을 하여 구하는 것에 혐의를 두지 않았다. 은거를 하고 싶으면 은거하여 떠나는 것을 고상하게 여기지 않았다. 주리면 문을 두드려 먹을 것을 구걸하고 배부르면 닭을 잡고 기장밥을 지어 손님을 청하였다. 예와 지금에 그를 현명하게 여김은 그 진솔함을 귀하게 여긴 것이다.'[49]라 하였다. 그러나 그가 추화(追和)한 도잠의 시는 여전히 사람을 만족시킬 수 없었다. 주희는 '도연명 시의 격조가 높은 까닭은 인위적으로 배치를 하지 않고 흉중에서 자연스레 흘러나온 것에 있다. 동파의 이 편은 매 편 매 구절이 운에 의거하여 화답하였다. 비록 재주가 높아 힘을 쓰지 않은 것 같지만 이미 그 자연스런 정취는 잃어버렸다.'[50]라고 일렀다.

위에서 말한 의론에 의하면 도잠의 시는 실질적으로 배우기가 불가능하며 배울 수도 없다. 왕세정(王世貞)은 『예원치언(藝苑卮言)』에서 말했다. '연명은 충담에 뜻을 기탁하였는데 그 조어가 매우 뛰어난 자로 곧 크게 생각으로 들어와 조탁하여 흔적이 없게 하였을 따름이다. 후인들은 일체의 침중함을 괴로워하여 그 형태만 비슷하게 취하고서 그것을 자연이라 하였으니 천리나 어긋나게 되었다.' 강백석(姜白石)도 『시설(詩說)』에서 말하였다. '연명은 타고난 바탕이 이미 높은데다가 지취와 조예가 또한 멀었기 때문에 그 시는 흩어진 듯하면서도 장중하고 담박하지만 살져서 단연코 한단지보(邯鄲之步)를 용납지 않는다.' 이는 도잠의 시는 후인들이 흉내 낼 방법이 없다는 것을 말한다.

이상 보면 당송 이후에 도잠시의 지명도는 부단히 상승하였으며 영

||||||||||||
49 『제가평도회집』. 도주 주 『도정절집』의 부록에서 옮겨서 인용.
50 『제가평도회집』. 도주 주 『도정절집』의 부록에서 옮겨서 인용.

향력 또한 보편화되고 넓어졌다. 도잠을 배우고 도잠의 시에 화답하는 자들 또한 증가일로에 있었다. 내가 보건대 어떤 사람은 의식적으로 도잠의 시를 배우려고 하지만 그저 맹목적으로 따라만 하는 것이다. 이렇게 하면 쉬 모습은 비슷하게 바뀌지만 정신은 떠나게 된다. 사상 감정과 정신 풍모가 도잠과 맞지 않는다면 예술 풍격의 모방은 정신과 닮기 어렵기 때문이다.

그러나 또한 어떤 사람은 의식적으로 도연명을 배워서 시를 짓지 않는다. 다만 도잠 개인의 모종의 생활의 일환에 대한 표현에 느낌이 있었거나 혹은 그 사상 품격에 대하여 계발을 얻었다. 그리하여 스스로 창작을 할 때 제목을 빌려서 발휘를 하여 도잠이 오두미 때문에 허리를 굽히지 않은 이야기가 후세에 유전됨이 있어서 하나의 전고가 된 것이다. 이백은 '어찌 고개를 숙이고 허리를 굽혀 권귀들을 섬길 수 있겠는가? 나로 하여금 마음과 얼굴을 펴지 못하게 하네.(安能摧眉折腰事權貴, 使我不得開心顔)'[51]라 하였다. 절요(折腰)는 도잠의 전고를 쓴 것으로 이백의 고개를 숙이고 허리를 굽혀 권귀를 섬기려 하지 않는 굽히지 않는 성격은 바로 도잠에게서 배운 것이다. 그러나 이는 도잠의 시를 모방하여 시를 짓는 법과는 다름이 있다. 고적(高適)이 봉구(封丘) 현위로 있을 때 '장관을 절하며 맞아 마음속으로 취하고 싶고, 백성들을 매질하여 사람을 슬프게 하는(拜迎長官心欲碎, 鞭撻黎庶令人悲)'[52] 현실에 대한 불만은 도잠이 벼슬을 그만두고 돌아가 은거한 고사를 떠올리게 한다. 그 때문에 결구에서 '도잠이 돌아간 것을 기억하게 한다.(轉憶陶潛歸去來)'[53]고 말한

||||||||||||||||
51 이백, 「몽유천모음유별(夢游天姥吟留別)」.
52 고적, 「봉구작(封丘作)」.
53 고적, 「봉구작」.

것이다. 이는 감정상 도잠과 상통하는 것이지 형식상 도잠에 화답한 것은 아니다.

남송의 애국 사인(詞人) 신기질(辛棄疾)은 몸이 망명정부에 처한 판국이 도잠이 동진에서 처한 상황과 서로 같아 이 때문에 감정상 더욱 쉽게 도잠과 서로 통하는 곳이 있게 되었다. '소싯적엔 씩씩하고 맹렬하여, 칼 어루만지며 홀로 나다녔다네. 누가 가까운 곳 나다녔다고 하는가? 장액에서 유주에까지 이르렀다네. 주리면 수양산의 고사리 먹었고, 목마르면 역수의 물 마셨다네. 아는 사람이라고는 보이지 않고, 보이느니 옛 언덕뿐이라네.(少時壯且厲, 撫劍獨行游. 誰言行游近? 張掖至幽州. 飢食首陽薇, 渴飮易水流. 不見相知人, 惟見古時丘)'[54]라 하였다. 또 '성현들 많은 자취 남기셨으니, 일마다 모두 중원에 있다네. 어찌 마음과 눈으로 유람하기 잊었겠는가? 관문과 황하 넘을 수 없었다네. 구주 비로소 이제 하나 되었으니, 아! 배와 수레 수리해야겠네.(賢聖留餘跡, 事事在中都. 豈忘游心目, 關河不可踰. 九域甫已一, 逝將理舟輿)'[55]라는 것과 같다. 이런 북방의 고국을 돌아보며 생각하는 시구는 그의 감정상의 공명을 일으켰을 것이다. 그래서 그는 사「수룡음(水龍吟)」에서 '이 늙은이(도잠) 아직 죽지 않았음 모름지기 믿어, 지금까지 생기 늠연하네. 우리네 심사, 예와 지금에 오래도록 있어, 높은 산 흐르는 물 되었다네.(須信此翁未死, 到如今凜然生氣. 吾儕心事, 古今長在, 高山流水)'라 소리 높여 읊었다. 그는 도잠 시의 형식을 배운 것이 아니라 이것과 도잠이 나라를 사랑하는 심사가 비록 예와 지금으로 시대를 달리하지만 피차간에 서로 통한 것이다.

|||||||||||||

54 「의고(擬古)」 제8수.
55 「양장사에게 드림(贈羊長史)」.

또한 청대의 공자진(龔自珍)도 자못 임협의 감정을 갖고 있었다. 그는 도잠의 시를 읽고 형가를 읊은 시의 느낌에 치중하였다. '도잠의 시 형가 기쁘게 말하고, 먹구름 생각해보고 호탕한 노래 발하네. 은원(恩怨) 읊은 곳 이르러 심사 솟구치니, 강호의 협골 많이 없을까 걱정되네.(陶潛詩喜說荊軻, 想見停雲發浩歌. 吟到恩仇心事湧, 江湖俠骨恐無多)'[56] 도잠의 「형가를 읊음(詠荊軻)」에서는 말하였다. '그 사람 이미 죽었다 해도, 천년토록 사람 감동케 하네.(其人雖已沒, 千載有餘情)' 공자진은 옛날을 애도하고 지금을 생각하여 '강호의 협골 많이 없을까 걱정되네.(江湖俠骨恐無多)'라 하였다. 그는 이에 대해 유감이 없지 않으며 도잠의 시를 읽는다고 하는 것은 다만 구실일 뿐 다른 사람의 술잔을 빌려 마음의 근심을 씻는 것일 따름이다.

총괄하여 말하면 도잠의 시문에 대한 후세 사람들의 지명도 및 영향력은 후대로 갈수록 더욱 커졌으며 갈수록 심원해졌다. 도잠의 시에 대하여 칭찬을 하거나 도잠의 시를 배울 뜻이 있든 없든, 또는 그에 대해 불만을 가졌든 말았든 간에, 나는 기본적인 경향은 모두 도잠이 중국 시단에서 매우 숭고한 지위를 갖고 있다고 생각한다.

<hr>

56 「주중독도시. 세 수(舟中讀陶詩三首)」.

도잠의 사상 평가에 대한 총결

도잠은 중국 역사상 저명한 시인이자 문학가로 중국 문학사상 숭고
한 지위를 가지고 있다. 그러나 그를 사상가의 평전에 포함시키는 것은
그의 사상에 대하여 모종의 평가를 부여하는 것으로, 나는 과거에 전
면적인 연구와 분석을 해본 적이 없다. 전인의 누적된 자료로 보면 안
연지는 도잠 생전의 친구로 그에 대해 비교적 이해도가 깊었을 것이
다. 그가 도잠이 세상을 떠난 후에 쓴 「도징사뢰」는 평가라는 면에서
는 비교적 타당하지만 아무래도 정절이 징사라는 각도에 중점을 두고
입론하였다. 그는 도잠을 일컬어 '친우를 공경하는 행위는 스스로 노
력하고 힘쓰지 않아도 천성으로 이른 것이었다. 다른 사람에게 허락했
던 신용은 계포(季布)의 말보다도 무거웠다. 당신은 청렴, 심후, 간박, 청
결, 정직, 평이, 순수, 온아하였으며 성정은 다른 사람들과 융화하되 엄
준할 수 있었고 학식은 광박하되 번잡하지 않았도다.', '시를 지어 읊으
며 (전원으로) 돌아가서(賦辭歸來) 은거하여 홀로 그 자신을 선하게 지켰도

다. 이로부터 또한 초탈하고 광달하게 살았으니 본심에 맞는 바가 아닌 것엔 나아가지 않았도다.', '사람들은 당신에 대해 우려함을 금치 못하였지만 당신은 천명을 그대로 받아들였다.', '죽음 보기를 집에 돌아가는 것같이 여겼고 재난에 임해서도 길한 듯이 하였다. 치료하는 약재를 맛보지 않았으며 신령께 기도하고 제사지내는 것도 행하지 않았도다. 저승을 향하여 종말을 고하고 평화로움을 품고 영영 생을 마쳤도다.'라 하였다. 여기서 도잠은 친구에게 화목하고 신용을 중시하고 맑고 높으며 고결하고 심흉이 초탈 광달하였다. 낙천적이고 명을 알며 자연으로 귀화하는 사람으로 묘사되었는데 당연히 전방위로 긍정하였다.

종영은 『시품』을 지어 도잠을 중품에 넣고 다만 '그의 문장을 볼 때마다 그 사람의 덕을 생각하게 한다. 세상에서는 그의 질박하고 솔직함에 탄복하였다.'라 하였다. 아울러 그를 '예와 지금의 은일시인의 조종이다.'라고 인정하였다. 은거하여 출사하지 않고 도를 곧게 행한 것이 바로 도잠의 사람됨의 특색이었다.

소통은 「도연명전」을 지었을 뿐만 아니라 또한 『도연명집』을 엮었는데 모두 「서문」을 지었다. 소통은 '연명은 어려서부터 고아한 아취가 있었고 박학하였으며 글을 잘 지었고 빼어나 발군의 재주를 지녔으며' '바탕이 곧고' '진솔함에 맡겨 자득하였다.' 하였으니 당연히 도잠의 품격에 대한 평판이었다. 소통은 『도연명집』의 「서문」에서 또한 말하기를 '그의 문장은 우뚝하여 무리가 없었으며', '홀로 뭇사람들을 뛰어넘었고', '시사를 말하면 가리켜 생각할 수 있었고 회포를 논하면 환하면서도 참되었다. 게다가 뜻을 곧게 하기를 쉬지 않았으며 도를 편안히 여기고 절조를 굳게 지켜 몸소 농사를 지으면서도 부끄럽게 여기지 않았다. 재산이 없음도 병폐로 여기지 않았다. 스스로 크게 현명하거나 뜻이 독실하지 않았다면 누가 이렇게 할 수 있겠는가?'라 하였다. 곧 도잠의 사람됨에 대하여 상당히 높은 평가를 내리고 있다.

소통의 「도연명전」과 각 사서의 도연명 전기에서는 모두 '어려서부터 성품이 고상하였다'거나 '어려서부터 고상함을 품고 있었다.'라 하였다. 아울러 말하기를 그는 '일찍이 「오류선생의 전기」를 지어서 자신의 상황을 말했는데 당시 사람들은 진실된 기록이라 하였다.'고 하였다. 이는 '청고(淸高)'로 귀결될 수 있다. 다른 「전」에서는 모두 도잠을 일컬어 '스스로 증조부가 진의 재상이 된 것으로 다시 후대에 몸을 굽히는 것을 부끄러이 여겼기 때문에 송고조의 왕업이 차츰 융성하여지자 다시는 벼슬을 하려고 하지 않았다.'라 하였다. 이는 '기절(氣節)'이라 일컬을 수 있다. 후인들의 도잠의 위인 및 그 사상에 대한 평가는 대부분 이 두 방면에서 이루어졌다. 도주 주 『도정절집』에서 수집한 '제본(諸本)의 서록(序錄)' 및 '제가의 도잠을 평론한 회집(匯集)'에서 반영된 의견을 볼 수 있다. 예를 들면 다음과 같다.

> 주문공의 어록에서는 말하였다. 진·송의 인물은 비록 청고함을 숭상한다고 말은 하지만 모두들 관직을 원했다. 이쪽에서는 청담을 일삼으며 저쪽에서는 권세가를 부르고 재물을 바쳤다. 도연명은 참으로 (관직을) 원하지 않을 수 있었으니 이것이 진·송 인물들 사이에서 높아지게 된 까닭이다.

> 서산(西山) 진 씨(眞氏)는 말하였다. 내가 근세에 시를 평하는 것을 듣자하니 연명의 사(辭)는 격조가 매우 높고 그 뜻은 장로(莊老)에게서 나왔다고 한다. …… 내가 살펴보니 연명의 학문은 경술(經術)에서 왔다.

그러므로 시로 모양이 갖추어지면 가릴 수 없는 것이 있었다. 무궁화 [榮木]의 근심은 (공자의) 물이 흘러간다는 탄식이다. 가난한 선비의 읊조림[貧士之詠]은 (안회의) 단표(簞瓢)의 즐거움이다. 「음주시」의 마지막 장에서는 '복희씨와 신농씨 우리를 떠난 지 오래되어, 온 세상에 순진한 데로 돌아가는 이 적네. 바쁘디 바빴던 노나라의 늙은이[공자]는, 깁고 채워서 그를 순박하게 하였네.(羲農去我久, 擧世少復眞, 汲汲魯中叟, 彌縫使其純)'라 하였다. 연명의 지혜가 여기에까지 미쳤으니 어찌 현허(玄虛)한 선비가 바랄 수 있겠는가? 비록 영욕을 남긴다 하더라도 한번 잃게 되면 실로 광달한 기풍이 있으니 그 말을 자세히 완미하면 때로 또한 슬퍼하고 감개하여 세상에 뜻을 두지 않음이 없을 것이다. 혹자는 의희 이후에 연호를 밝히지 않은 것을 두 성씨를 섬기는 것을 부끄러워한 징험으로만 알았다. 왕실을 연연해하여 돌아봄에 대체로 장사공을 조부로 둔 마음이 있어서 다만 힘껏 해도 안 되어 몸을 숨기고 스스로 끊었음은 알지 못한다. 고사리를 먹고 물을 마신다는 말과 나무를 물어다가 바다를 메운다는 비유는 지극히 깊고 통절하나 다만 독자가 그것을 살피지 못하였을 따름이다. 연명의 뜻이 이와 같으니 또한 어찌 떳떳한 윤리를 헐고 명교를 외면하는 자가 같은 날 말을 할 수 있겠는가?

오징(吳澄)의 『첨약린연명집보주(詹若麟淵明集補注)』의 서문에서는 말하였다. 나는 초나라의 굴대부(屈大夫, 原)와 한(韓)나라의 장사도(張司徒, 良), 한(漢)나라의 제갈승상(諸葛丞相, 亮), 진나라의 도징사를 사군자라 칭한 적이 있다. 이들은 행동이 다 다르고 살던 시기도 다르나 그 마음은 하나였다. 하나인 것은 어째서인가? 군신의 의를 밝혔기 때문일 따름이다. …… 영균(靈均, 屈原)은 참소하는 신하가 나라를 잃을 것을 미리 보았으며, 연명은 강한 신하가 나라를 옮기는 것을 앉아서 보았는데 모두 그와 같지 못함은 어째서인가? 이것이 내가 매번 굴원의 사(辭)를 읽고 도연명의 시를 읽으며 그 때문에 눈물을 흘리고 길게 탄식을 하는 까닭이다. 굴자의 사는 주자의 주에 힘입지 않았더라면 또한 그 마음을 환하게 알 수가 없었을 것이다. 도연명의 시는 깨달은 자가 더욱 적어 그 담박하면서도 충담하고 하지 않음을 달게 여긴 것은 명과 분수를 편안히 여긴 것이다. 개연히 감발하여 하고자 함이 있는 것은 지원(志願)을 나타낸 것이다. 근세에 동간(東磵) 탕 씨(湯氏, 漢)만이 조금씩 그 하나둘을 살피었으며 나의 동향인인 첨기(詹麒) 약린(若麟)이 탕 씨가 단 주를 넓혔다.

위의 제가는 이미 도잠이 실로 맑고 격조가 높음을 말하였다. 그것은 진·송 때의 몇몇 사람들이 한편으로는 맑고 격조가 높은 것을 말하고 한편으로는 관직을 구하여 권세를 믿고 뇌물을 먹은 것과는 다르다고 생각하였다. 도잠의 맑고 격조가 높음은 단순히 자연을 애호해서일 뿐만 아니라 동시에 흉중에 또한 억울하고 불평하는 기운이 꽉 차 있었기 때문이다. 그 원인은 진·송이 나라가 바뀌면서 도잠이 새 왕조에 대하여 불만, 곧 이른바 기절의 문제가 존재하였기 때문이다. 오징은 특별히 탕동간과 첨약린의 「술을 말함(述酒)」 등편의 주석과 풀이를 언급하여 그 곧장 충분(忠憤)의 심사를 토로함을 나타내었다. 진서산은 도잠의 뜻을 말하였는데 명교를 도외시하는 자가 비길 게 아니다. 이에 의거하여 말하면 도잠은 명교를 중시한 데다가 자연을 귀하게 여겼다. 기절을 지키고 또한 맑고 격조 높음을 감상하였으니 '최선을 다하여 참됨을 맡았으며' 또한 '대대로 그 절개를 높였다.' 이 양자 사이는 서로 표리를 이루고 또한 모순이 있는 가운데서 조합에 이르렀다. 마지막으로 그의 '천명을 즐기고 분수를 맡기며', '운을 알고 명을 아는' 인생을 형성하였다.

도잠이 약간 모순된 인생을 가지고 있었기 때문에 시문에서도 자연스레 표현이 되었을 것이다. 주희는 도연명의 시가 평담하여 자연에서 나왔다고 하였다. 그러나 도연명의 시에 대하여 사람들은 모두 평담하다고 하는데, 내가 볼 때 그의 시는 호방하면서도 호방함을 느낄 수 없을 뿐이라고도 하였다. 그의 본래 면모가 드러난 것은 「영형가」인데, 평담한 사람이라면 어떻게 이런 언어로 읊어낼 수 있을까!라 덧붙였다.

노신도 도잠의 시에 대해 유사한 견해를 가졌다. 그는 생각하기를 '시는 논객을 탄복시키는 "한가로이 남쪽 산 눈에 드네(悠然見南山)"를 제외하면 또한 "정위 잔 나뭇가지를 물어다가, 큰 바다 메우려 하네. 형요는 오래 살지 못하였지만, 맹렬한 뜻은 실로 항상 남아 있었다네.(精衛銜微木, 將以塡滄海. 形夭無千戚, 猛志故常在)"라는 유의 "금강역사가 눈을 부릅뜨고 있는" 식이 있는데 그가 결코 종일 낮밤 속세를 초월하여 표연하지 않았다는 것을 증명하고 있다. 이 "맹렬한 뜻은 실로 항상 남아 있었다(猛志故常在)"와 "한가로이 남쪽 산 눈에 드네(悠然見南山)"라 한 사람이 취사(取捨)가 있다면 전인(全人)이 아니고 여기에 다시 억양을 더한다면 더욱 진실에서 멀어질 것이다.'라 하였다. 주광잠(朱光潛)은 '이백과 두보는 모두 얼마간 금강역사가 눈을 부릅뜨고 있으며 분분하여 불평하는 모양을 면치 못하였는데 도연명은 혼신이 "조용하고 편안하기" 때문에 그는 위대하다.'라 하였는데 노신은 그와는 반대의 입장에 서서 '도잠은 바로 결코 "혼신이 조용하고 편안하지" 않기 때문에 그는 위대하다.'라 공언하였다. 여기에서 결론을 도출하여 말하기를 '세간에 이른바 "사실에 입각하여 시비를 논하는" 방법은 현재 곧 시를 가지고 시를 논하는 것이라고 하여도 아마 무방하다고 할 따름일 것이다. 그러나 나는 늘 문장을 논하려고 하면 가장 좋은 것은 전편을 둘러보는 것이며 아울러 작자의 전인 및 그가 처한 사회 상태를 둘러보아야 비교적 명확할 것이다.'[1]라 하였다. 한 사람을 평가하려면 사람이 세상을 논하는 것을 알아야 한다는 노신이 말한 원칙은 옳지만 도잠의 시는 양면적인 표현이 있다. 오징이 말한 것처럼 '그 담박하면서도 충담하고 하지 않음을 달게 여긴 것은 명과 분수를 편안히 여긴 것이다. 개연히 감발하여 하고자 함이 있는 것은 지원(志願)을 나타낸 것이다.'와 같다. 이렇게 말하면 또한 이른바 어느 방면이 위대하다는 것은 없다.

양계초는 도잠의 모든 방면에 대하여 칭찬을 하였다. 그는 「도연명의 문예 및 그 품격(陶淵明之文藝及其品格)」에서 도잠의 인격에는 세 가지 선행하여 특별히 주의해야 할 것이 있다고 하였다. 첫째, 매우 열렬하고 호기가 있는 사람이다. 둘째, 그는 시문이 애절하고 다정한 사람이다. 셋째, 그는 극히 엄정하고 도덕적 책임이 매우 중한 사람이다. 당시의 그런 현담을 일삼는 인물이 입 안 가득 청정무위를 말하고 온 마음 속에 성색(聲色: 가무와 여색)과 재리만 들었는데 연명은 이런 사람들을 가장 뼈저리게 생각하였다. 그 자신은 어떠하였는가? 다만 밋밋하게 유가의 말을 몸으로 힘껏 행하였을 뿐이다. 그의 일생의 품격의 판단 기준은 대략 맹자가 말한 '하지 않음이 있고' '불결한 것을 달갑게 여기지 않는' 견자(狷者)에 가까웠다. 그는 가장 진실한 사람이었다. 연명의 일생의 쾌락은 모두 노동 후의 휴식에서 얻어낸 것이다. 그의 인생관은 '자연'이라는 두 글자로 포괄할 수 있다. 그는 이런 인생관에 의하여

<hr />

1 『차개정잡문이집·"제미정"초(且介亭雜文二集·"題未定"草)』.

'거나하게 술을 마시고 시를 지어서 자기의 뜻을 즐기고(酣飮賦詩, 以樂其志)', '이해득실은 마음에 두지 않았으며 평생을 이렇게 일관하였다.(忘懷得失以此自終)' 그가 지은 자제문(自祭文)에서 나는 '부지런히 일하여 힘을 아끼지 않았으나 마음은 언제나 한가로웠다. 천명을 즐기며 분수에 맡기고 한평생을 살았다.(勤靡餘勞, 心有常閑. 樂天委分, 以至百年)'라 한 16자를 연명 선생 인격의 총찬(總贊: 종합 평가)으로 삼는다.

도잠을 대사상가로 일컬은 것은 진인각이 독자적일 것이다. 그는 「도연명의 사상과 청담의 관계(陶淵明之思想與淸談之關係)」의 맺는말에서 말하였다. 연명의 사상은 위·진의 청담이 변화 발전해 온 결과 및 집안 대대로 믿어온 도교의 자연설에 의거하여 개창한 신자연설을 답습하였다. 신자연설은 구자연설의 이것을 길러 형체가 생기는 생명과는 다르다. 혹은 따로 신선을 배워 오직 운행하여 변화하는 가운데서 정신이 융합되기를, 곧 대자연과 일체가 되는 것을 추구하였다. 이와 같은 것 때문에 구자연설의 형해와 물질에 속박되지 않을 뿐만 아니라 주공과 공자의 명교설에 저촉되는 데 이르지도 않았다. 그래서 연명의 사람됨은 실은 겉은 유가이고 안은 도가였으며 석가를 버리고 천사(天師)를 종주로 삼았다. 다만 그 조예가 극에 달한 것은 천 년 후의 도교가 선종 학설을 채택하여 그 교의를 개진시킨 것과는 자못 근사한 곳이 있는 것 같다. 그렇다면 구의(舊義)를 혁신하여 '외로이 밝히고 먼저 일으켜' 논하여 실로 중국 중고시대의 대사상가가 되었으니 어찌 다만 문학의 품절만 고금의 제1류를 차지하여 세상에 알려질 따름이겠는가?

리쩌허우(李澤厚)는 『미의 역정(美的歷程)』에서 만약에 위·진의 풍도가 가리킨 시간이 진·송 때까지 확대되어 이르렀다면 도잠은 다른 하나의 인격화한 이상을 대표하였을 것으로 생각하였다. 도잠의 가문과 소년시절의 포부는 모두 그로 하여금 정치에 대하여 흥취와 관계를 갖게 끔 하였다. 그러나 자각적으로 물러나와 회의론과 무신론이라는 세계 관의 기초에서 차라리 전원으로 돌아가 농사짓기를 바랐으며 공명과 이록을 멸시하였다. 외재적인 벼슬과 영화, 공명, 학문이 아니라 내재 적인 인격과 굽혀서 자기에게 누가 되지 않는 사상이라야 진정한 사람 의 각성이다. 그래서 그만이 진정 전원생활 중에서 인생의 쾌락과 심령 의 위안을 찾아냈다. 이렇게 사령운 등과는 매우 다르게 산수초목은 도 연명의 시에서 더 이상 죽은 물질이 쌓인 것이 아니다. 정이 깊고 뜻이 진솔한 곧 평담하면서 화려하지 않고 풍성한 생기가 있었다. 리쩌허우 는 '도잠과 완적은 위·진시대에서 나누어 아득하게 같지 않은 두 가지 의 예술경계를 창조해내었다. 하나는 심사의 밖에서 초연하며 평담하 고 충화하였다. 하나는 분만이 끝이 없이 강개함을 기운에 맡기고 그들 이 심각한 형태로 위·진의 풍도를 표현해냈다.'고 하였다.

녹흠립은 『도연명집』을 교주하고 부록으로 「도연명에 관하여(關於陶 淵明)」를 썼다. 도잠의 시작(詩作)에 대하여 비교적 전면적으로 논술하고 있다. 녹흠립이 지은 글의 특징은 비교적 발전 중이거나 동태적일 수 있는 관점에서 도잠의 품격과 사상을 평가하였다. 그는 도잠이 몰락한 귀족 가문 출신으로 어려서 유학적인 사상 교양을 배웠으며 따라서 강 렬한 가문 관념을 표현해내었다, 인생의 무상함을 감탄하고 때맞춰 즐 거이 놀 것을 강조하기도 했다. 이런 퇴폐적인 사상은 도잠 시에 남아 있는 봉건 잔재라고 생각하였다. 도잠은 도교와 불교의 미신을 일관적 으로 반대하였다. 그가 견지한 현학적인 자연관은 자연의 무위가 사람 으로 하여금 즐거움과 위안을 충분히 얻게 해줄 수 있다고 믿었다. 동 시에 그는 도가의 현학은 그가 도피한 정치 투쟁과 서로 이어져 있다고 마음에 새겼다. 당시의 사회 현실은 그다지 좋지 않았으며 원시적인 사회생활이 더 좋다고 그는 생각하였다. 도잠은 진정으로 농경의 노동에 종사하였다. 42세로 팽택에서 관직을 그만두고 돌아올 때부터 시작하였으며, 하층민의 사회생활과 접촉하였다. 그의 두뇌 또한 변화가 발생하였으며 얼마간 서로 호흡이 통하는 사상적 감정을 갖게 되었다. 도잠은 비록 퇴락한 귀문 가정 출신이긴 하지만 자기 힘으로 생활하였다. 농사 노동과 공동으로 농사를 짓는 이상을 반영하는 데 독특한 성취를 가진 대시인이었다.

근래에 들어서서 도잠이 소극적으로 세상을 피하고 영달을 추구하지 않았다는 견해에 동의하지 않는 사람도 있다. 종여우민(鍾優民) 같은 사람은 『도연명논집(陶淵明論集)』에서 '도연명을 다루면서 다시 계속 은일시인이라는 옛 족보를 습용해야 하지 않을 수 없다. "취사(取捨)가 있다면 전인(全人)이 아니고 여기에 다시 억양을 더한다면 더욱 진실에서 멀어질 것이다"라 한 전철을 다시 답습하는데 이렇게 해야 우리가 이 고전적인 우수한 작가 및 그 빛나는 작품의 공평 타당한 태도를 다루게 된다.'라고 하였다.

웨이정선(魏正申)의 『도연명평전』의 주제에서는 '연명은 결코 소극적인 은일론자가 아니었다.'라 하였다. 그는 전언(前言)에서 대만 학자 천이량(陳怡良)의 『도연명의 인품과 시품(陶淵明之人品與詩品)』의 말을 인용하였다.

연명은 정치가도 아니고 사회 개혁 운동에 종사한 사람도 아니었다. 이 세상에서 입공(立功)에의 욕구는 별 가능성이 없었고 입언(立言)과 입덕(立德)에서는 오히려 절대적인 수훈을 세웠다. 입덕으로 말할 것

장시성(江西省) 주장시(九江市) 도연명기념관 내 도연명 묘소

같으면 연명은 달관하고 도를 즐기는 흥회, 솔직하고 가식이 없는 자연의 기상, 인자하고 돈후한 애심(愛心), 유교와 도교를 아울러 수용하는 소양(素養), 깊고 넓은 내용을 표현해내고 높은 풍도와 맑은 절개의 전형을 수립하였다. 이로써 후대 자자손손의 모범이 되기에 충분하다. 입언으로 말할 것 같으면 흉중의 묘함을 표현해내었으므로 매 글자가 둥근 구슬처럼 윤이 난다. 매 구절이 풍성하게 살지고 깊고 순수하다. 매 편이 생명의 아름다움과 인성의 선함을 머금고 있다. 지자의 묘한 깨달음을 가지고 있고 인자의 자애를 가지고 있다. 후세의 시문의 풍격에 특별히 새로운 판국을 형성했고 따로 새로운 형식을 창조하였다. 절로 일파를 이루었기 때문에 연명은 한결같이 그 생명에 꺼지지 않는 생명

의 불을 밝혔다. 또한 대대로 이어지고 영원히 멈추지 않을 것이다. 이는 당연히 도덕과 예술이 일체된 위대한 창조에 융합되는 것으로 공을 돌려야 할 것이다.

천이량의 관점에 의하면 인생의 삼불후(三不朽) 가운데 도잠은 입공에의 욕구는 별 가능성이 없었지만 입덕과 입언의 방면에서는 절대적인 수훈을 세울 수 있었다. 웨이정선은 한걸음 더 나아가 이런 관점을 발휘하였다. 그는 말하였다. '도연명의 일생에서 생전의 공업과 사후의 명성에 치중한 사상은 도연명 문집의 많은 시문 안에 반영되어 있다.', '도연명의 일생에서 주도적인 사상은 공업, 특히 문학방면에서 공적을 세우는 것을 추구한 것이었는데 시문으로 세상에 전하여지는 사상은 깊은 탐구가 진행되어야 한다'고도 하였다. '도연명이 문학 창작 방면에서 추구한 것은 정치에 종사하여 얻을 수 없었던 뜻을 전환시킨 것이었다. 이는 유교의 세상에 등용되는 정신을 따른 적극적인 진취성으로 일종의 공업을 세우려는 강렬한 의식을 표현하였다.'[2] 이 설에 따르면 도잠은 소극적으로 은일한 사람이 아니다. 뿐만 아니라 적극적이고 진취적으로 세상을 위해 쓰이고자 하는 정신을 가졌다. 비록 정치에 종사하여 뜻을 얻을 수는 없었지만 시문을 세상에 전함으로써 또한 공업을 세우겠다는 강렬한 의식을 표현하였다.

웨이정선이 도잠을 연구하는 관점에 대하여 리우멍양(劉孟陽)은 「도학사상의 새로운 탐색(道學史上的新探索)」을 썼다. 이는 그의 도잠 연구 논저에 대한 종합 평가랄 수 있다. 그는 웨이정선의 도연명의 사상 및 그

||||||||||||

2 웨이정선, 『도연명평전』, 문진(文津)출판사, 1996년 3월 출판, 99, 100, 103쪽.

시문 정신의 전체적인 탐색에 대하여 신자연설의 관점과 같지 않다고 생각하였다. 변천된 '자연설'의 도연명에 대한 탐구를 거쳐 당시의 정치투쟁과 전란, 사회 환경 및 유가의 사상 영향을 소홀히 하였다. 이렇게 위진 현학의 신자연설에 기반을 둔 도연명에 대한 탐구는 합리적이다. 도연명의 사상을 해석하는 것 및 그 시문 발전의 연원, 도연명 시의 시대정신과의 관계, 도연명 시문 예술 풍격 및 그것이 함축하고 있는 철학적 기초 등을 비교하기 어렵게 한다. '신자연설'과는 상반되게 웨이정선은 공자의 학문을 기반으로 한다. 제가의 장점을 아울러 함축한 '도연명식의 사상'의 도연명 학문 연구의 이론체계를 확립하였다. 따라서 도가 철학사상에 기반을 둔 현학 '신자연설'의 도연명 연구의 잘못된 단서를 극복하였다. 도연명 학문에 대한 전체적인 탐색과 전면적인 주시에 '도연명 연구의 새로운 국면을 개창하였으며' 유력한 이론적 무기와 과학적 사유방식을 제공하였다.[3]

군신의 관념에 대하여 웨이정선의 저작은 전문적인 글로 우뚝하게 탐구를 진행하였다. 그는 '도연명은 평생 군신 관념에서 초년의 충군(忠君)과 팽택에서 전원으로 돌아온 후의 유군(有君), 57세 전후까지의 무군(無君) 사상이라는 세 가지 서로 다른 단계를 거쳤다.', '도연명이 57세 때 지은 「도화원 시 및 기문」은 무군사상의 형태가 갖추어졌음을 나타낸다.', '시인은 동진의 관계를 부정함을 통하여 문벌제도가 전 "참된 기풍이 사라지고부터 큰 거짓이 일어났다.(眞風告逝, 大僞斯興)"는 역사시대를 비난하기에 이르렀다. 이는 일반적으로 동진 사족 지주 계급를 비판하는 사족 지주 입장에서 노동 농민 및 모종의 상통하는 사상

3   웨이정선, 『도연명평전』, 부록, 285쪽.

감정에의 경향이 모든 통치계급의 당권파와 결렬하였다는 입장으로 전환되었다.[4] 웨이정선은 이 책의 서두에서 또한 특별히 리원추(李文初)의 「도연명논략(陶淵明論略)」의 말을 인용하였다.

　　도연명의 이상사회는 삼황오제의 전설시대에 있다. 그의 시문에서는 사마 씨 왕조에 충성심을 나타내는 어떠한 자취도 찾을 수 없다. 그렇다면 우리는 심약 등의 견해에 대해 더 이상 순종함을 나타낼 수 없다. 이런 견해는 실제는 도연명의 비판의 예봉을 이왕의 길고 지루한 계급사회에서 유송 왕조의 정치와 사회에 대한 곡해에 일침을 가하는 것을 군신과 부자 따위의 좁은 봉건 의식으로 축소시킨 것이다. 따라서 대대적으로 도연명 시의 현실주의 비판이라는 보편적 의의를 낮추었다.

웨이정선과 종여우민, 리원추 등의 견해에 따르면 종영의 은일시인설과 심약 등의 진나라 왕실에 충성했다는 설 및 진인각의 신자연설 등을 모두 일일이 부정하였다. 아울러 도연명 시의 현실주의 비판정신을 일체의 통치계급과 결렬하였다는 입장으로 끌어올렸다.

1985년 주장(九江)에서 전국 제1회 도연명 학술 토론회가 열렸다. 토론회가 끝난 후 『도연명연구전집(陶淵明研究專輯)』에 회의의 「관점종술(觀點綜述)」이 등재되었으나 여기서는 상세히 논하지 않겠다.

위에서는 제가의 도잠의 사람됨 및 그와 관련 있는 사상 관점에 대한 간단한 소개를 열거하였다. 채택한 각도와 주안점이 그다지 비슷하지 않기 때문에 전면적으로 비교하기는 어렵다. 총체적으로 보면 나는 도

||||||||||||||
4 『도연명평전』, 144~146, 148쪽.

잠의 사상은 모순적이지만 시대의 형세와 그가 개인적으로 맞닥뜨린 변화에 따라 그의 사상도 발전이 있었다고 생각한다.

　도잠이 생활한 동진 말년은 계급적 모순이 첨예하고 복잡하며 사회 생활이 동란으로 평안하지 못한 시대였다. 도잠의 증조부 도간은 동진 황조의 개국 원훈이라 할 수 있다. 그가 세운 군공은 이미 '명망이 높아 지방장관으로 나갔으니 이치가 마땅히 그러하였다.' 그러나 그는 또한 소수민족 출신으로 '군망은 세족이 아니었고 풍속은 화하와는 달랐다.'는 것으로, 사회적 지위를 가지고 말하면 문벌세족이 정권을 오로지 하던 시대에서 도잠의 가문이 처한 상황은 모순이 있었다. 도잠은 비록 도간의 후대이긴 하지만 그의 시대에 와서는 이미 소원한 방계가 되었다. 그래서 그는 나중에 지위를 세습한 장사공에게 보낸 시에서 '같은 근원에서 나뉘어 내려오며, 사람도 바뀌고 세대도 멀어졌으며(同源分流, 人易世疏)', '촌수 관계가 이미 멀어져 길 가는 남 같이 되었다.(昭穆旣遠, 以爲路人)'라고 하였다. 게다가 그 자신의 가정은 퇴락하여 '젊어서부터 가난에 쪼들렸고(少而窮苦)', '어버이는 늙고 집은 가난하여' 사회적 지위가 당연히 또한 갈수록 악화되었다.

　그러나 다른 방면에서 보면 도잠의 조부와 부친은 여전히 관리가 되어 벼슬을 가져 비록 가세가 중도에 퇴락하기는 하였지만 도잠에게 유가의 전통적인 사상교육을 진행하였다. 그 자신도 말하기를 '젊은 시절에는 사람을 사귀는 일이 드물었고, 육경에서 노니는 것을 좋아하였다.(少年罕人事, 遊好在六經)'라 하였다. '공자께서 남기신 가르침을, 내가 어찌 저버리겠는가?(先師遺訓, 余豈云墜)'라고도 하였다. 유가의 수신, 제가, 치국, 평천하의 사상은 당연히 영향을 받았을 것이다. 그래서 '나의 젊은 시절을 생각해보니(憶我少壯時)', '웅대한 뜻이 온 세상으로 치달려

(猛志逸四海)', '창생을 크게 구제하는(大濟于蒼生)' 큰 바람을 안고 있었다
고 하였다. 다만 당시 조정이 부패하고 암울하여 자기와 다른 사람은
배제하였을 뿐만 아니라 서로 살육하고 전권(專權)을 찬탈하였다. 이런
상황 하에서 작은 관직을 가진다는 것은 창생을 크게 구제한다는 큰 바
람을 펼 수 없을 뿐만 아니라 또한 뜻을 낮추어 권귀에게 나아가 아부
를 해야 한다. 이 또한 스스로 '성질이 강퍅하고 재주는 졸렬하여 남에
게 거슬리는 일이 많았다.(性剛才拙, 與物多忤)'고 말한 도잠이 참고 받아들
일 수 없는 것이다. 그 때문에 인생의 출처(出處)에서 왕왕 그를 진퇴양
난의 경지에 처하게 하였다.

　모두들 알고 있다시피 도잠은 지명도가 높은 은사다. 노신은 그를 혁
혁한 명성이 있는 대은(大隱)이라 하였다. 종영은 그를 고금 은일 시인
의 조종이라고 하였다. 그러나 도잠의 돌아가 은거함도 순풍에 돛단 듯
한 것은 아니었으며 서너 차례 되풀이 되었다. 그는 29세 때 처음으로
출사하여 '주의 좨주가 되었으나 관리로서의 직무를 감당하지 못하고
얼마 있지 않아 스스로 벗어버리고 돌아갔다.' 원인은 그가 나중에 스
스로 말했듯이 '생각에 부끄러워하는 바가 많았기(志意多所恥)' 때문이
었다. 어째서 '부끄러워하는 바가 많았을까?' 녹흠립은 그가 문벌세족
인 왕응지라는 오두미도의 교도에게 몸을 낮추어 절개를 굽히는 것을
달가워하지 않았기 때문이라고 하였다. 나중에 팽택령의 관직을 버렸
을 때는 미천한 서족 출신인 독우를 경멸하였다. 원인은 도잠에게 강렬
한 문벌 관념이 자리잡고 있었기 때문이다. 이 문제에 대해서도 다른
의견도 있다. 루징윈(路景雲)은 「도연명 가문의 관점에 대한 사견(陶淵明
門第觀念之我見)」을 써서 녹흠립의 관점에 동의하지 않았다. 나는 도연명
의 가문 관념은 완전히 없다고는 말할 수 없지만 또한 도가 지나치다고

도 말할 수 없다고 생각한다. 그렇지 않다면 실제에 부합하지 않는다. 도잠은「명자(命子)」시에서 조종의 공덕을 추후에 서술하였지만 다만 아들들이 조상들의 영광된 가풍을 계승하였으면 하고 바랐을 뿐이다. 그러나 도잠 본인은 오히려 부끄러움을 느껴 '아! 나는 덕이 없고 고루하여, 우러러보아도 미칠 수가 없구나.(嗟余寡陋, 瞻望弗及)'라고 하였는데 그 자신에게 무슨 스스로 자랑할 만한 것이 있겠는가? 이 때문에 나는 도잠이 최종적으로 은거하여 출사하지 않으리란 결정을 하게 되었다고 생각한다. 그 원인은 그가「귀거래혜사·서」에서 말한 '성질이 생긴 대로 굴어야 하고 억지로 닦달해서 고쳐지지 않아서 굶주림과 추위가 절박해도 자기를 어기면 자꾸 병이 났다. 사람의 일을 따른 적이 있었으나 모두 입과 배 때문에 스스로를 부린 것이다. 이에 서글피 강개하여 평소의 뜻을 깊이 부끄러워하였다.(質性自然, 非矯勵所得. 飢凍雖切, 違己交病. 嘗從人事, 皆口腹自役. 於是悵然慷慨, 深愧平生之志)'라 한 것과 꼭 같다. 그 사람됨이 '진솔함에 맡겨 자득하여' 빈 마음과 거짓 뜻이 없어 '참된 기풍이 사라지고부터 큰 거짓이 일어나는(自眞風告逝, 大僞斯興)' 시대에 그는 적응하기 어려움을 느꼈다. 그가 만약 입을 즐겁게 하고 배만 불리는 욕구만 위하였다면 자신의 의지를 어기고 관직생활을 하러 가서 유감을 느꼈을 것이다. 이 외에 또 한 가지 원인이 있다. 관계(官界)의 풍파는 '촘촘한 그물을 마련하면 물고기가 놀라게 되고, 넓은 그물을 만들면 새들이 놀라게 된다. 저 통달한 사람들 잘 깨달은지라, 녹에서 도망하여 밭 갈러 돌아간다.(密網裁而魚駭, 宏羅制而鳥驚. 彼達人之善覺, 乃逃祿而歸耕)'는 것이다. 그 자신도 '자기 마음대로 굴면 반드시 세속적인 환란을 자아내리라 생각했다.(自量爲己, 必貽俗患)'라 하였다. 화를 피하려 한 것이 또한 그가 관계를 떠난 한 원인이었다.

이 외에도 한 가지 상황이 더 있다. 도잠이 비록 어려서부터 유가의 전통적 사상교육을 받기는 하였지만 당시는 노장 사상과 은일의 기풍이 성행하였다. 그 영향 아래서 그 또한 자연을 애모하고 은일을 사랑하는 사상의 다른 일면을 가지고 있었다. 그는 「원전거로 돌아오다(歸園田居)」의 첫째 시에서 '어릴 때부터 속세와는 기질이 맞지 않았고, 천성이 본래 언덕과 산을 좋아하였다. 잘못 속세의 그물로 떨어져, 한번 떠난 지 30년이나 되었다. 조롱 속에 든 새는 옛날 살던 숲을 그리워하고, 못 속에 갇힌 고기는 옛날 살던 큰 연못을 그리워한다. 황폐한 남쪽 들 한 쪽을 개간하여, 순박함 지키려고 전원으로 돌아왔다.(少無適俗韻, 性本愛丘山. 誤落塵網中, 一去三十年. 羈鳥戀舊林, 池魚思故淵. 開荒南野際, 守拙歸園田)'라 하였다. 마지막으로 돌아가 은거하여 전원으로 돌아가는 길을 택한 것이다. '오랫동안 좁다란 새장 속에 갇혔다가, 이제야 또 다시 자연으로 돌아오게 되었다.(久在樊籠裏, 復得返自然)'라 한 것은 형상적으로 험악하고 더러운 관계에서 얻은 해방감을 나타낸 것이었다. 도잠은 돌아와 은거한 후에 한편으로 자연의 진솔한 본성을 충분히 발휘하였다. 확실히 순박하고 자연스러우며 정경이 함께 융화된 전원시를 적지 않게 써냈다. 다른 한편 그의 사상은 또한 엄정한 검증을 받았다. 무엇보다 생활면에서 날로 빈곤해졌다. 어떤 사람들은 그의 시문에서 묘사한 것이 조금 과장이 있다고 하지만 뒤로 갈수록 빈곤해졌다는 것은 부인할 수 없다. 이 때문에 그는 차츰 얼마간 농업 노동에 뛰어들지 않을 수 없었다. 『진서』의 본전에서는 그를 '몸소 농사를 지어 자급하였다.'고 하였는데 근거가 없다고는 할 수 없다. 그는 나중에 사상 감정 면에서도 확실히 얼마간 변화를 겪었다. 군중의 평민생활에 근접하였고 게다가 직접 얼마간의 노동에 참가하였기 때문에 친구와 이웃에서 보통의 농민까지 모두 교왕이 많았다. 피차간에 평등하게 처하여 순박한 감정을 세웠다. 따라서 그의 가문 관념과 사대부의 버릇이 묽어지게 하였다. 도잠이 은사는 명산과 옛 절에서 세상을 버리고 독립한 사람이 아니라 농촌에서 군중과 함께 생활한 '문을 지나며 서로 번갈아 부르고(過門更相呼)', '말하고 웃음이 싫증날 때 없었는데(言笑無厭時)' 이런 군중 생활의 숨결이 충만한 시가는 사람들에게 건강한 정취를 가져다주었다.

　도잠의 절기(節氣)에 관한 준제는 논자들은 주로 '진나라와 송나라가 교차할 때' 도잠은 '다시는 벼슬을 하지 않으려는' 것을 표지로 삼았다는 것을 따른다. 그러나 다른 의견도 있는데 양계초와 진인각 같은 사람들은 바로 이것 때문에 쟁론이 발생하였다. 여기에는 '절기'에 대하여 어떻게 이해를 할까 하는 문제가 있다. 은거하여 출사하지 않는 것으로 볼 때 도잠이 팽택령에 임명되었다가 벼슬을 버렸을 때는 41세였다. 이후에는 다시는 출사하지 않았다. 이때부터 동진이 망하기까지는 아직 15년이 남아 있었다. 유가의 관점에 의하면 천하에 도가 있으면 모습을 나타내고 도가 없으면 몸을 숨긴다. 또한 말하기를 통달하면 천하를 아울러 구제하고 궁하게 되면 그 몸을 홀로 선하게 한다고 하였다. 도잠의 시에서도 '선사가 유훈을 남겨, 도를 근심하고 가난은 근심하지 않았다. 우러러보나 아득하여 미치기 어려워, 차라리 늘 부지런하게 살려고 한다.(先師有遺訓, 憂道不憂貧. 瞻望邈難逮, 轉欲志長勤)'라 하였다. 이로써 보면 도잠은 동진 말년에 이르러 이미 천하에 도가 없다고 생각하였다. 그 스스로 창생을 크게 구제하려는 큰 바람은 이미 도가 행하여지지 않았다. 다만 전원으로 돌아가 은거하며 본디부터 궁한 뜻을 지킬 수밖에 없었다. 이는 세속과 더불어 더러운 물결에 함께 휩쓸리지 않는 맑고 높은 절기로 진송이 교체되기 전에 이미 가지고 있었다.

도잠이 역사의 발전이라는 문제에 있어서도 유가의 관점을 그대로 따르고 있기 때문에 언제나 원고(遠古)의 대동세계가 지금 세상보다 낫다고 생각하였으며 도가 노장에도 유사한 생각을 가지고 있다. 도잠의 시에서는 복희와 신농, 황제(黃帝)와 우순(虞舜)을 언급하고 아울러 송덕하고 있다. 그가 지은 「도화원기」는 바로 그가 만들고 형상화한 이상사회이다. 이곳의 사람은 자칭 선대가 진나라 때의 난을 피하여 마침내 외인들과 떨어지게 되었다. 지금이 어떤 세상인지에 대해서는 곧 한나라가 있는 것도 모르니 위·진은 논할 것도 없다. 이는 곡진하게 진나라 및 이후 사회에 대한 부정을 표현해냈다. 왕안석은 「도원행(桃源行)」에서 '아이 손자 나서 자랐지만 세상과 떨어져 살았으니, 아버지와 아들 있는 줄은 알아도 임금과 신하는 모르네.(兒孫生長與世隔, 知有父子無君臣)'라 하였다. 이로 도잠은 진·한 이후의 군신관계에 대하여 그렇게 중시하지 않았음을 알 수 있다. 또한 당시 사람들의 임금에 충성하는 사상이 송명 이학이 유행하던 때처럼 그렇게 돌출되어 있지 않고 오히려 포경언(鮑敬言)의 무군론까지 출현하였다. 그러나 도잠은 이와는 같지 않았으며 포경언은 임금이 '방자하고 혹독하며 제멋대로 욕망을 채우고 천하를 도륙하는'[5] 것에 대하여 격렬한 폭로와 비판을 진행하였다. 그러나 도잠은 다만 원고의 '황제와 우순'[6] 시대만 지향하였을 뿐이다. 비록 도잠이 환현과 유유를 규탄하기는 하였지만 결코 무군사상이 작용을 한 것은 아니다. 그가 진나라 왕실에 여전히 조금 감정을 가지고 있고 증조부인 도간이 진나라의 재보(宰輔)가 되었다. 이른바 하늘의 은혜와 조상의 덕 때문에 고국에 대해 언제나 미련이 남아 있을 수 있었다. 특히 유유가 제위를 찬탈하고 동진의 황제를 살육하여 도잠의 불만을 야기하였다. 이 때문에 지은 시가 「술을 말함(述酒)」인데 이 또한 그가 절기를 견지한 하나의 표현이라 하겠다. 그러나 이와 동시에 그가 몇 년 전에 지은 「도화원기」는 그의 사상적인 방면을 파악하려면 임금이 있거나 없거나 하는 것이 결코 방해되지 않는다. 아마 간단히 논의를 정하기가 어려울 것이다.[7]

전체적으로 말하면 도잠은 시대와 출신 및 개인적인 처지 등 각 방면의 영향으로 인하여 그의 사상은 모순적이고 복잡하며 아울러 전후로 또한 변화가 있었다. 그는 자신으로부터 고인의 경력과 처지까지 사실을 증명하였고 인과응보와 장생불사하는 사람을 믿지 않았다. 이로 인하여 불가와 도가의 미신사상을 부정하였다. 그의 자연관은 원기설의 무신론 경향을 띠었다. 이른바 '천도는 어둡고 머니, 귀신은 아득하고 어둑하다네.(天道幽且遠, 鬼神茫昧然)'라는 것을 사람들은 탐지하기가 어려웠다. 그러나 사람들의 부귀와 빈천에서 천수와 요절, 화복에 이르기까지 또한 어디서 오는지 다만 자연 명정론에 귀의할 뿐인데 혹은 숙명론이라고도 한다. 도잠이 마지막에 쓴 「자제문(自祭文)」은 '천명을 즐기며 분수에 맡기고(樂天委分)', '운을 알고 명을 이해하는 것(識運知命)'으로 그의 인생철학의 총결이 된다.

이 때문에 우리는 도잠의 시문을 읽을 때 그 본디 궁하고 뜻을 지키는 맑고 높은 품격에 대하여 소통이 말한 것처럼 이해할 필요가 있다.

||||||||||||||

7 녹흠립의 「도연명 사적 시문 계년(陶淵明事迹詩文繫年)」의 고증에 의하면 「술을 말함(述酒)」
   은 영초(永初) 2년 도잠 57세 때 지어졌다. 「도화원기」는 의희 14년에 지어졌는데 도잠 54
   세 때이다.

그는 '명리를 좇는 자는 그 마음을 보내고 인색한 사람은 그 뜻을 없애며, 탐욕스런 자는 청렴해지고 나약한 사람은 설 수 있다.'라 하였으니 후세에 적극적인 영향을 끼쳤음이 분명하다. 그러나 다른 방면으로 그는 '인생은 환상과 같은 것, 끝내는 빈 무로 돌아가리니,(人生似幻化, 終當歸空無)'와 같은 논조를 제창하였는데 다만 후대에 소극적 인생을 유도해내었다. 그러나 나는 전자가 사상의 주류일 것이라 생각한다. 그는 자연과 진솔한 성정이 무의식중에 드러나는 것을 송덕하여 언제나 사람들에게 친절한 느낌을 주었다. 게다가 도잠 시의 환하고 명백함은 사람들에게 청신하고 탈속적인 인상을 주었다. 도잠은 은사이면서 또한 대중친화적인 시인으로 고대의 문인들 중에는 드물게 보인다.

원유산(元遺山, 好問)의 「논시절구(論詩絶句)」에는 도잠을 평하여 '호화로움 다 떨어지고 나니 진솔하고 순박함이 보인다.(豪華落盡見眞淳)'라 한 구절이 있다. 시에지아잉(葉嘉瑩)은 여기에 대한 전문적인 글을 썼다.[8] 도연명을 평함에 도잠의 사람됨과 문장에 대한 평술이 아닌 것이 없는데, '진순(眞淳)'이란 두 글자가 가장 좋은 개괄이다. 도잠의 시는 그 문장이 사람과 같고 도잠은 또한 사람이 그 문장과 같아 양자가 고도로 유기적인 통일이라고 하였다. 후인들이 도잠을 추모하는 까닭은 바로 그가 시문 중에서 표출해 낸 진순한 사상 감정 때문이다. 도잠의 인생 처지와 사회 환경은 각종 변화가 있었을 것이지만 그의 진순한 사람됨과 아울러 문장이 사람 같다는 것은 변함이 없을 것이다. 이것이 우리가 도잠을 평하는 마지막 총결이다.

||||||||||||||

8 「'호화로움 다 떨어지고 나니 진솔하고 순박함이 보인다'에서 도연명의 '임진'과 '고궁'을 논함(從豪華落盡見眞淳論陶淵明之任眞與固窮)」, 『가릉논시총고(迦陵論詩叢稿)』에 수록, 중화서국, 1984년 판, 39~47쪽.

도잠 연표

도잠의 나이에 대해서는 제가의 이설이 매우 많다. 본 연표는 63세 설을 채택한다. 주로 도주(陶澍) 주(注)『도정절집(陶靖節集)』의 부록『정절선생연보 고이(靖節先生年譜考異)』와 녹흠립 교주『도연명집』의 부록「도연명 사적 시문 계년(陶淵明事迹詩文繫年)」, 궈웨이썬(郭維森)과 바오징청(包景誠) 역주『도연명집전역(全譯)』의 부록「도연명연보」를 참고하였다. 이상 제가의 기록에도 여전히 이설이 있지만 채택하였을 경우 다시 설명을 가하였다.

도연명의 사적을 기록한 자료에 대해서는 편폭을 줄이기 위해 인용할 때 약칭을 썼다. 이를테면『송서·도잠전』은『송전』으로,『진서·도잠전』은『진전』으로, 도주 주본은『도본』으로, 녹흠립 주본은『녹본』으로 약칭하였으며 기타 본은 유추하였다.

서기 365년 을축 동진 애제(哀帝) 흥녕(興寧) 3년 1세
도잠이 심양 시상에서 태어나다.

『송전』도잠은 자가 연명이다. 혹은 연명이라고도 하고 자가 원량이며 심양 시상 사람이다. 증조부 간은 진나라의 대사마이다. 잠은 원가 4년에 죽었는데 향년 63세이다.

『소전』도연명은 자가 원량이며 혹은 잠이라고도 하고 자는 연명으로 심양 시상 사람이다. 증조부 간은 진나라의 대사마이다. 원가 4년에 다시 부르는 명을 받았는데 마침 죽으니 향년 63세이다.

『남전』도잠은 자가 연명이며, 혹은 자가 심명(深明)이며 이름은 원량이라고도 하며 심양 시상 사람으로 진나라 대사마 간의 증손자이다. 원가 4년에 다시 부르는 명을 받았는데 마침 죽었다.

『진전』도잠은 자가 원량이며 대사마 간의 증손자이다. 조부인 무(茂)는 무창 태수이다. 송나라 원가 연간에 죽었는데 향년 63세이다. 이상의 기록으로 추산해보면 흥녕 3년에 태어났다.

도잠의 이름과 자는 사전(史傳)마다 기록이 다르다. 『도본』에서 도주의 안설에 따르면 '안연지는 선생의 뇌사(誄辭)를 지었는데 유진징사심양도연명(有晉徵士潯陽陶淵明)이라 하였고, 『송전』[1]에서는 도잠은 자가 연명이며 혹자는 연명이라고도 하고 자는 원량이라고 한다. 아마 연명은 그의 본명일 것이며 나중에 잠으로 고쳤을 따름이다.'라 하였다. 『녹본』은 이 설을 따라서 도연명은 자가 원량이고 나중에 이름을 잠으로 고쳤다고 하였다. 『곽본』은 이름을 고쳤다는 설에 동의하지 않았다. 오인걸(吳仁杰)이 『연보』에서 논증에 대해 송나라 원가 4년 단도제에게 자칭 '잠'이라 한 것으로 '송나라로 들어와서 이름을 잠으로 고쳤다.'고 설명하였다고 생각하였다. 이는 『예기·곡례(曲禮)』의 "군자는 고(孤)가 되고나면 이름을 고치지 않는다"(孤는 부친이 죽은 것)라는 전통 예제를 위반한 것이다. 송나라가 건국한 때는 시인이 이미 56세로 원가 3년이면 62세가 된다. 예(禮)와 연령으로 보아도 모두 이치에 부합하지 않는다. 생각건대 '명'과 '자'의 논쟁은 도잠의 생애와 사상에 미치는 영향이 그리 크지 않으며, 두 가지 설이 공존할 수 있다.

도잠의 출생지에 대해서는 다년간 많은 논쟁이 있었는데 『도본』에서는 『강주지(江州志)』에 의거하여 말하였다. 선생은 처음에는 경산(京山)에 살았는데 성자(星子) 서쪽 7리 지점이다. 무오년 6월에 불이 나 시상산으로 옮겼는데 구강의 서남쪽 90리 지점이다. 옛 율리(栗里)는 지금의 초성향(楚城鄉)이다. 도주는 『강주지』에서 말한 것이 신빙성이 있다고 생각했는데, 당연히 처음에 상경에서 살다가 화재 때문에 시상의 남촌에서 살았고 나중에 또 상경으로 옮겨 살았다. 『녹본』에서는 당나라 때 심양현은 분성(湓城)에 있었는데, 곧 지금의 구강현이라고 생각하였다. 그런데 『원화군현지』에서는 시상의 옛 성은 현 서쪽 20리 지점에 있다고 하였으니 시상의 옛터는 지금의 구강현 서남쪽 20리 지점이다. 『곽본』에서는 도잠은 시상에서 태어났으며 구체적으

---

1 원문에는 『심전(沈傳)』으로 되어 있다. 심약의 『송전』을 말하는데 표기상 혼돈을 피하기 위해서 범례의 약칭대로 『송전』으로 통일하였다. —옮긴이

로 나고 죽은 곳이 아마 상경리(혹은 율리)일 것이라 하였는데 확실히 고증할 수가 없다. 이 외에 어떤 사람은 상경은 지금의 경자현 옥경산(玉京山)에 있고 율리는 지금의 성자현 온천(溫泉) 율리 도촌에 있다고 하였다. 덩안성(鄧安生)은 도잠의 고거는 구강시 서쪽 15리 지점인 백학향(白鶴鄉)에 있다고 하였다. 덩종뷔(鄧鍾伯)는 확고하게 구강 형림(荊林)이 녹자판(鹿子板)에 있다고 주장하였는데 성자의 온천도 아니고 의풍(宜豊)의 남산도 아니며 요컨대 파양호(鄱陽湖) 입구 일대에 있다.

서기 368년 무진 진나라 해서공(海西公) 태화(太和) 3년 4세

정씨매(程氏妹)가 태어나다.

11월에 환온이 사마욱(司馬昱)을 황제에 즉위시켰는데 간문제(簡文帝)이다.

서기 372년 임신 진나라 간문제 함안(咸安) 2년 8세

부친상을 당하다.

7월에 간문제가 병사하여 아들인 사마자창이 즉위하였는데 효무제(孝武帝)이다.

서기 376년 병자 진나라 효무제 태원(太元) 원년 12세

서모가 죽다.(정씨매의 생모)

서기 381년 신사 진나라 태원 6년 17세

종제인 경원(敬遠)이 대략 이 해에 태어나다.

불학의 대사 도안(道安)의 제자 혜원(慧遠)이 여산으로 와서 전교하다.

서기 383년 계미 진나라 태원 8년 19세

8월에 전진(前秦) 왕 부견(苻堅)이 군사 백만으로 진나라를 침략하였다. 사안(謝安)이 정권을 장악하였는데 사현(謝玄)과 유뢰지(劉牢之) 등을 비수(淝水)로 보내어 진군을 대파하였으며 역사상 적은 수로 다수를 이긴 유면한 전쟁의 예이다. 전후 북방은 거듭 분열에 빠져 동진이 잠시 안정되다.

서기 384년 갑신 진나라 태원 9년 20세

북방의 전란이 그치지 않아 사안은 사현과 유뢰지로 하여금 군사를 거느리고 중원을 개척하게 하였다. 도잠의 시 "약관의 나이에 세상의 험난함 만났고(弱冠逢世阻)" "젊어서 집안의 곤궁함을 만났는데(弱年逢家乏)"는 20세 때 가정이 쇠락하였음을 표명하였다.

『곽본』에서는 말하였다. 5월에 홍수가 발생했다. 기아에 흉년이 들었다. 외적으로는 전쟁이 있었고 조정의 기강은 다스려지지 않았으며 국자감의 학생들은 학사(學舍)에 불을 질러 태웠다. 도잠이 「걸식(乞食)」 시를 지었다. 웨이정선의 『도연명평전』에서는 『곽본』의 계년(繫年)에 동의하였다. 그러나 실제 사람들에게 먹을 것을 구걸한 것은 아니며 본시는 달리 다른 뜻을 기탁하였다고 생각하였다. 이는 먹을 것을 구걸하여 받는 것을 기탁하여 정치 종사에 추천해주길 갈망하는 생각을 표현하였으며 한신(韓信)의 전고를 인용하여 재능을 품어주어 불러주기를 기다리는 마음을 폈다.

나머지 제가는 거의 「걸식(乞食)」은 사실을 기록한 시이지만 계년에 대해서는 두 갈래로 나뉘며 모두 도잠의 집이 기근과 흉년을 만난 것에 의거하였다고 하였다. 이를테면 궈줴이잉(郭魁英)과 쑨쥔씨(孫鈞錫)은 28, 9세 때 지어졌다고 생각하였다. 근거는 「술을 마시며(飮酒)」에서 말한 "지난날 오랜 굶주림을 괴로워하여, 쟁기 내던지고 가서 벼슬길 배웠네. 가족 먹여 살리는 일 제대로 되지 않아, 추위와 굶주림 실로 나를 휘감고 있네. 때는 벌써 서른을 바라봐도, 마음 속에 품은 뜻 부끄러움 많았네.(疇昔苦長飢, 投耒去學仕. 將養不得節, 凍餒固纏己. 是時向立年, 志意多所恥)"라 한 구절이다. 「걸식(乞食)」 시는 도잠이 30세가 되기 전의 주리고 곤핍한 상황과 서로 맞아떨어진다. 다른 파는 왕야오(王瑤) 같은 사람인데 송나라 원가(元嘉) 3년(426)이라 생각하였으며, 도연명은 흉년을 만나 굶주린 고통을 있는 대로 맛보았으며 「걸식(乞食)」 시는 같은 해에 지어져야 한다고 하였는데 도연명 62세이다. 『녹본』의 계년은 같다.

이 해에 회계왕 사마도자가 정권을 주물러 사안이 배제되었으며 8월에 사안이 죽고 동진의 어지러움은 여기서 시작되었다.

범선(范宣)과 범녕(范寧)이 전후로 강주(江州)에서 경학을 제창하였다.

강주자사 왕응지(王應之)가 불교를 숭배하고 도교을 믿어 외승(外僧) 88인을 여산에 모아 불경을 번역하였다.

서기 393년 계사 태원 18년 29세

처음으로 벼슬길에 나서 강주좨주에 임용되었는데 '관리로서의 직무를 감당하지 못하고 얼마 있지 않아 스스로 벗어버리고 돌아가다.' 또한 주에서 주부로 임명하여 불렀는데 사절하고 나아가지 않다. 관직을 그만 둔 후에는 '몸소 농사를 지어 자급하기' 시작하였으며 첫 벼슬을 하기 전후에는 심양 시상의 상경리에 있는 집에서 살았다.

서기 394년 갑오 태원 19년 30세

이해에 상처를 하다. 본전에서 그의 아내 적씨(翟氏)는 계실이라 하였다.

서기 396년 병신 태원 21년 32세

9월에 효무제가 갑자기 죽어 태자인 사마덕종(司馬德宗)이 제위를 이었는데 진안제(晉安帝)이다. 왕국보(王國寶)가 조정의 일에 참견하다.

서기 397년 정유 진안제 융안(隆安) 원년 33세

7월에 안제의 외숙 왕공(王恭) 등이 군사를 일으켜 왕국보를 토벌하고 사마도자(司馬道子)가 정권을 천단하는 것을 반대하여 진나라에서 내란이 시작되다.

서기 398년 무술 융안 2년 34세

왕공(王恭)이 재차 거병하였으나 실패하고 피살되다. 환현이 강주자사에 임명되어 하구(夏口)에 주둔하고 조정의 명을 받지 않다.

서기 399년 기해 융안 3년 35세

『도본』에서는 비로소 진군참군이 되었다고 하였다. 『녹본』에서는 이 해에 환현의 관리가 되었다고 하였다.

이 해에 사마도자의 아들 원현이 정사를 어지럽혀 사람들이 견디지 못하고 천하에서는 이를 괴로워하였다. 11월에 손은이 기의하여 회계를 함락시켰다. 12월에 환현이 형주자사 은중감을 습격하여 스스로 형주와 강주 두 주의 자사가 되었다.

서기 400년 경자 융안 4년 36세

도잠이 두 번째 출사하였는데 『곽본』은 『녹본』이 융안 3년으로 정한 것에 동의하지 않고 환현이 형주와 강주자사에 임명된 후에 있어야 한다고 생각하여 이 해에 엮었다. 명을 받들어 건강(建康)으로 사행한 후에 또한 「경자년 5월에 도성에서 돌아오는 데 규림에서 바람에 막히다(庚子歲五月中從都還阻風於規林)」두 수를 짓다. 『녹본』은 같다.

서기 401년 신축 융안 5년 37세

『도본』에서는 『왕보』에 의거하여 나이가 37세라 하였고 사천(斜川)에서 유람한 시가 있다고 하였다. 『곽본』에서는 『이본』 및 제본에 의거하여 '신축년 정월 5일'이라고 하였으니 이 해에 엮어야 하며 연명 37세이다라 하였다.

이 해에는 형주에서 휴가를 청하여 집으로 돌아와 7월에 휴가를 마치고 강릉으로 돌아가며 「신축년 7월 휴가 갔다가 강릉으로 돌아감에 밤에 도구를 가다(辛丑歲七月赴假還江陵夜行塗口)」시 두 수를 지었다.

겨울에 생모인 맹씨가 죽다. 관직을 그만 두고 상을 치르러 시상의 집으로 돌아가다. 「맹부군전(孟府君傳)」은 이 해 말이나 이듬해 초에 지어졌다. 맹씨는 맹가의 네 번째 딸이다.

서기 402년 임인 원흥(元興) 원년 38세

봄에 사마원현이 조칙으로 환현을 토벌하였는데 환현이 항거하여 동쪽으로 내려가 건강으로 쳐들어가 원현을 참수하고 도자를 독살하였다. 손은이 기의하여 패하여 죽고 그 매부인 노순(盧循)이 이었다.

7월에 유유민이 여산의 승려 혜원 등과 재(齋)를 건립하고 맹세를 하고 「서원문(誓願文)」을 지었다.

서기 403년 계묘 원흥 2년 39세

봄에 남묘에서 밭을 갈며 「계묘년 초봄에 농막에서 옛일을 생각하다(癸卯歲始春懷古田舍)」및 「권농(勸農)」시를 짓다. 겨울에 「계묘년 12월에 지어 종제인 경원에게 주다(癸卯歲十二月中作與從弟敬遠)」시를 짓다. 또 이 해 가을과 겨울에 「술을 마시며(飮酒)」시 20수를 짓다. 『곽본』에서는 416년으로 엮었다.

12월 3일에 환현이 진나라를 찬탈하고 국호를 초(楚)라 하였으며 연호를 영시(永始)라 고치고 진안제를 평고왕(平固王)으로 낮추어 심양으로 옮겼다.

서기 404년 갑진 원흥 3년 40세

2월에 유유 등이 군사를 일으켜 환현을 토벌하였는데 환현은 안제를 끼고 강릉까지 도망쳤으며 5월에 패하여 죽었다.

이 해 봄과 여름 사이에는 전란이 그치지 않아 소식이 끊어졌으며 「먹구름(停雲)」과 「계절의 운행(時運)」, 「연일 비가 내려 홀로 술을 마시다(連雨獨飮)」, 「무궁화(榮木)」및 「호서조의 시에 화답하여 고적조에게 보이다(和胡西曹示顧賊曹)」 시를 짓다. 6월에 도잠은 세 번째로 출사하였는데, 부름을 받아 천거되어 경구로 가서 진군참군이 되었으며, 도중에 「처음으로 진군참군이 되어 곡아를 지나다(始作鎭軍參軍經曲阿)」 시를 지었다.

서기 405년 을사 의희(義熙) 원년 41세

3월에 진안제가 복위하여 건강에 이르다. 도잠은 유경선의 건위장군군부참군에 임명되어 명을 받아 도읍으로 사행하였으며 「을사년 3월 건위참군이 되어 도성으로 사신 가는 길에 전계를 지나다(乙巳歲三月爲建威參軍使都經錢溪)」 시를 지었으며 3, 4월 사이에 집으로 돌아갔다. 8월에는 팽택령이 되었다. 정씨에게 시집간 누이가 무창에서 죽었다. 11월에 벼슬을 버리고 귀향하였다. 이때 벼슬을 버리고 돌아간 후에 다시는 출사하지 않았으며 「귀거래혜사」를 지었다.

서기 406년 병오 의희 2년 42세

더 이상 출사하지 않고 몸소 농사를 지어 자급하기로 결심하다. 이 해 초에 상경리의 집에서 원전거(園田居. 古田舍)로 옮겼다. 「원전거로 돌아오다(歸園田居)」 시 5수와 「돌아가는 새(歸鳥)」, 「명자(命子)」 시를 지었다. 이외에 『녹본』에서는 「선비가 때를 만나지 못함을 슬퍼하다(感士不遇賦)」를 이 해 겨울에 지어놓은 것으로 엮어놓았다.

서기 407년 정미 의희 3년 43세

5월에 「정씨에게 시집간 누이의 제문(祭程氏妹文)」을 짓다.

서기 408년 무신 의희 4년 44세

4월에 「산해경을 읽으며(讀山海經)」 13수를 지었다. 6월에 원전거에 실화가 일어났다. 7월에 「무신년 6월에 화재를 당하다(戊申歲六月中遇火)」를 지었다. 「아들들을 나무람(責子)」 시를 지었다. 『녹본』에서는 415년에 엮어놓았다.

서기 409년 기유 의희 5년 45세

「유시상에게 화답하다(和劉柴桑)」와 「유시상에게 답하다(酬劉柴桑)」 시는 이 해에 지었을 것이다. 중양절에 「기유년 9월 9일(己酉歲九月九日)」 시를 지었다.

서기 410년 경술 의희 6년 46세

「경술년 9월 중에 서쪽 밭에서 올벼를 거두고서(庚戌歲九月中於西田穫早稻)」 시를 지었다. 『곽본』에서는 또한 도잠이 원전거에서 남촌으로 옮기면서 「이사(移居)」 두 수와 「오류선생전」을 지었다고 생각하여 이 해에 엮었다.

노순(盧循)의 기의군이 영남에서 북상하여 노순의 부하 서도복이 강주를 공격하여 점령하다. 노순은 건강을 공격하였으나 함락시키지 못하고 나중에 다시 심양을 점거하는데 유유의 추격을 받아 패하여 영남으로 돌아갔는데, 이 해는 강주와 심양 일대가 전화를 당한 해였다.

서기 411년 신해 의희 7년 47세

『녹본』에서는 도잠이 남촌으로 이사하면서 지은 「이사(移居)」 두 수를 이 해에 엮어놓았다. 8월에 「종제 경원의 제문(祭從弟敬遠文)」을 지었다.

서기 412년 임자 의희 8년 48세

『녹본』에서는 「은진안과 이별하며(與殷晉安別)」 시를 이 해에 엮어놓았다. 『곽본』에서는 도잠이 상경리로 돌아가면서 지은 「환구거(還舊居)」와 「비종제중덕(悲從弟仲德)」 시를 모두 이 해에 엮어놓았다.

유유는 자기와 뜻을 달리 하는 사람을 제거하여 전후로 유번(劉藩)과 사혼(謝混)을 죽였으며 유의(劉毅)를 토벌하여 자살하게 하였다. 유유에게 태부와 양주목의 지위를 더하였다.

서기 413년 계축 의희 9년 49세

저작랑으로 부름을 받았으나 나아가지 않다. 안문의 주속지, 팽성의 유유민과 함께 "심양삼은"으로 병칭되다. 「5월 아침에 지어 대주부에게 답하다(五月旦作和戴主簿)」를 지었다. 「몸·그림자·정신(形·影·神)」 시 3수를 지었다.

서기 414년 갑인 의희 10년 50세

『녹본』에서는 도잠이 50세에 사천에서 놀았다고 생각하였는데, 뜻은 진조(晉朝)의 전제(典制) 및 귀족의 유습을 계승하는 데 있다고 하였다. 따라서 정월 5일에 지은 「사천에서 놀다(遊斜川)」를 이 해에 엮었다. 또 상경으로 돌아와 살면서 지은 「환구거(還舊居)」도 이 해에 엮어놓았다.

『곽본』에서는 「이소를 읊음(詠二疏)」과 「삼량을 읊음(詠三良)」, 「형가를 읊음(詠荊軻)」

및 「잡시(雜詩)」 12수를 이 해에 지은 것으로 엮었다.

동림사 주지 혜원과 유유민 등 123인이 백련사를 결성하였다. 유유민이 「동서문(同誓文)」을 지었다.

서기 415년 을묘 의희 11년 51세

학질이 심하여져 신체가 점점 축났으며 「아들 엄 등에게 주는 글(與子儼等疏)」을 지었다. 『녹본』에서는 「만사를 본떠서(擬挽歌辭三首)」 3수 및 「아들들을 나무람(責子)」 시를 이 해에 엮었다.

유유민이 죽었다.

서기 416년 병진 의희 12년 52세

이 해에 안연지가 강주자사 유류(劉柳)의 후군공조가 되어 심양으로 가서 도잠과 늘 왕래하였다. 혜원이 죽었다.

「주속지와 조기, 사경이 세 사람에게 보이다. 당시 세 사람은 모두 예교의 책을 강론하였다(示周續之祖企謝景夷三郞. 時三人皆講禮校書)」와 「병진년 8월에 하손의 농막에서 추수하면서(丙辰歲八月中於下潠田舍穫)」 시를 지었다. 『곽본』에서는 또한 「술을 마시며(飮酒)」 20수 및 「선비가 때를 만나지 못함을 슬퍼하다(感士不遇賦)」를 이 해에 엮었다.

서기 417년 정사 의희 13년 53세

8월에 유유의 부가 장안을 공격하여 함락시켰으며 나중에 진은 망하였다. 강주자사 단소가 장사 양송령을 관중으로 보내어 경하하게 하여 「양장사에게 드림(贈羊長史)」을 지었으며, 『곽본』에서는 또한 「세모에 장상시께 화답하다(歲暮和張常侍)」 시를 이 해에 엮었다..

서기 418년 무오 의희 14년 54세

저작랑으로 부름을 받았으나 나아가지 않다. 「원가행 체의 초나라 곡조로 방주부와 등치중에게 보여줌(怨詩楚調示龐主簿鄧治中)」을 지었다. 『녹본』에서는 「9일에 한가로이 거처하다(九日閑居)」 시를 이 해에 엮어놓았다. 「도화원기」 또한 이 해에 엮어놓았다.

이 해에 왕홍이 보국장군으로 강주자사가 되었는데 늘 도연명에게 술을 보내주었다.

12월에 유유가 진안제 사마덕종을 죽이고 사마덕문을 황제로 즉위시켰으며 연호를 원희로 고쳤다.

서기 419년 기미 원희(元熙) 원년 55세

9월 9일에 술이 없어「9일에 한가로이 거처하다(九日閑居)」시를 지었다.

유유가 송왕(宋王)으로 작위를 올리고 더욱 예를 달리하였다.

서기 420년 경신 송무제(宋武帝) 영초(永初) 원년 56세

6월에 유유가 진나라를 찬탈하여 나라를 세우고 국호를 송이라 하였으며 동진이 망하였다. 조칙으로 진나라 때의 봉작을 고치고 장사공을 예릉현후(醴陵縣侯)로 낮추어서 도간의 제사를 받들게 하였다.

「옛 시체를 본떠서 짓다(擬古)」9수와「역사를 읽고 말하다, 9장(讀史述九章)」을 지었다.

서기 421년 신유 영초 2년 57세

가을에「왕무군의 석상에서 객을 전송하다(於王撫軍座送客)」시를 지었다.

9월에 진공제가 유유에게 살해되었다. 도잠이「술을 말함(述酒)」시를 지어서 슬픔과 애도를 나타내었다. 또한「납제일(蜡日)」시를 지었다.

서기 422년 일술 영초 3년 58세

『곽본』에서는「도화원기」를 이 해에 지은 것으로 보고 엮었다.

5월에 유유가 병사하고 장자인 의부(義符)가 제위를 이었는데 바로 소제(少帝)이다.

서기 423년 계해 소제(少帝) 경평(景平) 원년 59세

서기 424년 갑자 문제(文帝) 원가(元嘉) 원년 60세

안연지가 시안군태수로 부임하면서 심양에 들러 매일 연명이 있는 곳에서 기쁘게 만났는데 떠날 때 돈 2만 전을 주자 연명은 모두 술집에 보내어 수시로 술로 갖다 마셨다. 봄에 오언시「방참군에게 답함(答龐參軍)」시를 지었다. 겨울에는 사언으로 된「방참군에게 답함(答龐參軍)」시를 지었다. 『녹본』에서는「부채 그림의 찬(扇上畫贊)」을 이 해에 지은 것으로 보았다.

송나라 소제가 거상 중에 무례하여 무도하게 놀자 서선지(徐羨之)와 사회(謝晦) 등이 폐위시키려는 음모를 꾸며 오(吳)에서 죽였다. 8월에 유유의 셋째 아들 유의륭(劉義隆)을 맞아 황제로 세웠는데 바로 송문제(宋文帝)이다.

서기 426년 병인 원가 3년 62세

이 해에 가난과 병으로 잇달아 곤경에 처하다. 5월에 단도제가 강주자사로 임명되어 가서 찾아보고 곡식과 고기를 가져다주었는데 손을 저어 보내고 거절하여 받지 않았다. 「깨달음이 있어서 짓다(有會而作)」과 「가난한 선비를 읊음(詠貧士)」 7수를 지었다. 『녹본』에서는 「걸식(乞食)」 시를 이 해에 지은 것으로 보았다.

서기 427년 정묘 원가 4년 63세

병세가 악화되어 도연명은 스스로 곧 세상을 떠날 것임을 알다. 9월에 먼저 「만사를 본떠서(擬挽歌辭三首)」 세 수 및 「나 자신을 제사지내는 글(自祭文)」을 지었다. 11월에 죽었다. 안연지가 「도징사뢰 및 서문(陶徵士誄幷序)」을 지었으며 벗들이 시호를 '정절징사(靖節徵士)'라 하다.

참고문헌

『陶淵明詩』, 光緒紀元影宋刻本.

『箋注陶淵明集』, 貴池劉氏玉海堂影宋叢書本, 宣統辛亥(1911年) 書刊.

『靖節先生詩』, 中華書局, 1987年 據北京圖書館藏宋刻本 影印(古逸叢書 三編).

『陶靖節集』, 附錄年譜, 本傳, 序, 誄, 東坡和詩詞 明萬曆 四十七年(1619) 楊時偉刻本.

『陶靖節集』, 首總論, 末附錄 宋湯漢 等 箋注, 明刻本.

『陶淵明集』, 附錄 明末毛氏汲古閣 刻本.

『陶詩集注』, 首附陶淵明傳, 末附東坡和陶詩 清詹夔錫輯注, 清康熙 三十三年(1694)
寶墨堂 刻本.

『陶公詩評注初學讀本』, 附陶淵明傳及諸家評論 清孫仁龍輯, 清乾隆 十三年(1748) 刻本.

『陶淵明集』, 光緒己卯(1879) 春三月 廣州翰墨園開雕.

『陶淵明集』, 由各家手書 信陶呼淸泰新鐫.

『靖節先生集』, 陶澍集注, 陶文毅公原 刻本.

(이상 각종 판본의 『도연명집』은 현재 中山大學校 도서관에 소장되어 있다.)

『陶靖節集』, 陶澍注, 國學基本叢書本, 商務印書館 民國 二十三年(1934) 出版.

『陶淵明集』, 王瑤編注, 人民文學出版社, 1957年版.

『陶淵明集』, 逯欽立校注, 中華書局, 1979年版.

『陶淵明集全譯』, 郭維森·包景誠 譯注, 貴州人民出版社, 1992年版.

『陶淵明集校箋』, 龔斌校箋, 上海古籍出版社, 1996年版.

『歷代詩話論作家』, 陶潛部分 湖南人民出版社 出版.

『陶淵明詩文匯評』, 北京大學中文系文學史敎硏室敎師・五六級四班同學編, 中華書局, 1991年版.

『蘇東坡和陶詩』, 收入商務印書館 萬有文庫本『蘇東坡集』第十冊.

『管錐篇』, 錢鍾書著, 中華書局, 1979年版, 第四冊 1219~1227頁關于「閑情賦」.

『陶淵明詩顯晦』, 錢鍾書著收入『談藝錄』88~93頁, 中華書局, 1984年版.

『陶淵明』, 梁啓初著, 收入『飮冰室合集』『專集』第二十二冊, 1~59頁, 中華書局, 1941年版.

「魏晉風度及文章與藥及酒之關系」, 魯迅著, 『魯迅全集』第三卷, 人民文學出版社, 1981年版.

「陶淵明之思想與淸談之關系」, 陳寅恪著, 原載成都燕京大學哈佛燕京學社 單行本, 1945年 9月; 『淸華學報』第40期 轉載 1951年 6月; 收入『金明館叢稿初編』, 180~205頁, 上海古籍出版社, 1980年版.

「桃花源記旁證」, 陳寅恪著, 『淸華學報』第11卷 第1期, 1936年 1月; 收入『金明館叢稿初編』, 168~179頁.

「魏書司馬睿傳江東民族條釋證及推論」, 陳寅恪著, 『歷史語言硏究所集刊』第11本第1分冊, 1944年 9月; 收入『金明館叢稿初編』, 第690~106頁.

「綜合硏究與觸類旁通―讀陳寅恪陶淵明之思想與淸談之關系」, 周勛初著, 載『當代學術硏究思辨』, 南京大學出版社, 1993年版.

「關於陶淵明」, 逯欽立著, 收入逯注, 『陶淵明集』附錄一, 201~206頁.

「魏晉風度」, 李澤厚著, 收入『中國哲學』第二輯, 三聯書店, 1980年版.

「陶淵明的思想發展及其創作」, 北師大中文系二年級陶淵明評論小組, 載『北京師範大學學報』(社會科學), 1959年 第2期.

「陶淵明無神論思想試探―兼論中國古代無神論與有神論思想界限及其通向」, 李錦全著, 『中國哲學史硏究』, 1980年 第1期.

「陶淵明門第觀點之我見」, 路景雲著, 『河北師範大學學報』(哲學社會科學版), 1981年 第3期.

「陶淵明的年紀問題」, 古直著, 『嶺南文史』, 1983年 第1期.

「從"豪華落盡見眞淳"論陶淵明之"任眞"與"固窮"」, 葉嘉瑩著, 收入『迦陵論詩叢稿』, 第39~47頁, 中華書局, 1984年版.

『陶淵明硏究專輯』, 江西省九江縣陶淵明硏究會・陶淵明紀念館編, 1985年 編印. 內

載全國首次陶淵明學術討論會的論文:

「回顧與展望 —紀念陶淵明誕生一千六百二十周年」, 鍾優民

「試評三十年來出版的三本陶淵明集」, 吳雲

「淺談陶淵明詩歌的藝術特色」, 蘇者聰

「陶淵明的悲劇及其詩的思想風格」, 張銓錫

「試論陶詩在思想內容和藝術上的巨大成就」, 彭適凡

「關於陶淵明詩家風格成因的探討」, 胡敦倫

「陶詩的言約旨遠與玄學的言不盡意」, 朱家馳

「陶淵明的"天我之境"及其淵源」, 余福智

「陶詩審美意義初探」, 陳新

「魯迅評論陶潛學習禮記」, 張蕎

「淺談歐陽脩追慕陶潛」, 王水根

「論陶淵明的兩次飛躍」, 張銓錫

「從陶淵明的訓子詩文看其仕宦思想的變遷」, 聶言之

「千古潯陽松菊高 —試論靖節徵士陶淵明」, 李科友

「偉大的"靜穆"」, 李靜

「從陶淵明愛松談其歸隱原因」, 袁進

「靖節祠里思陶公」, 許智范

「陶淵明田園詩的"畫"與"情"」, 趙志華

「平淡之中見奇境 —試談陶淵明的田園詩」, 朱康雄

「陶淵明酬和劉柴桑繫年」, 李華

「陶淵明年歲商討」, 鄧安生

「陶淵明故里再說」, 鄧鍾伯

「首次陶淵明學術討論會觀點綜述」, 王河・賴功歐

「陶淵明的人生哲學研究」, 陳少峰著, 『中國哲學史』, 1993年 第4期.

「論陶淵明詩歌的現實性」, 張大杰 —・維宏偉・鄧鏗著, 『寶鷄文理學院學報』, 1994年 第1期.

「讀陶淵明之人品與作品」, 鄧安生著, 『東方文化』, 1994年 11月 第5期.

「陶淵明的人生哲學研究」, 顧農著, 『齊魯學刊』, 1995年 第6期.

『陶淵明評傳』, 魏正申著, 文津出版社, 1996年版.

「陶淵明享年告辨」, 袁行霈著, 『文學遺產』, 1996年 第1期.

「論陶淵明的生死觀」, 洛保生・王春來著, 『河北學刊』, 1997年 第1期

500

저자 후기

몇 년 전 난징대학교의 쾅야밍(匡亞明) 선생이 『중국사상가평전총서』의 편찬에 착수하였는데, 나는 『해서평전(海瑞評傳)』과 『도잠평전』을 선택 지원하였다. 과거에 출판된 『중국철학사』와 『중국사상사』를 보면 도잠과 해서는 모두 들어 있지 않았다. 물론 쾅 선생이 이렇게 배려해 준 것은 그 나름의 이유가 있었고 나도 이에 동의하였다. 그러나 나의 연구 방향을 가지고 말한다면 비교적 익숙한 사상가는 버려두어 쓰지 않고 오히려 저명한 대시인인 도잠과 정치가인 해서를 선택하였으니 집필에 들어가자 확실히 고생은 고생대로 하고 효과는 별로 없었으니 혹자는 타당한 일이 아니라는 생각도 할 것이다. 그러나 나는 또 바로 이 두 사람은 과거에는 사상가의 범주에 포함된 적이 없었으므로 지금 쾅 선생의 의도는 전인미답의 개척적인 성격을 띠었을 것이라 생각한다. 이런 시도는 반드시 성공하리라는 보장이 없다. 따라서 집필을 잘하지 못한다 하더라도 어느 정도 경험이라는 교훈을 빨아들일 수 있을 것이다. 동시에 나는 또 이렇게 생각한다. 중국 고대의 지식인들은 출사나 귀은, 혹은 각종 사업에 종사하였거나 말았거나 막론하고 사회적으로 늘 먼저 그 사람됨에 대하여 평가를 내려왔고 또한 그 사람의 사상에 대해서도 평가해왔다. 이른바 도덕 문장은 언제나 사람됨을 전면에 내세웠으며 사상가의 범위를 적당히 확대하였는데 또한 역사적 실제에 부합하는 것 같다.

나는 집필 과정 중에 공적이거나 사적인 각종 원인으로 인하여 시간을 질질 끌어 쾅 선생이 직접 최종 검토를 하지 못하게 하여 깊은 양심의 가책을 느꼈다. 그러나 탈고를 한 후에 원고 심사관 궈웨이썬(郭維森) 교수와 궁번동(邧本棟) 부주편의 질정을 얻었는데 여기에 대해 사의를 표한다. 최근 뇌 혈전증을 앓아 마지막으로 일부 보충을 하고 원고를 수정하느라 다시 몇 개월의 시간을 끌게 되어 편집과 출판 작업에 영향을 끼쳤음에도 여전히 온당치 못한 곳이 있으니 아낌없이 바로잡아주기를 바란다.

리진취엔(李錦全)

1997년 5월 10일 추기하다

찾아보기

506